方李邦琴北京大学人文学科文库出版基金赞助

北大马克思主义哲学研究丛书

当代文化发展的理论审视

A Theoretical Examination of the Contemporary Development of Culture

丰子义 等著

北京大学出版社
PEKING UNIVERSITY PRESS

图书在版编目(CIP)数据

当代文化发展的理论审视/丰子义等著.—北京:北京大学出版社,2021.8
(北京大学人文学科文库.北大马克思主义哲学研究丛书)
ISBN 978-7-301-32375-5

Ⅰ.①当… Ⅱ.①丰… Ⅲ.①文化发展—研究—中国—现代 Ⅳ.①G12

中国版本图书馆 CIP 数据核字(2021)第 154679 号

书　　名	当代文化发展的理论审视 DANGDAI WENHUA FAZHAN DE LILUN SHENSHI
著作责任者	丰子义　等著
责 任 编 辑	王　颖　陈相宜
标 准 书 号	ISBN 978-7-301-32375-5
出 版 发 行	北京大学出版社
地　　　址	北京市海淀区成府路 205 号　100871
网　　　址	http://www.pup.cn
新浪微博	@北京大学出版社　　@未名社科-北大图书
微信公众号	ss_book
电子信箱	ss@pup.pku.edu.cn
电　　　话	邮购部 010-62752015　发行部 010-62750672 编辑部 010-62753121
印 刷 者	三河市北燕印装有限公司
经 销 者	新华书店
	730 毫米×980 毫米　16 开本　30.75 印张　461 千字 2021 年 8 月第 1 版　2021 年 8 月第 1 次印刷
定　　　价	105.00 元

未经许可,不得以任何方式复制或抄袭本书之部分或全部内容。
版权所有,侵权必究
举报电话:010-62752024　电子信箱:fd@pup.pku.edu.cn
图书如有印装质量问题,请与出版部联系,电话:010-62756370

总　序

袁行霈

人文学科是北京大学的传统优势学科。早在京师大学堂建立之初,就设立了经学科、文学科,预科学生必须在五种外语中选修一种。京师大学堂于1912年改为现名,1917年,蔡元培先生出任北京大学校长,他"循思想自由原则,取兼容并包主义",促进了思想解放和学术繁荣。1921年北大成立了四个全校性的研究所,下设自然科学、社会科学、国学和外国文学四门,人文学科仍然居于重要地位,广受社会的关注。这个传统一直沿袭下来,中华人民共和国成立后,1952年北京大学与清华大学、燕京大学三校的文、理科合并为现在的北京大学,大师云集,人文荟萃,成果斐然。改革开放后,北京大学的历史翻开了新的一页。

近十几年来,人文学科在学科建设、人才培养、师资队伍建设、教学科研等各方面改善了条件,取得了显著成绩。北大的人文学科门类齐全,在国内整体上居于优势地位,在世界上也占有引人瞩目的地位,相继出版了《中华文明史》《世界文明史》《世界现代化历程》《中国儒学史》《中国美学通史》《欧洲文学史》等高水平的著作,并主持了许多重大的考古项目,这些成果发挥着引领学术前进的作用。目前北大还承担着《儒藏》《中华文明探源》《北京大学藏西汉竹书》的整理与研究工作,以及《新编新注十三经》等重要项目。

与此同时，我们也清醒地看到：北大人文学科整体的绝对优势正在减弱，有的学科只具备相对优势了；有的成果规模优势明显，高度优势还有待提升。北大出了许多成果，但还要出思想，要产生影响人类命运和前途的思想理论。我们距离理想的目标还有相当长的距离，需要人文学科的老师和同学们加倍努力。

我曾经说过：与自然科学或社会科学相比，人文学科的成果，难以直接转化为生产力，给社会带来财富，人们或以为无用。其实，人文学科力求揭示人生的意义和价值，塑造理想的人格，指点人生趋向完美的境地。它能丰富人的精神，美化人的心灵，提升人的品德，协调人和自然的关系以及人和人的关系，促使人把自己掌握的知识和技术用到造福于人类的正道上来，这是人文无用之大用！试想，如果我们的心灵中没有诗意，我们的记忆中没有历史，我们的思考中没有哲理，我们的生活将成为什么样子？国家的强盛与否，将来不仅要看经济实力、国防实力，也要看国民的精神世界是否丰富，活得充实不充实，愉快不愉快，自在不自在，美不美。

一个民族，如果从根本上丧失了对人文学科的热情，丧失了对人文精神的追求和坚守，这个民族就丧失了进步的精神源泉。文化是一个民族的标志，是一个民族的根，在经济全球化的大趋势中，拥有几千年文化传统的中华民族，必须自觉维护自己的根，并以开放的态度吸取世界上其他民族的优秀文化，以跟上世界的潮流。站在这样的高度看待人文学科，我们深感责任之重大与紧迫。

北大人文学科的老师们蕴藏着巨大的潜力和创造性。我相信，只要使老师们的潜力充分发挥出来，北大人文学科便能克服种种障碍，在国内外开辟出一片新天地。

人文学科的研究主要是著书立说，以个体撰写著作为一大特点。除了需要协同研究的集体大项目外，我们还希望为教师独立探索，撰写、出版专著搭建平台，形成既具个体思想，又汇聚集体智慧的系列研究成果。为此，北京大学人文学部决定编辑出版"北京大学人文学科文库"，旨在汇集新时代北大人文学科的优秀成果，弘扬北大人文学科的学术传统，展示北大人文学科的整体实力和研究特色，为推动北大世界一流大学建设、促进人文学术发展做出贡献。

我们需要努力营造宽松的学术环境、浓厚的研究气氛。既要提倡教师根据国家的需要选择研究课题,集中人力物力进行研究,也鼓励教师按照自己的兴趣自由地选择课题。鼓励自由选题是"北京大学人文学科文库"的一个特点。

我们不可满足于泛泛的议论,也不可追求热闹,而应沉潜下来,认真钻研,将切实的成果贡献给社会。学术质量是"北京大学人文学科文库"的一大追求。文库的撰稿者会力求通过自己潜心研究、多年积累而成的优秀成果,来展示自己的学术水平。

我们要保持优良的学风,进一步突出北大的个性与特色。北大人要有大志气、大眼光、大手笔、大格局、大气象,做一些符合北大地位的事,做一些开风气之先的事。北大不能随波逐流,不能甘于平庸,不能跟在别人后面小打小闹。北大的学者要有与北大相称的气质、气节、气派、气势、气宇、气度、气韵和气象。北大的学者要致力于弘扬民族精神和时代精神,以提升国民的人文素质为己任。而承担这样的使命,首先要有谦逊的态度,向人民群众学习,向兄弟院校学习。切不可妄自尊大,目空一切。这也是"北京大学人文学科文库"力求展现的北大的人文素质。

这个文库目前有以下17套丛书:
"北大中国文学研究丛书"(陈平原 主编)
"北大中国语言学研究丛书"(王洪君 郭锐 主编)
"北大比较文学与世界文学研究丛书"(张辉 主编)
"北大中国史研究丛书"(荣新江 张帆 主编)
"北大世界史研究丛书"(高毅 主编)
"北大考古学研究丛书"(赵辉 主编)
"北大马克思主义哲学研究丛书"(丰子义 主编)
"北大中国哲学研究丛书"(王博 主编)
"北大外国哲学研究丛书"(韩水法 主编)
"北大东方文学研究丛书"(王邦维 主编)
"北大欧美文学研究丛书"(申丹 主编)
"北大外国语言学研究丛书"(宁琦 高一虹 主编)
"北大艺术学研究丛书"(彭锋 主编)
"北大对外汉语研究丛书"(赵杨 主编)
"北大古典学研究丛书"(李四龙 彭小瑜 廖可斌 主编)

"北大人文学古今融通研究丛书"(陈晓明 彭锋 主编)

"北大人文跨学科研究丛书"(申丹 李四龙 王奇生 廖可斌 主编)①

这 17 套丛书仅收入学术新作,涵盖了北大人文学科的多个领域,它们的推出有利于读者整体了解当下北大人文学者的科研动态、学术实力和研究特色。这一文库将持续编辑出版,我们相信通过老中青学者的不断努力,其影响会越来越大,并将对北大人文学科的建设和北大创建世界一流大学起到积极作用,进而引起国际学术界的瞩目。

2020 年 3 月修订

---

① 本文库中获得国家社科基金后期资助或入选国家哲学社会科学成果文库的专著,因出版设计另有要求,我们会在丛书其他专著后勒口列出的该书名上加星号注标,在文库中存目。

"北大马克思主义哲学研究丛书"序言

北京大学是马克思主义在中国传播的发源地,具有悠久的马克思主义理论研究传统。五四新文化运动中,李大钊、陈独秀发起成立"马克思学说研究会",最早开设唯物史观课程,宣传马克思主义。中华人民共和国成立后,北京大学一直是马克思主义哲学教学、研究和宣传的重要阵地,冯定教授等对马克思主义哲学学科的建设起了重要的组织、推动作用。1978年以来,黄枬森教授等在原有的基础上,开创了马克思主义哲学史学科,拓展和完善了马克思主义哲学研究领域,使其成为首批全国重点学科。

多年来,北京大学马克思主义哲学学科在其研究中逐渐形成了自己的传统,这就是重视马克思主义哲学基础理论研究。"史"(马克思主义哲学史)与"论"(马克思主义哲学基本原理)成为研究的重点。特别是改革开放以来,伴随马克思主义哲学史方向的成功开创,形成了鲜明的研究特色。由黄枬森等教授主持编写的以及与国内同行共同编写的各种版本的《马克思主义哲学史》在全国学界产生了重要影响。20世纪90年代以来,本学科在保持原有传统优势的基础上,又根据新的发展需要,逐渐拓宽了研究领域,形成了这样几个主要的研究方向:一是文本研究,包括文献研究和文本内容研究;二是基本原理的专题性、分支性研究,特别是历史哲学的研究;三是国外马克思主义研究,重点是西方马克思主义研究;四是马克思主义人学和社会发展理论研究,主要结合当代社会发展变化的实际,对相关重大理论和现实问题从人学和发展理论的视角予以新的探讨。这些研究方向的确立,意味着研究不再仅仅限于传统教科书的框架,而是拓展视野,走向新的交叉、融合。

在新的历史条件下,要推进马克思主义哲学研究,必须处理好传承与发展的关系。这里讲的传承,既指马克思主义哲学理论本身的传承,同时也指马克思主义哲学研究传统、研究成果的传承;这里讲的发展,既指马克思主义哲学理论本身的不断创新,同时也指马克思主义哲学研究水平的突破与提升。要加强马克思主义哲学的研究,无疑需要继承本学科的优良传统,但更需要推进理论创新。严格说来,只有在创新中才能得到真正的传承。就以基础理论研究来说,同样是马克思主义哲学史的研究,不能仅仅限于通史式的描述与阐释,应当调整和改变原有的研究范式和研究方法,加强断代史、专题史、问题史的研究,使其焕发生机、走向当代;同样是哲学原理的研究,不能将其做僵化、固定化的理解,应当善于根据新的情况、新的研究成果,不断调整和完善原有的理论,因为基本原理也是发展的、开放的。总之,唯有探索和创新,才能弘扬和传承学科传统,切实加强马克思主义哲学学科的建设。

现在我们所处的时代是一个社会大变革的时代,这是一个需要理论而且能够产生理论的时代。社会的深刻变革,实践的重大创新,给马克思主义哲学研究提出了许多新的课题,同时也提供了强大动力和广阔空间。这是马克思主义哲学繁荣、发展的大好机遇。研究应当面向现实,强化问题导向、问题意识,在问题研究中凸显马克思主义哲学的价值与魅力,同时也给新的实践提供一定的理论支撑。因此,加强基本理论研究与加强问题研究应当是统一的,而不应是分离的。我们的哲学研究应当有这样的理论自觉,也应当有这样的责任担当。

推进马克思主义哲学的发展,不仅要加强基本理论和现实问题的研究,而且要加强"对话"研究。加强与国内外相关哲学、思想流派的对话、交流,这是深化马克思主义哲学研究的一个内在环节和重要渠道。

马克思主义哲学本来就是一个开放的思想体系,它正是在同其他哲学和思想流派的对话、交锋中不断形成和发展起来的。今天,在新的历史条件下,要深化马克思主义哲学研究,同样需要加强对话。通过对话,可以加强沟通,消除隔阂和误解;可以打开思路,促进深入思考;可以相互启发,互为借鉴。就此而言,我们的研究必须有宽广的学术眼光,注意吸收借鉴人类文明的有益成果,使马克思主义哲学在世界文化的发展中发挥更大的作用,做出新的更大的理论贡献。

"北大马克思主义哲学研究丛书"是"北京大学人文学科文库"的一个组成部分。它为从事马克思主义哲学研究的北大学者搭建了一个开放的研究平台,可以汇聚马克思主义哲学学科的学术骨干力量,形成整体性的发展优势,奉献能够代表北大水平的研究成果,展示北大马克思主义哲学学科的研究业绩和特色,为拓展和深化马克思主义哲学研究、加强学科建设发挥重要的促进作用。我们将努力把本套丛书打造成为体现北大马克思主义哲学研究水平和特色的标志性品牌。

本套丛书的策划和出版得到了北京大学、北京大学哲学系以及北京大学出版社的大力支持,在此表示衷心的感谢和诚挚的敬意。

丰子义
2018 年 5 月 1 日

目　录

导　论 ·· 1
 一、文化问题的当代凸显 ··· 1
 二、社会发展视域中的文化发展 ······································ 10
 三、文化发展研究的当代使命 ··· 24

第一章　文化研究的理论基础与方法论自觉 ······················· 33
 一、文化概念的内涵与层次 ·· 33
 二、马克思主义文化研究的探索历程 ······························ 42
 三、文化研究的理性自觉 ··· 61

第二章　当代文化发展的时代境遇与基本特征 ··················· 68
 一、时代境遇的合理把握 ··· 68
 二、当今时代文化发展的基本特点 ·································· 82
 三、发展中国家文化发展的主要特征 ····························· 104

第三章　当代文化发展的内在矛盾与发展趋势 ·················· 116
 一、文化发展的时代主题 ··· 117
 二、文化发展的经济基础 ··· 131
 三、文化发展的技术条件 ··· 144

四、文化发展的形态变迁 …………………………………… 156

第四章　日常心理的当代发展 ………………………………… 172
　　一、日常心理与文化发展的内在联系 ………………………… 172
　　二、当代中国社会日常心理的新动向 ………………………… 185
　　三、当代中国日常心理的健康发展与合理引导 ……………… 201

第五章　大众文化的当代发展 ………………………………… 209
　　一、大众文化的当代发展与合理把握 ………………………… 209
　　二、大众文化的表现形式与发展趋向 ………………………… 217
　　三、大众文化发展模式的比较与探索 ………………………… 229
　　四、大众文化与文化主旋律的良性互动 ……………………… 237

第六章　理论思潮的当代发展 ………………………………… 245
　　一、当代理论思潮的总体态势 ………………………………… 245
　　二、西方理论思潮的内在分裂趋势 …………………………… 249
　　三、中国理论思潮的多元激荡趋势 …………………………… 255
　　四、理论思潮有序发展的路径选择 …………………………… 259
　　五、引导理论思潮发展的若干关系 …………………………… 264

第七章　当代文化的生产与消费 ……………………………… 268
　　一、文化生产与消费的兴起与发展 …………………………… 269
　　二、文化生产与消费的理论审视 ……………………………… 276
　　三、文化生产与消费的时代特征 ……………………………… 284
　　四、推动文化产业的健康发展 ………………………………… 289

第八章　当代文化的传承与创新 ……………………………… 300
　　一、文化传承与创新问题的当代彰显 ………………………… 300
　　二、传统文化现代转化的模式选择 …………………………… 304
　　三、传统文化现代转化的现实路径 …………………………… 313

第九章　当代文化的传播与交流 …………………………… 322
  一、当今时代文化传播的全球碰撞 ………………………… 323
  二、当今时代文化交流的内在变革 ………………………… 329
  三、网络文化的凸显与治理 ………………………………… 338

第十章　当代文化的分化与整合 …………………………… 345
  一、文化分化与整合问题的当代出场 ……………………… 346
  二、文化整合的价值取向与实现方式 ……………………… 360
  三、当代中国文化共识的建构与认同 ……………………… 374

第十一章　当代中国文化的发展历程与机遇挑战 ………… 385
  一、当代中国文化自改革开放以来的发展历程 …………… 385
  二、当代中国文化建设在中国特色社会主义新时代的
　　机遇与挑战 ……………………………………………… 399
  三、当代中国文化建设在构建人类命运共同体中的
　　机遇与挑战 ……………………………………………… 410

第十二章　社会主义文化强国的实施方略 ………………… 426
  一、文化发展的目标定位 …………………………………… 426
  二、文化强国的发展战略 …………………………………… 432
  三、文化强国的建设路径 …………………………………… 444

主要参考文献 ………………………………………………… 473

后　记 ………………………………………………………… 479

导 论[*]

文化兴国运兴,文化强民族强。一个国家、民族要屹立于世界民族之林,离不开文化的积极引领;一个国家、民族要实现振兴强盛,需要以文化的繁荣发展为支撑。在世界形势发生深刻变化的条件下,以什么样的眼光看待文化,以什么样的思路推动文化发展,是我国文化建设与发展必须明确的重要问题。立足当代社会发展现实,密切关注当今时代文化发展的新特点、新趋势,认真总结国内外文化建设的历史经验,深入探索中国特色社会主义文化发展道路,对于深化文化问题研究,顺利推进我国文化发展具有重要意义。

一、 文化问题的当代凸显

文化历来是与"人化"联系在一起的。有了人类活动,就开始有了文化。虽说有人类就有文化,就有对文化的关注,但其关注度今非昔比。伴随当代社会的深刻变化和快速发展,无论在国内还是在国际,文化问题日益成为人们普遍关注、高

---

[*] 本章部分内容曾以《社会发展视阈中的文化发展》为题,发表于《学习与探索》2017年第3期;另有部分内容以《当代文化发展研究的意义与使命》为题,发表于《中原文化研究》2018年第6期。

度重视的热点问题,以致形成一轮又一轮的"文化研究热"。文化问题的日益凸显,主要是由当今时代出现的新情况、新变化引发的。

其一,当代社会发展越来越突出文化问题。社会发展不同于自然发展,只要是社会发展,就不可能是"自然"的,而是"人为"的,即有文化的因素参与其中。但是,在不同时代、不同历史条件下,文化在社会发展中的地位和作用是不同的,甚至是有天壤之别的。在古代社会,尽管文化对社会的发展也有较大的影响,但这种影响是有限的。由于文化发展总是迟滞于社会发展,因而它的"领跑""助推"作用并不是那么明显,人们对于生活其中的文化也并无什么特殊的感觉。近代以来,随着传统农业社会向现代工业社会的转变,这种状况开始得到了重大改变,经济社会发展主要不是依靠资源、自然条件和传统经验与技艺,而是依靠科学技术与文化,文化因素发挥了重大作用。特别是从工业经济向知识经济的转换,这种作用更为明显。

当代社会发展虽然高度依赖文化的发展与创新,但在其具体推进过程中又不可避免地遇到这样两个与文化直接相关的问题:一是文化发展与经济社会发展的协调问题。就世界范围来看,不少国家在其发展过程中主要致力于经济的发展,并没有将文化的发展放到应有的位置,以致文化发展始终是一个短板。这样的发展,既不能持续,又不会有什么后劲,因而加快文化发展必然要提上议事日程。二是社会发展的文化追求和价值取向问题。经济发展对于整个社会发展来说无疑是重要的,但又不是唯一的。发展究竟意味着什么,追求的是什么,如何合理看待发展,这些都涉及发展的文化与价值问题。这一问题直接关乎未来的发展,因而引发了对发展本身的重新认识和探讨,这就是赋予发展以更多的文化与价值内涵。这些问题的出现,事实上就在发展中把文化问题推到了前台,以致研究发展不能不重视文化问题。

其二,人类文明的发展越来越突出文化问题。迄今为止,人类社会在漫长的发展过程中先后经历了原始文明、农业文明、工业文明三大阶段,目前正在向后工业文明迈进。每一种文明都有其相应的文化。伴随文化的发展,人类文明总体上不断趋向进步,特别是自近代以来,人类文明的发展程度空前提高,从而引起世界历史的重大转折与变革。

有学者认为,"1500 年被历史学家普遍看作是中世纪社会和近代社会之间的分水岭。这一新时代的最初两个世纪在历史上非常重要,发生了一系列不同的事件,如价格革命、商业革命、宗教改革、文艺复兴、地理大发现、新大陆殖民、世界贸易发展以及作为欧洲政治组织最高形式的民族国家的出现"①。近代以来,特别是工业革命以来知识与技术的进步以及经济快速增长确实极大地改变了人类生存发展状况:人类认识和行为的理性化程度空前提高,人类控制自然的能力和创造能力空前增强,人类生活条件空前改善,人类文明达到了前所未有的高度。但是,随着工业文明的发展,理性主义文化也日益暴露出深刻的矛盾与冲突,主要表现为技术理性与人的发展之间的矛盾、科技与人文之间的矛盾。一方面,科技的发展带来了社会生产力的进步,极大地改善了人们的生存条件;另一方面,理性主义的扩张和滥觞又给人类带来始料未及的后果。在彰显人的主体性的同时,人的生存发展受到严重威胁;在向科技进军的同时,又出现了技术对人的统治。人类文明遇到如此的困境,文化问题受到世人的高度关注,因为它直接涉及人类的生存,关乎人类发展的命运。

近年来,现代性问题之所以受到高度重视,实际上就是由人类文明发展的问题引发的。现代性的出现确实给人类创造了一种新的文明,将人类社会带入现代社会。但现代性在创造文明的同时,又将人的生存发展置于灾难境地:人的生存空间受到强烈挤压,人们逐渐远离自己的精神家园,物欲的诱惑和驱使使人变为经济动物。这就是所说的"现代性危机"。现代性问题直接暴露出文明发展的问题,同时暴露出现代理性文化的内在矛盾与冲突。正是现代性危机的出现,使人类文明研究必然关注文化问题。文化问题不解决,文明也难以顺利推进。

其三,全球化的发展越来越突出文化问题。伴随现代化的快速推进,全球化也在不断深入发展。全球化就其主要内容和重点来说无疑是经济全球化,但全球化并非一个纯粹的经济问题,它必然会渗透于政

---

① 〔美〕道格拉斯·诺斯、罗伯斯·托马斯:《西方世界的兴起》,厉以平、蔡磊译,北京:华夏出版社 2009 年版,第 149 页。

治和文化领域,其发展本身包含着深刻的文化价值内涵。例如,世界市场体系的建立要求推进现代金融业的发展,而现代金融业的发展客观上要求现代信用制度达到较高的程度,因为金融体系就是通过稳定增长的信用制度而维系和发展的,一旦信用出了问题,就会危及整个金融体系乃至整个经济体系,从而引发全球性的金融危机和经济危机。2008年爆发于美国的金融危机,从一定意义上说就是一场市场文化危机。从实际情况来看,全球经济发展的文明和文化问题主要是在经济运行上体现出来的。首先是经济运行规则的制定。全球经济贸易的推行,证券、投资市场的发展,都需要有一定的规则。这些规则是如何制定的?制定出来的规则是否对所有国家都公平、合理?这显然涉及价值理念、法律规范、制度体系等问题。其次是规则的实施。规则一经确立,就要遵守执行。但在实施的过程中,同样要触及文明和文化问题。因为对同一规则、同一事物,不同的文明和文化会有不同的理解和认识,实施起来也会有不同的差异。为什么在全球经济事务中常常产生那么多的摩擦?除了经济和政治因素之外,重要的一点就是不同的文化在作祟。在每一个重要的经济举措、经济行为的背后,都会发现不同文化的"影子"。为此,全球经济要想有序发展,各个国家的经济利益和经济安全要想得到合理维护,就迫切需要全球性的文化与文明建设,从而使全球经济真正成为文明经济。

全球化并非仅仅限于经济领域,而是涉及社会生活的方方面面,因而引发的"全球问题"也极为广泛复杂,如合作与冲突、竞争与垄断、共赢与博弈、和谐与霸权、安全与恐怖、生态文明与资源争夺、文化交流与价值冲突、宗教宽容与宗教冲突、外交互信与军事冲突、贸易自由与贸易保护等。这些问题虽然产生于社会生活的不同层面,但在深层次上都涉及文化价值问题。恰恰是在文化价值观上的不同理解和分歧,导致各种问题的出现和不同解决方式的产生。显然,要推动全球化沿着健康的方向发展,必须自觉关注全球化中的文化问题,用进步的文化价值观念引领全球化的发展。为此,对全球化应有清醒的反思意识,形成正确的价值判断和合理的应对态度,以自觉指导实践。

其四,国际竞争越来越突出文化问题。当今世界,各个国家之间经济联系和交往关系日益密切,相互间的竞争也日趋激烈。综合国力的竞争既包括经济、科技、国防实力的竞争,也包括文化实力的竞争。从发展的态势看,文化竞争日益成为国际竞争的重点。自第二次世界大战以来,国际竞争逐渐从军事领域转向经济领域,再从经济领域转向科技领域,而后又从科技领域转向文化领域。与此相应,西方发达国家也从谋求军事霸权到谋求经济霸权再到谋求文化霸权。可以说,20世纪上半叶的主流是军事竞争,20世纪下半叶的主流是经济竞争,21世纪的主流可能是文化的竞争。因此,一个国家、民族要想在国际舞台上站稳脚跟,不能没有文化的巨大发展与精神财富的巨大创造。

站在新的历史起点上,每个国家、民族要谋求发展,都必须对文化竞争、文化发展有一个清醒的认识。特别是对于发展中国家来说,更是如此。发展中国家之所以发展缓慢,固然是由经济原因直接引起的,但文化发展上的迟缓则是一个不容忽视的重要方面。反观我国的文化发展,应当首先肯定,伴随经济的崛起,文化事业、文化产业以及其他方面的文化建设取得了长足的进步,但文化发展还是相对滞后,文化发展落后于经济发展。当代文化的竞争,涉及的并不仅仅是文化市场份额的大小、文化产品和文化收入的多少,更重要的是关乎意识形态主动权的得失、文化影响力的强弱。在世界文化市场上,与文化产品、文化资源相互交换的同时,意识形态和价值观的渗透也随之而来,思想文化上的交流、交融、交锋比以往任何时候都更加频繁。面对这样的世界文化格局和文化挑战,如果一个国家、民族不能形成自己的文化优势,就无法在激烈的国际竞争中维护自己的文化安全,捍卫国家的文化主权,保持自己文化的生存和发展。

由上述原因所造成的文化问题凸显,使人类又走到一个重要的历史转折点。对于这一转折及其所产生的社会影响,国内外不少学者进行过不同程度的描绘和说明,尽管角度和看法不尽相同,但均突出文化在当代社会的地位与作用。例如,加拿大学者 D. 保罗·谢弗(D. Paul Schafer)对当今时代的评论就很有代表性。他在《经济革命还是文化复兴》一书中通过对近代以来人类社会历史的考察,明确地提出了一种新的时代划分,即经济时代与文化时代,认为人类正在步入新的时代——"文化时代"。在谢弗看来,过去的两个世纪,人类历史基本上是属于"经济时代",在这一时代,经济增长与物质财富的创造是中心,因而"这个时代在很大程度地依赖信息、科学、技术、资讯、资本主义和物质主义的同时,又将这些和其他因素编织到它庞大的运行体系中"[①]。与这个时代相适应,人们形成的观念也是"经济世界观",即把各种形式的文化(如艺术、体育、娱乐、教育和交流活动等)作为实现经济目的的手段,而不是仅限于这些活动本身,因为这些手段能够带来充分的经济和商业利益。例如,就艺术活动而言,主办方主要考虑的是它们具有怎样的"倍增器效果",这涉及交通、通信、旅游、服装、饭店、旅馆等,可以提高企业和产业的知名度,以及带来持久不断的消费、投资、收入、就业和旅游业发展效应。[②] 谢弗认为,这种时代已经走到了尽头,人类正在开始步入新的时代——"文化时代"。文化时代之所以有别于经济时代,就在于它不是把经济增长放在首位,而是把文化发展放到优先地位,全部社会发展都要注入文化内涵,并以提高整个文化和文明水平为旨归。与此相适应,文化时代形成的是"文化世界观",即以文化为中心来看待事物及其发展。当然,"文化世界观并不排斥经济世界观。相反,它包含经济世界观——当然还有其他诸多内容——从而体现出一种更加广泛、深刻并且也更具根本意义的对待生命、生活、现实、世界、世界体系、人类生存状况,以及大自然的方式"[③]。正是基于人类学即人类生存与发展境况的视角,谢弗提出,如果人类想要拥有一个富于成果的未来并且为人类文明的发展方向做出高明的和可持续的抉择和决策,就必须进行时代的转型,即由经济时代迈向文化时代。应当说,谢弗提出的观点是可以讨论的,其基本用意是可以理解的,这就是文化问题在今天比

---

① 参见〔加拿大〕D. 保罗·谢弗:《经济革命还是文化复兴》,高广卿、陈炜译,北京:社会科学文献出版社 2006 年版,第 5 页。
② 同上书,第 146 页。
③ 同上书,第 358 页。

以往任何时候都更为突出,以至考虑时代的发展和人类社会的发展必须重视文化的发展。

文化问题日益凸显、日益重要,引发了世界性的文化关注与文化研究。众多学者和学派均从不同角度、不同立场对文化问题给予了具体的分析和考察,并提出了相应的主张。按其关注的问题和分析的角度,当代文化研究大致可以分为以下几种主要路向:

一是文化批判的路向。这主要是针对近代以来由理性主义、科学主义的过度发展而引起的文化危机所进行的文化反省与批判。早在20世纪初,一些学者就对现代文化开始了反思性的分析,如韦伯(Weber)关于工具理性与价值理性内在冲突的分析,胡塞尔(Husserl)关于欧洲科学危机的文化分析及其"生活世界"理论的阐发,弗洛伊德(Freud)关于现代人普遍的精神疾患的分析等。而在20世纪影响较大的主要是这样一些文化批判思潮:首先是存在主义的文化批判。以海德格尔(Heidegger)和萨特(Sartre)为代表的文化批判,重点是揭示理性文化统治下人的生存发展状况,批驳技术理性主义,强调人的自由和历史责任感。其次是西方马克思主义的文化批判。以卢卡奇(Lukács)和葛兰西(Gramsci)为代表的早期西方马克思主义和以法兰克福学派为代表的社会批判理论在理论指向上是一致的,即突出文化革命。但是,其侧重点有所差别:早期西方马克思主义代表人物侧重于阶级的意识形态和文化领导权问题;后来的西方马克思主义者则将重点从阶级的意识转向全社会的文化境遇,以克服人的异化状况为旨归。最后是后现代主义的文化批判。作为一种文化思潮,后现代主义所要解构和批判的对象就是技术理性主义和工业革命以来的"现代性",强调多元、差异、宽容、碎片、断裂、对话、交流等,否定或重建现代文化。后现代主义的文化批判理论无疑是极端的、片面的,但其所提出的问题却是值得沉思的。

二是文明问题研究的路向。文化与文明是交织在一起的,研究文化必然要涉及文明,并以促进文明为目标。对于文明问题的研究,大体上是从两个维度展开的:一个是纵向的维度,即对文明形态演进的研究。国内外学界比较普遍的看法是把人类文明的演进划分为原始文明、传统农业文明、现代工业文明,也有的学者在这几大文明之后又追加了一个"后工业文明",意指人类正从工业文明向后工业文明转变。在文明形态研究中,斯宾格勒(Spengler)和汤因比(Toynbee)有较大的影响,他们的共同特点是反对仅仅把政治国家及其政治形态的演变作为研究的对象,而主张从文化入手来研究历史,并试图探索文明发展的规律。另一个是横向的维度,即对各种文明共时性的相互间关系的研究。在这方面,国内外许多学者从不同学科、不同角度做过大量实证的以及理论的比较研究,提出了许多看法,比较有影响的是人们所熟悉的美国学者亨廷顿(Huntington)提出的"文明冲突论"。这一理论的基本观点就是要说明,冷战后世界的冲突不再是政治冲突,而是文明的冲突,文明的冲突将成为国际政治的主要战场。这样的研判不仅仅是对当代文化发展的看法,同时也有其深刻的社会政治考量。

三是意识形态问题的路向。在文化研究中,意识形态是一个无法绕开的重要问题。如果说在历史上意识形态有时还被作为一般"思想观念"或"观念科学"来看待的话,那么,进入20世纪后,意识形态更多具有政治价值内涵。不同的学者和学派都在这一问题上表明了自己的立场。西方马克思主义从总体上看继承了马克思的基本立场和观点,认为意识形态本质上是一种虚假意识,具有很大的欺骗性,其主要功能是通过粉饰现实生活为现存统治辩护;意识形态同时是一种强有力的统治力量和操纵力量,力图控制人们的生活世界。可以说,西方马克思主义对于意识形态基本上采取的是批判的态度。第二次世界大战结束后,面对世界经济政治形势新的变化,"意识形态终结论"开始兴起。像丹尼尔·贝尔(Daniel Bell)、雷蒙·阿隆(Raymond Aron)、阿尔贝·加缪(Albert Camus)、李普塞特(Lipset)、卡尔·曼海姆(Karl Mannheim)等就是主要代表人物,其中贝尔最具代表性。他的《意识形态的终结》一书集中阐发了这一观点,认为传统意义上的意识形态已经过时,无论社会主义还是资本主义都正在趋同,都在面临相同或相似的任务,所谓的"左"与"右"之争已经失去了意义。在20世纪八九十年代,弗朗西斯·福山(Francis Fukuyama)又紧随其后,从"意识形态的终结"演变为"历史的终结",认为冷战的结束意味着自由民主制度取得了全球的胜利,自由民主制度将构成"历史的终结"。虽然近年来"意识形态终结论"和"历史终结论"有所收敛,但有关意识形态的分歧和争论始终没有停止,并在以各种方式表现出来。当代文化竞争很大程度上就反映了意识形态的竞争。

四是全球性文化问题研究的路向。文化的当代性肯定离不了文化的全球性。全球化的深入发展,不仅在经济上引起了世界性的大变革、大调整,而且在文化上也产生了世界性的复杂而深远的影响。全球化一方面促进了不同文化之间的广泛传播与交流,有助于各种文化相互借鉴吸收,共同繁荣发展;另一方面又加剧了不同文化间的交锋和竞争。西方一些国家借助经济、政治上的地位与优势,强力推行其文化与价值,形成了新的"文化霸权主义",破坏着文化的平等交往和文化的多样性发展。也正是这样一种文化生态,引起了世界性的文化关注与讨论,并形成了严重的意见分歧。围绕全球化,文化讨论的问题主要涉及文化的全球化与民族化、文化的同质化与异质化、文化的统一性与多样性、文化的分化与整合、文化的认同与危机、文化的合作与冲突、文化的安全与风险等。对于这些问题,不同的国家形成了各自的立场与不同的解决方案。这些问题之所以受到各个国家的高度关注,原因就在于文化乃是民族之根、民族之魂,假如根断魂飞,民族的发展也就没有任何指望了。而且,在全球舞台上,一个国家一旦失去了文化上的话语权,就很难真正维护和确立本民族在世界格局中的地位。正因如此,当代各国都特别注意加强文化研究,并采取相应对策应对全球化。

事实上,当代文化研究除了上述几种主要路向外,涉及的领域和范围还有很多,诸如大众文化、网络社会中的文化、文化产业化、文化的媒体传播等,都是谈论较多的话题。随着问题研究的扩展与深化,整个文化研究的水平也在不断提升,影响越来越大。早在20世纪上半叶,曼海姆就曾经指出,在今天,"我们所有的科学(除自然科学外)都已成为文化的科学,而我们所有的哲学则都已变成文化的哲学"①。他还特别指出,对于文化的广泛关注与研究始于当代,"从历史哲学的立场考虑,文化社会学产生于当代",而且"包括文化哲学在内的相关学科也产生于当代。尽管被一只无形之手引导,当今人文科学的整个体系旨在努力从其历史进程及其系统特性方面来领悟文化现象"。②曼海姆虽然是从学科的角度描述了文化研究的现状,但也反映了当今时代文化研究的实际情况。

二、社会发展视域中的文化发展

如何推进文化发展,取决于如何看待文化及其发展。在新的形势下为实现我国文化又好又快发展,必须确立文化发展的新理念,明确文化发展的新思路。从社会发展的视域来审视文化发展,这是实现理论自觉的客观要求。

(一) 文化发展的把握方式

对于文化发展,可以有不同的把握方式,既可以用文学、艺术、宗教、心理学的方式来把握,又可以用传播学、社会学、经济学等方式来把握。这些方式均可从不同方面对文化及其发展做出具体细致的探讨,推进文化发展的研究,因而有其不可替代的重要价值。但是,就其文化发展的总体而言,最为重要的还是从社会发展的视角来把握。对于一个国家、民族来说,文化发展最为深刻的意义和价值在于对社会发展的影响,因而必须从社会发展的视角来看待文化发展,从社会发展的战略眼光来审视和谋划文化发展。这是不同于各门具体学科研究的独特方式。

今天研究文化发展,目的很明确,就是要促进社会更为顺利地发

---

① 〔德〕卡尔·曼海姆:《文化社会学论要》,刘继同、左芙蓉译,北京:中国城市出版社2002年版,第11页。

② 同上书,第3—4页。

展。为什么现在我们特别关注和强调文化的发展？为什么把文化发展放到如此重要的位置？其原因不仅在于文化本身，还在于文化所展示的意义与价值，在于文化对整个社会发展的重大作用与影响。只有从社会发展的总体目标和要求出发，才能对文化的地位、作用、发展的方式和路径等有一个更为明确的认识，才便于有效地推进文化发展。因此，研究文化发展，是为社会发展服务的。这也正是将文化放到社会发展中来研究的基本缘由。

事实上，要真正透彻地理解和把握文化发展，也不可能离开社会发展。其一，只有立足社会发展的全局，才能对文化及其发展加以清楚的审视和认识。因为文化本身并不是自足的，其存在和发展也不是孤立进行的，脱离了社会大环境，很多文化问题难以得到透彻的说明。就文化谈文化，很难谈出什么结果来。有些观点和结论看似新颖，但离开了社会现实，有可能是对文化发展问题的"误诊误断"。相反，立足于社会发展全局，才能避免"盲人摸象"的弊端，真正认识文化发展的现实，进而做出合理的判断。其二，只有从社会发展的总体出发，才能对文化发展有一个结构性的把握。在社会生活中，文化作为其中一个重要组成部分，总是与经济、政治、社会等联系在一起，其发展必然会受到这些条件的影响和制约。文化要实现顺利发展，必然有赖于社会的结构性合理发展，即社会结构的协调、和谐。没有这样的协调、配合，文化不可能持续地"单向突进"。也正因如此，通过社会发展的宏观研究，可以发现文化发展的有利条件是什么，不利条件是什么；文化发展缺什么，应该补什么。这样，便于增强文化发展的针对性，便于文化发展的合理推进。其三，只有了解社会发展的逻辑，才能把握文化发展的逻辑。如同社会发展有其内在逻辑一样，文化发展也有其自身的逻辑。例如，在一个国家或民族中，文化从何而来，向何而去；文化在不同历史阶段为何会呈现出不同的特点；在一定历史阶段，文化发展为何会出现如此这般的问题；解决问题的方式为何不可能采用一个统一的模式；文化发展应当遵循什么样的原则……这些都反映和体现了文化发展的逻辑。文化发展为何会形成这样的逻辑？这固然与文化发展自身的原因直接相关,但更重要的是背后的社会发展逻辑使然。文化发展的逻辑在很大程度上是由社会发展的逻辑支配的。离开了特定的社会发展逻辑,文化发展的逻辑是很难理解和把握的。因此,文化发展的逻辑既是自律的,又是他律的。研究文化发展,不能割断两种逻辑的联系。

总之,研究文化发展,不能局限于文化本身,而应从与社会发展的"关系"中来研究。这样的研究方式和把握方式,并不是轻视或削弱文化自身的研究,而恰恰是要从根本上加强这一研究,使其沿着正确的方向发展。加强"关系"的研究,其效果是双重的:一方面,有利于文化问题的深入阐发和深刻把握,能够给文化发展提出方向性、全局性、战略性的指引;另一方面,有利于对社会发展做出全面的理解和认识,对文化在社会生活中地位和作用的新认识,无疑有助于推进社会全面、合理的发展。这样的研究方式和把握方式,其实也正是马克思研究文化问题的基本方法。马克思对于文化问题的关注,始终是同资本批判和资本主义社会的研究直接联系在一起的,是通过各种社会问题的剖析和解答予以阐发的。今天,我们的研究同样需要继承这一传统。

(二) 文化发展与社会发展的内在联系

研究文化发展之所以不能离开社会发展,更为深刻的原因在于二者之间不可分割的内在联系。要揭示文化发展与社会发展的内在联系,必须首先厘定文化在社会生活和社会发展中所扮演的角色和所承担的功能。一般说来,文化在社会生活和社会发展中主要扮演着这样一些角色:

一是作为社会特殊领域的文化。社会生活是丰富多彩的,既有物质生活、政治生活,又有精神生活。与之相对应,社会的构成也分为经济领域、政治领域和文化领域,文化是相对经济、政治而言的。文化作为精神领域,主要包括社会心理和社会意识形式两大层次。社会心理属于自发状态的文化,指的是在社会中流行的,没有经过系统化、理论化的精神状态,通常表现为情感、情绪、性格、愿望、追求等。社会意识形式属于自觉状态的文化,包括政治法律思想、道德、宗教、哲学、艺术等,具有比较鲜明的意识形态性。一个文明进步的社会必然是社会生活全面进步的社会,一个现代化的强国必定是经济、政治、文化等领域协同发展的国家。

　　二是作为社会运行机理的文化。文化从根本上不是与经济、政治等相并列的领域或附属现象,而是人的一切活动领域中内在的、机理性的东西。文化作为社会和历史运动的内在机理,无论它的存在还是它的变迁,都是社会发展和历史运动不可忽略的重要内涵。① 文化之所以能够成为这样内在的、机理性的东西,就在于它是在历史中长期形成的、历史积淀下来的被社会群体所共同遵循或认可的行为模式,是社会生活和社会运行的某种习惯性的规则。尽管它是看不见、摸不着的,但是其无所不在,以一种内在的方式发挥着重要作用。

　　三是作为人的"生活样法"或生存方式的文化。人既是文化的创造者,又是文化的创造物。人总是生活在一定的文化环境中,自觉不自觉地受到特定文化的熏陶,并被这种文化所塑造。经过长期的历史发展,文化逐渐凝结成人的稳定的生活方式或生存方式,每个人都是在这样的方式中生存和发展的。对此,国内外一些学者在阐述文化与文明时,都有过这样的理解和表述。如胡适曾把文化定义为"人们生活的方式"。他从区分文化与文明入手,指出:"第一,文明(civilization)是一个民族应付他的环境的总成绩。第二,文化(culture)是一种文明所形成的生活的方式。"② 梁漱溟也大致做了同样的理解:"文化并非别的,乃是人类生活的样法。……文化与文明有别。所谓文明是我们在生活中的成绩品,——譬如中国所制造的器皿和中国的政治制度等都是中国文明的一部分,生活中呆实的制作品,算是文明,生活上抽象的样法是文化。"③

　　四是作为价值规范、行为规范的文化。任何文化都包含有自己独特的价值观,都体现为对一定价值的追求,并由此形成了独特的价值准

---

① 参见衣俊卿:《文化哲学十五讲》,北京:北京大学出版社 2015 年版,第 38 页。
② 胡适:《胡适选集》,胡明编选,天津:天津人民出版社 1991 年版,第 188 页。
③ 罗荣渠主编:《从"西化"到现代化》,北京:北京大学出版社 1990 年版,第 58—59 页。

则和行为规范。文化作为价值准则和行为规范，提供着关于对与错、善与恶、美与丑、真与假、是与非等一系列评价标准，这些标准经由社会传授、教育，逐渐内化为人们的善恶感、正义感、羞耻感、审美感、是非感等，从而形成了一定的价值规范体系，进而成为人们的行为规范体系。在现实生活中，人们总是自觉不自觉地遵从某种价值规范和行为规范体系，要了解其行为方式和交往方式，首先需要了解对人的行为起着制约作用的文化规范。

上述形式的文化所扮演的角色不同，对社会发展产生的影响、作用的方式也不同，与社会发展的关系自然也不同。

作为社会特殊领域的文化，是在与其他领域的互动中影响社会发展的。文化的产生和发展，归根结底是由经济、政治决定的，但在现实发展过程中，文化对经济、政治以至整个社会生活的作用又是重大的，有时甚至是决定性的。其作用不只是体现为对经济、政治的"反作用"或外在影响，更主要的是体现为"内在于"这些领域之中，直接左右其发展。如在经济领域中，一定的经济体系不仅包含着相关的法律、体制、共同认可并遵守的基本规则，而且包含着一整套经济理念、市场规范、价值指向等，这实际上就是以体制或规则形式存在的文化。又如在政治领域中，无论是政治制度、政治体制的确立，还是政治管理、社会治理的实施以及整个政治体系的运作，都受特定政治文化的支配并体现着这种文化。特别需要注意的是，随着科技进步和知识经济的快速发展，文化融入社会生活的程度日益加深，以至社会各领域很难截然分开。文化并非仅仅是观念形态，而是参与经济价值的创造，文化产品本身就是商品，能够直接带来经济效益。

作为社会运行内在机理的文化，是以类似机器体系工作原理、工作方式的形式来影响社会发展的。例如，一个社会的经济发展是否具有活力、是否高效快速，往往取决于它的决策机制、营销机制和管理机制是服从于传统模式还是服从于现代模式，这实际上是两种不同的文化模式或文化机理在起着关键性的作用。因此，经济问题、政治问题以及各种社会问题,需要从文化机理上加以分析和探讨,才能加以深刻理解和把握,进而加以合理地推进。

作为人的"生活样法"或生存方式的文化,是以通过影响人的生活方式和生存活动而影响社会发展的。文化是历史长期发展的积淀,它像血脉一样融化在社会的各种生活之中,并自发地左右着人的各种日常活动。在一定历史阶段,人们总是生活于这样的文化环境或文化模式之中,自觉不自觉地按照这样的生存方式来活动。正因为文化成了人们的"生活样法"和生存方式,所以它对个体的作用是潜移默化的,并且具有某种强制性。当我们的活动与行为和文化要求保持一致时,我们并不会感受到文化的作用和力量;一旦离开或违背了原有的文化环境和生存方式,则会明显感受到文化特有的力量。文化的这种作用与力量自然会通过个人的活动而影响到社会的变化与发展。

作为价值规范、行为规范的文化,是通过对人的观念、行为的引导来影响社会发展的。一般说来,文化主要是通过家庭启蒙、社会心理、社会舆论、学校教育、新闻传媒等渠道将系统的价值体系和行为规范体系加诸各个个体,实现文化的规范和约束功能。这种规范和约束几乎涉及个体行为的所有方面,如衣食住行、婚丧嫁娶、生老病死、言谈举止、待人接物、日常交往、公共事务等各个方面。从历史上看,在传统社会,人们的行为更多地受传统习俗、礼仪、家规家法、宗法观念、乡规民约、伦理纲常等的支配和影响;而在现代社会,人们的行为则更多地受理性知识、现代性意识、法律契约、自由民主的价值观念等的影响和规范。这种变化既是文化自身的变化与进步,也是社会发展的重大变革与进步。

从上述对文化不同作用方式的考察可以看出,文化与社会发展的内在联系主要是通过文化对社会、文化对人这两大层面的作用而建立起来的。前者可以称为宏观层面,后者可以称为微观层面。这两大层面并不是彼此分离的,而是相互依赖、彼此支撑的。没有一定的经济、政治、文化制度和社会文化环境,就不可能形成相应的人的"生活样法"

或生存方式;离开了社会个体生于斯长于斯的"生活样法"或生存方式,社会的经济、政治、文化制度也就没有滋生、扎根的土壤。文化就是借助于这两大层面的相互影响、相互渗透而作用于社会发展的。相对而言,宏观层面的文化作用更为显性一些,微观层面的文化作用较为隐性一些。但不管特点如何,都在以各自的方式深刻影响着社会发展。

既然文化对社会生活各领域、对人们的生活方式和行为方式有如此重要的影响,那就必然要求加强文化与社会的协调发展。历史和现实一再证明,一个社会要想得到正常发展,必须有相应的文化支撑,必须有特定的文化与之相适应。一定的文化往往会形成一定的发展理念,而这种发展理念对于整个社会发展至关重要。从历史上看,欧洲中世纪的神学文化和神学发展理念曾经使整个欧洲社会生活置于封建蒙昧状态,由此导致上千年的社会发展缓慢;近代以来理性文化和理性发展理念的确立和弘扬,则创建了一种新的文明,使社会生活充满了生机和活力,欧洲社会由此迈入现代化行列。

关于文化对社会的影响,马克思也曾以德国为例做过具体说明。马克思认为,19世纪的德国同西欧大陆其他国家一样,"不仅苦于资本主义生产的发展,而且苦于资本主义生产的不发展"[①];但是,德国又落后于其他国家,"除了现代的灾难而外,压迫着我们的还有许多遗留下来的灾难,……不仅活人使我们受苦,而且死人也使我们受苦。死人抓住活人!"[②]这里所讲的"遗留下来的灾难",既包括陈旧的生产方式和过时的社会关系、政治关系,也包括陈旧的专制文化。正是不满意普鲁士的文化专制,马克思一开始从事理论研究时就举起思想解放的大旗,诉诸宗教批判、哲学批判。

不仅如此,马克思对于当时德国的哲学与社会发展的不协调也给予了深刻的揭露和批评:"我们是当代的哲学同时代人,而不是当代的历史同时代人。德国的哲学是德国历史在观念上的延续。因此,当我们不去批判我们现实历史的未完成的著作,而来批判我们观念历史的

---

① 《马克思恩格斯文集》第4卷,北京:人民出版社2009年版,第468页。
② 《马克思恩格斯文集》第5卷,北京:人民出版社2009年版,第9页。

遗著——哲学的时候,我们的批判恰恰接触到了当代所谓的问题之所在的那些问题的中心。在先进国家,是同现代国家制度实际分裂,在甚至不存在这种制度的德国,却首先是同这种制度的哲学反映批判地分裂。"[1]德国的哲学正是由于脱离了现实,缺乏现实基础,才走上了纯粹思辨的道路,形成了抽象的"思辨哲学"。为此,马克思强烈呼唤哲学要从天国走向尘世,从"解释世界"走向"改变世界"。这实际上就提出了哲学与社会生活的合理"对接"和协调问题。

　　文化发展与社会发展的关系,不只是由二者的协调性要求决定的,更是由当代文化发展对社会发展的引领性特征凸显出来的。文化发展到了今天,与社会发展的关系经历了巨大的变化。在传统社会,文化虽然也有相对的独立性,但更多带有较强的依附性,即文化总是受制于政治上层建筑、受制于政权力量,文化沦为政治的工具。这样的依附性必然带来发展的滞后性,即文化发展一般落后于经济、技术以及政治的发展。人们世世代代生活于特定的文化之中,除非受到社会变革的重大冲击,这样的文化不会发生多少改变。即使有改变,也不会有实质性的变化。而在当今时代,文化发展的原有格局被打破,文化的引领功能明显增强。随着科学技术与信息化的迅猛发展,文化已渗透到经济发展的全过程,文化资源日益成为经济发展的基础资源,创意、设计、构想等文化创新日益成为价值创造的重要支点,品牌、形象、信誉等文化形态的无形资产日益成为市场竞争的关键所在。经济发展的程度越高,文化的引领性作用就越明显。

　　文化与经济的融合和文化对经济的引领主要经历了三大阶段。第一阶段是科技、知识元素注入经济,形成科技对经济的引领。科技进步不仅成为经济发展的关键因素,而且成为各个国家竞争的核心因素,谁占领了科技的制高点,谁就掌握了竞争的主动权。第二阶段是信息元素注入经济,形成信息对经济的引领。随着信息时代的到来,信息化日益成为经济发展的核心驱动力,无论是工业化还是城镇化、农业现代化,都必须依靠信息化。第三阶段是文化元素注入经济,形成文化对经

---

[1] 《马克思恩格斯文集》第1卷,北京:人民出版社2009年版,第9页。

济的引领。这是高级形态的融合发展。文化元素注入经济,使得经济具有更多的文化含量,更具创意,同时使经济发展进入更高的层次、更高的水平,更具吸引力和竞争力。无怪乎众多国家都把文化产业作为重要的产业来发展。正是由于文化对经济具有这样的引领功能,一些西方学者多年前就提出过这样一个比较流行的命题:"文化是明天的经济!"

文化的引领功能不仅体现在经济上,而且体现在社会生活的方方面面。文化发展强烈地影响整个社会发展,乃至决定着一个国家、民族的前途命运。韦伯在谈到思想文化与经济社会的关系时曾经这样说过:"不是思想,而是物质和合理的利益直接控制着人的行为。然而,由'思想'创造出的'现实形象'常常像扳道工那样,决定了行为沿着哪条轨道被利益推动向前。"[1]韦伯的这个观点有一定道理。推动一个国家发展的直接动力无疑是经济,今天主要是市场经济,但市场经济沿着哪条轨道来发展、来推动整个社会的发展,不是由市场经济本身决定的,而是由"扳道工"的作用决定的。文化作为"扳道工",体现了独特的价值理性和价值取向,对经济和社会发展起着明显的导向作用。一旦"扳道工"出了问题,经济和社会发展就会面临重大风险,乃至酿成大祸。相反,轨道"扳"得正确,则会带来经济社会平稳、快速的发展。因此,关注国家的前途命运,必须关注文化的引领作用。

需要指出的是,在研究文化发展与社会发展的关系问题时,非常有必要对文化的"身份"和地位加以重新理解和认识。通常对文化地位和作用的认识,往往局限于把文化作为一种手段、一种支撑来强调。现在看来,这种"工具理性"式的思维应当加以调整和转换。文化既是推动社会发展的重要手段,又是社会文明进步的重要指标。社会的文明进步,不仅体现在物质财富的增加、GDP 的增长,而且充分体现为经济、政治、文化、社会的协同发展。对此,国际社会也逐渐有比较明确的认识。如联合国教科文组织就提出,"发展最终应以文化概念来定义,文化的

---

[1] Max Weber, *From Max Weber: Essays in Sociology*, New York: Oxford University Press, 1947, p. 280.

繁荣是发展的最高目标"。有的国家甚至提出了要把文化作为发展战略的轴心,经济、社会、技术和教育战略都应围绕这一轴心来展开。之所以会形成这样的认识,原因就在于文化作为社会发展方向的引领,关乎人类发展的命运。文化从根本上解决的是人类"从哪里来、到哪里去"的问题,涉及人类发展的走向与归宿。所以,相对于社会发展来说,这种文化追求可能是更深层次、更高境界的追求。我们应当对文化有这样新的理解和认识。

(三) 研究文化发展需要注意的两个问题

在社会发展的视域中合理地把握文化发展,需要在研究中注意两个原则性的问题:

一是文化发展研究的定位问题。这就是考察文化发展究竟是放到什么样的社会语境中来进行。应当明确,我们今天研究文化发展,是在现代社会的语境中来定位的。也就是说,我们所谈论的社会,不是一般社会,而是现代社会。现代社会既是文化研究的语境,又是文化发展的坐标。脱离了现代社会的语境和坐标,文化发展就会沦为"空洞的抽象"。事实也是如此。今天我们所面对的社会问题,并不是任何社会都存在的问题,而主要是"现代社会"的问题;所面对的发展格局,也不是任何社会都有的发展格局,而是"现代社会"的发展格局。与之相适应,今天我们所面对的文化,也不是一般意义上的文化,而主要是现代文化,各种形式的文化均程度不同地打上了"现代"的烙印。因此,从社会发展的视域来研究文化发展,重点是考察文化与现代社会发展的关系。这也符合马克思研究社会问题的方法论。马克思在研究政治经济学时曾明确指出,"摆在面前的对象,首先是物质生产"[①]。生产有一般与特殊之分。"生产一般是一个抽象,但是只要它真正把共同点提出来,定下来,免得我们重复,它就是一个合理的抽象。"[②]然而,任何社会的生产总是具体的、特殊的,在考察生产时不能因为"有了统一(主体是人,客

[①] 《马克思恩格斯文集》第 8 卷,北京:人民出版社 2009 年版,第 5 页。
[②] 同上书,第 9 页。

体是自然,这总是一样的,这里已经出现了统一)而忘记本质的差别"①。正因为任何社会的生产总是特殊的生产,所以马克思又明确地指出现代资产阶级生产"是我们研究的本题"。这就是说,马克思所要研究的生产,不是生产一般,而是生产特殊,即现代资产阶级生产。马克思研究政治经济学的这种方法论,对于我们研究文化发展、社会发展也是适用的。我们在文化研究中所指涉的社会不是一般社会,而是现代社会;所研究的问题也不是一般问题,而是置于现代社会"普照之光"之下的问题。有了这样的定位,才不致偏离研究的主题。

值得注意的是,对现代社会的研究,同样有一个方法论问题,即应以什么样的态度来看待现代社会及其发展问题。二战后,随着现代社会的快速发展,一方面物质财富取得了巨大增长,另一方面社会各种矛盾、问题日益暴露出来,以致形成了人们经常谈论的现代性困境或危机。这种困境或危机表征于经济、政治、文化、生态以及人的生存方式等各个方面,深刻影响到社会发展和人的发展。为此,众多学派和学者都对现代社会提出强烈质疑和批判,像活跃在20世纪西方哲坛上的主要流派,包括胡塞尔的现象学,舍勒(Scheler)的价值学,雅斯贝尔斯(Jaspers)和海德格尔的存在主义,马尔库塞(Marcuse)、哈贝马斯(Habermas)等法兰克福学派的社会批判理论,利奥塔(Lyotard)、德里达(Derrida)等的后现代主义,以至拉克劳(Laclau)、墨菲(Mouffe)等的后马克思主义等,都对现代社会和现代性持批判态度。但同样是批判,它们所持的态度和所开出的"药方"却大为不同:有的是解构,有的是重建,有的是"祛蔽",有的是揭露,等等。究竟如何看待现代社会和现代性?应当承认,对现代社会和现代性加以批判性反思是非常必要的,固守原来的发展模式肯定会面临更大危机,但反思现代社会和现代性,并不是要取代现代社会和现代性,而是为了促使其更好地发展。在这方面,应当严格区分"外在超越"与"内在超越"的界限。所谓"外在超越",就是像一些激进的后现代主义者所主张的那样,对现代性予以彻底的解构、整体的颠覆;所谓"内在超越",即对现代性的内在矛盾予以

---

① 《马克思恩格斯文集》第8卷,北京:人民出版社2009年版,第9页。

充分揭露,并通过矛盾的合理解决,以求现代性的合理发展,使之更有利于人类与社会的进步。显然,对原有的现代性应当坚持"内在超越"。当代许多文化思潮尽管都对原有的现代性加以批判性反思,但这并不意味着文化发展的方向是反现代性,逆现代性潮流而动。否则,批判反思的结果只能是使文化发展倒退到前现代的水准。

二是文化发展规律的把握问题。无论是文化发展还是社会发展,只要从宏观上来考察,就必然涉及发展规律的问题。正确把握文化发展规律,是研究文化发展不可回避的基本理论问题。在文化发展规律的研究上,有这样几个问题值得重点关注:

首先是文化发展规律的普遍性与特殊性问题。文化发展与社会发展既可以作为两个相互独立的方面来看待,又可以作为一种内在关系来理解,即文化发展本身就是社会发展的一个重要方面、重要组成部分,没有文化发展的社会发展是不可思议的。就此而言,社会发展内在地包含着文化发展。既然文化发展本身就是一种社会发展,那么,社会发展的一般规律也同样适用于文化发展。一定生产方式制约着社会经济、政治、文化,上层建筑必须与经济基础相适应,上层建筑及其各种因素发展具有相对独立性,社会发展既有统一性又有多样性……这些社会发展规律性的东西同样是文化发展的基本规定,文化发展也要符合这些规律。但是,文化发展又有自身的特殊性和规律,不能把社会发展的一般规律与文化发展的规律混为一谈。文化发展自有其独特的运作方式和发展方式,由此形成的规律也是特殊的。文化发展与社会发展既可能相一致,也可能不一致。如马克思在谈到艺术时就这样认为,"它的一定的繁盛时期决不是同社会的一般发展成比例的,因而也决不是同仿佛是社会组织的骨骼的物质基础的一般发展成比例的"[①]。如希腊的艺术直到现代都显示出奇特的魅力,令人叹为观止。所以,"进步这个概念决不能在通常的抽象意义上去理解"[②]。就现实状况来看,文化发展的规律与特性常常是通过文化从生产到消费各个环节及其相互

---

① 《马克思恩格斯文集》第8卷,北京:人民出版社2009年版,第34页。
② 同上。

联系体现出来的。如在文化生产系统,产品的原创性和创新性是其生命;在文化消费系统,社会需求和受众选择是其决定性因素。两大系统各有其特点和规律,相互之间也存在着"供与求"的关系。对这些规律性问题加以专门探讨,无疑是深化文化发展研究的一个重要方面。

其次是文化发展的合规律性与合目的性问题。在社会生活中,任何领域的发展都存在这一问题,但文化发展尤为突出。因为文化本身属于精神现象,体现着明显的情感、意志、目的,相对其他领域的发展来说,文化发展具有更为强烈的精神追求和价值取向,具有鲜明的合目的性。但是,这种合目的性不能脱离合规律性。加快文化发展,不能光有热情,同时要有理性,有对文化发展规律的把握,自觉按照规律办事,否则"欲速则不达"。行动上的随意性和盲目性只能带来文化发展上的破坏性。应当看到,文化是一个非常复杂的现象,对文化发展规律可以从不同角度、不同层次做出多种多样的概括,但不管如何理解、概括,有一点是明确的,这就是必须坚持科学发展。科学发展不仅是经济社会发展的必然要求,而且是文化发展的必然要求。要实现文化又好又快发展,必须走科学发展之路,把科学发展理念贯穿到文化发展的各个方面、各个环节。

坚持文化上的科学发展,除了坚持科学发展观所提出的一些基本要求之外,还需要在规律的理解和把握上强化这样一些认识:其一,任何时期文化的发展和嬗变都是历史的产物,推进文化建设必须立足于现实的经济社会条件。这就是要从实际出发,找准历史的方位和坐标,充分认识我国发展的阶段性特征,认识现阶段我国文化构成和现状的复杂性,制定切实可行的文化发展战略,既不降低标准又不设定不切实际的目标,既不落后于时代又不超越阶段。其二,文化是一个不断积累积淀的过程,推进文化建设必须稳健扎实,久久为功。文化涉及人们的情感、思维、认知、信仰、追求,这些都需要时间的磨炼、长期的孕育。文化建设不是像搞经济开发项目那样,突击几年就可见成效,没有长期的积累,就不可能有显著的变化。历史上真正有影响的文化作品,都是在人类文化长期积累和接力推进中形成的,不是"突击"出来的。推进文化发展,既要有紧迫感,也要有"钉子精神",切实按规律进行,切忌心浮气躁、急功近利。其三,文化不是孤立存在的,其发展必然要求处理好各种相关关系。规律不外是事物内在的本质的联系,尊重规律,就是要正视和正确处理文化发展的内在联系。为此,要坚持全面协调可持续的原则,着力解决影响文化科学发展的突出问题,协调好文化建设的各个领域、各个方面,努力促进文化持续快速健康发展;坚持统筹兼顾,正确认识和妥善处理涉及文化改革发展中的各种重大关系,不断提高文化建设的科学化水平。

最后是文化发展的横向规律与纵向规律问题。这是由当代社会发展的新情况、新特点引起的。以往在讨论"发展"时,我们总是指向社会的历时性发展,即纵向的发展,而很少提及社会的共时性发展,即横向的发展。实际上,在全球化条件下,社会的横向发展日益突出,以至任何社会科学研究都不能回避这一大背景、大问题。所谓社会的横向发展,是指人类社会开始打破原有国家、民族的界限,从分散的发展走向整体的发展,从"民族历史"走向"世界历史"的过程。社会横向发展的出现,对每个国家发展的影响都是巨大的,它不仅改变了每个国家的时空格局,而且改变着每个国家发展中的各种关系,使发展的要素、发展的方式、发展的路径等都得到了重大冲击和调整。这样的变化自然会影响到文化发展。这就提出了一个新的课题,即在全球化条件下,研究文化发展,不能只关注其纵向发展,同时也要高度重视其横向发展;不能仅研究其纵向发展规律,同时也要研究其横向发展规律。从一定意义上说,研究横向发展规律更为重要、更有现实针对性,因为它与当今时代文化发展的新变化更为密切相关。

研究文化横向发展规律,重点涉及两个问题:一是这一规律本身的问题,二是这一规律与文化纵向发展规律的关系问题。就这一规律本身而言,文化的横向发展作为一个新的理论问题和实践课题,需要对其做出全面、准确的概括和提炼。从研究角度看,需要对诸如横向发展的根源和动力、发展的机制和方式、发展的趋势和道路等问题加以深入探讨,因为一旦涉及这些问题,便是关于发展规律性的研究。在文化横向发展的规律性探索中,文化的交往和交流尤其值得关注。人类文化能够从孤立的发展走向整体的发展,正是借助于不同文化间的交往和交流而实现的。文化交往、交流既是不同文化间相互学习、相互碰撞、彼此融合的过程,又是民族文化走向世界、融入世界文化的过程,其间很多规律性的东西需要加以总结并用以指导实践。研究文化横向发展规律,就意味着突出研究文化的交往与交流。就这一规律与纵向发展规律的关系而言,二者并不是分离的,而是内在结合在一起的,是同一发展过程的两个方面。而且,两种发展及其规律是互动的:一方面,横向发展是纵向发展的产物,没有文化的长期积累,没有民族历史向世界历史的转变,便无文化横向发展的出现;另一方面,文化的横向发展或整体发展一经形成,又会对其纵向发展产生巨大影响,如加快文化发展进程,推动文化发展重大转型,给文化发展注入生机活力,促进文化与文明水平提升等。总的说来,要把握文化发展规律,应当对其纵横两种规律及其相互关系加以新的探讨,以增强其理论自觉。

三、文化发展研究的当代使命

时代发展和社会生活的深刻变化,既给文化研究提供了难得的机遇,也给文化研究提出了许多新的课题乃至重大挑战。面对这样的新形势、新格局,文化研究的复杂程度空前增大,难度也空前增大。文化研究不仅仅是一个纯学术问题,而且是重大的社会现实问题,文化发展的成败决定着中国发展的未来走向。因此,我们的文化研究应当有更大的责任担当,自觉担负起时代赋予我们的重要使命。

(一) 引导社会合理发展

发展是时代的主题,也是当代中国的主题。要加快中国的发展,需要多方面的努力,加强文化的引领是非常重要的。发展的航船不能没有导向标。就此而言,发展研究不能仅仅停留于经济社会发展的具体对策研究,同时必须加强文化发展研究,用文化发展助推社会发展。

首先是发展理念的引导。任何社会的发展,总是离不开一定的发展理念。只要进入发展的"理念"层次,就必然属于哲学和文化范畴,是哲学和文化需要考量的对象。何谓发展理念?一般说来,发展理念主要是对发展本质、规律、意义等的最基本的认识和觉解。一定的发展理念往往直接影响着整个社会的发展,因为它反映了一种时代精神、实践理性和价值取向。历史上,古代的发展不同于近代的发展,近代的发展又不同于现当代的发展,之所以会造成如此重大差别和差距,其中一个深层次的原因,就在于发展的理念、文化上的差异。如中国古代社会长期盛行的重农轻商、重本抑末的发展理念,对中国工商业的发展就起了严重的抑制作用;直到近代以来科学民主理念的确立,才逐渐开启了现代化的进程。近年来,科学发展观和新发展理念的确立,极大地改变了人们对发展的认识,激发了发展的生机与活力,使我国走上快速发展的轨道。发展理念的差异实际上反映了文化上的差异。要树立正确的发展理念,必须对发展的文化维度予以高度重视,因为发展理念必然涉及发展的价值、追求等问题,而这些问题恰恰是文化问题。事实上,发展的概念现在已经经历了相当大的变化,发展最初被看作是纯粹的经济增长,后来又被看作是经济增长加社会全面变革,再到后来被看作是以人为中心的发展观的演变,这实际上赋予发展以更多的价值内涵,使之成为一个与价值追求密切相关的范畴,因而社会发展就等于社会进步。对发展理念加以正确引导,是文化发展研究必须积极承担的任务。

其次是发展方式的调整。健康的社会发展必须有合理的发展方式。在发展方式上,过去我们的发展主要是靠拼投入、拼资源、拼消耗,这样的发展方式难以为继,必须由原来的粗放型发展转向集约型发展。而要实现这样的转变,必须加强文化资源的开发利用,充分发挥科学技术的引领作用。文化发展研究无疑应当对此做出合理的引导。与此相关,文化发展研究由于其关注的重点是文化领域的发展问题以及整个社会发展的文化基础问题,因而有助于增强社会各领域发展的整体性,有助于推进"协调发展"。不仅如此,文化发展研究还能增强社会发展的"有机性",因为文化渗透于社会生活的各个领域、各个方面,并成为社会运行的内在机理。文化作用的合理发挥,必然会增强社会组织和社会发展的有机整合程度,使社会更能和谐发展。

最后是发展动力的转换。以往的发展,其动力主要是物质资本。在新的历史条件下,不能完全依靠这样的动力,必须培育经济发展的新动力,这就是要诉诸创新。而要实现创新发展,就必然要求突出人力资本。只有充分发挥人力资本的重大作用,才有技术上的进步,才有经济发展的新业态和新动力。这就客观上要求充分开发人力资源,鼓励大众创业、万众创新,激活社会活力。要形成这样的创业创新局面,必须多管齐下:既要破除一切束缚创业创新的障碍,保障所有社会成员的权利平等、机会平等、规则平等,实现公平有序的竞争,又要营造创新氛围,鼓励创新,使创业创新成为人们实现自我价值的追求和普遍的生活方式,还要搭建创业创新的公共平台,建立健全创业创新公共服务和社会保障,完善创业创新的政策和支持方式。所有这一切,都离不开文化的支撑。因此,加强文化创新,给发展注入新的文化动力,是文化发展研究应当积极面对的任务。

(二) 促进人的发展

研究文化发展,最终的目的是要通过引导社会发展促进人的发展。这就涉及文化与人的相互关系这一最为基本的理论问题。弄清这一问题,可以更好地理解文化发展对于人的发展的重要意义。

何谓"文化"?尽管这一概念有各种各样的解释,但有一点是众多学者认同的,这就是文化的本质是"人化"。也就是说,文化是相对自然而言的,它与人化是内在地联系在一起的。文化就其性质或特性来说,是属人的和人为的,是人的对象性活动的结果。文化就是人按照自己的方式和意愿去改变环境和外部世界,创造出属人的存在。就此而言,文化完全是人的创造物。但是,文化一经创造出来,又对人的生存发展产生重要影响,以致人又成为文化的创造物。正如蓝德曼(Landmann,又译为兰德曼)所说,"我们是文化的生产者。但我们也是文化的创造物"[1]。对于文化对人的"强制性"影响,美国学者 C. 恩伯(Carol Ember)和 M. 恩伯(Melvin Ember)讲得更明确,认为我们身处某种文化时"并不老是感到文化强制的力量,这是因为我们通常总是与文化所要求的行为和思想模式保持着一致。然而,当我们真的试图反抗文化强

---

[1] 〔德〕蓝德曼:《哲学人类学》,彭富春译,北京:工人出版社 1988 年版,第 264 页。

制时,它的力量就会明显地体现出来了"①。因此,人与文化是相互创造的。

人与文化相互创造,因此,文化的发展既是一个"人化"的过程,同时又是一个"化人"的过程。所谓"化人",就是用人创造出来的文化成果再来教育人、培养人、提高人,使人的发展趋向更高的水平和层次。文化发展的过程,实际上就是不断推进人的提升的过程。诚如恩格斯所说,"文化上的每一个进步,都是迈向自由的一步"②。

文化发展不仅在客观上会对人的发展形成一种塑造,而且从其根本目的来讲也必须是以人的发展为旨归。推进"人化",最终目的是"化人",以使人更好地向着自由、全面的方向发展。对此,康德(Kant)在其《判断力批判》一书中曾经指出,人不只是一种自然的目的,而且是自然的最终目的;作为自然最终目的的人,应当是体现文化的人,因为"一个有理性的存在者一般地(因而以其自由)对随便什么目的的这种适应性的产生过程,就是文化。所以只有文化才可以是我们有理由考虑到人类而归之于自然的最后目的(而不是他所特有的在地上的幸福,也根本不只是在外在于他的无理性的自然中建立秩序与一致性的最重要的工具)"③。康德所揭示的,就是文化的内在价值或最高追求。文化发展的研究和推进,应当以人为中心或从人的自由全面发展出发来理解和把握文化发展。这是文化发展的出发点和落脚点。文化说到底是要以文化人。不能有效地熏陶、培养、教育人的文化,无助于推动人的自由全面发展的文化,就不能称之为真正意义上的文化。今天,对文化的关注事实上是对人的关注。正是由于文化危机引发了人的生存和发展的危机,才有对文化问题的聚焦,才有文化批判的兴起,才有世界性文化研究的出现。我们的文化发展研究自然不能偏离人的发展这一宗旨与目标。

由人的发展这一根本目的所决定,对于文化的先进性也应有一个

---

① 〔美〕C. 恩伯、M. 恩伯:《文化的变异——现代文化人类学通论》,杜杉杉译,沈阳:辽宁人民出版社1988年版,第37页。

② 《马克思恩格斯文集》第9卷,北京:人民出版社2009年版,第120页。

③ 〔德〕康德:《判断力批判》,邓晓芒译,北京:人民出版社2002年版,第287页。

正确的把握。文化的发展是否有先进与落后之分,文化的先进性究竟怎么理解,向来存有争议。典型的观点是汤因比、斯宾格勒等人的看法,认为世界上存在着众多文明,每种文明都有其兴衰的过程,相互之间并无时代性的差异。易言之,人类在文化上只有不同种类的变化,并无什么先进落后之分。这样的观点对于维护各民族文化的权利、坚持民族文化的平等地位,无疑是有益的,但由此导致取消先进落后之分则是有害的。如果各种文化根本无法比较,没有什么先进落后之分,那么我们还何以要建设先进文化?既然不能否认有先进与落后之分,那么,文化的"先进性"又如何来确定?在这里,先进性主要不是在知识层面划分的,即依据科学、技术、知识水平划分的,而是在价值层面划分的,即根据文化对于人的生存和发展的意义来确定的。一种文化是否先进,关键取决于它对人的发展的价值和意义。如果一种文化能够反映和代表人民的利益、有助于促进人的生存发展,那么,它就是先进的;否则,就是落后的。判断文化先进与否的标准,最根本的是看其对人的生存发展的意义。文化发展研究应当对文化的先进性及其相关问题做出准确、深入的阐释,以引导先进文化的发展。

(三) 助推全球化健康发展

全球化的深入发展,强烈呼唤着新的文明和文化的出现。对于全球化与文化,不能仅仅将其视为外在关系来对待,即仅仅从其相互间的影响和作用来看待,而应当深刻理解和把握二者间内在的本质联系。这里关键是要对全球化做出准确、全面的理解。全球化固然首先涉及的是经济,重点也在经济,但全球化并不是一个纯经济问题,同时也是一个文明和文化问题,即全球化同时属于文明、文化范畴。强调这一点,旨在表明全球化并不是外在于文化,不能离开文化,应当从文化的深蕴来理解和把握全球化。简言之,文化和文明是全球化的内在要求。全球化的发展过程,从一定意义上讲,就是一个文化不断发展、文明不断发育的过程。文明和文化之所以成为全球化的内在要求,就在于离开了文明与文化,全球化就无法顺利进行。当代各种全球化问题的出现,都程度不同地与文化联系在一起,尤其是涉及政治、外交、意识形态领域的全球化问题,更是与文化直接相关。至于各种全球问题的解决,同样需要文化的介入。消弭文化上的隔阂与分歧,是解决问题的必要条件和前提,因为很多问题的产生就源于文化上的差异。为此,文化发展研究的一大重任,就是要助推全球化的发展,保证全球化朝着健康、文明的方向进行。

首先,应形成关于全球化的正确认识和判断。全球化作为一种客观历史进程和新的社会现象,对于社会发展和社会生活的影响是巨大而深远的。对于全球化,必须有一个正确的认识和判断,以便有利于全球化的推进和各个国家行动方案的制定。在对全球化的认识上,不管其如何界定,先要承认这样一个基本事实,即"我们只有一个地球"。这种地球意识就是要求人们告别盲目的发展状态,共同建立起一种全球性的生态文明,以保证人类能够真正实现可持续发展。近年来,面对全球化的深入发展,我们党又在"只有一个地球"认识的基础上响亮地提出了"构建人类命运共同体"的观点。这一观点深刻地表达了对全球化的认识和判断,使全球化的认识达到了一个新的高度。这是顺利推进全球化非常重要的认识前提和思想指引。对此,文化发展研究必须予以高度关注,并进一步做出深刻的理论阐释,以引导全球化的顺利发展。

其次,应促进某些共同价值观的确立。人类既然同处于一个地球,同属于一个命运共同体,就必然有诸多共识、共同价值观。各种共识和共同价值观反映了人类对自身发展命运的一种关切,体现了对美好未来的一种向往和追求。像自由、民主、公平、正义等,既是人类普遍认可的价值,也是各个国家、民族的共同追求。面对全球化的各种挑战,迫切需要弘扬这些价值观。这些价值观的形成和确立,与其利益直接相关。所谓价值观,不过是对一定利益关系的一种文化表达。价值观的背后是利益。既然价值观反映的是一定利益关系,那么,判断各个国家、民族能否形成共同的价值观,关键是看其有无共同利益存在。在全球化条件下,人类已经成为一个命运共同体,同时也成为一个利益共同体,面对各种共同利益,必然会形成某些共同价值观。如合作共赢、和平发展、和谐共生、开放包容、和而不同等,就是共同价值观的具体体现。我们的文化发展研究应当唤醒人们的命运共同体意识,促进世界和谐发展。

最后,应引领世界文化向着多样化的方向发展。随着全球化的深入推进,文化发展也呈全球化的趋势。但文化的全球化并不是所有民族文化的同质化、模式化,更不是所谓的"西方化""美国化"。文化的全球化并不是要形成一种超越各个国家民族文化的新的文化形态,而只是反映了各民族文化在其发展中相互吸收、相互借鉴的趋势,即"你中有我,我中有你"的趋势;文化的全球化并不是要排斥文化的民族化,恰恰是以文化的民族化为前提和基础的,没有民族文化也就无从谈及世界文化。因此,文化全球化的推进,必须建立一种良好的文化生态,维护文化多样性的发展。这就要求在全球化的条件下建立跨文化的对话和交流机制,促进多元文化互动,在互动中既推进民族文化的发展,又推动全球文化水平的整体提高。在这方面,文化发展研究应当在一些原则问题、重大理论问题上做出明确的反应,并对一些基本观点做出深刻的阐述,以此来发挥其导向性的功能。

(四)引领文化建设与发展

文化发展研究就其直接目的来说,显然是为了加强我国的文化建设与发展。文化发展研究之所以在今天受到全社会的高度关注,原因就在于我们的文化在整个社会发展过程中相对滞后,迫切需要加强。而且,严格说来,文化发展研究要真正发挥上面所讲的引导社会发展、人的发展以及全球化发展的功能,前提是促进文化自身的建设与发展。因此,引领和推动文化的建设与发展,是文化发展研究最为直接、最为重要的使命。

要引领文化的建设与发展,需要从理论与实践两个层面对文化发展进行"双管齐下"的研究。就理论层面来看,应当加强文化发展的一些基础性研究。虽说学界对文化已有多年的讨论和研究,但对文化发展自身一些基本理论问题的研究仍显薄弱。如关于文化发展的规律与特点、文化发展的机制与动力、文化发展的前提与条件等,都是需要深入探讨的基本理论问题。尤其是在对文化及其发展的基本认识上需要深化,以求得正确的理解和把握。如过去我们在谈论文化时,往往将文化仅仅理解为经济政治的附属品、派生物,或者是经济社会发展的副产品,今天看来,这样的理解未免简单化、片面化。面对今天的文化发展现实,应当对文化予以重新审视与定位。又如对文化发展规律的认识,过去更多谈论的是文化发展的"他律",即受经济社会发展规律的支配,强调的是文化的"适应",而较少论及文化发展的"自律",即文化自身发展的内在规律。没有对文化自身发展规律的深刻理解和把握,就很难达到对文化上的自觉和自信。因此,加强基础理论研究,是引领文化建设与发展的前提性、基础性工作。

　　加强文化发展基础理论研究,增强理论自信,必须克服路径依赖。在当代语境中,各种各样的文化理论层出不穷,都有自己的文化主张与文化解释。对这些理论究竟怎么看?没有别的标准,就看哪种理论能够成功解释、成功应对世界与中国的文化问题并引导其健康发展。作为当代中国马克思主义的重要组成部分,中国特色社会主义文化理论正是在这种比较中胜出的。正是这样的理论而不是别的理论引导中国走上文化健康发展之路。因此,我们的理论自信是在较量中获得的。加强理论的比较研究、探索研究,克服简单的路径依赖,这是发展中国特色社会主义文化理论的重要一环。当然,克服路径依赖,并不意味着简单的批判与排斥,相互吸收借鉴、取长补短正是文化发展题中应有之义。

　　就实践层面来看,应当加强文化发展的对策性研究。当代社会发展和文化发展变化之大,速度之快,前所未有。这些变化自然给文化发展研究提出了许多新课题。对于这些新课题,简单地沿用过去的老经验、老办法,或者简单地采用某种模式、理论,显然难以有效地破解、应对。这就客观上要求我们在文化发展的具体推进上加强探索,特别是加强对策性研究。像互联网问题、新媒体问题、文化产业问题、大众文化问题、文化生产与消费问题、文化传播问题、文化安全问题、文化治理问题等,都是过去没有遇到或很少遇到的新问题,今天研究文化发展,不能不面对这些问题并做出应有的回答,以寻求可行的应对策略和解决办法。如果能对这些问题做出深入的阐释,提出相应的解决办法，不仅对我国的文化发展能够提供有效的对策，而且对世界文化发展也能够提供可资借鉴的中国方案，从而对人类文明发展做出新的贡献。

总的说来，当代文化发展研究无论在文化理论创新方面还是在文化发展实践方面都承载着重要的使命，任重道远。在时代与社会发展的广阔舞台上，文化发展研究应当大有作为。

第一章

文化研究的理论基础与方法论自觉[*]

社会的发展离不开文化的发展。在文化发展急剧变化的时代,为了更好地把握文化发展的特点与趋势,需要对文化理论进行新的思考,以便更深刻地认识和把握文化及其发展走向,同时对我们的研究保持一种方法论上的自觉。

一、 文化概念的内涵与层次

英国学者雷蒙·威廉斯(Raymond Williams)说过,英文里有两三个比较复杂的词,文化就是其中的一个,这不仅因为"文化"这个词有着复杂的词义演变史,更主要的原因是在不同的学科及不同的思想体系中,文化都被看作是一个重要的概念。① 自 1871 年 E. B. 泰勒(Edward Burnett Tylor)在《原始文化》中对"文化"加以界定以来,根据《新不列颠百科全书》

---

* 本章部分内容曾以《文化哲学视野中的文化概念——兼论西方马克思主义的文化批判理论》为题,发表于《南京大学学报(哲学·人文科学·社会科学)》2017 年第 1 期;另有部分内容以《文化理论:从马克思到西方马克思主义》为题,发表于《北京大学学报(哲学社会科学版)》2017 年第 2 期。

① 参见〔英〕威廉斯:《关键词:文化与社会的词汇》,刘建基译,北京:生活·读书·新知三联书店 2005 年版,第 101 页。

的说法,文化这个概念约有160多种定义,有的学者甚至认为有300多种。更为复杂的是,人们讨论文化时,往往又会与讨论文明纠缠在一起,因此,在关于文化的讨论中,首先需要将文化以及相关概念加以厘定。

(一) 广义文化及其与文明的关系

《新不列颠百科全书》对文化做了这样的界定:"文化可能被界定为人类的独特行为以及与这种行为相关的物质对象;文化有语言、观念、信仰、习俗、符号、制度、工具、技术、艺术作品、仪式、礼节,等等。"[①]这个定义明显受到了泰勒的影响。泰勒在《原始文化》中认为:"文化是一个复杂的总体,它包括知识、信仰、艺术、道德、法律、习俗,以及作为社会成员的人所获得的能力和习惯。"[②]从这些描述中可以看出,文化是与人相关的一切行为与结果,是与自然相对应的概念,指称人的一切活动及相关结果。因此,文化的内容非常广泛,凡是与未被人所影响的自然相对立的东西,实际上都是文化的内容。在这个意义上,也只有与自然相比较,才能去理解文化的意义。正如李凯尔特(Rickert)所说:"自然和文化这两个词并不是意义明确的,……如果我们一开始就保持本原的意义,……自然是那些从自身中成长起来的、'诞生出来的'和任其自生自长的东西的总和。与自然相对立,文化或者是人们按照预计目的直接生产出来的,或者是虽然已经是现成的,但至少是由于它所固有的价值而为人们特意地保存着的。"[③]如果说在人类社会不发达的时代,自然还保持着其原初的样态的话,那么随着现代社会的产生和发展,特别是随着商品生产与交换的普遍化,自然日益被打上了人的印记,自然日益被社会化了。这正如马克思在《德意志意识形态》中批评费尔巴哈的自然主义人本学时所说:费尔巴哈(Feuerbach)想寻找未被现代理性所污

---

① Jacob E.safra, ed., *The New Encyclopedia Britannica*, Vol. 16, Encyclopedia Britannica Inc., 1997, p. 874.

② Ibid.

③ 〔德〕李凯尔特:《文化科学和自然科学》,涂纪亮译,北京:商务印书馆1986年版,第20页。

染的、最能体现人的原初类本质的自然,并以此来摆脱异化,这显然是行不通的,因为这种未被人的活动所影响的自然,恐怕只有在某个人迹未到的岛屿上才存在。①

谈到文化概念,不能不讨论文明一词。通过对文明一词由来的考证,威廉斯认为:"文明通常被用来描述有组织性的社会生活状态。"② 从这个界定中可以看出,文明一词的内涵更多地与文化的精华部分相关。正是在这个意义上,柯勒律治将文明与举止的优雅联系起来。作为一种体现文化进步与个人自由的状态,文明与野蛮形成了对比。在通常的讨论中,文明一词主要是从"文化的精华"意义上来使用的,同时也在与文化概念等同意义上来使用的。

随着知识的发展与学术分工的细化,文化概念在不同的学科中有了不同的理解,人们对其内容也从不同的角度进行了分类。如从社会结构入手,可以将与人类活动相关的文化划分为物质层面(经济)、制度层面(政治)和观念层面(思想)。如果考虑到文化或者与具体的组织结构和形式相关,并取得物质性的外表,或者与人的观念或思想相关,体现为一种观念性的存在,那么,又可以将文化区分为物质文化和观念文化两个层面。在霍尔(Hall)和尼兹(Neitz)看来,在这样的区分中,文化包括以下内容:"(1)思想、知识(正确的、错误的或未经证实的)和处事规则;(2)人工制造的工具;(3)社会行动所产生的产品,并且能为进一步的社会生活发展所利用。"③在这里,文化就体现为物质文化和符号文化。对某些学者来说,他们可能更为看重物质文化对于人的存在与社会发展的意义;对另一些学者来说,他们可能更为看重观念文化或符号文化对于社会和人的决定性意义。在后一种理解中,文化的内涵实际上被狭义化了,即主要从符号出发来理解文化。比如格尔茨(Geertz,也有作品译为格尔兹)就说,他对文化的理解是从符号学出发的,从这

---

① 参见《马克思恩格斯文集》第 1 卷,北京:人民出版社 2009 年版,第 527—530 页。
② 〔英〕威廉斯:《关键词:文化与社会的词汇》,刘建基译,北京:生活・读书・新知三联书店 2005 年版,第 46 页。
③ 〔美〕霍尔、尼兹:《文化:社会学的视野》,周晓虹、徐彬译,北京:商务印书馆 2002 年版,第 19 页。

一视角出发,"人是悬在由他自己编织的意义之网中的动物,我本人也持相同的观点。于是,我以为所谓文化就是这样一些由人自己编织的意义之网。因此,对文化的分析不是一种寻求规律的实验科学,而是一种探求意义的解释科学"[①]。

把文化看作一种符号,不仅是诸多文化学家的观点,而且也是一些哲学家的重要理念。卡西尔(Cassirer)在《人论》中就认为,人是一种"符号的动物"。针对仅将人看作是理性的动物这一传统定义,卡西尔以乌克威尔的动物功能圈思想为起点来阐述他的"人论"。乌克威尔认为,每一种生命体都不是在消极的意义上适应环境,而是符合环境。虽然它们在解剖学结构上并不相同,但它们各有一套"察觉之网"和一套"作用之网",即一套感受器系统和一套效应器系统,前者帮助它们接受外部刺激,后者帮助它们做出反应。相比而言,人类生命具有一个新的特征,即在这两个系统之间存在着第三环节——符号系统。卡西尔认为,这是人所特有的系统,这个系统的产生改变了整个人类生活,使人不仅生活在更为广阔的实在之中,而且还使人生活在新的世界中,即新的符号世界,也就是文化世界。"语言、神话、艺术和宗教则是这个符号宇宙的各部分,它们是织成符号之网的不同丝线,是人类经验的交织之网。"[②]人与动物的根本区别就在于,人生活于符号之网中,以符号为表征的文化构成了人类生活的文化圈。帕森斯则从行动理论的视角提出,社会系统涉及三大体系,即自然体系、行动体系和文化体系,三者形成一个互动体系,文化通过提供行动者共享的符号意义系统,不仅有利于人的沟通,而且形成了行动过程中无法摆脱的规范系统。

(二) 狭义文化及其三个层次

从上面的讨论中,我们可以理解狭义的文化概念,即与经济、政治相对应的文化概念。我们可以把这个意义上的文化概念进一步限定为与人的思想意识相关的概念。近代以来的意识哲学以及关注潜意识的

---

① 〔美〕格尔茨:《文化的解释》,韩莉译,南京:译林出版社1999年版,第5页。
② 〔德〕卡西尔:《人论》,甘阳译,上海:上海译文出版社1985年版,第33页。

精神分析理论对此有深入的分析。

在讨论人的意识结构时,弗洛伊德将其区分为潜意识、前意识和意识。按照弗洛伊德的理解,梦的动力来源于潜意识,潜意识可以体现为两个层面:一是由婴儿期欲望压抑而形成的意识,这种意识通过梦境而表现自己,《释梦》就是对此的讨论;二是"遗念",比如前一天的意识由于遗忘而被永远遗忘,则成为潜意识。[①] 与潜意识直接相关的是前意识。在《释梦》中,弗洛伊德以梦的来源为例讨论了潜意识与前意识的关联与区别。他认为,梦的欲望有三种来源:(1)在白天被唤起的欲望,由于外部条件没有得到满足,被留到夜晚;(2)在白天产生,但同时又被排斥,这样被留到夜晚的欲望就是被压抑的欲望;(3)与白天生活无关,只是心灵中未受压抑的部分。[②] 第一类欲望就是前意识,第二类则被赶到了潜意识。意识是一种带有稽查能力的意识,弗洛伊德将它与"自我"联系起来。意识对潜意识具有监督作用,即使在梦中,潜意识的实现也受到意识的检查,从而变相地表现自己。从这个意义上说,意识具有反思的能力。

在后来的《精神分析引论新编》中,弗洛伊德将上述意识结构的区分表述为伊底(本我)、自我与超我的区分。伊底就是无意识领域,它不知善恶、不知价值,只与快乐原则相关,力求本能的发泄。自我与"心里的最表面的或前意识(知觉意识)系统"相关联,它既是伊底的一部分,又与外界相联系,将外界的消息传给伊底,"自我为了伊底的利益,控制它的运动的通路,并于欲望及动作之间插入思想的缓和因素,并利用记忆中储存的经验,从而推翻了唯乐原则,而代之以唯实原则"[③]。自我既奠基于伊底之中,又超于伊底之上,相比于伊底,自我具有心理综合的功能,并进而控制本能。自我控制本能的标准源自超我。"超我是一切道德限制的代表,是追求完美的冲动或人类生活的较高尚行动的主体。"[④]

---

① 参见〔奥〕弗洛伊德:《释梦》,孙名之译,北京:商务印书馆1997年版,第614页。
② 同上书,第552页。
③ 〔奥〕弗洛伊德:《精神分析引论新编》,高觉敷译,北京:商务印书馆1987年版,第59页。
④ 同上书,第52页。

在与超我的联系中,自我有了努力实现的理想,并自我监督、保持良心。在这里,如果说自我是与个人相关的意识活动,那么这种意识的建构与超我是离不开的,超我体现的是社会群体层面的意识,这是自我能够反思自身的依据。

在这里,如果我们从狭义文化的意义上将弗洛伊德的思想做进一步引申和类比的话,那么,伊底类似于沉淀在我们心中的文化无意识,这种文化无意识在一定意义上构成了我们行动的最初模式;自我实际上就是我们的日常意识,这种意识既包括行动的感性意识,也包括相应的理性思考;超我则是体现文化理想与准则的内容,这种内容在社会生活中有时以意识形态的方式表现出来。

从思想观念的意义上来讨论文化,可以把文化分为以下三个层次:

一是沉淀于人的心灵深处的文化。这种文化主要体现了人们的自发观念,包括风俗习惯、面对外部世界的刺激而产生的自发的心理意识以及无意识选择、自发的情感与意志力等,它们形成一种文化结构,"这些文化结构将生活模式化,并对参与这些文化的个人思想与情感加以限制"[①]。这种无意识层面的"文化模式"具有整合与培植的功能,形成一个相对封闭的文化空间,并扩展到整个民族的生活,形成个人与集体的惯性行为系统。

每个民族由于这种自发层面的文化不同,就会有不同的行为方式与风俗习惯。在《人文类型》中,弗思(Firth)一开始就写道:"英国人见面致意时互相握手;法国人高兴起来就拥抱和亲吻双颊;讲礼貌的奥国人用嘴唇接触女士的手背,表示敬意;波利尼西亚人用贴紧鼻子来相互致意。这种种不同的规矩礼貌,在使用的人看来,都是合适的,可是在不使用的人看来,却是有趣的或可笑的事。"[②]作为人类学家,弗思是从种族入手来探讨相应的心理特征,但实际上,这些行为方式体现的是沉淀于人们心灵深处的文化模式。这种心灵深处的文化才是真正影响人的行为的东西。在二战时期,为了打败日本,本尼迪克特(Benedict,也

[①] 〔美〕本尼迪克:《文化模式》,何锡章、黄欢译,北京:华夏出版社 1987 年版,第 43 页。
[②] 〔英〕弗思:《人文类型》,费孝通译,北京:华夏出版社 2002 年版,第 1 页。

有作品译为本尼迪克)受命研究日本,以求弄清日本民族是一个什么样的民族。这个研究课题的任务是要了解"日本人的思维和感情的习惯,以及这些习惯所形成的模式。还必须弄清这些行动、意志背后的制约力"①。这就是要了解日本文化的深层结构,特别是要透过表层的理性思维去透视其沉浸于血脉中的原初文化模式。可以说,这是文化的最深层领域。

二是日常生活层面的文化。这一层面的文化观念形成了人们日常生活中的文化趣味、文化氛围、道德伦理、日常知识系统等,它与人们的生活相契合,并受到人们的推崇。如果说心理层面的文化构成了人的意识的最深层的内容,那么这个层面的文化则相当于人们的意识。在日常意识中,可以区分为与行动相关的意识活动以及与此相应的反思意识。与行动相关的意识活动为人们的行动提供理由,与之相应的反思意识则对这一理由进行反省,或者为之确证,或者进行批判。可以说,这个层面的文化构成了日常生活层面的显性文化,而作为无意识层面的文化则构成了隐性文化。

三是形而上层面的文化。这一层面的文化为人的存在发展和社会历史发展提供最终的价值依据。在历史的演进中,正是这种文化沉淀为人们的集体无意识,并对人们的日常行为产生直接的影响。早在古代中国,就有"大同社会"之说;而在西方,柏拉图的"理想国"、莫尔的"乌托邦"同样体现了对理想社会及人的理想存在状态的诉求。在《精神现象学》中,黑格尔将这种文化置于宗教、艺术与哲学中。在这个层面上,绝对精神得到了自我实现,而在这种自我实现中,人与外部世界的关系、人与人的关系都摆脱了外在的压力与束缚,达到了内在的和谐,形成绝对知识。"这种把自己从其自身的形式中解放出来的过程,就是最高的自由和自己对自己有了确实可靠的知识。"②在此意义上,文化可以表述为绝对精神的自我实现,构成了引导社会发展的思想观念。

---

① 〔美〕本尼迪克特:《菊与刀——日本文化的类型》,吕万和等译,北京:商务印书馆1990年版,第3页。
② 〔德〕黑格尔:《精神现象学》下卷,贺麟、王玖兴译,北京:商务印书馆1979年版,第273页。

马林诺夫斯基(Malinowski)认为,正是文化才使人得以成为人,文化是人的自我实现的重要境域。"文化把人类提高于禽兽之上,并不是由于给人类以其所能有的东西,而是指示给他看其所能奋斗追求的目标。"① 文化提供了人类存在的意义系统,论证了人类存在的意义世界。文化正是以其理想追求的力量,改变着人的原有存在状态,使人不断趋于自由和发展。格尔茨则把文化看作是一套控制行为的符号手段或体外信息源,是人天生能成为什么和实际上成为什么之间的中介,认为人们的观念、价值、行为方式,甚至人们的感情、神经等,都是文化的产物。"成为人类就是成为个人,我们在文化模式的指导下成为个人;文化模式是在历史上产生的,我们用来为自己的生活赋予形式、秩序、目的和方向的意义系统。"②虽然格尔兹反对普遍意义上的文化模式理念,但即使从特殊性入手,这种意义系统在分析人的行为时仍具有一定的普遍性。

(三) 文化的要义

各种层面的文化都是在现实生活中存在,并以不同方式表现出来的。人们在实际生活中,都自觉不自觉地受各种层面文化的影响,但受其影响的程度不同。C. P. 斯诺(Charles Percy Snow)认为,文化主要意指智力的发展和心灵的发展。根据这一界定,他将文化区分为科学文化与文学文化。科学文化以物理学家为代表,这些人具有"共同的态度、共同的行为标准和模式、共同的方法和设想"③。文学文化则天生是鲁德派的知识分子,这些人认为科学家抱有一种浅薄的乐观主义,没有意识到科学的发展对人的生存处境带来的伤害。可以说,知识分子是传统文化或文学文化的传承者。

斯诺的这一描述,是对19世纪后期以来西方社会发展带来的文化

---

① 〔英〕马林诺夫斯基:《文化论》,费孝通译,北京:中国民间文艺出版社1987年版,第91页。
② 〔美〕格尔兹:《文化的解释》,纳日碧力戈等译,王铭铭校,上海:上海人民出版社1999年版,第60页。
③ 〔英〕斯诺:《两种文化》,纪树立译,北京:生活·读书·新知三联书店1994年版,第9页。

观念变化状况的反映。19世纪后期以来,伴随科学知识的专业化发展以及教育的专业化发展,欧洲逐渐陷入科学危机,进而走向文化危机。针对这种现象,胡塞尔以欧洲科学危机为主题进行了讨论,强调通过批判科学文化来重建人文传统,这构成了现象学的一个重要维度。胡塞尔关于两种文化的态度,直接影响到海德格尔。海德格尔关于存在问题的讨论,直接面对的是近代以来哲学的科学化传统,认为正是这种传统将哲学对存在的讨论转变为对存在者的讨论,使科学思维成为哲学的基本思维。对存在的遗忘使人沉沦为常人,成为科学图景中的人,人的本真性存在丧失了。早期的海德格尔对如何摆脱这一状态还有一定的信心,后期的海德格尔则意识到,这种状态很难被改变,以致在接受《明镜》记者的访问时哀叹:只有一个上帝才能救渡我们。应该说,自19世纪末开始,甚至可以上溯到18世纪的浪漫主义,一直到法兰克福学派关于启蒙辩证法的批判,以至当下的后现代文化,对这两种文化之间关系的讨论以及讨论中弥漫的悲观情调,始终没有中断过。这两种文化间的争论构成了当代文化发展的一个重要主题。对于这两种不同的文化趣味,斯诺从人的潜能发展的角度认为:"无论是智力发展的科学体系或者是传统体系,都不适合于我们的潜在能力,不适合于我们当前的工作以及我们应开始生活其中的那个世界。"①因此,应当有第三种文化。第三种文化的产生,有赖于两种文化间的理解与交流。这种理解与交流一方面要看到社会历史的变迁,另一方面双方都需要一定程度的自我反省。斯诺对文化的区分,可以说是根据文化的面向来说的。科学文化更多指向自然,既包括外部自然,也包括内部自然;文学文化则更多指向人的内心世界,更关注人的存在意义。这种人文与科学的分野,实际上突出了对人文的关注。

总体来说,文化是一个由不同层面组成的系统,它既深入到人的无意识之中,又成为理性审视的对象;也正是这个完整的系统,对人的存在和发展产生了深远的影响。对这个系统进行上述的区分,只是为了

---

① 〔英〕斯诺:《两种文化》,纪树立译,北京:生活·读书·新知三联书店1994年版,第61页。

更好地讨论文化对人的影响的不同内容及不同层面。实际上,任何对文化的内部区分都是相对的。在讨论伊底、自我与超我时,弗洛伊德指出:超我的内容,通过自我的中介,同样可以沉淀到伊底中,形成无意识,而自我则有一部分就是无意识的构成部分,这三部分的共同作用,才形成了人的完整的意识结构。对于文化的讨论同样如此。在对文化的上述区分中,就一般人的日常生活而言,无意识层面与意识层面的文化,其作用更为直接,由于这两个层面的文化意识都没有自觉上升到最后的根据层面,因而在日常生活及日常行为中,不同人的文化意识间,甚至同一个人的文化观念,都可能出现相悖的情况。而文化的形而上层面与人的自我意识层面类似,这种意识保证了人在变化中的自我认同,并将不同的内容置于统一的结构中,这些内容在这个结构中获得自身的定位。体现一个国家、民族的最高层面的文化理念,构成了这个国家、民族的自我意识。如果说在前资本主义社会,这种自我意识还保持为一种确切而稳定的状态,那么,在当今时代,这种自我意识则体现为一个不断自我反思的状态,并通过这种反思,来确证自身存在的根据与合法性。

现代社会生活的复杂性使得文化存在的状态变得日益复杂,这给今天的文化研究提出了更为复杂的问题,也迫使今天的文化研究者需要不断地反思自己的理论基础与研究方法,以便真正地把握这个变化时代的文化发展趋势。

二、 马克思主义文化研究的探索历程

从文化一词的最初界定中可以看出,文化一开始就是人类学研究的核心主题。在人类学的讨论中,文化与人种、血缘、风俗习惯、生活方式、价值观念等联系在一起,人类学家力图从这些讨论中提炼出文化的模式。在本尼迪克特看来,文化模式对人与种族的生活起着决定性的作用:"这些文化结构将生活模式化,并对参与这些文化的个人思想与情感加以限制。"[①]虽然许多文化学者都强调将文化当作一个系统来考

---

① 〔美〕本尼迪克:《文化模式》,何锡章、黄欢译,北京:华夏出版社 1987 年版,第 43 页。

察,但对这个系统进行讨论时,文化的最终决定因素或者被归结为人种,或者被归结为心智,或者被归结为理性。一些人类学家虽然也将文化与行为方式结合起来讨论,但在具体论述这两者的关系时,作为心智的文化会再次取得优先地位。可以说,在这些研究中,文化是一个自律的系统。

马克思没有直接讨论文化研究的问题,但从方法论来看,他改变了仅从理性出发研究问题的方式,而将人的理性置于人的现实社会生活过程中来考察,由此形成了历史唯物主义的理论构架。在这个构架中,文化以一种狭义的方式被置于上层建筑中,从而表明作为心智层面的文化并不是自律的,它受到社会生活的影响。文化虽然有其自身的内在逻辑或结构系统,文化的发展也有其内在的推动力,但从根本上来说,文化只有在社会历史生活的变迁中才能得到理解。社会存在决定社会意识,成为马克思主义文化理论的基本原则。

(一) 社会存在决定社会意识

在体现其哲学思想变革的《德意志意识形态》中,马克思一改传统哲学的理性自律性的思维,指出人们的思想、观念是与人们的直接物质生活过程交织在一起的,人们的想象、精神是物质活动的直接产物,"不是意识决定生活,而是生活决定意识"[①],"人们的观念、观点、概念,一句话,人们的意识,随着人们的生活条件、人们的社会关系、人们的社会存在的改变而改变的"[②]。社会存在决定社会意识,这构成了马克思讨论思想、文化的基本前提。

社会存在与社会意识的区分对于文化研究的意义在于:第一,将对文化的研究引入对社会生活过程的研究,特别是经济生活过程的研究。在《德意志意识形态》中,马克思在批判青年黑格尔派时指出:青年黑格尔派以自我意识等抽象概念为基点来批判当时的社会、讨论人的生存发展,看起来是非常激进的,但实际上并没有触及自我意识、人的类本

---

① 《马克思恩格斯文集》第 1 卷,北京:人民出版社 2009 年版,第 525 页。
② 《马克思恩格斯文集》第 2 卷,北京:人民出版社 2009 年版,第 50—51 页。

质等产生的现实基础。因此,当他们要求以人的意识、批判的意识或者利己的意识来代替现实中的意识时,"这种改变意识的要求,就是要求用另一种方式来解释存在的东西,也就是说,借助于另外的解释来承认它"①。在这种情况下,既不能说明意识本身,更不能真正地改变意识。也正是基于这样的判断,马克思才提出要从"现实的个人"出发,而现实的个人则是进行物质生活资料生产与再生产的人,只有现实的个人才有观念意义上的意识。因此,对社会生活过程的研究是研究意识及其不同存在形式的基础。

第二,人们在社会生活中结成特定的社会关系与交往关系,形成社会生活的复杂系统,这就是社会存在,其核心部分即经济基础。在《德意志意识形态》中,马克思在讨论了物质生活资料的生产与再生产之后指出,在生产过程中结成的人与人之间的社会关系和交往关系,成为人与自然关系的中介。在这些关系中,以物质生产为基础形成的共同的活动,构成生产力的基本内容。

第三,在讨论完现实的生产之后,马克思才指出,"人还具有'意识'"②。作为思想观念的意识、文化,是从社会生产中产生与发展起来的。马克思认为,意识最初是对直接的可感知的环境的意识,这是最为狭隘的意识;其次是对社会生活中人与人关系的意识,从而将意识上升为被意识到了的意识,然后才能产生理论化的认识。当理论化的意识独立出来时,才有可能把理论认识看作是相对独立的、自成体系的意识,就像把文化看作是相对独立的自组织系统一样。

第四,统治阶级的思想是每一时代占统治地位的思想。在社会生活中,由于每个个体在社会关系中所处的地位不同,所在的群体不同,其意识或文化也会不同,由此形成复杂性的社会意识或文化观念,这些意识或观念共同塑造着整个社会的文化与意识形态。比如在18世纪,既有坚信社会进步的启蒙理性,也有反对当时社会现状、强调回归传统的浪漫主义。但在每一时代中,都会有占统治地位的文化理念,这种文

---

① 《马克思恩格斯文集》第1卷,北京:人民出版社2009年版,第516页。
② 同上书,第533页。

化理念调节着自己时代的思想与观念,为社会存在提供合法性的论证。统治阶级的思想之所以成为占统治地位的思想,就在于占统治地位的思想不过是占统治地位的物质关系在观念上的反映,不过是以思想的形式表现出来的占统治地位的物质关系。

第五,意识形态的颠倒性源于社会生活本身的颠倒性,文化观念中的颠倒性从根本上来说源于社会生活本身的倒置。意识是对人与环境、人与人之间关系的意识,"如果在全部意识形态中,人们和他们的关系就像照相机中一样是倒立成像的,那么这种现象也是从人们生活的历史过程中产生的,正如物体在视网膜上的倒影是直接从人们生活的生理过程中产生的一样"①。但这种颠倒从根本上来说,并不能归结为有意识的欺骗,这种颠倒性源于社会历史生活的倒置。

社会历史生活中的这种颠倒性是如何产生的? 在《德意志意识形态》中,马克思并没有做出更多的讨论。在《资本论》中,马克思通过关注资本主义时代的意识与其社会生活的内在关联,以关于商品拜物教的讨论将之展现出来。按照马克思的观点,商品拜物教源自商品交换的普遍化。在商品交换普遍化的情况下,物的内容与形式发生了颠倒,作为商品物,其形式取得支配一切的地位,使一个普通的物变为一个超感性的、形而上学的物,使得人与人的社会关系表现为物与物的关系,而在这种关系的背后,恰恰是商品社会的本质即抽象的形式取得了决定性地位。由于这种形式在日常生活中每天都发生着,形式背后的东西反而被人们所忽视、所遗忘,这就产生了拜物教。"可见,商品形式的奥秘不过在于:商品形式在人们面前把人们本身劳动的社会性质反映成劳动产品本身的物的性质,反映成这些物的天然的社会属性,从而把生产者同总劳动的社会关系反映成存在于生产者之外的物与物之间的社会关系。由于这种转换,劳动产品成了商品,成了可感觉而又超感觉的物或社会的物。正如一物在视神经中留下的光的印象,不是表现为视神经本身的主观兴奋,而是表现为眼睛外面的物的客观形式。"②因

---

① 《马克思恩格斯文集》第1卷,北京:人民出版社2009年版,第525页。
② 《马克思恩格斯文集》第5卷,北京:人民出版社2009年版,第89页。

此,资本主义社会生活本身的颠倒性,才会导致思想观念与文化意识上的颠倒性。对这种文化观念的批判,不是仅就文化形态本身的批判就可以完成的。

马克思的这一理论构架,一方面区分了社会存在与社会意识,强调两者在逻辑上的差异;另一方面,更加关注如何揭示这两者之间的内在同构关系,以面对复杂的社会意识与文化。对于这一解释构架,后来第二国际虽然做出了一定的宣传解释,但也形成了对马克思的这一理论构造比较简单化的理解,即经济决定论的解释。对于经济决定论,威廉斯曾从文化研究的视角进行过充分的讨论。在他看来,虽然经济决定论有助于反对抽象的观念决定论,有助于理解在经济上占统治地位的阶级对文化与意识形态的控制与把握,但这个图式本身的简单化倾向,容易在这两个部分之间建立一种直接的联系,看不到两者的复杂关系,并将这种直接的关系固定下来。因此,他认为需要对上层建筑与基础这两个概念进行重新界定和修正。比如"上层建筑"这个概念,至少需要从以下两个方面来理解:第一,不能将上层建筑看作是基础的直接反映、模仿或再生,而要看到两者间的非直接性;第二,要考察两者的内在联系。① 对于"基础",威廉斯更是强调要考虑到其本身的复杂性和变动性。威廉斯的反思有一定道理,但他并没有理解马克思在《资本论》中关于拜物教的讨论所具有的文化批评的意义,因此,这种复杂的联系也难以真正展现出来。

(二) 总体性与领导权

出于对第二国际所处时代的经济决定论的反思,第一代西方马克思主义者卢卡奇针对性地提出了"总体性"概念,并将从总体性出发的思想看作是马克思主义的核心理念。

卢卡奇对"总体性"的讨论,一开始源自对欧洲文化分裂的忧虑。青年卢卡奇以古希腊为参照,认为欧洲的文化陷入心灵与形式、人与外

---

① 参见〔英〕雷蒙德·威廉斯:《马克思主义文化理论中的基础和上层建筑》,胡谱忠译,《外国文学》1999年第5期,第71页。

部世界的分裂中,这种分裂让现代人感到无家可归。因此,如何摆脱这种分裂状态,重新回到一种总体性的生活,就成为近代以来的文化主题。在古希腊,史诗是总体性生活的一种写照;在现代,小说则体现了对总体性的追求。与史诗中人的生活的总体性特征不同,小说中的主人公处于现代文化的分裂中,他们只是总体性的探寻者,并给世界以总体性的赋形。在史诗那里,总体是一个和谐的总体;而在小说中,总体更多以主体的方式呈现出来。因此,小说虽然提供了一个类似总体性的"家",但同时遮蔽了现代人的无家可归状态。

这种总体性的理念在《历史与阶级意识》中得到了进一步的发展。在这部开创性的著作中,卢卡奇认为,正统的马克思主义不是原封不动地照搬马克思的原话,而是像马克思那样去理解问题、反思自身,从而达到对社会现实的批判性把握。第一,总体是对直观认识的超越。卢卡奇认为,近代以来的认识是以直观为基础的认识,这种认识以既定的事实为前提,把事实当作现实本身,从而形成物化意识。与之对立的是总体性的认识,这是有中介的认识,中介构成了总体发展的内在环节。"只有在这种把社会生活中的孤立事实作为历史发展的环节并把它们归结为一个总体的情况下,对事实的认识才能成为对现实的认识"。① 只有在有中介的关联中,才能把握具体的总体。

第二,总体是一个动态的、辩证发展的总体。卢卡奇认为,总体体现为自我生产与再生产过程,"这种自我设定,自我生产与再生产,就是现实"②。总体的发展表现为主体—客体关系的历史性展开,这构成了历史辩证法,也只有在这种辩证法中,主体才能获得自我意识,客体才能在对象性中得到把握。这种主体—客体的辩证法,就是资本主义社会矛盾在主体—客体关系层面的表现。因此,卢卡奇对总体性的讨论有其历史性的设定,即在资本主义社会,由于社会生产与再生产的复杂性与普遍化,才能形成总体。但这种总体有其自身的矛盾,也正是这种

---

① 〔匈〕卢卡奇:《历史与阶级意识——关于马克思主义辩证法的研究》,杜章智、任立、燕宏远译,北京:商务印书馆1992年版,第56页。

② 同上书,第65页。

矛盾,才可能产生物化意识,即只从既定现实出发来理解资本主义社会的意识。在这里,作为哲学家的卢卡奇,由于对第二国际时代的正统马克思主义感到失望,所以他更愿意用黑格尔式的哲学语言,即主体—客体的历史辩证法来描述这个社会及其意识。

第三,总体性意识的获得与无产阶级阶级意识的形成是同一个过程。在资本主义社会发展中,资产阶级的地位随着历史发展与现实生活紧密结合在一起,而无产阶级的地位则日益恶化,与社会产生了一定的间距,无产阶级越来越意识到自己只是经济过程中的客体,他们对现实的这种意识也就被带进社会的进程中,并成为客体的自我意识。这样,无产阶级的意识改变了其客体的对象性形式,推动着阶级意识的形成,并在实践中达到对资本主义社会的总体把握。"应当说最终目标是与总体(即被视为过程的社会整体)的关系,由于这种关系斗争的各个环节才获得它的革命意义。"①

通过总体性概念,卢卡奇不仅讨论了马克思主义的核心理念,而且提供了马克思主义看待问题的方式。这种总体性的批判方法,也成为后来者反思当代文化的重要方法,并直接影响到法兰克福学派的文化工业理论。对于这一方法,威廉斯认为存在着一定的局限:"整体观念非常容易排空它的主要内容:原有的马克思主义命题。"②这种排空就是弱化了基础与上层建筑的这一主导模式,从而弱化了社会意图的事实,或者说弱化了特定阶级的意识形态对文化的引导与整合作用。正是在这个意义上,威廉斯认为,需要引入葛兰西的领导权概念。

领导权是葛兰西在面对组织化资本主义社会时提出的革命策略。在葛兰西看来,随着福特制的应用与推广,资本主义社会发生了重要的变化,特别是市民社会与国家关系的变化。③ 按照第二国际时期马克思

---

① 〔匈〕卢卡奇:《历史与阶级意识——关于马克思主义辩证法的研究》,杜章智、任立、燕宏远译,北京:商务印书馆1992年版,第73页。

② 〔英〕威廉斯:《马克思主义文化理论中的基础和上层建筑》,胡谱忠译,《外国文学》1999年第5期,第72页。

③ 参见 Antonio Gramsci, *Selections from the Prison Notebooks*, ed. and trans. by Quintin Hoare and Geoffrey Nowell Smith, New York: International Publishers, 1971, pp. 302, 315。

主义的地形学图式,市民社会决定国家,虽然国家可以反作用于市民社会,但两者并不是相互交融的关系,而是两个不同层次的系统。在葛兰西看来,福特制的发展,科学技术在生产中的应用,推动着市民社会与国家之间的融合,市民社会不再是完全独立的存在,它本身蕴含着原来国家才执行的职能;而国家也不只是传统意义上的政治与司法体制的组织,它的许多职能渗透到市民社会之中。在这种情况下,"如果说政治学就是国家学,而所谓国家就是指统治阶级赖以维持其统治并赢得被统治者积极支持的那一整套实践和理论活动的话,那么,显而易见,社会学的全部基本问题都成为政治学的问题了"①。在这里,葛兰西提出了两种政治的概念,与之相应的就是两种国家的理念:一种是狭义的政治与狭义的国家,另一种是广义的政治与广义的国家。广义的国家不仅包含传统所理解的内容,而且包含着市民社会的部分内容。自由主义所说的国家作为"守夜人"的形象,更适合于早期资本主义的状况。这种国家理论有力地反对了封建主义,推动了自由市场的发展,但在今天,国家与市民社会的这种区分已经不合适了,"国家的一般概念应当包含原来属于市民社会的一些要素(在这个意义上,我们应该说国家=政治社会+市民社会,或者说国家是受强制武器保护的领导权)"②。这是一个重要的变化。

国家地位与职能的变化,使得国家越来越具有伦理与教育功能,并将这一功能与市民社会的运行结合在一起。在这个意义上,现代国家带有一定的伦理国家的色彩,这种伦理不仅体现在伦理道德的教育上,而且体现在学校的日常教育上。"在我看来,对伦理国家、文化国家所能做的最合理、最具体的说明是:任何一个国家只要把提高广大人民群众的道德文化水平并使之符合生产力发展的要求从而符合统治阶级利益作为自己的主要职能之一,那么它就是一个伦理国家。在这个意义上说,作为积极的教育职能的学校,以及作为压制性的和否定的教育职

---

① Antonio Gramsci, *Selections from the Prison Notebooks*, ed. and trans. by Quintin Hoare and Geoffrey Nowell Smith, New York:International Publishers, 1971, p. 244.
② Ibid., p. 263.

能的法院,就是最重要的国家活动。然而,在现实中还有许多其他的所谓私人的创造性活动也趋向于同一个目的,这些创造性活动形成统治阶级的政治和文化领导权机构。"① 因此,文化领导权不仅体现在国家层面,而且体现在市民社会中。相比于传统的二元划分,葛兰西对市民社会与国家关系的变化的洞察,展现了这一问题在现代社会的复杂性。

正是看到了这种复杂性,葛兰西提出,要对东西方的革命策略进行区分。如果说十月革命可以通过运动战来获得胜利的话,那么在国家与市民社会相融合的今天,无产阶级的革命策略需要从运动战转向阵地战。在俄国,由于资本主义发展还不够充分,市民社会还没有达到非常稳固的状态,国家还具有封建专制的特征,垄断着一切权力,在这种情况下,运动战就更易产生效果。而在西方,随着市民社会与国家的相互交织,市民社会已经成为政治权力的纵深阵地,这时就不可能靠一次革命可以解决问题,需要考虑到阵地的稳固性与纵深性。只有攻占了整个阵地,才能真正取得革命的胜利。也正是在这样的策略中,领导权问题显得非常重要。

葛兰西的领导权理论,并不只是就文化而言。在葛兰西看来,工人如果能够获得经济上的领导权,当然更好,这就是他早年组织工厂委员会的原因。当经济上无法真正获得领导权时,政治领导权其实也很重要。面对当时的现实,葛兰西看到了前两者的艰难,才退而求其次,强调文化领导权的意义。从葛兰西思想发展的历程来看,强调主体性的实践哲学,也必然会关注文化对工人的塑形与引导作用。

从文化视角来看,葛兰西的领导权思想体现在以下几个方面:第一,领导权思想强调以实践哲学为统领,将大众意识提升到社会主义文化意识的水平。葛兰西认为,每个人作为常人,都有思想,但这种思想并不具有逻辑上的一致性和信念上的统一性,而且观念与观念间还常常存在矛盾,这就需要将大众的常识提升到实践哲学的层面,这正是社会主义文化领导权要去做的事。"实践哲学没有让'大众'停留在常识

---

① Antonio Gramsci, *Selections from the Prison Notebooks*, ed. and trans. by Quintin Hoare and Geoffrey Nowell Smith, New York:International Publishers, 1971, p. 258.

这一原始哲学的水平上,而是把他们引向更高的生活概念。实践哲学强调知识分子与大众之间的接触,并不是为了限制科学活动,并在大众的低水平上保持统一,而恰恰是为了建造一个能够在政治上使广大群众而不只是知识分子小集团获得进步成为可能的智识—道德集团。"①这就是说,实践哲学引导下的文化发展,才是文化领导权的基础。

第二,知识分子是实现文化领导权的重要力量。要将大众从常识中提升出来,需要知识分子发挥作用。葛兰西区分了两类知识分子:一类是传统知识分子,这是与农业文明相应的乡村知识分子,如教士、律师、医生、教师等;另一类是组织化的知识分子,即城市知识分子,这是随着现代商品经济而产生的知识分子,除了传统的知识分子外,还包括会计师、技师、经理等。如果说传统知识分子更偏人文学者的话,那么现代社会的知识分子则包括了有知识、有技能的人员。随着工人阶级知识技能的增加以及专业教育的发展,不仅资本家拥有自己的知识分子,工人也拥有自己的知识分子。在领导权的建构中,必须将工作的技术提升到作为科学的技术,再上升到人道主义历史观,即实践哲学的水平。只有这样,才能使无产阶级的意识超越"专家"水平,达到作为领导者的要求。也只有这样,才能使大众的常识上升为历史意识,符合现代无产阶级运动的要求。这也意味着,必须将知识分子作为先进的集体加以建设,在这个过程中,对知识分子进行组织与教育非常重要。

第三,领导权具有联系一切民众、实现统一领导的职能。葛兰西所处的时代,意大利的南北差异很大,南方落后地区的农民常常将北方的工人作为斗争的对象。法西斯主义兴起后,社会民主党又将党内的左翼当作自己的最大敌人,而没有意识到法西斯主义才是自己的斗争对象。在这种情况下,葛兰西提出领导权理论,实际上具有"统一战线"的意味,即在社会民主党的领导下,能够团结一切可以团结的力量,形成文化上的凝聚力,为无产阶级革命提供基础。

可以看出,葛兰西的领导权理论不再只从上层建筑层面去讨论意识形态与文化问题,而是深入市民社会之中来理解共同意识的建构,并

---

① Antonio Gramsci, *Selections from the Prison Notebooks*, ed. and trans. by Quintin Hoare and Geoffrey Nowell Smith, New York:International Publishers, 1971, pp. 332-333.

把市民社会中的文化领导权建设看作是非常重要的环节,这与传统马克思主义理论有较大的差异。威廉斯认为这是葛兰西领导权概念的重大贡献。"因为'霸权'假定真正的完整的事物存在,它不仅仅是次等的、上层建筑性的,如微弱意义上的意识形态,它存活在一种深度中,并以如此程度渗透于社会。按照葛兰西的说法,它甚至构成了在其控制之下的多数人常识的内容及局限,所以它比任何源于基础和上层建筑公式的观念清晰得多地对应于社会经验的现实。"①

虽然葛兰西与卢卡奇都是从黑格尔出发的西方马克思主义创始人,都强调对当下社会进行总体性的批判考察,但他们存在着一定的差异。在卢卡奇那里,以泰勒制为标志的社会是一个全面物化的社会,这决定了他对未来的讨论具有一定的英雄主义色彩,也可以说其底色是一种审美的悲观情绪。而在葛兰西这里,他认可福特制的社会历史意义,同时也看到了资本主义生产方式变化带来的市民社会与国家关系的变化,以及工人生存处境的变化,文化领导权正是应对这种变化的策略。在这种讨论中,葛兰西对意识形态与文化在社会中的作用提出了新的思考,这个思考也影响到后来者的讨论。

(三)多元决定与意识形态问题

阿尔都塞(Althusser)的多元决定论,在一定意义上实现了传统马克思主义的地形学解释与西方马克思主义创始人的解释的结合,进一步深化了关于文化与意识形态在当代社会再生产中地位和作用的讨论。

多元决定在直接的意义上是针对黑格尔哲学提出来的。在阿尔都塞看来,黑格尔的辩证法强调简单本源上的矛盾,虽然黑格尔也讨论了具有多元性特征的社会历史现象,但这种多元现象从根本上来说都是绝对精神外化过程中表现出来的,因此多元性的因素只具有现象的意义,只是精神内在本质的回声,可以说,任何特殊性的多元现象都构成了普遍性的观念本质的幻影。马克思对黑格尔辩证法的批判,不是一种简单的颠倒,而是对辩证法的改造,这种改造就体现在以矛盾的多元

---

① 〔英〕威廉斯:《马克思主义文化理论中的基础和上层建筑》,胡谱忠译,《外国文学》1999年第5期,第73页。

决定取代黑格尔的单一矛盾的观点。这种多元决定的思想在后来列宁关于帝国主义不平衡发展的论述中得到了充分的体现。

在列宁的讨论中,俄国社会当时不仅存在着具有对抗性质的生产力与生产关系的矛盾,还存在着其他更为复杂的矛盾:农民与东正教神父之间的封建矛盾,这使农民起义有向工人阶级靠拢的可能;处于向帝国主义转变时期的工人阶级与资本主义的矛盾,由于俄国发展的落后性,这一矛盾会更加严重;资本主义与封建主义的矛盾,即剥削者与剥削者之间的矛盾;殖民战争导致的殖民地与宗主国的矛盾;等等。这些矛盾构成了一个矛盾群,使得俄国这个落后的国家成为帝国主义链条中的最薄弱环节。一般矛盾,即由两个对抗阶级之间的矛盾所体现出来的生产力与生产关系的矛盾,只有在这多重矛盾的汇合中,才能促成革命的爆发与胜利。这表明,各种矛盾在重新建构的统一性中各自表现着自己的性质与作用,任何一个矛盾都受到其他矛盾的影响,矛盾与社会机体的结构不可分离,不同的矛盾规定着社会形态的不同方面,其本身又受到社会形态的规定。正是在这个意义上,阿尔都塞认为社会在本质上是多元决定①的。

对于阿尔都塞的这一解释,詹明信(Jameson,也有作品译为詹姆逊、杰姆逊)后来以下图来描绘:

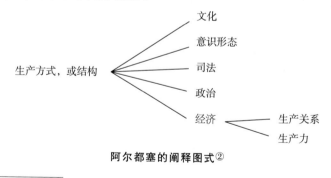

阿尔都塞的阐释图式②

---

① 多元决定(overdetermination, surdétermination)指的是复因决定、受各种条件制约的意思,它来自弗洛伊德关于梦的解析。弗洛伊德认为,在梦境中,多种思想浓缩为单一的意象,或者心理能量从一种独特的潜在思想转向表层的琐碎的多种意象。梦的解析就是要善于从这种"一"中看出"多",以及"多"中的每个因素所表达的意义。

② 参见〔美〕詹姆逊:《政治无意识》,王逢振、陈永国译,北京:中国社会科学出版社1999年版,第27页。

詹明信认为,阿尔都塞的这个图式摆脱了传统研究中将生产方式还原为狭隘的经济层面,并以之作为决定社会生活的一切根据,而是以生产方式为基础,在这一结构中去理解各种要素的相对独立性以及相互之间的关系。"他旨在强调各个层面之间某种终极结构的相互依赖性,但是,他是根据通过那个结构的中介来掌握这种相互依赖性的,而非通过使一个层面直接与另一个层面相重合的比较直接的中介。……阿尔都塞的结构,与所有马克思主义一样,必然坚持社会结构内部各种因素的相互关联;只不过他是通过这些因素的结构差异和相互间的距离将其关联起来的,而非据其终极的同一性,如他认为表现性因果律所能做到的那样。"①虽然詹明信的解释有其自己的意图,但强调各要素之间的相互依赖性,而不是简单的作用与反作用,这是多元决定的一个重要内容。

实际上,詹明信的解释还不能真正表达多元决定的图式。阿尔都塞强调生产力的最终决定作用,在这个最终作用之上犹如存在一个平台,在这个平台中,经济、政治、文化等既有一定的独立性,又相互融合,从而形成一个众多因素共同发生作用的整体。在这个整体图式中,意识形态与文化渗透到经济活动与生产行为之中。在《意识形态和意识形态的国家机器》中,阿尔都塞指出:从资本主义社会的扩大再生产视野来看,意识形态与文化对经济活动的影响不仅仅是简单的反作用,而是引导甚至决定了这一过程。②

阿尔都塞认为,资本主义社会的再生产不仅包括物质资料的再生产,而且包括人的再生产,即工人的再生产。在现代社会,工人的再生产不仅是肉体的再生产,更是技术与文化的再生产,这是生产力再生产的重要内容。这种技术与文化的内容受到意识形态与国家机器的引导,特别是在现代社会,当国家成为镇压与说服的统一体时,这种引导就更加重要。"意识形态国家机器的多样性的功能恰恰在于它们唯一

---

① 〔美〕詹姆逊:《政治无意识》,王逢振、陈永国译,北京:中国社会科学出版社1999年版,第31页。
② 参见〔法〕阿尔都塞:《哲学与政治:阿尔都塞读本》,陈越编译,长春:吉林人民出版社2003年版,第320—375页。

的——因为是共同的——生产关系再生产的作用。"①在这个过程中,产生于市民社会的一些机构,如大学、教会、工会等,都成为意识形态国家机器的重要组成部分,正是通过这些机构,科学、技术、伦理、政治、日常生活旨趣等对人的成长起到了重要的塑形作用。更为隐蔽的是,随着社会的发展与技术的进步,一些教育往往是通过"价值中立"的方式进行的,这更能让现代社会所需要的文化观念进入人的无意识结构中。

可以看出,阿尔都塞进一步推进了葛兰西关于意识形态问题的讨论。葛兰西从市民社会与国家关系的变化中,看到了意识形态的地位和作用,即不只是作为上层建筑的内容,而且成为市民社会的重要组成部分,或者说,寓于市民社会的日常教育已经具有上层建筑层面的意义。他关于"国家=政治社会+市民社会"的公式,说的就是这一问题。阿尔都塞则从再生产出发,进一步看到了意识形态对人及其行为方式的塑造作用,从而深入现代社会结构中去理解文化的地位与作用。

(四) 生产符码与文化逻辑

与阿尔都塞强调生产力的最终决定作用不同,詹明信从生产力的最终决定作用退回到生产方式这个概念,形成了以生产符码为基础的文化理论。

詹明信认为,我们对社会生活的理解可以描述为三个同心圆:最外层的是政治历史观,即狭义的定期发生的事件和颇似年代顺序的系列事件;次外层的是社会观,在现在已经不太具有历时性和时间限制的意义上,指的是社会阶级之间的构成性张力和斗争;最里层的是历史观,这种历史以最宽泛意义上的一系列生产方式作为解释基础,因此,生产符码是历史观的内核。② 詹明信的新阐释学就是围绕着这三个层面的内在关系而展开的。

詹明信认为每一种理论都有其主导性的解释符码,如结构主义的

---

① 〔法〕阿尔都塞:《哲学与政治:阿尔都塞读本》,陈越编译,长春:吉林人民出版社2003年版,第341—342页。

② 参见〔美〕詹姆逊:《政治无意识》,王逢振、陈永国译,北京:中国社会科学出版社1999年版,第63—64页。

"语言形式"、弗洛伊德主义的"欲望"、经典存在主义的"焦虑与自由"等。通过考察这些范式,他认为马克思主义的生产方式概念最能有效地解释晚期资本主义社会及其文化。"马克思主义的主导符码是一个十分不同的范畴,即'生产模式'本身。生产模式的概念,制定出一个完整的共时结构,上述的各种方法论的具体现象隶属于这个结构。也就是说,当今明智的马克思主义不会希望排斥或抛弃任何别的主题,这些主题以不同的方式表明了破碎的当代生活中客观存在的区域。因此,马克思主义对上述模式的'超越',并不是废除或解除这些模式的研究对象,而是要使这些自称完整和自给自足的阐释系统的各种框架变得非神性化。宣称马克思主义批评作为最终和不可超越的语义地平线——即社会地平线——的重要性,表明所有其他阐释系统都有隐藏的封闭线。阐释系统是社会整体的一部分,以社会为自己的研究对象,但是隐藏的封闭线把阐释系统同社会整体分离开来,使阐释成为表面封闭的现象。马克思主义的语义批评可以打破封锁线。"[①]相比于阿尔都塞的解释,詹明信更强调生产方式的整体性,强调生产符码在同心圆中的核心解释功能,但与阿尔都塞相似的是,他并没有以最里层的同心圆取代外面两层的同心圆,只是强调生产符号不可取代的地位和整合其他解释符码的功能。

从这一视角出发,詹明信较为关注生产方式的变迁带来的文化逻辑的变化。在《晚期资本主义》一书中,曼德尔(Mandel)曾从生产力的技术变革入手,把资本主义发展过程划分为三个阶段:1848年以来以蒸汽引擎的机器生产为基础的市场资本主义,19世纪90年代以来以电力发动机及内燃机的机器生产为基础的垄断式资本主义,20世纪40年代以来以电子及核子能量机器的生产为基础的晚期资本主义。曼德尔认为,晚期资本主义是资本主义社会的一个新阶段,是资本主义生产方式在结构上的一次危机,这种危机会通过文化表现出来。詹明信接受了曼德尔关于资本主义发展的分期理论,并将晚期资本主义社会延伸到

---

① 〔美〕詹明信著、张旭东编:《晚期资本主义的文化逻辑》,陈清侨等译,北京:生活·读书·新知三联书店1997年版,第147—148页。

他所处的时代。从这一视角出发,他认为后现代主义是晚期资本主义的文化逻辑。"我们要在文化分析的讨论中采用历史分期主导性的概念,必须首先明白,纵使构成后现代主义的一切元素,跟昔日现代主义的基本特征既相类同又相连续的,'现代'和'后现代'依然要发挥着两种截然不同的文化意义和社会作用。其原因也正可追溯到后现代主义在所谓'晚期资本主义'经济体系中所占的异常独特的地位,以及'文化'这个范畴本身在当今社会所经历的种种剧变。"①

詹明信认为,后现代主义文化的产生有其社会历史的根源:首先,自20世纪60年代以来,后现代主义是对以大学、博物馆、画廊等为据点的现代主义的反动,把现代主义文化看作是规范的、建制的、压抑的东西来反对。其次,高等文化与普及文化或大众文化之间的分野开始消失,专业性的话语弱化。这种融合正是法兰克福学派所批判的文化工业造成的结果。后现代主义文化产生之后,形成了自己的风格与特点:第一,后现代文化在具体的形式上,有着剽窃和戏仿的特点。詹明信认为,这是现代主义的"主体"死亡后,在文化风格上必然存在的形式。卢卡奇所讨论的主体的异化问题,已经被主体的分裂与瓦解所取代,于是凡是可以被模仿的东西,都进入文化与艺术形象中。第二,打断了时间的连续性。这种历史感的消失使整个社会生存在一个永恒当下和永恒的转变之中,这就造成了后现代主义文化的破碎性、当下性等特点。这些特点与商业和消费结合起来便形成了碎片化的后现代主义文化现象。表意系统的断裂使得呈现给人们的只能是带有精神分裂症特点的作品。正是这些特点使得后现代主义缺乏深度感以及越来越弱化的历史感,形成了新的表达方式和情感方式。从生产方式的变迁出发,詹明信认为,后现代主义体现了资本全球化时代社会空间的重组与人的观念的变迁,从根本上来说,后现代主义文化体现了晚期资本主义社会的意识形态要求,而不只是文化内部的变化。

---

① 〔美〕詹明信著、张旭东编:《晚期资本主义的文化逻辑》,陈清侨等译,北京:生活·读书·新知三联书店1997年版,第430—431页。

(五) 文化唯物主义的逻辑

讨论西方马克思主义的文化理论，无法绕开受到上述思路的影响又有自己研究特色的英国文化马克思主义。这个流派中的学者以文化研究为中心，形成了文化唯物主义的研究范式。在威廉斯看来，"文化唯物主义"就是"在历史唯物主义内的有关文化的物质性和文学生产的特殊性的理论"①。同样的理解也出现在汤普森（Thompson）的思想中，他也将文化唯物主义看作是一种研究问题的范式。当然，这样一种文化唯物主义在其发展过程中也存在着逻辑转换。

第一代文化唯物主义的代表人物霍加特（Hoggart）、威廉斯与汤普森等人的思考，是针对第二国际以来传统的马克思主义提出来的。在他们看来，传统马克思主义强调经济基础决定上层建筑，把文化看作是上层建筑中的部分内容，虽然在具体解释时也强调文化的反作用，但从解释模式上还是一种经济决定论的范式。为了改变这一理解方式，文化唯物主义通过将文化概念扩展到日常生活领域，以及与人的行为相关的内容，强调文化与社会生活中的内在联系。比如霍加特就强调要把普遍的日常生活列入文化研究的范围，把文化看作具体现实生活中客观联系的展现。威廉斯从现代资本主义社会的变迁出发，认为今天的文化已经具有物质性的内涵，特别是物质性的文化产品直接影响到人们的社会生活以及资本主义社会的发展。在他看来，这是马克思当年没有预料到的情况，即把文化作为工业来生产的情况。也正是在这个意义上，威廉斯尤其强调要把文化生产作为社会性的物质生产来理解，并从当下历史的具体情境中加以分析。虽然在这些讨论中，生产方式仍然具有重要的基础性作用，但这在从文化与社会生活的内在整体性中去理解这一问题时，就已不是一种简单的地形学的图式。

当然，从社会生活的整体关系中去理解文化，是为了实现人的解放，文化研究就是在这个层面发挥作用的。霍加特认为，文化研究从根

---

① Ray Williams, *Marxism and Literature*, Oxford: Oxford Univerity Press, 1977, p. 5.

本上来说,就是要变革文化实践方式,促进社会的民主化,改变人的生活,使我们的日常生活变得更加合理、有序、公正、正义。对于汤普森而言,在阶级社会中,主体之间的利益冲突或者说阶级之间的利益斗争,常常通过日常生活中的斗争表现出来,文化就体现了这种整体上的斗争方式。在这样的斗争中,文化研究就是要倾听和再创造文化生产者与消费者的真实经验,特别是作为文化消费者的普遍大众的经验。通过文化研究推动斗争,从而重塑普遍大众的日常生活的完整性,这是其理论的一个重要指向。与此相应,伊格尔顿(Eagleton)则更为明确地指出,研究文化就是要研究世界历史对人的生活经验的影响,关注生活经验中最为独特的人性,文化批判从根本上来说是一种政治实践。文学理论构成政治与意识形态的一部分,是政治实践的一部分,纯文学理论的构想只是一种美学的神话。因此,文化从根本上来说是一种社会批判。

为了更好地达到解放的目的,文化唯物主义的学者们提出了自己的设想。在这些学者看来,文化的根基在日常生活中,因此,文化的斗争首先就是要重建日常生活的整体性,以保证文化的延续性。霍加特认为,现代社会的发展一方面展现为科学与理性的进步,另一方面展现为日常生活的标准化与程式化。因此,文化研究就是要重新探讨日常生活中的经验,显现工人阶级在日常生活中的主体性,把目光从精英文化转向工人阶级的日常文化,改变中心化的、线性化的、唯一化的文化模式,使文化成为民有、民享的存在。汤普森进一步认为,文化研究一方面要深入日常生活的经验重构中,另一方面要在这种重构中加入阶级分析方法,使民众的自发性的斗争意识上升到有意识的阶级意识。在《英国工人阶级的形成》中,汤普森为了强调上述观点,指出工人阶级是在阶级意识逐渐成熟的推动下构建出来的。"他们借助于自己含辛茹苦所获得的不规范的教育,形成了有组织的社团,这是最重要的政治现象。他们学着把自己的生活看作是定义并不严密的'勤劳阶级'与未经改革的下院之间全部斗争史中的一部分。1830年之后,定义较明确的一般马克思主义意义上的阶级意识开始成熟起来。在这一过程中,工人们开始意识到,他们自己所从事的既是旧的又是新的斗争。"①为了更好地发挥文化斗争的意义,威廉斯通过考察西方马克思主义的主体性文化理论,特别是卢卡奇的总体性理论与葛兰西的文化领导权理论后指出,既要把文化与社会生活作为一个总体来研究,更要揭示这种总体性中的主导性文化和非主导性的文化,特别是与主导文化相对立的残存文化,关注展现新的价值和意义的突发文化,推动阶级实践,指向新的意义世界。这是他对领导权理论的再思考。

这些学者的研究,从马克思主义的基础来说,1959 年英文版的《1844 年经济学哲学手稿》的出版,给他们提供了基本的依据。根据这部手稿,现代生活是异化的生活,是对人的主体性的异化,尤其是工人阶级的异化,摆脱这种异化构成了文化唯物主义的核心主题。无论是对日常生活经验的重构,还是领导权意义上的共同文化的再建,他们都是想通过文化批判来展现现代资本主义社会生活的异化,探寻新的生活指向。

第一代左派的意图遭到了以斯图尔特·霍尔(Stuart Hall)、佩里·安德森(Perry Anderson)等人为代表的第二代左派的批评。受结构主义影响,霍尔等人将第一代文化学者的人道主义看作是一种人本主义,从结构主义的视角来看,当这种人本主义强调传统的意义时,实际上并没有跳出意识形态。与此相应,他们从人的实践的意义转向了语言的编码,探讨整体结构的必然复杂性,强调话语本身对现代的优先性与非反映论的特征。因此,文化研究既要关注以生产方式为基础的总体性,又要关注文化自身的相对独立性,特别是文化本身的编码方式,甚至可以说,现实是经文化编码才被建构出来的。这一转向倒是反映了电子媒介文化兴起之后文化生产与存在方式的变化。或者说,在以电子媒介为引导的大众文化时代,关注文化编码的方式,是文化研究中无法绕过的问题。

从马克思到西方马克思主义的文化理论的内在逻辑转变可以看

---

① [英]汤普逊:《英国工人阶级的形成》下册,钱乘旦等译,南京:译林出版社 2001 年版,第 836 页。

出:一方面,随着资本主义社会的变迁,意识形态与文化问题在社会生产与再生产中的作用发生了变化;另一方面,为了适应这种变化,理论的逻辑也在相应地发生改变。这是西方马克思主义学者试图从马克思走向当代的尝试,也体现了他们对现代社会的问题意识。从总体上来看,虽然理论的逻辑发生了诸多变化,但从马克思到西方马克思主义,文化理论在以下几个方面还存在着共识:第一,坚持从社会生活出发来理解文化的地位及其作用,从社会总体性出发来定位文化与意识形态问题。第二,在文化的具体研究中,要考虑到主导性文化与非主导性文化以及现存性的文化与指向未来的文化间的差异,同样也要考虑到社会结构中由于地位的差异而带来的文化差异。理解了这些差异,可以进一步深入文化的内在机理中,推进文化研究。第三,文化从根本上来说,指向人的解放,尤其是工人阶级的解放。这也是马克思主义文化理论的根本指向。今天的文化理论研究,尤其需要在这方面做出更多的探索。

三、文化研究的理性自觉

文化从根本上来说,一方面通过人的活动塑造当下,使世界变成人化的世界;另一方面,就是不断地跳出当下,指向一个全新的世界,引领世界的发展。二者是相互关联、相互影响的,展现出文化发展的复杂前景,形成了文化的丰富内容。文化研究既要对文化的当下存在进行考察,又要为文化的未来发展展现新的可能性空间,从而在更高层面凝聚文化的力量,推动社会历史发展和人的自我提升。因此,文化研究中的理性自觉就成为研究的基本要求。

(一) 文化研究中的整体性

如前所述,广义的文化概念涉及日常生活、风俗习惯、心理结构、思想观念等,是一个完整的系统;狭义的文化概念主要指思想观念形态,并且思想观念具有一定的自律性,但其总是与人们的社会生活及历史实践相联系。文化的形式具有一定的普遍性,但文化的内容与价值取向则是与特定历史相联系。这就意味着文化研究必须是一种整体性的研究,既是对思想观念形态的文化逻辑研究,也是对日常生活与行为的历史性研究,更是对社会历史生活与思想观念之间相互关系的研究。

作为思想观念形态的文化,有其相对的独立性。随着历史的发展,不同时期的思想观念有其内在的主题,这些主题之间往往形成内在的逻辑。比如在近代以来的西方世界,随着文艺复兴的展开,理性逐渐成为文化的主题,并在不同的历史时期呈现出不同的特点及思维方式。从英国的经验论到法国的唯理论,再到德国古典哲学,就呈现出西方文化在形而上学层面的逻辑展开过程,这种展开是通过哲学家的思考与批判来实现的。哲学家或文化学者关于文化的研究与思考,揭示出文化发展的内在逻辑及其思想动力,展现出不同历史时期人们的文化观念的主题内容,这对于我们把握文化的样态与发展都是非常重要的。

思想观念层面的文化虽然具有相对自主性与独立性,但其内容又往往源自社会历史生活,特别是在不同时期,思想观念的内容往往直接受到不同社会生活的影响。因此,文化研究不仅要研究思想观念的逻辑变迁,更要研究这种变迁与社会生活变迁的关系。马克思在《德意志意识形态》中谈到青年黑格尔派时就指出,青年黑格尔派致力于批判当时的社会,但他们的批判只是停留于观念层面,从没有想到这种观念与现实生活之间的联系。格尔茨在谈到宗教研究时也指出:"人类学家的宗教研究应分两个阶段:首先对构成宗教本身的象征符号所体现的意义体系进行分析;其次,将这些体系与社会结构过程和心理过程相联系。"[①]这也是在强调宗教研究中整体性问题。可以说,对社会生活本身的研究构成了文化研究的重要组成部分,社会存在、社会心理、行为方式、思想观念等,构成了广义文化研究的整体内容。梁漱溟先生后来概括说,所谓文化不过是民族生活的种种方面,包括三个方面:"(一)精神生活方面,如宗教、哲学、科学、艺术等是。宗教、文艺是偏于感情的,哲学、科学是偏于理智的。(二)社会生活方面,我们对于周围的人——家

---

① 〔美〕格尔兹:《文化的解释》,纳日碧力戈等译,王铭铭校,上海:上海人民出版社1999年版,第143页。

族、朋友、社会、国家、世界——之间的生活方法都属于社会生活的一方面,如社会组织,伦理习惯,政治制度及经济关系是。(三)物质生活方面,如饮食、起居种种享用,人类对于自然界求生存的各种是。"①

在这种整体性图景中,展现社会存在、社会心理、行为模式与思想观念等之间的联系中介,成为文化研究中非常重要的内容。整体的各要素虽然处于一种关联中,但并不是无差别的相加,而是有中介的统一。"全部的总体都包含在每一个被辩证地、正确地把握的环节之中,在于整个的方法可以从每一个环节发展而来。"②展现这种具体的关联,从而在"具体的总体"中把握文化的内容与形式,这是文化研究中比较困难的工作。

(二) 文化研究中的批判性

从思想观念层面来说,文化首先体现为人类的惯性行为系统和相关意识状态。这种状态的文化为人的日常生活提供了基本的行为模式和道德规范,甚至沉淀为人们的无意识。在这种层面上,文化对人们的行为虽然提供了基本的规范,但同时也使人的行为本身并不具有跳出当下的自觉意识。作为理论观念形态的文化,虽然能够对上述的惯性行为系统和无意识状态加以反思,但这种反思也仍有可能并没有跳出原初的观念框架。因此,保持文化研究中的批判性是走向文化自觉的重要一环。

我们可以用马克思在《资本论》中关于商品拜物教的讨论来具体说明。按照马克思的观点,商品拜物教是将人与人的关系物化为物与物的关系,这种物化关系的形成根源于商品生产与交换的普遍化,正是在这一普遍化过程中,商品物抽象为数量关系中的物,一种形式化结构中量的载体,物的本质反而被忽略了。与之相应,人的存在也被抽象为商品化的存在,只有在商品交换普遍化的形式结构中,人才有其在社会存

---

① 梁漱溟:《东西文化及其哲学》,北京:中华书局2013年版,第11页。
② 〔匈〕卢卡奇:《历史与阶级意识——关于马克思辩证法的研究》,杜章智、任立、燕宏远译,北京:商务印书馆1992年版,第254页。

在中的位置。人与人之间社会关系的颠倒与形式化,将人变成了商品生产与交换的载体,这是资本主义社会商品拜物教的发生机制。也正是在这种拜物教式的社会存在中,商品、货币、资本才取得了统治一切的地位。

对于资本主义社会中人的这种存在状态,马克思之前的哲学家也都有过批判。比如费尔巴哈就曾对人的这种异化状态提出批判,并针对性地提出以"爱"为内核重建人与人之间的关系,从而将男女之间的情爱关系推广化。在他看来,只有这样,才能实现一种无异化的生活。费尔巴哈的这一批判成为当时德国真正的社会主义思潮的重要基础。应当说,看到人的存在状态的"异化",是当时文化发展中的一次重要觉醒,也是跳出现实的重要一步。但在费尔巴哈的批判中,他所提倡的"爱"只是"异化"的对立面,因为这种异化虽然表面看来是人与人之间关系的异化,但从根本上来说是社会制度发生的异化。当社会制度本身没有得到改变时,这种"爱"只是从对立的层面弥补了"异化"的缺陷,从而将有着内在裂痕的社会黏合为一个表面上看起来的整体,这是对社会存在的直观,这种直观并没有真正地跳出现有的意识形态与文化圈套。建立在直观上的批判,当然不是彻底的自我反思和理性自觉,最多只是对现实生活的另一种解释。

在文化研究中,真正的批判性应是对社会生活本身的整体反思,对思想观念层面的文化批判要建立在对社会存在本身的辩证批判基础之上,从而将文化批判提升到一个更高的境界。对于文化的这种境界,有的哲学家以"乌托邦"来称谓。所谓"乌托邦",就是一种不可能的可能性,"一个乌托邦,并不是真实世界即现实的政治社会秩序的写照,它并不存在于时间的一瞬或空间上的一点,而是一个'非在'"[①]。这种"非在"并不是胡思乱想,而是力求从更高的文化逻辑审视当下的社会,从而凝聚走向更高社会的力量,"乌托邦的伟大使命在于,它为可能性开拓了地盘以反对当前现实事态的消极默认"[②]。马克思所说的"改变

---

① 〔德〕卡西尔:《人论》,甘阳译,上海:上海译文出版社1985年版,第77页。
② 同上书,第78页。

世界",同样具有上述的意蕴。

文化研究中的批判性,并不是激进的否定,而是源自社会现实的自我批判。这正是从黑格尔到马克思的辩证法所展示的意义。与费尔巴哈式的外在批判不同,辩证法的批判是事物自身内在的自我批判。在文化研究中,这种批判性不仅是对文化逻辑的哲学审视,更是对日常生活与行为模式的反思,从而将人的行为与思想提升到一个更高的境界,一个社会发展的未来境界。以此为指向,赋予人类以行动的能力、改变世界的能力,这正是文化研究需要的理性自觉。

(三) 文化研究中的想象力

"乌托邦"有赖于文化的想象力。这种想象力一方面有赖于过去的思想供给,另一方面也有赖于文化研究者们的想象力。

想象力(imagination)是学术研究中长期没有得到尊重的一个概念。谈到想象力,人们将其与思想的随意性联系起来,特别是自 20 世纪初以来,学术研究重实证、重数据,强调实证研究的重要性,对于想象力没有给予足够重视。对于这种学术研究的方法与旨趣,胡塞尔曾加以批评。对于这种自然科学意义上的实证原则,韦伯也指出其局限:"第一,人们认为,历史实在的'根本'内容和'本质'必定记录在那种理论的概念图像之中,第二,人们把它们用作历史应当塞入其中的普洛克路斯忒斯之床,第三,人们假设这种'观念'是处于现象变幻背后而在历史中发生作用的'真正的'实在和实际的'力量'。"①在这种方法的规制下,想象当然是没有意义的。但正如米尔斯(Mills)在《社会学的想象力》中所说,"由于我们所置身的制度变得更为庞杂,彼此间的联系更为复杂,这种结构性的变化的数目和类型也在不断增加。要想对社会结构的观念有清楚的意识并敏锐地运用它,就要能在大量不同的环境中捕捉它们彼此间的联系。要想做到这样,我们就需要具备社会学的想象力"②。

---

① 〔德〕韦伯:《社会科学方法论》,韩水法等译,北京:中央编译出版社 1999 年版,第 44 页。
② 〔美〕米尔斯:《社会学的想像力》,陈强等译,北京:生活·读书·新知三联书店 2001 年版,第 9 页。

米尔斯认为,只有拥有理论想象力,我们才能在个人生活与社会历史总体变迁之间建立联系,才可能真正地在不同专业之间建立一种视角转换关系,从而实现对社会结构的总体理解。在想象力的作用下,人们才能跳出狭隘的领域局限,从具体的知识进入对社会生活意义的思考,这时才能与超越当下社会生活的未来建立一种联系。米尔斯结合社会学的研究说:"在应用社会学的想象力的背后,总是有这样的冲动:探究个人在社会中,在他存在并具有自身特质的一定时代,他的社会与历史意义何在。"①在文化研究中,这种想象力尤为重要。

文化研究从根本上来说是一种理解,即对过去与当下人类心理的理解。在阐释已经过去的生活方式、文献资源与思想观念时,我们不仅要充分地追问自身的心灵,更要去阐释已经存在过的心灵,这需要我们在实证研究的基础上,提供一种有生命力的解释,也就是有想象力的解释。在这种解释中,既有对过去文化的理解,又叠加了现代心灵的自我审视,从而打开一个全新的空间。只有这样,上面所说的"乌托邦"才有可能被想象,只有这种建立在坚实研究基础上的理论想象力,才能克服人的自然惰性,赋予人们不同于当下的一种新的反思与批判能力,从而将文化指向一个更高的世界。这种更高的旨趣反过来又不断提升着人类的能力。

(四) 文化研究中的本土性

在《新民主主义论》中,毛泽东指出,新民主主义的文化是"民族的科学的大众的"文化。在这样的理解中,"民族的"成为新民主主义文化的第一个规定。毛泽东关于新民主主义文化的这一理解,是对鸦片战争以来中国文化发展道路的反思,也是对中国共产党人关于文化发展路线、方针、政策的思考与总结。习近平总书记《在哲学社会科学工作座谈会上的讲话》中也指出:要构建中国特色的哲学社会科学体系,"在指导思想、学科体系、学术体系、话语体系等方面充分体现中国特色、中

---

① 〔美〕米尔斯:《社会学的想像力》,陈强等译,北京:生活·读书·新知三联书店2001年版,第6页。

国风格、中国气派"。这种中国特色的哲学社会科学体系,第一个特点就是继承性与民族性。这就意味着,在文化研究中,必须重视文化的民族性、本土性,以期探索真正合乎中国发展实际的文化发展之路。

在传统社会,由于交通的不便利与生活方式的相对固定化,文化具有较大的封闭性。随着历史向世界历史的转变,特别随着今天全球化的深入发展,不同国家、民族之间的文化日益相互影响、相互融合,因而文化的世界性明显增强。但是,正如全球化并没有消解民族国家一样,文化的全球发展也不能取消文化的本土化。全球化的发展并不是一个完全平等的交往和交流过程。对于后发展国家来说,如果文化的发展完全按照发达国家的文化逻辑来展开,那么,全球化的过程就将是一种新的殖民建构过程,即思想观念、行为方式的殖民建构过程。因此,在全球化的条件下,文化发展既需要有全球的视野,更需要有本土的意识。

强调文化研究的本土性,并不意味着排斥外来文化,而是要在对外来文化批判吸收的基础上加以创造性转换。要实现创造性转换,一个重要的前提就是要对本土问题有一个清晰的认识和把握。只有围绕本土问题来思考文化问题,并能提出切实可行的解决方案、指出行之有效的发展路径,才能真正实现文化的本土发展与创造性转换。当年毛泽东写作《新民主主义论》,就是抓住了当时中国的根本问题,作出了深入的分析,而后以此为基础,提出了新民主主义的文化发展战略。这样的分析研究,既没有简单地回到传统,也没有简单地效仿西方,而是面对中国社会的根本问题,提出了一条新的解决思路,从而为文化的创造性转换指明了方向。在今天的全球化条件下,我们研究文化的发展与创造,应当充分注意学习、掌握这种重要的方法论。

第二章

当代文化发展的时代境遇与基本特征[*]

"不谋全局者不足以谋一域,不谋万世者不足以谋一时。"文化发展也是如此。要顺利推进我国的文化发展,必须对当今时代文化发展的全局和走势有比较全面、准确的把握,而后才能做出相应的"谋划"。尤其在全球化条件下,任何国家的文化发展都不可能关起门来孤立地进行,总是同世界各国处于各种不同的联系之中,因而增强时代意识、全局意识对于引导文化发展至关重要。有鉴于此,文化研究理应加强对时代文化发展新特点、新趋势的研究。

一、 时代境遇的合理把握

在新的历史条件下推进文化发展必须有高度的文化自觉。所谓文化自觉,就是指一个国家、民族对自己的文化及其发展有一个清醒的认识和觉解,包括对本国文化在世界文化中地位、作用的深刻认识,对文化发展规律的正确把握,对文

---

[*] 本章部分内容曾以《当代文化发展的新特征》为题,发表于《北京大学学报(哲学社会科学版)》2018年第2期;另有部分内容以《个性化:文化发展的一个新特征》为题,发表于《北京日报》2018年8月27日,第13版。

化建设和文化发展历史责任的明确意识等。文化自觉体现了一种鲜明的主体意识,是文化发展的一种内在精神力量,是推动文化繁荣发展的思想动力。历史和现实表明:一个民族的觉醒,首先是文化上的觉醒;一种文化的发展状况,很大程度上取决于文化自觉的程度。有无文化自觉,不仅关系到文化自身的发展,而且直接影响到一个国家、民族的前途命运。

"文化自觉"问题本身就是在当今时代发展尤其是全球化语境中提出来的。在传统社会,"文化自觉"并不成为问题,因为人们世世代代生活在相对封闭的社会环境和文化环境里,接受的是祖祖辈辈传承下来的传统文化,很少接触其他文化并受其影响,因而也就很少有文化的自觉意识或自我意识;而且,每一个国家的文化大都是在特定的环境里自然延续、发展下来的,不是特意设计、引导出来的,即使有时有某种引导的作用,其作用也是有限的,因而"文化自觉"并未得到明显的体现。而在现代社会,情况则发生了重大变化。伴随全球化的出现和深入发展,各个国家文化的联系日益紧密,每个国家的文化都进入世界文化的整体格局之中。由于每个国家的文化都成为世界文化之网的一个纽结,因而其发展必然程度不同地受到这种世界之网的制约,而且发展的方式、发展的机制、发展的规则等都在发生重大变化。这种发展现实必然促使人们对自己的文化及其发展加以冷静地反思,形成文化上的自觉。文化自觉的要旨,就在于克服文化发展的盲目状态,增强发展的自觉性和主动性。

增强文化自觉,重要的是明确本民族文化在当代世界格局的方位。这里所讲的方位,既包括空间的方位,又包括时间的方位。所谓空间的方位,就是本民族文化在整个世界文化体系中所处的位置;所谓时间的方位,就是本民族文化在历史过程中所处的位置,即处于历史发展中的现代还是前现代抑或后现代。只有对本民族文化在当代世界格局所处的方位有一个总体的把握,才能明确自己的处境,发现自己的优势和劣势,才能制定相应的文化发展战略,采取积极的应对措施。否则,很难在文化问题上做出准确的判断,很难在文化发展上做出合理的选择。今天之所以突出文化自觉,事实上就是由此生发的。

增强文化自觉必须明确本民族文化在当代世界文化格局中的方位,这就客观上要求对时代及其文化发展有一个总体的把握。事实上,真正对文化有影响的研究,都离不开对时代境遇的基本把握。例如美国学者詹明信对于后现代文化的研究就是如此。他将其文化研究建立在对时代分析的基础之上,具体探讨后现代文化的发展逻辑。据此,他采用了比利时经济学家埃内斯特·曼德尔(Ernest Mandel)的方法,将1780年以来西方资本主义的发展划分为三个阶段:自由竞争的资本主义、"古典"帝国主义和晚期资本主义。不同的时代产生了不同的文化:自由竞争资本主义的主导文化是"规范解体"的现实主义,涵盖了科学革命、韦伯的"非神圣化"和法兰克福学派所说的"对自然的仪器化"等逻辑;"古典"帝国主义的主导文化是"规范重建"的现代主义;晚期资本主义的主导文化则是"立意要消灭所有的规范,再次恢复一切规范和科学产生之前的那个原始流的时代"[①]。这就是说,只有在晚期资本主义的时代语境中,才能透视后现代主义的文化逻辑。詹明信的文化研究给予我们的启示,就在于要善于进行时代分析,从时代与文化的关系中来把握文化及其发展。

如何看待时代?不同的视角可能有不同的理解,但一些基本的原则和方法还是必须把握的。这就要求我们应当充分注意马克思主义的时代观及其方法论。在马克思主义经典作家的众多论述中,时代问题始终是一个备受关注的重要论题。之所以如此,就在于时代问题不仅是研究社会经济、政治、文化以及国际关系等各种问题的前提和基础,而且是制定各种战略和策略的依据。正如列宁所讲:"首先考虑到各个'时代'的不同的基本特征(而不是个别国家的个别历史事件),我们才能够正确地制定自己的策略;只有了解了某一时代的基本特征,才能在这一基础上去考虑这个国家或那个国家的更具体的特点。"[②]正是出于这样的考虑,马克思主义经典作家都对时代问题予以高度重视并予以

[①] 〔美〕詹明信著、张旭东编:《晚期资本主义的文化逻辑》,陈清侨等译,北京:生活·读书·新知三联书店1997年版,第282页。

[②] 《列宁全集》第26卷,北京:人民出版社1990年版,第143页。

具体的阐述,并依据不同的标准划分为不同的时代。如依据生产力和技术发展水平、社会形态、阶级地位、历史事件等,可以分别划分为不同的时代。但在对时代的各种划分中,最为根本的还是从社会形态所做出的划分。因为它是对时代性质、时代本质规定最为深刻的揭示和概括。马克思曾经指出:"我们判断一个人不能以他对自己的看法为根据,同样,我们判断这样一个变革时代也不能以它的意识为根据;相反,这个意识必须从物质生活的矛盾中,从社会生产力和生产关系之间的现存冲突中去解释。"①从社会生产力和生产关系之间的矛盾冲突中来解释、来划分,实际上就是以社会形态作为时代划分的尺度。依据这样的标准,应当看到,当今时代仍处于社会主义与资本主义两种制度相互并存、相互竞争的历史时代。这是我们思考各种社会问题、思考文化发展问题的基本立足点和出发点。

要准确地认识这一时代,需要对资本主义和社会主义两种制度在当代发展的新情况、新变化做出清醒的认识和把握。

就资本主义发展的情况来看,需要首先明确它的历史方位。资本主义作为一种社会经济制度,其发展经历了不同的历史阶段。当代资本主义的发展,目前究竟处于什么样的历史阶段? 对此,国内外学术界有不同看法。国内学术界的主要看法有:国家垄断资本主义、国际垄断资本主义、国际金融垄断资本主义。国际学术界除了这些看法外,还有这样一些提法:全球资本主义、新帝国主义、后资本主义、网络资本主义、信息资本主义、有组织的资本主义等。这些看法均是基于对当代资本主义新发展的不同认识而从不同角度所做出的概括。尽管这些看法各具特点,但从马克思主义的观点和方法来看,从经济的社会形态尤其是生产关系来把握当代资本主义的发展,还是非常重要和必要的。由是观之,资本主义经历了从自由竞争到垄断的发展。20世纪基本上是从私人垄断资本主义发展到国家垄断资本主义的时期;20世纪八九十年代以来,随着科技革命和全球化的深入发展,随着资本在世界范围内的快速流动,国际垄断成为当代资本主义发展的重要趋势。可以说,国

---

① 《马克思恩格斯文集》第2卷,北京:人民出版社2009年版,第592页。

际垄断的形成和发展,就是当代资本主义发展阶段的时代方位。

资本从国家垄断走向国际垄断,使当代资本主义发展出现了众多新变化。在资本和新科技革命的推动下,生产力和生产方式发生了深刻变革,生产过程逐渐向半自动化和自动化的方向发展,出现了弹性化、精细化、智能化、数字化等新特点;知识劳动的比例大大提升,体力劳动的比例大为下降;劳动对象不断得到拓展,以原材料为主转向以人工合成材料和复合材料为主;劳动手段的自动化程度日益提高,劳动工具趋于智能化。与此同时,产业结构、产品结构、就业结构等都发生了重大变化,服务业成为国民经济的主要部门。随着资本形式和作用方式的不断调整以及生产方式的不断变革,当代资本主义生产关系也在发生新的变化。首先是在不改变资本主义私有制基本性质的前提下,国家对资本的占有形式在一定程度上做出了适应社会生产力发展要求的调整。联合起来的垄断资本集团的占有,发展为代表整个资产阶级国家的占有,国家经营或国家与私人共同经营成为占有的重要方式。其次是在坚持按资分配的前提下,资本主义国家迫于社会公平的强烈要求和社会稳定的需要,相继建立了社会福利与保障制度,通过分配政策的实施,既满足了资本追求利润最大化的需要,又在一定程度上缓和了劳资矛盾。生产力和生产关系的变化必然引起上层建筑的变化。这就是资本主义国家力图通过承担社会公共事务、实现社会治理的精细化,来调节社会矛盾;力图通过改变统治形式、调整统治方式,变换资产阶级民主制度和法律制度的实施方式,来加强意识形态领域的垄断权、控制权、话语权,维护资本主义统治。

尽管当代资本主义发展出现了这些新变化,但资本主义"引发的问题与它们解决的问题一样多"[①]。伴随当代资本主义的发展,潜藏其中的矛盾、问题乃至危机也在发展。其矛盾、问题主要表现为:资本对雇佣劳动的剥削日益隐蔽化,贫富两极分化持续严重,资本的贪婪和扩张带来严重的生态危机,"民主制度"并不能真正保障人民的民主权利,社

[①] 〔美〕海尔布隆纳:《资本主义的本质与逻辑》,马林梅译,北京:东方出版社2013年版,第7页。

会矛盾日趋复杂,世界体系的结构性矛盾日益突出。特别是2008年金融危机,进一步暴露了资本主义的社会危机和制度危机。虽然疾风暴雨的危机已经过去,资本主义进入了"后危机时代"的调整期,但究竟能够调整到什么程度,现在还很难做出清楚的判断。

再来看当代社会主义的发展。社会主义从空想到科学、从理论到实践、从一国到多国、从单一模式到多种模式,走过了500年左右的历史。在20世纪,社会主义既经历了快速的发展,取得了举世瞩目的成就,同时也遭受了严重的挫折。尽管20世纪社会主义的发展道路是曲折的,但是社会主义思想的传播、社会主义制度的建立、社会主义运动的发展,深刻地改变了世界历史的发展进程,对人类社会进步和人类文明的发展做出了巨大的历史贡献。其一,社会主义突破了资本主义工业化的模式和道路,开创了一条通过社会主义实现工业化、现代化的崭新道路。其二,社会主义制度的建立打破了资本主义一统天下的局面,改变了资本的发展方式和发展进程,加速了殖民体系的崩溃,推进了人类文明的发展。其三,社会主义制度在经济、政治、军事、文化、社会等方面产生的重大影响,迫使当代资本主义在一定程度上对生产关系和其他社会关系做出某些改良和调整,影响了当代资本主义的发展。

东欧剧变、苏联解体之后,世界社会主义确实处于低潮,发展比较艰难。但是,对人类社会进步和美好社会理想的追求,并没有停止社会主义的发展步伐,社会主义仍在艰难中行进。从社会主义道路的探索来看,虽然社会主义国家的数量减少,但一些国家(如古巴、越南等)也在面对经济全球化的挑战,积极探索适合本国实际的社会主义道路,先后进行了不同形式、不同程度的改革。从社会主义运动来看,尽管在整体上受到很大冲击,但在世界上仍具有一定的规模。世界上非执政的共产党和工人党对社会主义进行新探索,影响在逐步上升;许多在东欧剧变、苏联解体后失去政权的共产党人迅速投入恢复和重建共产党组织的斗争,在很短的时间里就重建了几十个共产党性质的政党组织,并积极开展各种活动。从社会主义思潮来看,也呈现出多样化的发展势头。社会民主主义和民族社会主义有新的调整,西方马克思主义有新的发展,生态社会主义和市场社会主义等有新的崛起。这些左翼思潮和流派,从不同侧面对资本主义提出抨击和批判,对于社会的合理发展有着积极的影响。事实表明,世界社会主义没有垮,而是在一步步走向复苏。尤其是随着中国特色社会主义的成功开创及其世界影响的扩大,社会主义正展现出光明的前景。

总体来看,在当今时代,社会主义与资本主义的对立将长期存在。自20世纪后半期以来,两种社会制度在相互较量的过程中,也相互吸收有利于自身的因素来发展自己,这已成为世界历史发展的一个新特点和新趋势。和平与发展仍是时代的主题。

当今时代,不仅是两种社会制度并存、竞争的时代,而且是社会生活发生剧烈变动的时代。随着经济技术的快速发展和全球化的深入推进,世界正在发生着深刻的变化,时代也由此展现出不同的形象和特征,因此可以对时代做出多种概括和描述。在当今时代变迁中,最引人注目的是当代社会正进入重要的转型时代、全球化时代和网络时代。要全面了解和把握当今时代,需要对这些时代特征予以新的认识。

(一)转型时代

当今时代是一个社会转型时代。就世界总体趋势而言,这种社会转型意味着从现代工业社会向后工业社会转型,或曰从现代社会向后现代社会转型。对于现代社会,可以做大致清楚的描绘和概括,而对于后现代社会,则没有一个公认的界说。所谓"信息社会""知识社会""后工业社会""高技术社会"等,都是对"后现代社会"的称谓。

迄今为止,人类社会的发展从经济技术上看,可大致分为农业社会、工业社会和后工业社会。爆发于18世纪后半期的工业革命和工业化运动,极大地解放了生产力,把人类社会从传统农业社会推进到工业社会。20世纪中叶之后,不断爆发的科技革命特别是信息化浪潮,又把人类社会从工业社会逐渐推向后工业社会。从工业社会走向后工业社会是一次巨大的社会转型。在生产上,工业社会主要依靠的是机器和资本,以使用自然资源(原材料、能源)生产工业产品来满足市场多方面需求为主要生产方式。人们不再只是依靠体力,而是以机器代替手工,大量制造和使用具有技术含量的人造工具。生产力提升的主要来源在于能源革命和大机器的使用。工业化、商业化的发展造就了大型的工厂、人口稠密的城市、繁荣的市场,同时也扩大了人们的交往,改变了传统的生活方式。后工业社会与之不同,它是建立在高度发达的知识、信息技术基础之上的。后现代经济主要表现为知识经济、信息经济,是以知识、信息技术的发展为导向,以追求知识的创新和信息技术的进步为驱动力来推动经济社会发展。如果说工业社会是以有形的物质和能源创造财富的社会,是以物质生产和物质消费为主的社会,那么,后工业社会则是以无形的知识、信息创造财富的社会,是以文化生产和文化消费为主的社会。这样的社会不仅提高了生产力水平,促进了生产方式的智能化、信息化,而且改变了人们的生活方式、行为方式、休闲娱乐方式以及社会组织方式、管理方式,对整个社会生活都产生了深远的影响。对于后工业社会或后现代社会,西方不少学者都给予了高度关注并有比较深入细致的研究。如马克卢普(Machlup)的"知识生产"理论、波拉特(Porat)的"信息经济"理论、德鲁克(Drucker)的"知识社会"理论、贝尔的"后工业社会"理论等,都从不同的角度和层面对后现代社会进行了描述、分析和预测,其观点和看法有助于我们的理解。

从现代社会向后现代社会转型,尽管反映和代表了当今世界发展的趋势,但主要发生于发达国家。大多数发展中国家同样面临着巨大的社会转型,但其转型主要不是从现代社会向后现代社会转型,而是从传统社会向现代社会转型。大部分发展中国家由于历史和现实的原因,经济技术发展落后,长期处于传统农业社会。在获得民族独立解放后,普遍面临的首要任务是加快经济发展,从传统农业社会迈向现代工业社会,实现社会现代化。在这种转型的过程中,各个国家的具体情况不同,因而转型的方式、路径也不同。例如,有的是人口、面积的大国,有的是与之相反的小国;有的是自然资源非常丰富的国家,有的则是资源贫乏的国家;有的是内陆国家,有的则是大洋中的岛国;而且,各国经济发展水平不同、社会结构不同、文化传统不同……所有这些都造成了发展上的差异。虽然如此,发展中国家还是有诸多共性。就其经济发展状况来看,主要特征如下:一是生产力水平低下。其低下不仅是经济增长数量的低下,而且是发展阶段的低下。由于科学技术落后,这些国家很少可能用先进技术装备进行工农业生产。生产工具落后,再加上管理水平低下,劳动生产率和人均收入水平必然低下。二是产业结构陈旧。在不少发展中国家的产业结构中,农业仍占主要地位。有的国家虽然大力发展制造业,处于从农业国向工业国转变的阶段,但其发展的制造业相当大一部分是劳动密集型和初中等技术水平的制造业,与发达国家的高新技术产业不可同日而语。三是经济成分杂陈。原始的自然经济、部落经济、封建经济、小商品经济、中小资本经济、私人垄断资本经济、国家资本主义经济、外国垄断经济等,不同程度地掺杂在一起,形成混合经济。四是经济结构的二元性。这主要表现为现代工业和传统农业与手工业并存,新兴的城市与落后的农村并存,现代生活方式与传统生活方式并存等。这些特征决定了发展中国家所要完成的转型是工业化向现代化的转型,亦即传统社会向现代社会的转型。

需要指出的是,发展中国家的社会转型固然是从传统社会转向现代社会,但这种转型并非与发达国家从现代社会向后现代社会的转型无关。面对激烈的世界经济竞争,面对新技术革命的不断兴起,每个国家、民族都不可能游离于世界之外,必须注意世界经济发展的大潮及其发展趋势,自觉将自己的经济发展融入世界大潮之中,借助世界先进技术和力量,力求实现跨越式发展。因此,发展中国家的社会转型,同样需要考虑和适应现代社会向后现代社会转型这一大背景,以此确定自己的发展战略和发展方式。在具体的发展过程中,应当将这两种转型有机地结合起来,合理推进。

当代中国正处于重大的社会转型期。其转型是多方面的,主要包括传统社会向现代社会的转型、传统工业化向新型工业化的转型、传统计划经济向社会主义市场经济的转型、温饱社会向小康社会的转型等。可以说,中国目前的转型,不是某一方面的转型,而是全面的转型。其特点是:结构转型与体制转轨同步,发展与转型并行,市场作用与政府作用相互交织。无论转型所涉及的范围还是所达到的程度,都是前所未有的,其产生的影响也是前所未有的。伴随中国的成功转型,中华民族伟大复兴的中国梦也会实现。

(二) 全球化时代

当今时代的一个显著特征,是全球化的形成和深入发展。虽然全球化从 18 世纪工业革命以来就开始出现,但真正意义上的全球化还是从第二次世界大战后,尤其是 20 世纪 80 年代末 90 年代初以来形成和发展起来的。全球化发展之猛、影响之大使每个国家乃至每个人都有亲身的感受,以至当今时代又被称为"全球化时代"。

对于全球化,尽管国内外的表述和理解不尽相同,但其基本的含义是明确的,主要指各个国家通过密切的经济往来,在经济上相互联系和相互依存的程度日益加深,以至世界成为一个不可分割的有机整体。全球化是由多种因素相互作用形成和发展起来的,但最根本的原因是资本的推动。资本出于对利润最大化的强烈冲动与追求,必然会打破各种地方的、民族的限制,使世界联为一体。马克思早在《资本论》手稿中就指出,资本为了实现价值增殖,"一方面要力求摧毁交往即交换的一切地方限制,征服整个地球作为它的市场,另一方面,它又力求用时间去消灭空间,就是说,把商品从一个地方转移到另一个地方所花费的时间缩减到最低限度"[①]。可以说,正是资本对利润的无限制追求和无限扩张,形成了全球化的根本动力。从 20 世纪 80 年代以来,科技革命、市场化改革、跨国公司的扩张以及冷战结束等因素又发挥了重要作用,为全球化增添了新的动力。首先是当代科技革命尤其是信息技术的迅速发展,为经济全球化提供了物质基础和现实可能。计算机与现代通信技术的结合,引发了一场全球范围的信息技术革命,将人类社会真正带入一个信息时代,把人与人之间几乎没有时空限制的便捷联系进一步扩展到人与物、物与物之间,使得分布在全球各地的生产、经营活动可以通过互联网组织协调、迅速完成。通讯、运输、交易成本的大幅下降,客观上为经济全球化的发展提供了物质基础和技术支撑。其次是世界范围内的市场改革,为经济全球化创造了体制条件。20 世纪 70 年代末 80 年代初以来,许多国家都大力推进市场化改革,进行经济

---

① 《马克思恩格斯文集》第 8 卷,北京:人民出版社 2009 年版,第 169 页。

政策和经济结构的大调整,以新自由主义为导向的资本主义市场经济体制向全球扩张。随着东欧剧变、苏联解体,原来实行中央计划经济体制的国家也开始向市场体制转变,二战后长期存在的两个平行的互相对立的世界市场格局被打破,这就在体制上为实现经济全球化扫清了道路。最后是全球扩张的跨国公司成为全球化的载体和主要推动力量。跨国公司突破了民族国家疆域的限制,完全根据自己经营战略的需要将不同国家、地区的生产要素加以重新组合,在全球范围内建立生产、供应和销售网络,其结果是将国际分工、贸易变成了跨国公司的内部分工、贸易,这就极大地推动了国际贸易、国际金融以及国际直接投资的发展,加速了全球化进程。

全球化的出现确实划时代。如果说人类过去基本上是分散发展即各个国家、民族孤立发展的话,那么,自全球化出现之后,则是走向整体发展。每一个国家、民族与世界的关系,不再仅仅是部分与整体的关系,而是重要的"器官"与"机体"的关系,离开了机体,器官就难以存活,甚至不成其为"器官"。因此,全球化不仅深刻地改变了世界历史发展进程,而且对各个国家、民族的社会发展都产生着重大影响。在各个国家的实际发展过程中,全球化既是时代背景,又是社会发展的内在要素,同时是发展的工具、手段。这样,研究和推进社会发展,不能离开全球化。

全球化带来的影响是多方面的,涉及经济、政治、文化、社会等诸多领域。总体来看,全球化的出现给每个国家的发展提供了难得的机遇。一是使资源可以在全球范围内优化配置,扩展贸易、投资渠道,从而可以充分利用两个市场和两种资源,充分发挥各自的比较优势、竞争优势,获得更大的经济效益。二是促进产业结构调整,加快产业结构升级。发展中国家可以利用发达国家的产业向全球梯度转移的机会,改善和提升自己的产业结构,加速工业化进程;发达国家则通过某些产业转移,利用发展中国家服务行业劳动力价格低廉的好处,使其经济结构进一步高级化。三是加速科学技术、人才的流动,为科技进步和经济发展增添了巨大动力。科技全球化和人才流动全球化,为许多国家引进国外先进科学技术、管理经验以及吸引高素质人才提供了有利契机。这对于加快这些国家的技术进步,提高生产力水平,有着非常重要的意义。四是促进各个国家竞争、合作,增强了发展活力。参与竞争,可以促使企业改进经营,提高效率,降低成本,推动生产力整体水平提高;参与世界贸易组织,可以获得相关优惠,可以在贸易自由化和便利化措施方面得到必要的信息、技术、规则的保护,还可以主动利用参与规则的制定来维护自己的利益。

当然,全球化所带来的冲击和负面影响也是客观存在的,对发展中国家来说更是如此。全球化带来的重大威胁涉及国家安全。由于全球化实际上是由发达国家所主导的,发达国家在对发展中国家输出资本、技术的同时,也极力推销西方的文化、价值观念和社会制度,甚至借"人权高于主权""人道主义保护""政治民主"等名义,以各种手段向发展中国家施压,使其国家主权和经济、政治、文化安全受到严重威胁。全球化加速了资本的流动和资本市场的开放,同时也加大了金融风险。尤其是在金融体制尚不健全、监管能力不强的情况下,如果盲目地、过快地开放国内金融市场,极易增大金融风险乃至引发金融危机。全球化加剧了南北差距,使发展中国家处境艰难。在国际分工和国际贸易中,发达国家处于价值链的上端,获得了绝大部分利益,而发展中国家则处于价值链的下端,获得的利益很少甚至很难获得利益,更多付出的是代价,因而贫富差距越拉越大,甚至日益被"边缘化",由此加剧了南北矛盾。此外,全球化也使各国发展的不确定性因素增多,加大了调控难度;同时也因利益的追逐,加剧了全球生态危机。

当今时代既是经济全球化的时代,又是世界多极化的时代。二者是相伴而生的。因为全球竞争的结果总会使某些国家崛起,从而促使世界走向多极化。冷战结束后,世界多极化的趋势日益明显,时代格局正在发生重大变化。中国以及其他"金砖国家"在全球事务中的地位日益突出,发挥的作用也更为重要。其他一些发展中国家也正在迅速发展,产生的影响越来越大。另外,国际行为主体逐渐多样化,一方面是非政府组织的数量增长迅速,并且更加活跃,另一方面是一些国际组织的成立,使制衡国家的力量明显增强。世界多极化虽已出现,但其发展是一个曲折的长期过程。长远看,世界多极化有利于促进世界和平、发展和稳定,但目前霸权主义依然存在,而且在不断强化。少数大国为了维护自己的霸权地位和垄断利益,采取各种方式干扰和破坏国际新秩序的建立,力图维持单极世界,推行霸权主义和强权政治。这就必然引发国际格局中的各种矛盾与冲突。随着全球化的深入发展,逆全球化或反全球化的潮流也相伴而生。然而,不管怎样,排斥全球化绝对不符合历史发展的潮流。对于全球化,关键在于如何参与,而不能拒绝参与,每一个国家只有自觉加入全球化的时代潮流,在与全球的利益交互中才能实现自己的发展。

(三) 网络时代

20世纪人类最伟大的发明之一,就是互联网的诞生。在20世纪60年代,当美国用4台电脑联结起一个名为"ARPAnet"的网络时,可能并未想到,这个为冷战而建的网络后来却会逐渐打破各个国家间的屏障。1987年9月,北京计算机应用技术研究所发出中国第一封电子邮件:"越过长城,走向世界。"今天,长城与世界的对接与融合早已变成了现实。短短几十年,互联网正以前所未有的速度和能量改变着世界,改变着人类生活,将人类社会带入一个新的时代——网络时代。现在,互联网信息量之大,涉及面之广,参与者之多,产品和服务之新,令人叹为观止,以致离开互联网,社会生活就会陷入混乱乃至瘫痪。互联网对社会发展的影响确实巨大的。

首先是对经济发展的影响。与工业社会相比,今天的世界经济正在加速向以网络信息技术产业为重要内容的经济活动转变,因而成为一种新经济。对于网络社会的这种新经济,美国学者曼纽尔·卡斯特(Manuel Castells,也有作品译为卡斯特斯)认为,"生产、销售和管理的网络化模式大大提高了生产率和竞争力。因为新经济网络扩展到整个世界,通过竞争淘汰掉低效益的组织形式,新的网络经济成为全球的主导经济。在这种经济中表现不好或对这些主流的网络没有潜在利益的经济单元、区域和人们就会被淘汰掉。另一方面,任何地方和任何事物具有潜在价值的任何资源都会被链接和规划到新经济高效率的网络中"[①]。

[①] 〔美〕曼纽尔·卡斯特斯:《信息主义与网络社会》,载〔芬〕派卡·海曼:《黑客伦理与信息时代精神》,李伦、魏静、唐一之译,北京:中信出版社2002年版,第126页。

现在,"互联网+"正在成为经济发展的一种新趋势、新业态,显示出巨大的发展潜能和活力。为此,发展新经济,就要推动互联网和实体经济深度结合,推动经济发展方式转换。

其次是对社会组织形式的影响。在不同的时代、不同的技术与经济基础之上,必然会形成相应的社会组织形式。在农业社会,家庭、村社是社会的基本单元,社会组织则是以家庭、家族为基础的金字塔式的组织形式;在工业社会,企业成为社会经济的基本单元,社会组织则是以分散与集中相结合为特征的组织方式和运作模式;而在信息社会和网络社会,社会单元日益分散化、个性化,因而传统的金字塔组织结构逐渐演变为网络型的组织结构。网络型的组织结构在组织、管理上,自然会呈现出明显的水平化、网络化特征。正因如此,僵化的体制和组织模式将面临重大冲击,唯有改革才有活力。社会组织形式的网络化,客观上又会推进社会民众参与的进程、社会民主化的进程。

最后是对社会生活的影响。网络社会的出现对于人类生活也是一场革命,它对人们的生活方式、交往方式、消费方式等都有重大的影响。按照卡斯特的观点,网络社会构成了新的社会时空,网络的发展构建了一个全新的"流动空间"。在网络社会中,人们不再仅仅生产、生活于狭小的地域空间,一切社会活动都可以在地理上获得延伸;这里没有一个承担确切社会责任的权力中心,没有明显的管制,可以进行自由的活动。网络社会不仅创造了"流动空间",而且"在网络社会里,是空间组织了时间"①。所谓"空间组织了时间",意即过去那种线性、不可逆转、可以量度的时间正在受到挑战,"无时间之时间"(timeless time)正成为现实的社会时间的支配形式。无时间之时间是由信息和通信技术的使用而产生的,"一方面,通过压缩时间……来实现,另一方面,通过模糊社会实践的序列,以随机的顺序,打乱过去、现在和未来"②。社会空间和时间的变化,使人们的日常生活更为便捷,交往更为密切,工作方式

---

① 〔美〕曼纽尔·卡斯特:《网络社会的崛起》,夏铸九、王志弘等译,北京:社会科学文献出版社 2001 年版,第 466 页。

② 〔美〕曼纽尔·卡斯特主编:《网络社会:跨文化的视角》,周凯译,北京:社会科学文献出版社 2009 年版,第 41 页。

和生活方式也更为灵活,大大扩展了人们生活的内容和形式,促进了人的发展。

网络的广泛应用不仅深刻地改变了社会生活和人们的日常生活,而且催生出一种与网络信息技术密切结合的新兴网络文化。网络文化是以网络技术为手段、以网络资源为依托,在从事网络活动中创造出来的一种新形式的文化。由于网络是一个无国界的信息系统,是一个自由、平等、虚拟的世界,因而在网络中形成和发展的文化也呈现出开放、自由、多元、多样、多变的特征。各种文化都可以在网络中找到展示的舞台,都可以通过网络发挥其影响。网络文化无疑构成网络时代一道引人注目的风景。

网络的发展既成为人类文明演进革新的重要标志和动力,同时也带来了新的时代性问题。互联网不但为信息、观念、技术的全球性流动提供了载体,同时也伴生了网络犯罪、网络监听、网络攻击、网络恐怖主义活动等全球公害式的问题;不但带来了历史上从来没有过的频繁的文化交流与互鉴,同时也提出了许多值得高度警惕、高度防范的严峻问题。对于这些新挑战、新问题,必须加以新的应对。为此,需要加强全球网络体系的变革和治理,构建网络空间命运共同体。

以上所讲的共同构成了当今时代的基本图景。可以看出,当今时代既是大发展、大繁荣的时代,又是大变革、大调整的时代。每个国家的社会发展都必须面对这样的时代。毫无疑问,每个国家的文化发展也都必须适应这样的时代,根据自己的国情走出一条成功之路。

二、 当今时代文化发展的基本特点

文化作为一种社会历史现象,是随着时代发展而不断发展变化的。每一时代都有相应的文化,不同的时代具有不同的文化特点。在传统社会,这种文化上的时代差异并不是那么明显,有时甚至感觉不到什么差异;而在当今时代,这种差异则日益突出,无论是文化发展的内容还是形式,无论是文化发展的方式还是发展的条件等,都发生了巨大变化。对于当今时代文化发展,很难做出全面、清晰的描述与概括,而且每一个国家文化发展的情况都不完全一样,也很难做出统一的概括,但尽管如此,当代文化发展的一些共性的特征还是非常明显的,对其加以深刻的揭示和分析,有助于对当代文化发展有一个整体的把握。总体而言,当代文化发展主要呈现出这样一些新特征:

(一) 文化发展的交融化

社会生活作为一个整体,通常被划分为经济、政治、文化等主要领域。由于社会发育程度不同,这些领域在不同历史时代的地位和相互关系也不同。在传统社会即前工业社会,社会生活尽管有了一定程度的分化,但其分化的程度是有限的,因而基本上处于"领域合一"的状态;而且,政治统摄社会各领域成为一种常态。诚如马克思所说,在中世纪,"每个私人领域都具有政治性质,或者都是政治领域;换句话说,政治也就是私人领域的性质"①。到了工业文明时代,受科学技术和商品经济的深刻影响,社会生活开始日趋"领域分离",且分离的程度越来越大。这种分离对于社会发展进步有着重要的推动作用,它导致了社会的合理分工,促进了各领域、各部门效率的提高,同时促进了全社会现代性的发育。在这种分离过程中,文化自然获得了快速的发展。在当今时代,人类社会结构又开始出现了新的变化,这就是社会生活领域重新出现了一体化的趋势。这种一体化趋势当然不是原始的回归,不是取消各个领域的独立性而重新回到"领域合一"的状态,而是在保持社会合理分工的前提下通过各个领域之间的相互影响、相互渗透而形成一种新的融合,交融化是其显著特征。所谓"交融化",主要指各个领域不再仅仅是以外在的、分离的形式出现和运作,而是相互贯通、相互渗透,形成你中有我、我中有你的内在关联和发展格局。在这种交融化的过程中,文化起了关键性的作用。它不再完全按照原有的轨道孤立地发展,而是以一种无形的、内在的力量贯穿于其他领域,成为这些领域的内在要素,并在与其他领域的交互中实现自身的发展。这样一来,文化与其他领域的边界越来越模糊,文化的作用和文化的发展也日益

---

① 《马克思恩格斯全集》第 3 卷,北京:人民出版社 2002 年版,第 42 页。

弥散化。

文化发展的交融化特征突出地表现在文化与经济的深度融合。随着科技进步和知识经济的快速发展,文化已经渗透到经济发展的全过程,文化资源日益成为经济发展的基础资源,文化创新日益成为价值创造的重要支柱,文化形态的无形资产日益成为市场竞争的关键所在。文化经济化、经济文化化已成为不可阻挡的新趋势,文化与经济的融合正在成为新的竞争优势。文化与经济的融合主要是通过产品、企业、产业这些方面来实现的。

从产品方面来看,有市场竞争力的产品越来越依赖于文化与经济的融合。随着消费者对于产品品位追求的提高,产品的文化内涵也日益受到重视,人们在消费产品时不再仅仅是在消费物质,同时也是在消费文化,因而产品的价值更突出文化价值。生产者只有提高产品的文化价值,才能满足消费者的需求,从而保证产品的价值实现。不仅如此,产品利润也越来越取决于产品中的文化含量,这就要求在产品的设计、制作过程中给产品注入文化元素,让产品有更多的文化含量,从而使物质产品同时也成为文化产品。

从企业方面来看,其活力和竞争力日益依赖于文化与经济的融合。美国管理学大师德鲁克曾提出,企业是"把资源变成财富的组织"。但他所说的资源只包括物质资本等有形资源,企业的利润也主要来自有形资源。其实,资源和资本既是有形的,又是无形的。在当今时代,文化作为一种无形的资源和资本,是一种更为高级、更为重要的资本。相应地,企业不仅是"把资源变成财富的组织",而且是"把文化变成利润的组织",企业的财富和利润很大程度上取决于文化资本的投入。为此,企业要增强活力和竞争力,必须加强文化的软实力,用文化整合资源,同时在企业管理中不断吸收各种文化因素,实现文化与管理的相互融合。

从产业方面来看,其升级换代也越来越依赖于文化与经济的融合。过去,文化与产业是各自分离的,互不相干。现在,随着文化对产业的逐渐渗透,文化对产业的发展起着十分重要的作用,并由此带来一系列的变化,如休闲产业、创意产业和文化产业的兴起,业态革命的出现等。为此,许多国家都注重在产业层面实现文化与经济的融合发展,让融合后的产业"虚实结合"。既把文化做成经济,将"虚"的文化做成"实"的产业,又把经济做成文化,使物质产业文化化。在文化的驱动下,产业升级换代的步伐明显加快。

文化发展的交融化特征不仅表现在文化与经济的融合上,而且也表现在文化与政治、社会等的融合上。文化政治化和政治文化化是其突出的表现。虽说近代以来文化逐渐摆脱了对政治的依附而获得了相对独立的发展,但在现在新的历史条件下,文化与政治的关系又变得日益密切,二者相互渗透、相互支撑,日益走向融合。在当代西方社会,无论是宏观权力还是微观权力都有相应的文化包装和文化支撑,而众多文化又都程度不同地内含着某种权力(或者是话语权,或者是文化支配权、社会支配权等)。文化与权力的结盟成了一种显著现象,由此遭到西方不少学者的质疑与批判。如福柯就通过权力与文化"共谋"的分析,揭露了当代政治与文化的发展现状。福柯(Foucault)的分析主要是在社会的微观领域,在社会的宏观领域也是如此。就冷战之后的情况来看,西方一些国家往往不再是以武力,而是以自己的某些文化价值观念作为标准,来强力推行自己的权力和政治模式。看似文化、价值的东西,实际上背后包含着激烈的政治争夺。

由于文化呈交融化、弥散化的发展态势,因此文化的功能也日益扩大。文化逐渐越出原有的轨道,快速走入社会生活,对社会发展形成巨大冲击。像当代新兴的文化,不仅直接对冲着各个国家的传统文化,而且深刻地影响着这些国家的生产方式、生活方式、消费方式以及人们的思想观念、社会心理,其功能不仅有文化功能,而且有经济功能、政治功能、社会功能以及消费功能、教化功能、审美功能等,各种功能集于一身,发挥的作用越来越大。由此造成的结果是,文化发展既是自律的,又是他律的。所谓自律,就是文化发展有其自身的发展规律,不能违背自身的规律来进行;所谓他律,就是现在的文化发展并不是纯文化领域的事情,不能就文化来谈文化,必须从总体性的视角,纳入社会总体性的联系及其发展规律中来研究和推进文化的发展。这应当成为我们在文化发展规律上的理论自觉。

(二) 文化驱动的资本化

文化在不同时代的发展,是和特定的社会制度与社会关系结合在一起的。在传统社会,文化主要依附于权力和等级,因而是和权力、等级捆绑在一起并受其推动的,由此产生出不同等级的分化。而在现代社会,文化则主要依附于资本,并被置于资本的控制之下,资本成为文化发展的驱动力。伴随现代社会的发展,资本对文化的控制与推动不是在减弱,而是在愈益增强。

资本之所以能够代替权力和等级而将文化置于自己的控制之下并推动其发展,原因就在于资本与文化不可分割的内在联系。其一,资本只有不断创新才能生存,只有不停地变革才能促进文化发展。马克思指出:"资产阶级除非对生产工具,从而对生产关系,从而对全部社会关系不断地进行革命,否则就不能生存下去……生产的不断变革,一切社会状况不停的动荡,永远的不安定和变动,这就是资产阶级时代不同于过去一切时代的地方。"[①]正是借助这种不断的变革,文化才得以长足的发展;也正是借助于这种变革,文化的创新才不至于仅仅成为个人行为,而是成为社会行为。其二,资本要发展,必须克服一切文化限制。这种限制既包括地方的、民族的文化限制,又包括传统的文化限制。为此,资本极力推崇并牢固确立与自己一道发展起来的文化、理念,并将这一套文化、理念作为"普适的"东西来看待,同时借助资本的力量来向世界推行。通过这种推行,文化逐渐走向世界,并在普遍交往中获得快速的发展。当然,这种文化走向世界的过程,也是文化殖民的过程,是文化霸权主义产生和发展的过程。其三,资本总是按照自己的标准来看待文化价值,由此推动文化沿着商品化的方向发展。一件文化产品是否有价值,主要不是看它的文化价值,而是看它的交换价值,能够给

---

① 《马克思恩格斯文集》第 2 卷,北京:人民出版社 2009 年版,第 34 页。

资本带来利润的便是有价值的,否则就是没有价值的。这样一来,所有的文化价值变成了交换价值,一切能够进行交换的并能为资本带来利益的才是"有价值的",价值通约主义成为衡量和评判文化的基本准则。这就必然刺激文化向着商品化方向发展。总的来看,文化之所以和资本捆绑在一起,就在于资本的本性使然。资本的本性就是要实现价值增殖、获取最大利润,为此,它就必然要把各种事物、现象置于自己的控制之下,成为其赢利的手段和工具。文化自然不会例外。资本总是力图借助文化来获取更大的利益,因而既要刺激文化消费,又要创造新的文化形式,同时将文化元素注入资本,由此来扩大文化市场和资本市场,使资本赢得更多利润。

由于文化日益受资本的控制与支配,因此文化发展的逻辑也出现了新的变化。以往的文化发展基本上是内容决定形式,即文化的各种具体形式(如小说、诗歌、戏剧、绘画、舞蹈等)总是表现一定内容,是为内容服务的,随着内容的变化,文化形式也会发生相应的变化。而现在情况则发生了较大逆转,文化的发展不再完全是内容决定形式,倒是形式决定内容,文化形式成了更为看重的东西,因为形式更能吸引眼球,更能带来利益,内容无足轻重。因此,文化形式的花样翻新便成了文化追逐的重点。文化发展之所以形成这样的逻辑,恰好契合的是资本的逻辑。资本逻辑推行的就是"抽象统治",它把一切财富、资源都货币化、符号化,即形式化,因而只关心这些抽象的形式变化,至于内容则无关紧要。正由于作为抽象形式的资本增殖是最为根本的,所以资本是最具决定性的,其他具体内容都要服从资本的"抽象统治"。当代文化发展逻辑不过是资本逻辑的反映而已。

在当今时代,文化资本化和资本文化化日益突出,并成为一种发展趋向,主要表现在这样一些方面:

一是文化产业与资本的结合不断升温。在国外,文化产业发展迅速,得到资本的强力支持,其特征是政府加大投资力度,投资主体多元化,融资方式多样化。如在美国,各个文化产业集团已经形成了比较完善的融资体制,一些有实力的文化产业集团背后都有金融资本的有力支撑,文化产业集团与金融集团间互相渗透、互相参股和控股,二者之间建立起稳定的伙伴关系。英国则是对企业投资文化产业实行"政府陪同资助",即如果企业决定资助文化事业,政府将陪同企业资助一项活动为该项活动的质量和成功打上"双保险"。韩国在文化产业的资金支持机制中,运作"文化产业专门投资组合"。这是以动员社会资金为主、官民共同融投资的运作方式。① 虽然各个国家的做法不一样,但共同之处就是不断加大文化产业与资本结合的力度。

二是文化趋于商业化、娱乐化。文化原本与商业互不搭界,但在当代,二者的关系颇为密切。受资本的驱动,文化极力向商业靠拢,文化的生产和消费日益商业化,越来越多的文化产品变成了纯粹的商品。与此同时,文化的运作也充满了娱乐化,文化艺术作品的审美价值和艺术价值不再被看重,娱乐消遣的效应更受青睐。商业化和娱乐化的扩展,助推了文化工业的发展。文化工业的兴起,一方面促进了文化的发展,另一方面也给文化带来了严重的伤害,如文化工业产品的过度复制和批量化生产对艺术的生命、价值就是一种摧残。对此,许多西方学者进行了深刻的揭露。如法兰克福学派代表人物马尔库塞(Marcuse)就指出,资本主义社会的文化技术进步就等于奴役的扩展。这里所说的"奴役"指的就是产品、消费对人的统治和操纵。"这些产品灌输、控制并促进一种虚假意识,这种意识不因自己虚假而受影响。而且,随着这些有益产品对更多社会阶层的个人变为可得之物,它们所携带的训诫就不再是宣传而是变成了一种生活方式。它是一种美好的生活方式——比从前的要美好得多,而且,作为一种美好的生活方式,它抗拒质变。一种单面思想与单面行为模式就这样诞生了。"② 美国学者詹明信也认为:"当前西方社会的实况是:美感的生产已经完全被吸纳在商品生产的总体过程之中。也就是说,商品社会的规律驱使我们不断出

---

① 参见邹长平:《国外文化产业发展经验对我国的启示》,《经济研究导刊》2008 年第 4 期,第 171 页。
② 〔美〕马尔库塞:《单面人——发达工业社会意识形态研究》,左晓斯等译,长沙:湖南人民出版社 1988 年版,第 10 页。

产日新月异的货品(从服装到喷射机产品,一概得永无止境地翻新),务求以更快的速度把生产成本赚回,并且把利润不断地翻新下去。在这种资本主义晚期阶段经济规律的统辖之下,美感的创造、实验与翻新也必然受到诸多限制。在社会整体的生产关系中,美的生产也就愈来愈受到经济结构的种种规范而必须改变其基本的社会文化角色与功能。"①

三是文化的"麦当劳化"。作为美国快餐的一个著名品牌,麦当劳流行于世界各地。它与其用料配方、制作工艺、生产流程、营销策略、经营理念结合在一起,形成了一种独特的企业文化和产业模式并向其他领域扩展,这就是"麦当劳化"。文化发展也是如此。效率至上、可计算性、可预测性以及可控制性这几项麦当劳的要素,逐渐向社会科学领域渗透并成为社会科学理性化的指标。② 麦当劳化的趋势虽然提高了文化生产的效率,扩大了文化的社会影响,但也导致了文化原创性的减弱和学术的平庸化。为此,麦当劳的趋向受到许多学者的诟病。如德国学者就提出,"欧洲社会学需要抵制这种趋势,正如它为保存自己和世界的多样性而需要抵制欧洲文化整体上的麦当劳化一样。这就要求欧洲社会学实现同样深入的职业化……但它绝非是要重走美国通过标准化实现的职业化道路"③。

资本逻辑在文化领域推进,其效应确实是双重的:一方面,它大大促进了文化的发展,给文化注入了强有力的兴奋剂和驱动力;另一方面,它也在一定程度上扼杀了文化的人文性、公益性,削减了文化的社会效益,降低了文化品位。对于当代资本逻辑,我们的态度应该是既不能简单地肯定,也不能简单地否定,而是在现有的条件下,充分发挥资本创造和推动文明的效能,同时又要防止资本在文化领域的盲目扩张,

---

① 〔美〕詹明信著、张旭东编:《晚期资本主义的文化逻辑》,陈清侨等译,北京:生活·读书·新知三联书店 1997 年,第 429 页。
② 苏国勋、张旅平、夏光:《全球化:文化冲突与共生》,北京:社会科学文献出版社 2006 年版,第 96 页。
③ 〔德〕明赫:《美国与欧洲的社会理论:文化特性与理论生产的社会形式》,应星译,《国外社会学》1998 年第 2 期,第 29 页。

防止文化的畸形发展。让资本造福文化、助推文化,这是文化发展的合理选择。

(三) 文化趋向的差异化

从历史上看,文化和文明的发展与社会交往的发展密切相关。在远古时代,人类曾经经历了一个漫长的孤立发展时期。在这一时期,人们过着相互隔绝的生活,不同的群体不仅没有广泛的联系,甚至彼此不知道对方的存在。虽然这时开始出现了原始文明,包括原始农业和畜牧业的形成与原始工具的创造等,但限于生产技术的落后和活动范围的狭小,文明的程度是非常低下的,以致这一时期被史学界称为蒙昧和野蛮时代。在经历了漫长的蒙昧和野蛮时代之后,人类开始从孤立状态中走出来,步入了"多中心"时期。大约从公元前 4000 年开始,世界相继形成了几个最早的文明中心,中国的黄河流域、埃及的尼罗河流域、巴比伦的两河流域、印度的印度河流域等就是这些文明中心的发源地。在多中心发展时期以及随后的"轴心时期",虽然伴随生产和交换的发展以及宗教、文化的交流,不同国家、民族之间的交往逐渐增强,但其交往的程度毕竟是有限的。而且,一些商业往来、文化往来由于缺乏稳定的基础,常常会被一些偶然的因素所中断。因此,此时的文化发展基本上是地域性的,发展的水平是有限的。这样的发展显然是脆弱的,诚如马克思所说,"某一个地域创造出来的生产力,特别是发明,在往后的发展中是否会失传,完全取决于交往扩展的情况。当交往只限于毗邻地区的时候,每一个发明在每一个地域都必须单独进行;一些纯粹偶然的事件,例如蛮族的入侵,甚至是通常的战争,都足以使一个具有发达生产力和有高度需求的国家陷入一切都必须从头开始的境地"[①]。

真正形成普遍而又稳定的交往,是从近代开始的。地理大发现打通了世界主要国家、地区的交通要道,促进了航海业和商业贸易的发展;尤其是世界市场的建立和工业革命的兴起,进一步强化了世界各国之间的交往与联系,历史由此成为"世界历史"。"过去那种地方的和民

---

① 《马克思恩格斯文集》第 1 卷,北京:人民出版社 2009 年版,第 559—560 页。

族的自给自足和闭关自守状态,被各民族的各方面的互相往来和各方面的互相依赖所代替了。物质的生产是如此,精神的生产也是如此。各民族的精神产品成了公共的财产。民族的片面性和局限性日益成为不可能,于是由许多种民族的和地方的文学形成了一种世界的文学。"① 可以说,近代以来的文化发展打破了以前地域性发展的局面,逐渐趋于世界历史性发展。

而在今天新的全球化条件下,文化发展又出现了新的变化。与马克思在世时的"世界历史"相比,今天的全球化无论在广度上还是在深度上都有了巨大的发展。尤其是随着资本的快速流动、信息技术和互联网的蓬勃发展,全球化进入了一个新的发展阶段。新一轮全球化造成的格局是:经济日益一体化,文化则日益多样化。全球化一方面促进了各民族文化的交流、互动,推动了文化的世界性发展,另一方面又促使文化发展走向差异化、多样化。在全球化条件下,从文化的内容到文化的形式,从文化的载体到文化传播的渠道等,都发生了相当大的变化。而且,伴随全球化的发展,原来各种文化发展隐性的差异变成了显性的差异,自发的差异变成了自觉的差异、多样化成为其鲜明特点。

文化差异化和多样化对社会生活和人们观念行为的冲击是巨大的。对此,有些西方学者曾做过深入的分析和描绘,将文化多样化的时代称为大分裂的时代。如美国学者福山就认为,当代西方社会正在走向"大分裂",但最根本的分裂是社会普遍的价值观念的分裂。"正当西方社会的经济从工业化时代向信息化时代过渡之时,却出现了这样一些负面的社会趋势;这些趋势说明,西方社会中使人们团结在一起的那种社会联系和普遍价值观念正在变弱。""这些变化本身使 20 世纪中叶工业社会中盛行的社会价值观念形成了大分裂。"②福山所说的社会价值观念大分裂,并不是仅指某种价值观念自身发生了分裂,而是指新产生出来的各种文化价值观念不再像以前那样共同认同作为主流的价值

---

① 《马克思恩格斯文集》第 2 卷,北京:人民出版社 2009 年版,第 35 页。
② 〔美〕弗朗西斯·福山:《大分裂:人类本性与社会秩序的重建》,刘榜离等译,北京:中国社会科学出版社 2002 年版,第 5 页。

观念了。由于原有的文化价值体系被打破,因此社会价值观念逐渐走向分裂。对于一个国家、一个民族而言,这样的分裂无疑最具挑战性,它关系到国家、民族的前途命运。

文化发展的差异化和多样化以及文化价值的分裂又必然带来文化上的冲突与竞争。在后冷战时代,这种情况尤为明显。冷战时代的终结,使得意识形态的竞争逐渐让位于文化的竞争,文化冲突日益凸显。首先是文明冲突的广度和深度大为加剧。与以前相比,文明冲突不仅在空间和时间上发生了重大变化,而且涉及人类社会的各个方面。冲突的广泛性和深刻性强烈地影响到人们的价值观念和社会的价值取向,同时深刻触动着人们的精神世界、心理特质和文化认同。其次是文明冲突日趋复杂,表现为不同层次和不同性质的冲突。与以往的冲突相比,现在的冲突既是西方文明与东方文明的冲突,又是现代性文明与传统文明的冲突、工业文明与农业文明的冲突,同时还是地方性文明与全球性文明的冲突,各种冲突交织在一起,构成了复杂多变的文明冲突图景。最后是文明冲突的力量严重失衡。如果说在以往社会中诸文明的冲突是相互的、多向的,那么,在现代社会尤其在今天的世界格局中,多向的冲突基本上变成了单向的冲击,长期存在的文明均势被打破。目前的国际体系基本上是由西方主导的,从其形成之日起就是不平等的,因而文明的冲突实际演变为西方文明的单向冲击,非西方文明因缺少相应的"对冲"力量而长期处于守势。当年马克思在谈到世界发展的态势时就曾经指出,正像资产阶级"使农村从属于城市一样,它使未开化和半开化的国家从属于文明的国家,使农民的民族从属于资产阶级的民族,使东方从属于西方"[①]。这种描述同样适用于今天的世界文明发展。

文化差异和文明冲突直接造成的矛盾就是全球化与本土化的矛盾。全球化浪潮汹涌澎湃,将每一个国家都卷入其中,任何一个国家的文化发展都难以置身事外。然而,全球化的迅猛推进又直接危及各民族文化的正常发展,因而各个国家比以往任何时候都更加自觉地关注

---

① 《马克思恩格斯文集》第2卷,北京:人民出版社2009年版,第36页。

自己的文化,力求加快自己的文化建设,以凸显本民族文化在全球化中的地位和价值,捍卫本民族的文化权力和利益。由此形成了这样一种现象:越是全球化,各个国家越是强调文化的民族化或本土化。全球化与本土化成为文化发展的一大矛盾,并成为并行不悖的发展趋势。

与全球化和本土化矛盾相伴随的是同质化与异质化的矛盾。在全球化条件下,加强各种文化的交流、交往本来是正常的历史现象,但在不平等的世界格局中,这样的"全球化"极易蜕变为文化的"同质化",即强势国家极力推行自己的文化,力图将所有国家的民族文化均纳入自己的文化模式之中,形成同质化的文化。所谓文化的全球化,就等于"西方化""美国化"。正因为同质化的威胁日益严重,所以作为反弹,异质化的吁求也越来越高。异质化就是主张文化多样化发展,不能强求文化发展的"模式化",更不能强求文化的"同化",因为模式化和同化的结果就是众多民族文化的消亡。面对同质化与异质化的矛盾,各个国家的文化发展往往处于两难境地:要避免文化同质化的危险,有可能游离于全球化,不利于文化发展;要参与全球化,又确实承受着文化同质化的压力,影响和干扰民族文化的正常发展。其实,要摆脱这种困境,不在于对同质化与异质化做出非此即彼的选择,而关键在于处理好文化全球性与民族性之间的关系。在新的历史条件下,民族文化要想得到切实的推进和发展,必须融入全球化,"在游泳中学会游泳",在全球化过程中增强自己的文化竞争能力。拒斥全球化的民族性,事实上是靠不住的。因此,抵制文化的同质化,并不等于拒斥全球化;通过文化的全球性来寻求和发展其民族性,这是应对当代文化发展的基本要求和准则。

文化的差异化发展和多样化发展尽管带来诸多矛盾,但它还是体现了文化发展的规律,同时也反映了文化发展的趋势。正像自然界需要多种多样的生物、物种才能保持生态平衡一样,文化生态的平衡也有赖于多种文化的存在和发展。正是有差异,才有鉴别,才有相互欣赏、相互竞争,由此形成文化发展的动力。人类文明就是在多种文化的交互作用中推进的。为此,文明的冲突也应当被理性地看待。这里且不论亨廷顿"文明冲突论"的政治意图如何,仅就文明冲突的一般情况而言,文明冲突并非仅仅是一种消极现象,在一定意义上也是文化发展的积极推动力量。每个国家的文化都有自己的特点,产生一定的差异和冲突是自然的。在文化领域,没有了差异,没有一定程度的竞争,也就没有了生机活力,当然也就没有了文化进步。以中国的传统文化来说,离开了儒、释、道的相互碰撞与冲突,就不可能有今天这样的发展状况。西方的文化也是如此,离开了对各种外来文化的吸收和借鉴,西方文化也不是今天这样的状态。因此,应当合理看待文明的冲突。当然,这绝非主张和倡导文明冲突,尤其不能掉入"文明冲突论"的陷阱,而是应当使冲突保持在合理的限度内,避免对抗性的冲突,力求保持文化的和谐发展。总之,尊重差异,共同发展,这是对待人类文化应有的基本态度。

(四) 文化产业的个性化

文化的生产和消费在不同时代具有不同的特点。在传统社会,文化的产生和发展基本上是"自然"的。所谓"自然"的,并不是讲文化非人为的,是纯粹自然发展的产物,而是说文化的生产和发展主要不是刻意组织的,不是有计划地设计和推进的。虽然历朝历代也有官方组织的"文化项目"(如辞书的编写、古籍的整理、乐舞的创作等),但就总体而言,文化的发展是一代代延续下来和积累起来的,有其"似自然性"的特征。官方和民间的作用同时发挥,民间的作用和影响往往会更大、更持久。文化发展的这种状况是与长期实行的自然经济相适应的。分散的生产方式、经营方式往往产生的是分散的文化发展方式。而在现代工业社会,这种方式逐渐被打破,开始形成了组织化的模式。特别是福特制的出现,使文化的组织化发展到了极致。福特制的基本特点,一是规模化生产,即通过更细的分工、更广泛地采用机器来实现更大规模的生产,以提高劳动生产率;二是标准化生产,即在泰勒制原则指导下,通过劳动的标准化、技术分工和机器生产的专门化,生产出标准化的产品,实现批量化的生产;三是刚性化生产,即在生产组织、管理结构、企业运营等方面都表现出刚性的特征,很少有灵活性的空间;四是垂直型的组织形式,即企业为了提高效率和节省成本,通常运用的是周密的计划和决策、强有力的指挥和控制,于是就形成了垂直管理的组织形式。

福特制的生产方式和组织形式推广到文化领域,便形成了文化的组织化模式,具体体现为"文化工业"。文化工业的出现,一方面推动了大众文化的发展,另一方面也给文化发展带来诸多不利影响。西方许多学者尤其是西方马克思主义许多代表人物都对文化工业提出深刻的揭露和批判。如法兰克福学派霍克海默(Horkheimer)、阿多尔诺(Adorno)等人把文化工业看作是凭借现代科技手段大规模地复制、传播商品化了的、非创造性的文化产品的娱乐工业体系,它所带来的负面影响是多方面的。首先是文化的商品化使得创造性丧失。在技术世界中,大众文化已经丧失了真正的文化本性,即丧失了文化艺术品的创造性,商品化的特点明显,日益走向商品拜物教。其次是文化的欺骗性导致思想的沉沦。大众文化主要是为了迎合人们的需求,通过提供各种形式的娱乐消遣来消解人们的思想和精神,从而在平面化的文化模式中逃避现实,沉溺于无思想的享乐,达到对现存的认同。最后是文化的操控导致文化的统治。在现代工业社会,大众娱乐产品充斥于人们的日常生活世界,大众文化对人的操控无论在深度上还是在广度上都是其他文化统治形式所不可比拟的。霍克海默和阿多尔诺指出:"文化工业的产品到处被使用,甚至在娱乐消遣的状况下,也会被灵活地消费。但是文化工业的每一个产品,都是经济上巨大机器的一个标本,所有的人从一开始起,在工作时,在休息时,只要他还进行呼吸,他就离不开这些产品……文化工业的每一个运动,都不可避免地把人们再现为整个社会所需要塑造出来的那种样子。"①这就是说,在这样的操控之下,无声无息的统治也就自然形成。

在当今时代,文化又开始出现了一个新的变化,这就是从组织化发展转向个性化发展。伴随消费社会的出现、信息网络技术和新型媒体的发展,文化生产日益个性化。特别是弹性生产的出现,对文化生产的个性化起了关键性的作用。所谓"弹性生产",是相对于规模生产、刚性生产而言的,指的是生产和资本积累体制的一种当代变化:新技术赋予

---

① 〔德〕霍克海默、阿多尔诺:《启蒙辩证法》,洪佩郁、蔺月峰译,重庆:重庆出版社1990年版,第118页。

资本和生产以空前的流动性,因而生产的定位似乎处于一个永恒不断的流动状态,这使资本在对抗劳动力寻求利益最大化的同时,也摆脱了对资本活动的社会和政治干涉,因此又叫"灵活的生产"①。与以前的福特制生产相比,弹性生产不再强调规模化、批量化、标准化、程式化、组织化,而是突出个性化或弹性化。与这种弹性生产相适应,文化的生产和发展也不再固守组织化模式,而是趋向个性化。其个性化主要是从下述方面体现出来的:

一是文化主体日益多元化。文化的主体不再仅仅划分为精英与大众,而是日益具有广泛性和多样性。无论是主体的范围,还是主体的层次结构,都有相当大的变化。许多群体、个体以及社会组织等,都可以成为文化的生产者、创造者和组织者,都可以发挥主体的作用。这样一来,文化主体上的"大众化"常常以"小众化"的面目出现。所谓"小众化",即文化主体不再以千人一面的形式出现,而是以千差万别的主体出场。文化主体的"大众化"就是由这种"小众化"构成的。既然文化主体日益多元化,那么,由此创造的文化形式也必然是多样的,这就形成了各种形式的大众文化或亚文化。文化形式的多样化及其相互吸收融合无疑为文化繁荣提供了广阔的舞台,促进了文化发展。以我国的曲艺发展为例,随着各种艺术的参与和融合,传统的曲艺形式都借助其他艺术形式得到了创新,并获得新的活力。如相声与歌舞、小品的结合产生的"表演相声""歌舞小品""相声MTV"等曲艺表演方式,更新了传统的曲艺形式,丰富了曲艺的内容。

二是文化生产日益去中心化。以往的文化生产主要是由政府部门组织进行的,生产什么、怎么生产基本上是由政府部门决策实施的,因而文化生产的中心化特征是比较明显的。与此相适应,文化的传播和推广也基本上是按照这种模式进行的。传统的媒体主要是广播、电视、报纸、杂志等,文化就是借助于这些媒体传播和推广的。这样的组织化,所形成的主客体关系自然是明确的,即政府部门是主体,社会民众

---

① 参见〔美〕德里克:《后革命氛围》,王宁等译,北京:中国社会科学出版社1999年版,第15页。

是客体。或者说,政府部门是文化的生产者,而普通民众则是文化产品的接受者;各种媒体生产什么,人们也就消费什么。现在,随着新型媒体的出现、网络技术的发展,这种格局逐渐被打破。人们不再仅仅是文化消费者,同时也是文化的生产者;不再仅仅是文化的接受者,同时也是文化的创造者。而且,文化生产与消费的关系也在发生新的调整。虽然从总体趋势上看生产决定消费,而在特定历史条件下,往往是消费引导生产,生产服从于消费。一种文化产品如果没有市场,不能被消费者所接受,那么,这种文化产品是很难有生命力和发展前景的。所以,文化的生产和消费是互动的,并不仅仅是一种单向的线性关系。尤其是网络技术的发展,使得文化发展的交互性更为增强。在网上,每个人既可以是文化的生产者,又可以是文化的消费者,交互性越来越强,以至原有的中心化逐渐被淡化。

三是文化结构日益扁平化。文化生产和发展的方式总是与特定的文化构成方式密切相关。文化生产和发展的组织化一般产生于文化的金字塔结构。在这种结构中,文化的顶端和主导性力量是精英文化,底端是大众文化,文化的具体组织和发展一般是由上而下推动的。正是文化构成上的等级制,才形成了文化的组织化。现在,文化的结构逐渐由过去的金字塔结构转变为扁平化结构,文化构成的关系逐渐由过去的等级关系转变为水平型关系。这样的转变就意味着文化的个性化生产与发展,因为只有这样的转变,才能为个性化的生产和发展提供施展的舞台;也恰恰是个性化的增强,又加剧了文化结构的扁平化。在这样的文化结构中,各个文化个体基本上都是平等的,因而其交流、交往也是平等的,文化上的"对话"代替了以往的"教化"。每个人都可以参与"对话"、参与文化创造。每个人都既是教育者,又是受教育者。文化结构趋于扁平化,由此带来的文化传递路线也发生了重大改变,这就是由垂直型传递转向水平型传递。与这种结构变化相适应,文化的管理、组织也日益扁平化,即文化的管理、组织不再仅仅诉诸行政方式和行政手段,而是更多强化了法制,强化了文化自身的管理、组织,像文化市场的规范约束、社会文化团体的协调管理、文化环境的净化和构建等,就是具体的体现。

文化生产和创造的个性化，自然加剧了文化发展的多样化、差异化、流动化。后现代主义和后现代文化就是适应这种个性化发展而兴起和发展起来的。由于文化的发展逐渐打破了以往高度组织化的格局，个性化特征日趋突出，这在意识上就必然滋生去中心、异质性、反本质主义、反基础主义、流动性等文化观念，从而导致后现代主义的产生。可以说，后现代主义不过是当代文化发展现实的一种反映。

文化生产和创造的个性化，对于文化发展的影响也是双重的。一方面，文化的个性化发展打破了以往的高度组织化，使文化的潜力得到了充分释放，文化的活力得到了极大激发，从而可以大大焕发文化发展的生机。每一种个性的张扬，都可能是催生文化发展的某种力量。众多的力量凝聚到一起，便有可能形成文化繁荣发展的强大动力。特别是新文化的创造和原有文化的创新，绝不是仅靠组织化、规模化乃至模式化就能奏效的，更多靠的是个性活力的迸发。因为文化的生产毕竟不同于物质生产，它本质上是一种个性化的生产，唯有其独特性、独创性，才有真正的文化艺术价值。就此而言，文化繁荣发展不能没有个性化。但是，另一方面，文化的过度个性化发展，也会造成文化生产的碎片化，影响文化的健康发展。而且，文化生产的碎片化也难以保证文化发展战略的实施，无法形成整体的、持久的文化发展战略，不利于文化的可持续发展。值得注意的是，文化的过度个性化发展，同时也会造成文化消费的畸形化。个性化的文化消费主要是为了满足主体的即时需要和快感，它并不关注消费主体文化品位的提升和文化修养的养成，因而消费的结果很难真正起到"文化"即"以文化人"的作用。快餐化、一次性、即时性的文化消费，不仅会造成文化资源的浪费，而且会严重影响文化的积淀。因此，个性化的文化消费固然不能否定、抹杀，但更要理性地看待和引导。

（五）文化风险的集聚化

研究文化发展，必须关注文化风险，这也是当今时代文化发展一个特有的现象。虽说任何社会都有风险的存在，但在以往社会，其发生的概率、波及的范围、造成的影响并不大，因而往往不太引起人们的重视。

而在现代社会尤其是当今时代,随着全球化、科学技术、互联网的快速发展,风险日益增强,以致人们置身于巨大的风险丛林之中。正因如此,今天的社会被德国社会学家乌尔里希·贝克(Ulrich Beck)称之为"风险社会"。贝克认为,马克思和韦伯意义上的"工业社会"或"阶级社会"围绕的一个中心论题是:在一个匮乏社会中,"社会性地生产出来的财富是怎样以一种社会性地不平等但同时也是'合法'的方式被分配的"。而"风险社会"则是建立在对如下问题的解决基础之上:"作为现代化一部分的系统性地生产出来的风险和危害怎样才能被避免、最小化或引导?"①现在,风险社会正在呈现出这样一些显著特点:一是风险源不断扩大。全球变暖、环境恶化、资源紧缺、疾病流行、恐怖主义盛行等问题严重威胁着人类的生存和发展,能源、粮食、人口、贫困和两极分化等难题交织在一起,也成为风险的重要源头。二是风险性质和作用发生变化。同以前的风险相比,现在的风险形式更为复杂,影响更为广泛,影响程度更为严重。它可以跨越国界,穿越各种社会屏障,对每一国家、地区都会产生严重冲击,甚至带来灾难性、毁灭性的后果。三是风险控制的难度增大。由于风险日益具有全球性,风险本身的技术含量越来越高,因而控制的成本和难度也在加大。一种风险控制不力,还有可能引发其他新的风险,使发展的不确定性大为增加。

社会风险是由多种因素造成的,而文化领域则是社会风险的一个重要来源。伴随全球化的深入发展,文化风险日益突出。文化风险既包括文化发展本身所遇到的风险,又包括文化对社会发展所带来的风险。尤其是后一种风险更引人注目,其突出的问题是:文化对社会的稳定性功能遭到削弱,对社会的稳定和发展造成重大威胁,由此引起社会的动荡、分裂。众所周知,文化对于社会发展来说,是一种重大的凝聚力量。一个民族的文化体现了该民族在价值观念、信仰追求、思维方式、心理习惯等方面的共性,因而能在本民族范围内引起强烈的共鸣,它可以凝聚社会民众的共同利益和理想追求,表达和反映民众的共同意志,从而形成较强的感召力和向心力。这样的力量可以使整个社会

---

① Ulrich Beck, *Risk Society*, London: Sage Publications, 1992, pp. 19-21.

的民众凝聚、动员起来,自觉维护民族利益,积极推进民族振兴。在历史上,文化一直起着这样的凝聚、稳定作用,即使在某些历史时期,一个民族的文化受到外来因素的严重干扰乃至重创,但因其生存的土壤和条件并没有发生实质性的变化,凭借其自我修复机制,还可以保持顽强的生命力。而在当代社会,情况开始发生了明显变化:由于社会各种利益、组织日益出现分化,特别是全球化的深入发展,使文化的内外条件和环境都产生了重大变化,在各种力量的冲击之下,文化发展的方式、方法和机制都出现了新的变形,其发展结果也出现了非常大的变化,以致文化的稳定性、凝聚性功能受到严重削弱,文化本身面临严重风险。特别需要指出的是,这种风险在发展过程中越来越具有集聚化的特征。这种集聚化一方面表现为来自文化领域的各种风险集于一身,另一方面表现为当今时代各种经济风险、政治风险以及社会风险所带来的文化风险不断加剧。这些风险汇于一体,便形成了风险的集聚化。

文化直接面临的风险,是由文化和文明的冲突所导致的风险。在不平等的世界经济政治格局中,文明与文化的冲突常常会带来霸权主义的产生,这就使得许多民族文化发展遭致严重威胁,甚至遭到毁灭性的打击和摧残。文化风险不仅在于文化冲突会引起文化上的对抗,而且还在于这种冲突会引发政治上的对抗。以恐怖主义为例,近年来恐怖主义的发展、蔓延,其背后就包藏着重大的文化冲突与对抗。恐怖主义除去经济、政治利益原因之外,很大程度上源于文化、宗教的对抗以及由此唤起的宗教极端情绪。宗教极端思想是滋生恐怖主义的温床和催化剂。而时下进行的"反恐战争",也决不单纯是针对恐怖主义的,从更深层次来看,它是以美国为首的一些西方国家在冷战之后为保持其经济、政治、文化地位而在全球范围内展开的斗争。现在很难知晓这场战争什么时候才能结束,也很难知晓这场战争将会带来什么后果,但这场战争的特点是明显的,即它维护的是西方发达国家的利益和西方的文化霸权。同样是"反恐战争",各个国家的利益诉求、文化诉求不同,必须抵制借反恐来推行强权政治、文化霸权。

文化、宗教冲突同时是引发世界局部战争、地区动荡的重要根源。中东问题旷日持久,巴以冲突难以平息,其原因与愈演愈烈的宗教文化冲突直接相关。巴以冲突的根源当然并非宗教本身,还有其更为深刻的地缘政治和国家利益之间的矛盾,也有历史方面遗留下来的问题,但是将这些矛盾、问题转化为暴力冲突,宗教文化因素无疑起了重要的催化作用。冲突着的双方,无论是以色列人信仰的犹太教,还是巴勒斯坦人信仰的伊斯兰教,都属于一神论教,终极关切上的排他性以及由此带来的行动上的不妥协、不让步,必然导致巴以之间冤冤相报,轮回式报复性仇杀的暴力冲突难以平息,战争的硝烟难以驱除。只要这种宗教文化冲突不停歇,文化风险以至社会风险就会存在,一有风吹草动,就会衍化为战争和军事冲突,给世界带来不安宁。

文化风险影响的对象不仅是民族国家与世界,而且也是个人。人总是生活于一定的社会环境之中,受其影响和制约。在全球化条件下,人不仅是一个国家的社会成员,而且是全球社会的一个公民。全球性的经济、政治、文化不可避免地会对置身其中的每一成员产生重要影响,程度不同地参与其价值判断和行为选择,进而影响其生存、发展。特别是文化作为人的生活样式、价值规范和行为规范,对个人的生活和生存发展有着深层次的影响。目前摆在人们面前的现实是,正像前面所说,世界在经济和技术上越来越一体化,而在政治和文化上则是一个分裂的世界。文化上的撕裂可能直接影响到个人心灵的安顿、文化价值的认同以及精神上的归属,使人变成精神荒野的流浪者。也就是说,在物质层面上,人可能生活得很好,而在精神层面上,则可能无家可归。这对于人的正常生存发展是非常可怕的。

值得注意的是,文化风险正在向常态化发展。文化风险不再仅仅表现为某种偶然性,而且日益具有一定的常规性。这就要求对文化风险予以新的理解和把握。一般说来,风险往往体现为不确定性或偶然性,但这种不确定性并不仅仅是社会发展反常的现象,而是逐渐成为社会发展的"常态"。文化发展的不确定性固然与人们的认识、行为有关,但认识、行为能力的提高并不意味着不确定性的隐退和消除。随着科学技术和社会生活的快速发展,人类活动能力的增强不仅没有从根本上消除不确定性,反而在某种程度上强化了不确定性,与以往和现存的状态相比,"未来的名字是不确定性"①。由于在全球化过程中不确定性已经成为社会发展的常态,因此体现不确定性的风险的出现也就成为文化发展的常态。这就客观上要求我们必须正确地认识和应对风险。对于风险,不应只是消极地对待,应当有意识地将风险看作一种机遇,学会从风险中收益。风险不仅本身隐匿着机遇,而且是创造机遇的动力。因此,不能简单消极地回避风险,而是要敢于直面风险,善于利用风险,在积极应对风险中推进文化健康发展。

上面所讲的文化发展的交融化、资本化、差异化、个性化和风险集聚化特征,可以说是对当今时代文化发展图景的一个大致描绘。通过这些特征,可以进一步发现当代文化发展的基本特点与发展趋势,这就是文化的交流、交融、交锋日益突出。这"三交"是对当代全球文化发展状况一个简明、准确的概括,是我们应对全球文化挑战、推进文化发展的重要参照和客观现实。为此,需要对这"三交"有一个清醒而深刻的认识和把握,以切实增强文化自觉。

首先来看文化的交流。文化的交流是从文化的多样性、差异性自然引申出来的,是文化多样性、差异性发展的必然结果。正因为文化是多样的、各具特色的,才有交流的必要。没有交流,就没有了解;没有相互了解,也就没有相互信任。人类文明就是在交流中不断发展起来的,文明因交流而多彩。一部人类文明史,就是一部文化交流史,交流的程度决定着文明的水平。要实现正常的交流,关键是要对每种文化的平等地位给以尊重。没有平等,就谈不上交流。因此,必须以平等、包容的态度来对待各种文化,尊重不同国家和民族在历史和社会制度方面的选择,在交流中相互了解、相互促进。任何傲慢和居高临下,都有悖于文化交流、发展。

其次来看文化的交融。文化交流的结果,就是文化间一定程度的交融,即不同文化的相互吸收借鉴。人类文明也正是通过交流和相互吸收借鉴一步步发展起来的。从历史上看,西方的文明并非完全是希

---

① 〔法〕埃德加·莫兰:《复杂性理论与教育问题》,陈一壮译,北京:北京大学出版社2004年版,第64页。

腊文明独自发展的结果,而是在吸收阿拉伯文明、中华文明、印度文明的基础上形成和发展起来的。正如布罗代尔(Braudel)所说,"在各种文明中,西方恰好利用了它汇集着无数文化潮流的优越地位。千百年来,它从各个方向汲取营养,甚至向已死的文明借鉴,这才使它后来光芒普照,风行全球"①。如在西方近代文明的形成过程中,几大中国发明创造的引入便发挥了重大作用,恰如马克思所说:"火药、指南针、印刷术——这是预告资产阶级社会到来的三大发明。火药把骑士阶层炸得粉碎,指南针打开了世界市场并建立了殖民地,而印刷术则变成新教的工具,总的来说变成科学复兴的手段,变成对精神发展创造必要前提的最强大的杠杆。"②中国的文化和文明也是如此,它并不是清一色的儒家文化,而是在儒家文化的基础上吸收各家文化尤其是道家、佛家文化综合而成的,是中国各种文化智慧交互作用的产物。因此,文明始终是与融合相生相随的。随着全球化的深入推进,这种融合的趋势日益强化,这无疑有助于加快文化发展。应当说,每一种文明都有它的思想之美、生活之美、创造之美,善于发现和吸收借鉴其他文明之美,这是一种美德,更是一种智慧。为此,应当确立美人之美、美美与共的文明观,倡导不同文明和衷共济、包容共生,切实推进文化的深度交流与融合。

在文化交融的推进上,值得关注的一个现象是:文化表层越来越融合,文化深层则难以融合。如在文化的形式、表现手段以及大众文化、通俗文化等这些表层文化上,融合的范围越来越广,融合的程度越来越深,以致很难做出严格的区分,而且各个国家、民族相互学习、模仿的热情也非常之高。然而,在文化的内容尤其在文化的核心部位和深层结构(如价值观)上,则很难相互认同,很难达成一致。这就是文化融合上的"悖论"。应当承认,价值观涉及意识形态和根本利益,走向融合确实有一定的困难。但是,在价值观上也不是只能有冲突,不能有融合。只要有共同利益,就可能形成一定的价值共识,进而形成一定的共同价值

---

① 〔法〕布罗代尔:《资本主义论丛》,顾良、张慧君译,北京:中央编译出版社1997年版,第157页。

② 《马克思恩格斯文集》第8卷,北京:人民出版社2009年版,第338页。

观。要形成这样的价值共识和共同价值观,客观上需要加强沟通、交流,要在维护某些共同利益的前提下,就一些基本价值形成一定的共识,促进文化价值的交融。

最后来看文化的交锋。文化发展既然有差异、有分裂,那就必然会有交锋、有竞争。文化交锋主要体现为文化硬实力与软实力两方面的交锋。硬实力的交锋主要是文化产业、文化产品的竞争,软实力的交锋主要是价值观、意识形态、话语权等的较量。在价值观和意识形态的较量中,谁抢占了制高点,谁就赢得了主动权。冷战结束后,意识形态的对抗和冲突固然不像原来那样激烈,但也并非"终结"。所谓"意识形态终结论",本身就是一种意识形态。冷战后以文化面貌出场的"人权对话""民主输出""互联网自由"等,无不带有意识形态色彩。近年来,面对一些新兴发展中国家国际地位的提升和影响力的增强,西方一些国家有意识地利用文化价值来识别对手、缔结同盟关系。美国前国务卿希拉里·克林顿就公开提出,要结成互联网的"自由同盟",推动人权外交。个别国家甚至提出建设"价值观同盟"的口号,呼吁西方国家在人权问题、贸易问题、金融问题等方面联手向中国施压。① 因此,不是我们非要强化意识形态,而是文化交锋的客观现实迫使我们必须加强意识形态建设。

总之,正确认识世界范围内各种思想文化的交流、交融、交锋的新特点,是准确把握当今时代文化发展深刻变化和发展趋势的基本前提和客观要求。要顺利推进文化发展,必须充分考虑当代文化发展的这些新特点、新要求。

三、 发展中国家文化发展的主要特征

研究当今时代的文化发展,不仅需要对文化发展的时代特点有一个总体的把握,而且需要对发展中国家文化发展的基本情况予以特别

---

① 参见顾海良、陈锡喜主编:《"中国马克思主义与当代"若干问题研究》,北京:高等教育出版社 2015 年版,第 29 页。

的关注。因为发展中国家的文化发展既有上述时代性的一般特征，又具有自身的特点，不能与发达国家文化发展的情况同日而语，所以在研究一般的基础上应当对发展中国家的特殊予以专门审视。而且，中国也是发展中国家，认识和把握当代发展中国家文化发展的特点和趋势，对于深化中国文化发展问题的研究，具有更为直接的参照意义。有鉴于此，在研究当今时代文化发展新特点、新趋势这一课题中，需要加强对发展中国家文化发展的研究，以为我国的文化发展提供某些借鉴和启示。

要了解发展中国家的文化发展，必须首先了解它的经济社会发展。发展中国家并不是一个严格的统一的概念。同样是发展中国家，由于其历史和文化条件不同，人口、面积、气候、资源、环境等自然条件不同，社会制度与经济体制不同，因此有着很大差异。但是，发展中国家还是有其共同的特征，最主要的就是生产水平低，经济技术落后。正是这样一种现实，决定了发展中国家的基本问题和中心任务是如何加快发展，如何推进现代化。由于这些国家的现代化是迟发或后发的，所遇到的问题是特殊而复杂的，因此其发展过程与发达国家相比有着明显不同的发展逻辑：

一是发展的背景不同。西方发达国家的现代化大都有过殖民扩张的历史。在长达几百年的时间里，西方资本主义国家采取征服和资本扩张等手段，使许多国家、地区相继成为它们的殖民地。正是通过殖民统治和资本扩张，一些西方国家积累了巨额财富，率先步入现代化行列。与此相反，大多数发展中国家都有过被殖民、被奴役的历史，不同程度地沦为殖民地、半殖民地和附属国。二战结束后，这些国家获得了独立、解放，开始了现代化的进程。

二是所处的发展位置不同。在世界经济体系中，西方发达国家始终占据着有利的位置，左右着国际分工和世界经济格局，而发展中国家只能处于边缘地位，发展非常被动。就目前的世界格局来看，现有的国际分工主要是被一些发达国家操纵着，国际经济组织和金融组织是被少数西方国家把持着，国际经济"游戏规则"总体上是在西方发达国家主导下制定的，这样的世界体系必然体现为发达国家与发展中国家之间的不平等关系。

三是发展的起点不同。西方发达国家的现代化大多起步于经济上的变革,即商业革命和工业革命,然后在此基础上开始一系列的变革。而发展中国家的现代化则由特殊的历史原因所决定,起步于民族独立与统一的解放运动,这些国家只有在完成政治变革后,才能着手各种经济变革,致力于经济发展。发展的起点不同,不仅延误了发展的时间,而且丧失了发展的机遇。

四是发展的推进方式不同。发达国家现代化的推进方式一般是自下而上的。也就是说,现代化的推动力主要来自民间,而非来自政府。"个人主义的、小规模的、家庭型的资本主义,在工业化初期是十分流行的。那时不仅国家没有起什么积极作用,而且,资本仍属个人私产,还没有形成社团法人的形式,那时的银行在长期投资方面不起什么作用。"[①]与此相反,发展中国家要推进现代化,必须首先依靠政府的推动,自上而下来进行,政府的作用是非常重要的。

发展中国家的不同发展逻辑,必然导致发展中国家文化发展中的特殊矛盾。之所以是特殊矛盾,就在于各种矛盾在一般发展过程中,尤其在发达国家发展过程中是不曾遇到或很少出现的。这些矛盾大都具有"悖论"的性质,其复杂性格外突出。虽然在不同的发展中国家,其文化发展有不同的矛盾,而且矛盾的表现形式和复杂程度也各不一样,但就总体而言,发展中国家的文化发展普遍具有这样一些矛盾特征:

(一)历时发展与共时发展的交织

发展中国家在社会转型过程中的特殊历史方位,使其文化发展具有明显的特殊性。这些国家在现有条件下,既要完成传统农业文明向现代工业文明的转变,又要面对和迎接现代工业文明向后工业文明的转变。而且,这些转变不能完全分阶段实施,需要综合考虑,整体推进。这样,原来历时态的发展现在变成共时态的发展,历时和共时挤压在一

---

① 〔英〕汤姆·肯普:《现代工业化模式——苏日及发展中国家》,许邦兴、王恩光译,北京:中国展望出版社1985年版,第9页。

起。文化发展也是这样,传统文化、现代文化和后现代文化的依次嬗变和演进,现在也改变了原有的路线,变成了共时性的发展。不仅如此,由于置身于开放的世界体系之中,发展中国家的文化不光有纵向发展方面的问题,同时也产生了横向发展方面的问题,即与外来文化的关系问题。对于西方国家来说,传统与现代性是一种相对单纯的连续与非连续性问题。传统与现代性只存在文化的内部冲突或纵向冲突,而不存在文化的外部冲突,因此,问题的解决和关系的处理相对简单。而对于发展中国家来说,情况就颇为复杂,传统与现代性的关系往往是和东西方文明关系交织在一起的。在文化转变和发展过程中,不仅存在自身的内部冲突或纵向冲突,而且存在与西方的外部冲突或横向冲突。由于现代性最初源于西欧,因此有人将现代性同西方化连在一起,传统与现代的关系演变成了东西方关系。这就增加了文化发展的复杂性。许多国家在发展过程中不能恰当处理好这种关系,往往走向极端,不是一味追求西化,就是排斥现代性。如一些轴心文明的所在国和地区程度不同地具有这种倾向,用宗教原教旨主义来对抗现代文明,致使这些国家的文化发展颇为艰难。

由于文化的历时发展与共时发展交织在一起,加之外来文化对本土文化的冲击,发展中国家的文化发展充满波澜。如在不少发展中国家,某种文化的现代性任务还未完成时,另外一种挑战性、否定性的力量扑面而来,导致文化精神状态的不稳定或"内在紧张"。且不说其他国家,就以我国转型过程中的文化状况来看,也有类似的情形。如在现实生活中,"充斥着各种各样关于现代化的文化心态:当一种价值取向强调科学技术和技术理性所创造的巨大社会财富以及它对人的本质力量和主体性的积极确证的时候,另一种价值取向则从西方的历史经验中看到科学技术和技术理性自律发展所带来的普遍物化和人之异化等负面作用,从而对科学技术和技术理性持一种人本主义的批判和拒斥态度;当一些人文知识分子强调技术理性和人本精神对人的文化启蒙以及人之主体性的生成对于市场经济建构和现代化进程的积极意义的时候,另一些人文知识分子则为个性的过分张扬以及市场经济条件下的竞争所带来的价值混乱和道德滑坡等现象忧心忡忡"①。不仅如此，前现代文化与现代文化也存在摩擦，文化保守主义思潮时常沉渣泛起。面对市场经济和社会转型过程中出现的诸多问题，如生态问题、环境问题、道德风尚问题，文化保守主义思潮还有一定的市场，形成对文化和社会发展的阻力。

（二）循序发展与跨越发展的集结

西方发达国家在其现代化进程中大都经历了从萌芽到发育再到成熟的阶段，是循序渐进、一步步发展起来的。而且，在这种循序发展过程中，社会生活的各个方面相对说来是比较适应、协调的，即使出现了某些不协调，也会有较大的时间、空间来调整解决。发展中国家的发展则失去了这种得天独厚的历史条件，历史给予它的时间是非常有限的：在短短的时间中，不仅要走完西方发达国家过去几百年所走过的近代化路程，而且要迎头赶上现代化的潮流。这种"浓缩"发展过程要求发展中国家不能仅仅满足于按部就班的发展，同时需要跨越式的发展。这样一来，西方发达国家循序式的发展在发展中国家就转变为循序发展与跨越发展的集结。这种状况的出现，使得发展的推进颇为艰难。因为按照正常的发展规律，发展条件的形成、发展过程的推进都是需要时间的，然而过程的压缩使得各种复杂矛盾的解决缺乏时间上回旋的余地，发展常常处于进退维谷的境地。许多发展中国家在发展过程中之所以出现曲折反复，实际上就是由这种困境造成的。在文化领域，发展中国家也普遍面临着循序与跨越的问题，要实现其顺利发展，客观上要求处理好二者之间的关系。

既要稳步推进（循序发展），又要实现跨越发展，这也是一个难题。如何解决这一难题？显然不能做非此即彼的选择，只能是恰当处理二者之间的关系。这就是力求做到间断性与连续性的统一，形成快速而有序的发展。在文化的硬件建设上，重点是处理好传统文化产业与新兴文化产业的关系，用新兴文化产业、技术带动传统文化产业、技术。

---

① 衣俊卿：《文化哲学十五讲》，北京：北京大学出版社2015年版，第265—266页。

如用文化创意、数字出版、移动多媒体、动漫游戏等新兴文化产业来带动和促进演艺、娱乐、出版发行、影视制作、印刷、广告、文化会展等传统文化产业,既可以实现文化的跨越发展,又可以保证其稳步推进。在文化的软件建设上,重点是要用先进文化来改造和带动传统文化,既使文化建设不背离传统文化,又使传统文化得到创新和提升,从而实现"跨越"与"循序"的有效结合。

(三)自主发展与被动发展的缠绕

不平等的世界经济格局必然产生不平等的世界文化格局。在世界文化舞台上,发达国家依仗其在经济政治上的优势,在文化上也处于强势地位;而发展中国家因其"不发达",在文化上始终被置于不平等的地位。在不少西方人眼中,发展中国家向来是文化上的"荒漠",需要用先进的西方文化加以开垦、耕作,才能走向现代文明。因此,西方发达国家极力向发展中国家推行自己的文化,"文化帝国主义"或"文化霸权主义"由此而生。

在"文化霸权主义"的胁迫之下,许多发展中国家的文化往往处于被动发展的状态。所谓"被动发展",主要指文化主体性和自主性在丧失,发展任其摆布。这种状况突出地表现为文化的"被动接受"。首先是文化产品的被动接受。在现代消费主义的刺激下,很多发展中国家消费的文化产品几乎无选择地接受西方的文化产品,西方尤其是美国的文化产品充斥于这些国家的日常生活之中。其次是文化生产的被动接受。由于文化产业、文化技术以及文化产品比较落后,很多发展中国家在文化生产上较少有自己的独立创造,一般是追随,更多的是模仿。很多文化产品没有自己独立的品牌,文化产品的制作也是按照西方那一套模式,本国俨然是西方文化产品的"加工厂"。最后是文化观念的被动接受。借助于世界市场和现代媒介的发展,西方发达国家不仅把大量文化产品输入发展中国家,而且通过文化产品的输出将其文化价值观念输送到这些国家。发展中国家的民众在没有警觉的情况下,往往出于新奇、爱好,自觉不自觉地接受了这些文化价值观念,与自己的文化传统渐行渐远。

发展中国家的文化之所以处于"被动发展"的状态，有其深刻的原因。就外部原因而言，在很多西方人看来，大多数发展中国家需要在文化上加以引领和改造，使其接受西方文化的洗礼，这样做一方面有利于对这些国家的控制，另一方面也会使这些国家"心甘情愿"地接受西方特别是美国的领导。为此，一些西方国家总是加大力度支持西方文化在发展中国家的传播，而那些跨国公司也总是把发展中国家视为可以带来巨额利润的市场，大力推销西方的文化产品。就内部原因而言，由于许多发展中国家长期处于传统文化的影响之下，一旦原有的文化堤坝被打开，生活其中的人们极易受到外部世界新鲜事物的影响，新奇的西方文化产品恰好可以满足很多人走出传统生活的文化需求，这种需求自然导致西方大众文化蜂拥而入，"被动接受"相应而生。

要使文化健康发展，必须摆脱这种被动局面。这就客观上要求文化自主发展。唯有自主，才能谈得上发展。文化自主发展需要多方面的努力，重要的是增强文化主权的自主性、文化生产和消费的自主性、文化交流和传播的自主性。

既要实现文化的自主发展，又不能割断与世界的文化交往，这也是摆在发展中国家面前的一大课题。对此，合理的选择只能是：在开放中实现自主，在自主中扩大交往。这就是说，合理的自主应当是开放式的自主，在开放中增强自主能力，这是全球化条件下文化发展的必然选择。

（四）文化滞后与文化激进的并存

转型时期的发展中国家，大都处于前现代、现代、后现代三个历史向度的交汇处，其文化转型和发展自然带有更大的复杂性。这些国家大多是文明古国，文化传统深厚。这种文化传统一方面处于前现代的阶段，代表和体现的是传统文化；另一方面又具有超越现代性的意蕴，体现着后现代主义的价值指向，因而含有某种"激进"的文化倾向。这样一来，在发展中国家的文化中，滞后与激进同时并存。而且，二者往往容易混淆，形成一种特殊文化现象：看似文化激进，实则文化滞后。尤其值得注意的是，前现代的东西与后现代的东西极易结成"联盟"，共同对抗现代性。即在现实生活中,前现代文化的影响还很深远,仍在左右着现代化的步伐,这种前现代文化的影响尚未得到有效清理,后现代的思潮又随着门户的开放汹涌而来,二者"珠联璧合",对现代性产生了巨大冲击。近些年来,某些国家的传统文化与一些后现代思潮"一拍即合",就充分反映了这种状况。这种状况的出现,极大地增加了文化转型和文化发展的难度。如果处理不好,前现代的东西未加批判地保留了,后现代的东西也未加选择地拿来了,唯独没有恰当把握好现代性。

防止误入文化滞后与激进的歧途,并不是要贬抑传统文化,也不是要简单拒斥后现代文化,而是要正确看待这些文化并合理对待与现代文化的关系。对于大多数发展中国家来说,由于不是处在后现代而是处于前现代,要实现现代化,重要的是要冲破传统的生产方式和生活方式,大力提高全民族的文化素质,培养适应现代社会发展的各种文化观念,如理性观念、法治观念、自主意识、竞争意识、公正意识、权利与义务意识等。可以说,唯有确立这样的文化观念,才能推进文化的转型和发展。

发展中国家在文化转型和发展过程中,普遍面临着一个吸收外来文化与保持自己文化传统的矛盾。有些发展中国家受西方国家"示范效应"的影响,在文化发展上往往表现出一种盲从的躁动。如一些独立不久的国家,虽然对殖民统治深恶痛绝,但是对西方文化又刻意追求、模仿。在这些国家,"到处是西方的商品,到处是西方的音乐和图像,本国的图像反倒作为陪衬,成为自己贫穷愚昧和自惭形秽的证明。……本民族的服装被看作守旧的象征。勤劳刻苦的价值观荡然无存,西方明星和嬉皮士成了导引青年的楷模。人们在衣食住行、举手投足和娱乐方面努力比赛,看谁更像西方人,甚至一件西装、一盒西方化妆品、一种西方发式或能够结结巴巴地讲几句英语,也成为身价倍增的标志"[①]。对于这种状况,英国学者保罗·哈里森(Paul Harrison)曾写道:"冷眼旁

---

① 卫建林:《历史没有句号——东西南北与第三世界发展理论》,北京:北京师范大学出版社1997年版,第89页。

观的人只能对全世界与日俱增的同一性感到困惑。的确,难道不应该有更多的差异,更多的地方色彩和更多的发展模式吗?为什么几乎所有的人实际上都在走欧洲人的道路?第三世界一味追求西方的生活方式,已使争取发展的努力走上歧途,并且迅速地把传统文化中不管好的坏的一股脑儿摧毁了,就像把孩子和洗澡水一起泼掉一样。"[1]这种反常现象确实值得深思。面对今天的文化现实,每个发展中国家既不能故步自封、抱残守缺,又不能盲目效仿、刻意追求,应当根据本国的实际,理性地对待和推进文化的发展。

(五)机遇与压力的矛盾

全球化的深入推进,对每个国家的文化发展都是一种机遇。发展中国家也不例外。全球化使文化交流传播更为广泛、迅速,为发展中国家学习、引进先进文化和科学技术提供了有利时机;全球化使文化资源在世界范围内加以重新配置,为发展中国家有效利用国内外多种资源提供了有利条件;全球化加速了文化产业结构的调整,发展中国家可以抓住机会改善和提升自己的文化产业结构,加快文化产业化进程;全球化扩大了世界市场,发展中国家可以充分利用世界市场来促进文化的生产和消费,加速文化发展。然而,全球化在给发展中国家带来机遇的同时,也带来压力和挑战。就文化的生产和交流来说,虽说发展的空间很大,但发达国家已经占领制高点、占有控制权,不发达国家的文化生产被压制到全球链条的最低端;巨大的文化市场尽管是发展中国家的优势,但雄厚的资本与成熟的商业运作却是西方的强项;在文化市场上,与文化产品逆差同时而来的还有意识形态和价值观念的侵入与渗透,这直接危及意识形态主动权和国家软实力。

显然,对于发展中国家来说,全球化既不完全是机遇,也不纯粹是挑战,而是二者并存,兼而有之。问题是,同样是机遇和挑战,带给不同发展中国家的结局可能是大不一样的。最后的结果如何,主要取决于

---

[1] 〔英〕保罗·哈里森:《第三世界——苦难·曲折·希望》,钟菲译,北京:新华出版社1984年版,第35—36页。

发展中国家自身的努力。纵观世界现代化进程,二战后大多数发展中国家的发展水平基本差不多,但在后来的发展过程中却出现了比较大的差距。为什么会这样的结局?原因当然是多方面的,但其中重要的一点,就是对机遇和挑战的认识与对待方式不同。有些国家、地区紧紧盯住不断变动中的世界形势,敏锐地发现并及时地抓住机遇,加快改革和发展的步伐,从而逐渐缩小了与发达国家的差距。从20世纪60年代以来,不仅在东亚,而且在拉美、南亚、中东等地区,都有一些国家、地区在改革和开放的推动下,发展步伐较快,成为发展的"新星"和"亮点"。然而,也有另外一些国家的内部条件较差:有的长期政局动荡,甚至武力冲突不断;有的观念文化、科学技术极为愚昧落后,宗教保守势力强盛;有的政府机构腐败软弱、领导能力低下;有的体制僵化,缺少生机活力……所有这一切,都成为现代化的重大阻力。全球化的出现对于它们来说,只能是巨大的压力和冲击,毫无"机遇"可言。正因如此,这些国家只能在贫穷落后中徘徊,一次又一次被摔出现代化的行列。

在现实发展过程中,机遇和挑战并不是固定不变的,而是可以相互转化的。同样是挑战,有些国家将其压力变为动力,穷则思变,立志图新,锐意改革,不断进取,结果将挑战变成机遇,压出了潜能,压出了一个现代化。相反,同样是机遇,有些国家视而不见,听而不闻,麻木愈钝,行动迟缓,结果让机遇白白从眼前溜过,难得的机遇变成了严峻的挑战,最后招致发展的被动、艰难。可以看出,转化是有条件的,关键取决于能动性的发挥。现在所兴起的全球化对发展中国家来说确实是一种考验,究竟如何处理好机遇与挑战的关系,进而将挑战变为机遇,这完全因不同国家而异。因此,不要一味地停留于全球化对发展中国家的发展是利大于弊还是弊大于利的争论之中,而是应当将研究的重点转向如何兴利除弊、化弊为利上来。只有这样,才能在全球化浪潮中走出文化发展的健康之路。

谈到机遇与挑战,经常提及发展中国家的"后发优势"。应当说,这种"后发优势"确实是存在的,但优势的存在与优势的发挥是两回事。"后发优势"只是一种潜在的可能性,要使这种可能性变为现实性,还需要做出巨大的努力。有些发展中国家通过自身的艰苦努力,不断开拓创新,有可能利用"后发优势",使其迅速转化为现代化的显著成果;有些发展中国家则不具备这样的条件,使"后发优势"很少得到利用,显不出多少"后发的势头";更有甚者,在那些最为封闭落后的国家,"后发优势"完全被传统劣势所遮盖,现实生活中显示不出任何发展的迹象。今天,在全球化条件下,发展中国家能否赶上时代潮流,加快文化发展,很大程度上就依赖于"后发优势"的利用和发挥。

(六) 文化资源与文化能力的失衡

发展中国家大多是历史悠久的国家,文化积淀深厚,文化资源丰富。世界几大古老文明大部分产生于这些国家。但是,事实表明,文化资源并不等于文化能力。这些国家虽然有丰富的文化资源,但没有形成相应的文化能力,二者之间存在着严重的失衡。文化资源一般标示的是过去和传统,反映的是一个国家的文化遗产和文化积累;文化能力则主要标示的是现实及其实际影响,反映的是一个国家文化的现实力量,包括文化生产力、文化创造力、文化传播力、文化影响力等。在各个国家的发展过程中,文化资源既可能形成宝贵的文化遗产和文化财富,也可能变成文化发展和社会发展的包袱,乃至阻力。为什么一些发展中国家长期发展缓慢?其中一个重要原因,就是传统的宗教、文化、心理在强烈束缚人们的观念、行为,以致阻碍文化与社会的创新发展。在一些国家,虽然各种基本设施不乏现代化的外观,甚至人们的富足程度也相当可观,但其文化观念还基本上停留于保守落后的状态,人们长期生活于"前现代"的文化世界之中,因而与现代化形成巨大反差。这样的文化自然难以融入国际社会,走在世界文化的前列。

要推进发展中国家的文化发展,重要的是将其文化资源转化为文化能力。只有文化能力增强,才能有真正意义上的发展。从发展中国家的实际情况来看,要使文化资源转化为文化能力,重点是要在这些方面得到加强:一是加强文化资源的开发。不能把文化资源看作"死"的资源,而是应当予以"激活",使其真正成为一个民族文化的内在要素。通过激活,文化资源不再是历史的"文物"或"古董",而是成为文化生生不竭的动力源泉,成为一种"再生资源"。正由于这种资源是再生的,因而寓于其中的文化才是有生命力的。二是加强文化资源的有效利用。文化资源是在不断的利用中发挥作用、变为文化能力的,越是得到有效利用,越会增强文化能力。这是与物质资源的最大不同之处。物质资源消费、利用得越多,损耗也就越大;文化资源正好相反,消费得越多,价值的增殖也就越大。当然,文化资源的有效利用是有条件的,是需要一定的社会环境和土壤的。为什么有些国家文化资源很丰厚,却不能形成较强的文化能力呢?其中一个重要方面,就是僵化的社会体制和文化体制阻碍了文化资源的有效利用,抑制了文化资源作用的有效发挥。以中国为例,为什么"四大发明"没有推动社会的发展呢?为什么同样的文化资源在改革开放以来发挥的作用和影响如此之大呢?最主要的原因是社会和文化体制不同。三是加强文化资源的现代"融入"。这就是要使各种文化资源融入现代文化系统之中,成为现代文化机体的有机成分,避免使其成为与现代文化异质的东西,或游离于现代文化之外的东西。资源虽然是传统的,但在融入现代文化体系之后则被赋予新的时代内涵,成为新的文化资源。因此,文化资源需要现代转换,即从传统文化资源转为现代文化资源。只有经过这样的转换,文化资源才能在文化发展中发挥实际影响,从而使其变为文化能力。

第三章

当代文化发展的内在矛盾与发展趋势*

从社会发展的总体语境来审视文化发展,当代文化发展不仅具有与以往时代完全不同的新特征,更重要的是,文化发展的内在逻辑也正在重构,因而决定了文化发展的未来趋势。对于我国文化建设而言,文化发展趋势直接关系到文化发展的目标与路径。离开了对文化发展趋势的合理把握,文化发展在目标上就会出现偏差,在路径上就会南辕北辙。所以,我国社会主义文化强国战略的顺利推进,必须要深刻把握当代文化的发展趋势。

要想深入把握文化发展的趋势走向,必须把握当代文化的内在矛盾。正是因为各种文化矛盾的不断推演,文化发展才呈现出一定的趋势走向。总的来看,在当今时代,我国文化的发展趋势必须回应时代问题,而现代性的内在矛盾则决定了文化发展的时代主题从"顺应现代性"转向"重建现代性",这直接关系到我国文化发展的价值目标与时代基准,文化发

---

* 本章部分内容曾以《现代性重构与当代文化发展趋势》为题,发表于《贵州师范大学学报》2019年第5期;以《"互联网+"时代的文化效应及其图景》为题,发表于《北方论丛》2017年第5期;以《后物质主义时代的文化逻辑》为题,发表于《天津社会科学》2019年第6期;以《经济发展新常态与人文精神重建》为题,发表于《山东社会科学》2016年第1期。

展必须立足现代性并超越现代性,而不是拒斥现代性乃至退回到前现代性的水准;我国文化的发展趋势必须适应经济基础,而经济基础与文化发展的矛盾决定了文化发展的经济基础已经从物质主义时代转向后物质主义时代,文化发展的定位也必须从满足温饱需求转向追求美好生活;我国文化的发展趋势必须顺应科技潮流,科技条件与文化生产的矛盾则决定了文化发展的技术条件已经从"+互联网"时代转向"互联网+"时代,文化发展的具体路径必须结合互联网的最新发展成果并且回应新型信息化时代的文化挑战;我国文化的发展趋势必须考虑到文化形态与结构的具体变迁,理性原则与感性基础的矛盾决定了文化发展的重心领域已经从形而上学转向生活世界,文化发展的结构层次已经从一元化的形而上学形态演变为日常心理、大众文化和理论思潮三足鼎立的多元化结构,因此文化发展一方面要回归生活世界、解决现实问题,另一方面也要呼唤理性精神、引领文化发展。

一、文化发展的时代主题

从社会发展的视角把握文化发展,不能不从时代发展的高度来把握当今时代文化发展的内在逻辑与演变趋势。按照马克思社会存在决定社会意识的基本观点,文化始终是特定时空条件下的精神产物。在此意义上,作为时代精神的把握方式,文化发展必然受到时代主题的制约。在某种程度上,时代精神往往决定了文化在内涵式发展层面上的基本规定与总体路径。从总体上看,当今时代是一个同传统社会大为不同的现代社会,这种现代社会甚至可以说与传统社会呈现出断裂关系。现代社会是当前文化发展的时代语境。人们把现代社会与传统社会相区别的一系列原则与特点称之为"现代性"。值得注意的是,作为"现代之为现代"的现代性,并非从现代化进程中直接提炼出来的描述性概念,而是人们在深刻反思现代化发展过程中形成的问题意识。换言之,"现代性"是一个有待进一步反思的问题,而非解决一切问题的答案。一方面,现代性的出场具有一定的历史必然性,人们不得不顺应现代性;另一方面,现代性的反思性特征又使人们不得不超越现代性。文化发展必须立足现代性的时代地平线,但又不能停留在现代性的时代局限中。"立足现代性、超越现代性"成为当今时代文化发展的原则高度。也就是说,现代性的内在矛盾规定了当今时代文化发展的根本内涵与基本走向,文化发展的时代主题正从"顺应现代性"转向"重建现代性"。

(一) 文化发展的现代转型

现代性概念的出现,标志着现代社会在发展中发生了重大而深刻的变化,从而与传统社会相区别。也正是在此意义上,许多学者将现代性视为时间意识的断裂,现代性是人们重新理解和把握社会历史总体发展的一种历史视角。现代性是一个与传统观念相断裂的特定观念,现代性是在与传统社会文化模式的比较中完成了自我定义。这也意味着,现代文化是在现代性与前现代性的矛盾运动过程中生成的。

事实上,现代性与前现代性的矛盾根植于现代社会与传统社会的巨大差异。在此值得追问的是:什么是"现代社会"?这一问题作为现代哲学社会科学的一个"母题",被不同的思想家以不同的方式加以把握。有的社会学家从传统社会与现代社会的比较中揭示现代社会的基本特征;有的思想家从现代性的文化原则与生活方式中领会现代社会的内涵。但是,这些把握方式都没有触及现代社会的形成根源。而在马克思看来,现代社会是由现代生产方式所奠定的、依循资本逻辑而展开的特定社会形态,即资产阶级社会。对此,列宁曾经饶有深意地提出这样一个问题:"既然马克思以前的所有经济学家都谈论一般社会,为什么马克思却说'现代(modern)'社会呢?他在什么意义上使用'现代'一词,按什么标志来特别划出这个现代社会呢?"[①]事实上,这个"标志"正是现代生产方式。现代社会之所以与传统社会不同,根本原因在于生产方式的差异。与传统生产的自然经济特征相比,现代生产具备高度的商品经济特征;与满足使用价值的传统生产相比,现代生产是以

---

① 《列宁专题文集——论辩证唯物主义和历史唯物主义》,北京:人民出版社 2009 年版,第 156 页。

交换价值为目的;与孤立分散的传统生产相比,现代生产是普遍化社会化大生产,日益强调各个地方的有机联系,日渐呈现出全球性特征。正是基于现代生产方式,现代社会才形成了与此相适应的一系列生活模式、行为方式、价值取向和精神态度。换言之,现代性是在现代生产方式的基础上孕育而生的。

值得注意的是,孕育现代性的现代生产不仅是一般意义上的商品生产,同时也是在资本逻辑支配下的生产过程。所以,马克思指出,现代生产过程不仅是劳动过程,同时也是价值增殖过程。现代生产之所以能够实现价值增殖,其秘密正在于资本逻辑,即在资本这一特定社会关系的主宰下,一般意义的劳动生产转变为雇佣劳动生产,从而在劳动力商品化的过程中形成了剩余价值,使现代生产能够不断实现价值增殖。既然资本逻辑已经不可避免地嵌入现代生产中,现代性也必然深刻反映出资本逻辑的价值取向。以自主、自由、平等这些现代性价值观念为例,在马克思看来,这些现代价值看似从启蒙精神中直接推演而出,其实是内在于资本运动过程中,甚至成为资本逻辑顺利运行所不可或缺的内在条件。马克思指出:"如果说经济形式,交换,在所有方面确立了主体之间的平等,那么内容,即促使人们去进行交换的个人和物质材料,则确立了自由。可见,平等和自由不仅在以交换价值为基础的交换中受到尊重,而且交换价值的交换是一切平等和自由的生产的、现实的基础。"[①]由此可见,正是在资本逻辑的直接推动下,现代性价值观念牢牢地嵌入现代社会的内在运行,成为具有必然性和普适性的价值观念,而非可有可无的思想观念。

既然现代文化受到资本逻辑的根本制约,那么资本逻辑的自我运动就必然形成现代性与前现代性的矛盾,由此推动着文化发展的现代转型。对现代文化而言,资本逻辑始终追求价值增殖的最大化,必然要求现代社会推翻与资本增殖过程不相适应的前现代性文化,因而使现代文化呈现出与传统相决裂的革命性特征。对传统文化及其所依附的传统社会关系的不断变革,正是资产阶级现代社会的首要特征。所以,

---

① 《马克思恩格斯全集》第 30 卷,北京:人民出版社 1995 年版,第 199 页。

在现代生产及其资本逻辑的直接作用下,现代性与前现代性的矛盾推动着文化发展的现代转型,形成了资本逻辑的文化效应。

首先,文化现代转型的首要标志是"世俗转向",即从神圣性文化转向世俗性文化,立足于此岸世界的世俗价值成为现代文化的主流取向。在传统社会,文化往往与宗教密切联系;在中世纪,宗教信仰甚至成为当时文化的主导形态。宗教观念始终具有超越此岸世界、指向彼岸世界的超越性特征,由此形成了一种神圣性,即宗教观念成为衡量人们行为的价值准则,而且这一价值准则具有终极性,是一种至高无上的价值标准。宗教改革以及由此形成的新教精神推动了现代文化的世俗转向,从而使宗教信仰为资本主义服务。对此,马克思说:"货币崇拜产生禁欲主义,节欲,自我牺牲——节俭和悭吝,蔑视世俗的、一时的、短暂的享受,追求永恒的财宝。因此,英国的清教和荷兰的新教都离不开搞钱。"[①]此后,资本主义的进一步发展更是荡平了社会文化中的神圣因素,世俗文化开始大行其道。"一切固定的僵化的关系以及与之相适应的素被尊崇的观念和见解都被消除了,一切新形成的关系等不到固定下来就陈旧了。一切等级的和固定的东西都烟消云散了,一切神圣的东西都被亵渎了。人们终于不得不用冷静的眼光来看他们的生活地位、他们的相互关系。"[②]马克思所揭示的这一过程被尼采(Nietzsche)标识为"上帝死了",被韦伯命名为"世界的祛魅"。虽然宗教在文化世俗化的过程中没有消失,但是宗教的神圣文化不再是现代文化的主流,从公共生活退回到个体的私人领域。取而代之的是神圣因素与世俗因素的决定性分离和世俗文化的主宰。事实上,现代文化的世俗转向在本质上是由资本主义的自我建构所决定的,现代文化的世俗转向为资本主义现代性的确立充当了思想先锋的角色。

其次,文化现代转型的重要特征是"主体转向",即个体从传统共同体的形式中冲决而出,成为现代意义上的主体,主体性原则成为现代文化的基本原则。在《1857—1858年经济学手稿》中,马克思曾以人的相

---

① 《马克思恩格斯全集》第30卷,北京:人民出版社1995年版,第186页。
② 《马克思恩格斯文集》第2卷,北京:人民出版社2009年版,第34—35页。

互关系为视角将人类社会划分为三种形态,其中传统社会的标志是人的依赖性,而现代社会的基本特征是以物的依赖性为基础的人的独立性时代,这也正是主体得以诞生的社会基础。这种主体意识体现为文艺复兴时期的"人的觉醒",体现为笛卡尔(Descartes)的"我思故我在",体现为费希特(Fichte)的自我意识哲学。这一切都标志着,现代文化建立在个体主义的基本架座上。对此,海德格尔在《尼采》中指出,现代文化之为现代文化,"是由下面这样一个事实来规定的:人成为存在者的尺度和中心。人是一切存在者的基础,以现代说法,就是一切对象化和可表象性的基础,即 subiectum[一般主体]"①。而在马克思看来,这一主体转向之所以可能,根源仍然在于资本主义生产方式。"从交换行为本身出发,个人,每一个个人,都自身反映为排他的并占支配地位的(具有决定作用的)交换主体。因而这就确立了个人的完全自由:自愿的交易;任何一方都不使用暴力;把自己当作手段,或者说当作提供服务的人,只不过是当作使自己成为自我目的、使自己占支配地位和主宰地位的手段。"②也就是说,资本主义的生产方式和交换过程不断召唤着个体转变为主体,于是产生了一种正如黑格尔所说的文化效应,"现代世界是以主观性的自由为其原则的"③。

最后,文化现代转型最终呈现为"理性转向",即从非理性转向理性,进而从价值理性转向工具理性,理性意识的高度发达直接规定了现代文化的基本取向。与传统社会用"神的目光"审视世界相比,现代社会随着主体的觉醒,必然用"人的目光"即现代理性精神对待世界。正如恩格斯所说,"宗教、自然观、社会、国家制度,一切都受到了最无情的批判;一切都必须在理性的法庭面前为自己的存在作辩护或者放弃存在的权利。思维着的知性成了衡量一切的唯一尺度。……以往的一切社会形式和国家形式、一切传统观念,都被当作不合理性的东西扔到垃圾堆里去了;到现在为止,世界所遵循的只是一些成见;过去的一切只

---

① 〔德〕马丁·海德格尔:《尼采》下卷,孙周兴译,北京:商务印书馆2002年版,第699页。

② 《马克思恩格斯全集》第30卷,北京:人民出版社1995年版,第199页。

③ 〔德〕黑格尔:《法哲学原理》,范扬、张企泰译,北京:商务印书馆1961年版,第291页。

值得怜悯和鄙视。只是现在阳光才照射出来。从今以后,迷信、非正义、特权和压迫,必将为永恒的真理、永恒的正义、基于自然的平等和不可剥夺的人权所取代"①。恩格斯的这段话表明,理性精神已经成为现代文化的"精神主轴",现代文化最终要使一切社会生产、社会制度和社会意识都朝向理性而逐步合理化。在韦伯看来,合理性的崛起同"世界的祛魅"是一体两面的同一个过程。进一步追问:现代文化为何要以理性为最终依据呢?对此,马克思指出,这也是资本逻辑的内在需要使然。马克思说,资产阶级"使人与人之间除了赤裸裸的利害关系,除了冷酷无情的'现金交易',就再也没有任何别的联系了。它把宗教虔诚、骑士热忱、小市民伤感这些情感的神圣发作,淹没在利己主义打算的冰水之中。它把人的尊严变成了交换价值,用一种没有良心的贸易自由代替了无数特许的和自力挣得的自由"②。所以,理性代替了信仰,功利压倒了价值,现代文化最终以理性为判断标准和价值尺度。

无论是世俗转向,抑或主体转向,还是理性转向,文化发展的现代转型始终都离不开资本主义现代性的直接推动,这体现了资本逻辑创造现代文明的"伟大的一面"。正是在资本逻辑的直接作用下,世俗化取向、主体性原则和理性标准成为现代文化的基本结构。只要当今时代仍然受制于资本逻辑的支配,那么文化发展的现代底色就无法磨灭。换言之,现代文化只能立足于现代性原则而进一步调适和提升,却无法在根本上逆转回前现代性阶段。但是,也正是在资本逻辑的作用下,现代文化逐渐呈现出种种异化图景,这意味着现代性的内在矛盾必将进一步推动文化发展的不断更新,而这正是当代文化发展的主题所在。

(二) 文化发展的当代主题

依循现代性原则而确立的现代文化并非全然美好的精神图景,反而暴露出了许多文化弊端,此即查尔斯·泰勒(Charles Taylor)所提出的"现代性的隐忧"问题。面对现代文化所暴露出的种种二律背反现

---

① 《马克思恩格斯文集》第 9 卷,北京:人民出版社 2009 年版,第 19—20 页。
② 《马克思恩格斯文集》第 2 卷,北京:人民出版社 2009 年版,第 34 页。

象,当今时代的文化主题便从顺应现代性转向反思现代性。总的来看,现代文化的自我反思是按照现代性的内在矛盾而展开。如果说在从传统社会向现代社会转型的过程中,现代性与前现代性的矛盾推动着文化的发展,那么一旦迈入现代社会的门槛,现代性的内在矛盾便成为推动当代文化发展的问题意识。

从现代文化的"世俗转向"来看,原先宗教与形而上学的神圣文化的世俗化通过神圣因素与世俗因素的决定性分离而极大地推动了现代文化在此岸世界的充分实现,但也产生了虚无主义问题。尼采认为,"上帝死了"标志着文化本应具有的引领社会发展的超越性因素随着神圣因素的黜落而一同衰落。尼采指出:"虚无主义意味着什么?——意味着最高价值自行贬值。没有目的。没有对目的的回答。"①最高价值的贬值最终导致文化相对主义的盛行,诸神之争沦为众声喧哗,最终导致虚无主义的文化狂欢,造成了现代世界的意义失落。

再从现代文化的"主体转向"来看,原本应当高扬的人的主体性结果在现实生活中堕落成为"原子化的个人"。一方面,按照主体性原则确立的个体必须承担为自己立法的责任,因为自由不仅是一种权利,同时也意味着个体必须独自负荷的责任,不堪重负的个体无法承受自由之重,最终出现了弗洛姆(Fromm)所说的"逃避自由"的现象;另一方面,孤独的个体因为脱离了共同体的有机联系和来自他人的分享与支撑,不仅无法独自承担责任,而且还沦落为"孤独的一群"。正如有学者指出:"由于共同体、社会、宇宙以及分享、关系等在现代的精神生活样式中的式微,社会的、历史的、宇宙的视野的萎缩,我们看到了对孤独自我的变态的、自恋的、可悲的专注,个人沉浸在渺小和粗鄙的快乐中,没有激情与抱负,仅仅追求可怜的舒适。生活被平庸化和狭隘化。换言之,在精神生活中,尼采所谓的'末人'的时代变得不再遥远,而就是现代本身。"②

---

① 〔德〕尼采:《权力意志——重估一切价值的尝试》,张念东、凌素心译,北京:商务印书馆1991年版,第280页。

② 陈赟:《现时代的精神生活》,北京:新星出版社2008年版,第19页。

最后,从现代文化的"理性转向"来看,由于工具理性对价值理性的僭越,理性也正走向自己的反面,反理性主义和非理性思潮开始冲击现代文化的理性基座。生命哲学家尼采认为理性具有敌视生命的特质;存在主义哲学家海德格尔认为,现代理性所构建的技术化世界图景导致了现代人无家可归的命运;弗洛伊德指出,理性具有压抑人的本能的机制而使现代人的心灵结构不再完整健全;法兰克福学派的批判理论则将矛头直指启蒙精神的自我瓦解。这些文化思潮的出现,迫切需要人们打破对理性的迷信,重新界定理性的边界,追问现代世界的真正合理性。

现代文化从世俗化取向走向了虚无主义的庸俗化,从主体性原则走向了孤立个体的原子化,从理性精神走向了现代理性的碎片化。现代文化的这些二律背反现象正在提醒人们,必须高度重视并合理扬弃现代性的内在矛盾。

对于现代性的内在矛盾,马克思曾经予以深刻的揭示。之所以现代文化会呈现出如此背反的分裂,根源于现代性的内在分裂,而现代性的内在分裂则源于资本逻辑的支配。马克思曾深刻地指出,资本逻辑主导下的资本主义生产方式可以从物质内容与社会形式两方面予以把握。从物质内容来看,资本逻辑创造了巨大的物质财富,创造了资产阶级社会的积极文明成果;但从社会形式来看,资本所内蕴的对抗关系严重地限制乃至阻碍了现代文化的健康发展。因此,资本逻辑的对抗关系正是现代性内在矛盾的现实根源。

面对现代性的内在矛盾,如何扬弃现代性的内在矛盾成为当今各种文化思潮共同关注的焦点问题。后现代主义主要采取"拒斥现代性"的思想立场。自20世纪60年代以后,"后现代"在西方开始逐渐成为一种流行的话语和普遍化的社会思潮。特别是到了70年代,法国的后现代思想家们对启蒙的理性主义以及根植于人本主义假设的现代性理论进行了集中批判,包括福柯对"主体"概念的解构以及惊世骇俗的"人的死亡"命题的提出;鲍德里亚(Baudrillard,也有作品译为波德里亚)宣称主体开始落败,客体开始统治,在消费社会的日常语境中,人们受到了物及其符号的包围;利奥塔(Lyotard)对现代化理论中的"宏大叙事"

展开了猛烈的抨击,将现代化理论解构为一种叙事和修辞。总的来说,在后现代主义看来,西方的现代性本身问题成堆,并不美妙,"他们指责以'启蒙思想家'们的理性设计为基础而建构起来的现代社会或'现代性',认为这完全是一项'失败的工程',有必要从根本上加以否定和'解构',而代之以一种完全不同的、以多元文化并存为特征的另类的文明或生活方式。与尼采等人类似,这些'后现代主义'者们也将自己对现代性的攻击集中在现代性'工程'所赖以存在或赖以正当化的核心理念——理性主义原则之上,试图通过对传统理性主义的批评和攻击来彻底瓦解或动摇现代性'工程'的理论根基"[1]。他们的全部批判在于证明一点:现代本身并不完美,而且现代社会的所有问题并不是来自传统,而是来自现代本身。

然而,问题的复杂性在于,现代性的种种矛盾是内在的,而非外生的,这意味着现代性问题的矫正无法通过"拒斥现代性"而一举解决。事实上,后现代主义的种种反现代性思想也正是现代性逻辑深化发展的产物。后现代主义之所以出现,是因为西方社会本身发生了重要的改变。费瑟斯通(Featherstone)认为,"谈论'后现代性'就意味着谈论一种离开现代性的阶段性转变或者断裂,它包含着一种有着自己独特组织原理的新社会整体的出现"[2]。对于这种"有着自己独特组织原理的新社会整体",许多研究者分别用"后福特社会""后工业社会""消费社会"等概念加以指认,这些命名都从不同侧面指认了西方现代社会的阶段性特征以及变化,这就要求西方现代化理论必须正视西方社会自身的变化。对此,鲍曼(Bauman)的看法值得引起重视。他认为,自20世纪中后期以来,西方社会发生了一系列新变化,使得西方社会正在进入一种与以往被称为"现代性"的社会状态十分不同的新社会状态。而所谓"后现代主义思潮"的产生和流行,在某种程度上正是知识分子对此的理论反应。他认为,后现代社会所出现的新特征应当成为研究的

---

[1] 谢立中:《社会理论:反思与重构》,北京:北京大学出版社2006年版,第176页。
[2] Mike Featherstone, *Consumer Culture and Postmodernism*, London:SAGE Publication Co., Ltd., 1991, pp. 2—11. 转引自谢立中:《社会理论:反思与重构》,北京:北京大学出版社2006年版,第189页。

对象,但是这种研究必须拒绝后现代主义思潮的理论立场。鲍曼富有洞见地指出,不能全盘接受后现代主义的立场,无条件地拥抱后现代主义,"把研究的主题表述为研究的方法;把应当被解释的东西用来解释其他东西"①。鲍曼的态度无疑是可取的,即正视后现代社会的状况,拒斥后现代主义的立场。至此,一种新型现代性应运而生。

这种新型现代性也可被称之为"后现代性"。在 20 世纪 90 年代,克鲁克(Crook)、帕库尔斯基(Pakulski)和沃特斯(Waters)专门写了一本书,书名就是《后现代化》,明确提出"后现代化的过程将导致一种与现代性条件下完全不同的社会形式的出现"②。罗伯特·顿(Robert Dunn)在《认同危机》中提出:"后现代性状况需要一种对相应的后现代化概念的分析","现代化例示了一种在从'传统'向'现代'社会的无情的历史性转变中将老的生活方式加以消灭的资本和技术的权力,相反,后现代化则将一些革新性的转折和颠倒(包括一些社会控制和抵抗的新形式)引入资本主义的扩张过程。""'后现代化'指(1)在生产和消费的本质和模式方面所发生的变迁;(2)围绕大众媒体而发生的社会和文化重建;(3)资本和文化通过一波新的全球化浪潮而发生的重构;以及(4)以认同为基础的社会运动的兴起。"③

新型现代性的出场表明,面对现代性的内在矛盾,当今时代文化发展正从"顺应现代性"或"拒斥现代性"走向"重建现代性",按照哈贝马斯的说法,"现代性是一项未竟的事业"。对此,吉登斯(Giddens)等人提出了"自反性现代性理论"。后现代主义对现代性的反思内在于现代化过程之中,这本身就体现了西方现代化的反思性,即自反性。吉登斯和贝尔将启蒙运动以来的西方现代化视为第一次现代化或直接(简单)的现代化,而将包含着这些反思和批判在内的现代化过程作为自反性

---

① 〔英〕鲍曼:《后现代伦理学》,张成岗译,南京:江苏人民出版社 2003 年版,第 3 页。
② Stephen Crook, Jan Pakulski and Malcolm Waters, *Postmodernization: Change in Advanced Society*, London: SAGE Publications, 1992, pp. 1-2. 转引自谢立中:《社会理论:反思与重构》,北京:北京大学出版社 2006 年版,第 160 页。
③ Robert G. Dunn, *Identity Crises: A Social Critique of Postmodernity*, Minneapolis: University of Minnesota Press, 1998, p. 109. 转引自谢立中:《社会理论:反思与重构》,北京:北京大学出版社 2006 年版,第 160 页。

现代化。自反性现代化理论的提出,主要是为了在"现代性的困惑"中寻求理论的突围,以求消化并解决现代性的危机。自反性现代化理论中更为深刻的地方在于,"自反性"是现代性的本质属性之一。"自反性"并不仅仅是指对现代性的反思,而且也是指现代性的自我对抗、自我危害和自我消解。换言之,自反性是根源于现代性的内在矛盾之中的。

以自反性现代化理论为代表的当代思潮表明,正视现代性的种种弊端与困境,立足现代性的内在矛盾,超越并扬弃现代性矛盾,已经成为当今时代文化发展的主要趋势。既然现代性的矛盾,是内生矛盾,那么现代性矛盾的扬弃就只能是内在超越而非外部反思,因此现代文化的合理出路只能是重建现代性,而非拒斥现代性。面对现代性的种种困境,人们的文化重建不能一味退守到传统文化,因为这将使文化发展倒退回前现代的水准。人类传统文化在重建现代性过程中的合理定位,只能是以现代性为尺度,挖掘出传统文化中有助于扬弃现代性矛盾的积极因素,而不能倒退回到前现代的传统文化之中。简言之,全盘否定现代性并不足取,完全回头转向传统文化也不能解决问题,现代文化只有在现代性事业已经取得的积极成果的基础上直面问题,才能矫正现代性的不合理因素,才能创造出更为健全的新型现代性原则及其文化产物。

(三) 文化发展的全球走向

对现代性矛盾的合理扬弃不仅需要反思现代性的文化困境,同时也需要人类共同价值观的重构,这也是当今时代文化重建的重要趋势。这是因为现代性本身已经具备全球性的显著特征。现代文化的合理重建必须在世界历史的尺度上加以全面的把握。

在马克思看来,现代性是天生的国际派,因而现代文化在某种程度上同时也是全球文化。马克思认为,"过去那种地方的和民族的自给自足和闭关自守状态,被各民族的各方面的相互往来和各地方的相互依赖所代替了,物质的生产是如此,精神的生产也是如此,各民族的精神产品成了公共的财产,民族的片面性和局限性日益成为不可能,于是由许多种民族的和地方的文学形成一种世界的文学"①。这种"世界的文学"事实上也正是"全球文化"。按照马克思的世界历史理论,现代文化的全球性特征根源于交往行为的不断发展和交往范围的日益扩大,普遍交往机制的全球推广使得现代文化必然具有全球联系的普遍性特征。

虽然现代文化基于现代性的全球性特征而具有一定的普遍性,然而现代文化并非只有唯一形态。恰恰相反,正是因为现代性的发展是多元化的发展,不同民族的现代文化也势必具有不同的文化面貌。在艾森斯塔德(Eisenstadt)的《反思现代性》一书中,他提出了"多元现代性"的主张。艾森斯塔德通过比较研究,指出现代性应当是复数形式,而非单一形式。他强调,西方现代性虽然是其他社会现代化发展的一个重要出发点和参照系,但是,现代性在全世界的蔓延和扩张并没有产生一个单一的文明或制度的模式,而是产生了多种现代文明的发展或文化模式。即使是在西欧内部,西欧各个国家从传统转向现代之路也不尽相同。因此他主张采用"多元现代性"这个概念。多元现代性之所以是"多元"的,就根源于各个后发展国家自身的主体性,即它们在面向世界的过程中会根据自身的传统和国情而选择不同的现代性方案。

基于现代性的现代文化一方面具有全球性的特征,另一方面又有多元性的特征,这就需要在全球化的视野中把握现代文化重建的内在矛盾。首先,全球化过程中始终贯穿着地域化与超地域化的矛盾。一方面,全球普遍交往使人们的联系日益紧密,"全球性"的不断生产过程也就是全球文化超地域化的发展过程;另一方面,全球化的推动又离不开每个民族和国家的参与,所以地域化的力量并未随着全球化过程而消失。其次,地域化与超地域化的矛盾又衍生出全球化与本土化的矛盾。一方面,每个国家和民族的发展在力求体现全球化的特征;另一方面,全球化的特征也必须要在本土化的过程中才能真正落地实现。再次,全球化与本土化的矛盾在文化领域也就体现为世界文明与民族文化之间的矛盾。一方面,全球化是现代性的全球化,全球化必然产生出

---

① 《马克思恩格斯文集》第 2 卷,北京:人民出版社 2009 年版,第 35 页。

反映现代社会普遍具有的发展趋势,这在观念领域必然体现为世界文明;另一方面,参与全球化的主体是各个国家与民族,而这些国家与民族必然带着一定的民族文化传统参与全球化,二者的矛盾由此产生。最后,在世界文明与民族文化之间的碰撞中又形成了普遍性与特殊性的矛盾。有些国家力求将自身的特殊文化上升为普遍文化,并在实践中力推自身文化观念的全球扩展,形成了一定的文化霸权和文化殖民;反过来,这种文化霸权和文化殖民又催生了后发国家的文化自觉,并与之抗衡。

全球化时代的文化矛盾呼唤着人类共同价值观的出场。人类共同价值观的现实基础是人类命运共同体,而人类命运共同体之所以可能,则是因为在现代性的全球传播中,各个民族由于卷入普遍交往而日益紧密;更为重要的是,现代性所引发的危机与风险已经超出了民族国家的界限而具有全球性特征。比如生态危机、能源危机、金融危机、难民危机等,这些危机和风险或许是由某个国家或地区造成的,但是在全球化的条件下,这些危机和风险迅速扩散,形成了一定的全球效应。在此意义上,人类命运共同体首先是"应对全球风险的共同体"。这些危机和风险需要国际社会共同应对,谁也无法置身事外、独善其身。人类命运共同体作为一种共同体,必然需要文化的纽带加以巩固,因而需要锻造人类共同价值观。

既然现代文化重建指向人类共同价值观,那么文化重建就不能盲从西方中心主义,必须警惕文化霸权主义。所谓文化霸权主义,是指一个国家通过向另一个国家进行文化渗透而达到政治控制与干预的一系列思想理念与政策体系。在当今世界,文化霸权主义主要表现为,资本主义发达国家从本国的利益和战略目标出发,立足于自身的文化强势地位,向世界上其他国家尤其是落后国家进行文化渗透和扩张,迫使他国接受其价值观念和意识形态,以达到制约并影响他国内部事务乃至颠覆他国政权的一系列主张和行为。应对文化霸权主义,必须强调文化发展的自主性,不能丧失文化自觉。如果没有一定的文化自觉,一个国家和民族就会丧失自主性,即使这个国家和民族的文化积累再深厚、文化资源再丰富,也只能沦为世界文化博物馆中的陈列品,即始终处于客体的地位。

同时,建构人类共同价值观也不能走向文化孤立主义。许多国家和地区在融入全球化之后转向了自我封闭,在拒斥文化霸权主义和殖民主义的同时又陷入了文化孤立主义的困境,甚至采取与全球化趋势相对抗的激进姿态。事实上,游离于全球化进程之外的文化认同充其量只不过是一种特殊文化的顾影自怜,最终丧失文明进步的活力。合理应对西方中心主义的文化霸权,关键是要分析这种霸权的根源。西方文化的霸权根植于现代性的普遍性,而非文化的扩张性。如果没有资本的全球扩张,就不可能有西方现代文明的全球扩散;如果没有资本的统治,西方中心主义与其他民族的中心主义相比,也就没有什么特别之处,其霸权地位也就无从谈起。所以,拒斥文化霸权主义的出路是逐步瓦解资本统治的现实根基,而非以文化孤立主义的方式逃避文化霸权主义。

只有不同文化的充分交流与互补,才能淬炼出真正意义上的人类共同价值观,才能构建合理健康的现代文化。不同文化的差异性并不必然导致文化的对抗性,反而是文化互补、共同发展的必要条件。在文化冲突的背后,往往是利益驱动使然。随着普遍交往的不断加深,人类共同利益的不断扩大,不同文化的对话和互补不仅是可能的,而且也是现实的。以中西文化的互补交流为例,在历史上不仅有"西风东渐",也曾有"东风西渐"的文明交流和融合过程。中西文明具有很强的互补性。西方文化崇尚个体,这也正是现代性基本原则之一,若借鉴中华文明的共同体主义,则有助于摆脱"原子化个人"的困境。西方文化强调权利与契约,这也是现代社会"从身份到契约"转变的必然路径,若结合中华文明的责任伦理与道德观念,则有助于重建社会团结。西方文化以民族国家为基础,这也是现代国际政治秩序的基本单位,若容纳中华文明的"天下"观念,则有助于全球化的合理推进。此外,中西文明类似的互补性还有很多。总之,在不同文化之间,倾听对话比孤芳自赏更为重要,求同存异比固执己见更为重要,包容借鉴比故步自封更为重要,这才是建构人类共同价值观的必由之路,也是当前现代文化重建现代性的重要方向。

二、文化发展的经济基础

按照马克思的唯物史观,要想把握文化发展的趋势,不能离开对经济基础的分析与探讨,因为经济基础与上层建筑的矛盾运动是文化发展的重要推动力。从经济基础的角度看,随着社会生产力的不断发展,当今世界许多国家,尤其是发达国家,已经告别了短缺经济时代而迈入富裕社会,因此,在文化价值观上从物质主义价值观转向了后物质主义价值观,由此带来了文化发展的深刻转变。对我国而言,随着改革开放四十年的物质积累和社会主义市场经济的不断完善,我国社会主要矛盾已经转化,从人民日益增长的物质文化需要同落后的社会生产之间的矛盾,转化为人民日益增长的美好生活需要和不平衡不充分的发展之间的矛盾。从物质文化需要到美好生活需要,标志着后物质主义文化时代已经在我国降临,这对我国文化发展产生了深远而重大的影响。

(一) 从物质主义到后物质主义

不同的经济基础将会形成不同的文化取向,这是马克思把握精神生产的方法论原则之一。在马克思看来,物质生产与精神生产的分工是现代社会的基本特征之一,"分工只是从物质劳动与精神劳动分离的时候起才真正成为分工"[①]。虽然物质生产与文化发展发生了决定性的领域分化,但是物质生产的基本方式制约了文化发展。正是由于物质劳动与文化发展的相互作用,两个领域才共同构成了统一的社会结构,物质生产与文化发展之间具有统一性。

但是,从社会发展的动态过程来看,物质生产与文化发展的矛盾运动又在推动着社会意识的不断变革。经济发展程度的差异、物质生产方式的转型、社会财富状况的变迁,都将影响到文化发展。同样是在资本主义社会内部,在不同的资本主义发展阶段,会形成不同的文化取向。在以短缺经济为特征的社会经济发展阶段,为了实现财富的不断

---

① 《马克思恩格斯文集》第 1 卷,北京:人民出版社 2009 年版,第 534 页。

积累,当时的文化取向主要是推崇劳动、限制欲望,比如推崇以工作为天职、以禁欲为核心的"新教伦理"。但是,随着短缺经济阶段向过剩经济阶段的转型,文化取向必然发生变化,社会文化的主导目标开始从财富的创造转向财富的使用,从生产劳动转向消费行为,从物质需求转向精神需求,由此出现了后物质主义价值观的兴起。

根据有些学者的研究,从20世纪60年代和70年代开始,西方社会的价值观发生了重大变化,"在经历20世纪60年代的越南战争、70年代的世界能源危机、反核运动等一系列事件后,上述几代人开始重新思考生活的意义,检讨自身生活方式的合理性。于是,一种新的价值观——后物质主义价值观应运而生。由于发达国家从20世纪50年代到80年代的持续繁荣,使战后的几代人出现了越来越强的后物质主义价值趋向。他们强调'生活质量'、'自我实现'和'公民自由'。"①在后物质主义的提出者英格尔哈特(Inglehart)看来,"西方民众的价值已由过于强调物质福利和人身安全,转为强调生活质量"②,这就是所谓的"后物质主义的价值变迁"。后物质主义价值观之所以形成,主要是因为西方发达国家进入了"晚期资本主义""消费社会""富裕社会"和"后工业社会"的发展阶段。

文化发展之所以从物质主义转向后物质主义,归根到底是因为物质生产方式发生了重大变化,这体现为:

首先,在"生产什么"的问题上,现代物质生产形态从物质劳动转变为非物质生产,由此形成了以"创造性精神"为核心的后物质主义价值观。在旨在解决物质匮乏问题的物质主义时代,人们生产劳动的主要方式是传统意义上的物质劳动,这种劳动形态是劳动者与劳动对象之间的物质变换过程。在知识经济与信息技术的迅猛推动下,非物质劳动作为一种新型的劳动形态开始出现。"我们将这一生产所涉及的劳动定义为非物质劳动,即生产一种非物质商品的劳动,如一种服务,一

---

① 胡连生:《当代资本主义的后物质主义发展趋向研究》,北京:人民出版社2011年版,第27—28页。

② 〔美〕罗纳德·英格尔哈特:《静悄悄的革命——西方民众变动中的价值与政治方式》,叶娟丽等译,上海:上海人民出版社2016年版,第3页。

个文化产品、知识或交流。"①值得注意的是,物质劳动与非物质劳动的区分不能直接等同于生产性劳动与非生产性劳动。物质与非物质的区别主要是指劳动产品形态的差异,非物质劳动同样具有一定的生产性。更重要的是,非物质劳动并非对物质劳动的取代,而是在物质劳动的基础上进一步发展而成的新劳动形态,并非说物质劳动不复存在,而是物质劳动通过海外殖民或劳务输出而变得更为隐秘。非物质劳动的凸显,主要推动因素是信息技术的发展和服务型经济的兴起。正如哈特(Hardt)和奈格里(Negri)所说:"如今信息和通信开始在生产过程中担任基础的角色。"②同时,"大多数服务的确以信息和各种知识的持续交换为基础"③。非物质劳动更加依托知识、信息与符号等文化产品,对劳动者的创造性提出了更高的要求,因而推动了后物质主义时代的创造性精神的兴起。

其次,在"如何生产"的问题上,现代物质生产方式从福特制的组织化生产转入后福特制的弹性化生产,由此形成了以"自我实现"为核心的后物质主义价值观。1973年的两个重要情况终结了福特制的生产方式:一方面,福特主义所激发的生产力增长,引起了世界范围内的资本危机和资源危机;另一方面,当年的石油危机必然要求所有经济部门通过生产方式的调整而做出相应的变化。因此,刻板的福特制就被后福特制的灵活弹性生产方式所取代。这种弹性化生产不仅是生产布局的深刻调整,即高度组织化和体系化的生产体系不断去中心化,从而被更加弹性的个体化和差异化生产所代替,同时更是生产与消费的关系的重大转变,即生产与消费融为一体,生产者同时也是消费者,消费活动同时也是生产活动。在福特制的组织化生产阶段,当时人们的消费需求呈现出标准化与规模化的特点,但是在后福特制弹性化生产阶段,人们的消费需求开始从"批量生产"转向"私人订制",更加凸显个性化。这一消费结构的转变,直接促使了"个性消费"的兴起,人们将自己的个

---

① 〔美〕迈克尔·哈特、〔意〕安东尼奥·奈格里:《帝国——全球化的政治秩序》,杨建国、范一亭译,南京:江苏人民出版社2005年版,第337—338页。
② 同上书,第336页。
③ 同上书,第337页。

性不再对象化在劳动过程中,而是直接投射在消费活动中。最终,"个性至上"的文化理念开始出现。

最后,在"为什么生产"的问题上,生产方式与劳动形态的转变最终导致整个社会需求的提升,从生存需求转向为发展需求,后物质主义价值观更加注重"生活质量"而非"生活温饱"。在物质匮乏时代,人们的生活需求主要是物质需求,正如马克思所说:"人们为了能够'创造历史',必须能够生活。但是为了生活,首先就需要吃喝住穿以及其他一切东西。因此第一个历史活动就是生产满足这些需要的资料,即生产物质生活本身,而且,这是人们从几千年前直到今天单是为了维持生活就必须每日每时从事的历史活动,是一切历史的基本条件。"①这种物质生产主要受制于物质必然性。而进入后物质主义时代,短缺经济转向了富裕经济,甚至是过剩经济,经济发展的动力就不再停留于买方市场的激活阶段,而必须依靠卖方市场的持续繁荣;不再停留于大规模的供给提供,更需要进一步的需求创造。在此过程中,需求与满足的关系出现了新的变化,"需求和满足之间传统的关系将要被颠覆:对满足的承诺或期许会优先于需要,且总大于既有的需要,但是又不能太大以至于消除了对所承诺物品的欲望"②。也就是说,消费不再是满足需求的直接方式,而是演变为需求不断再生产的过程本身。根据马斯洛(Maslow)的需求层级理论,人的需求从以往保证生存的基本需求逐步转变为更高层次的发展需求。与生存需求相比,发展需求的实现则要求人在消费活动中关注人自身的发展。按照马克思在《资本论》第 3 卷中对"必然王国"与"自由王国"的区分,所谓"必然王国"是指受制于生存需求的必然性的物质生产领域,人在这一领域的目的是外在目的,而"自由王国"则是以人的主体发展为主要对象的活动领域,在这一领域,人不再迫于外在的生存压力,人的活动是为了实现自身全面而自由发展的内在目的。③ 从必然王国到自由王国,即是从生存需要向发展需要的转变

---

① 《马克思恩格斯文集》第 1 卷,北京:人民出版社 2009 年版,第 531 页。
② 〔英〕鲍曼:《工作、消费、新穷人》,仇子明、李兰译,长春:吉林出版集团有限责任公司 2010 年版,第 66 页。
③ 参见《马克思恩格斯文集》第 7 卷,北京:人民出版社 2009 年版,第 928—929 页。

过程。基于人的发展需求,人的需求不再是维系自我生存的物质需求的直接满足,而是在物质需求基础上进一步追求精神需求,这就推动社会生产结构不断优化,诸如文化产业等新的产业形态由此兴起。

正是在这些因素的共同作用下,许多发达国家都从物质主义时代进入后物质主义时代。从物质主义时代与后物质主义时代的关系来看,后物质主义既是物质主义阶段生产力高度发展的必然产物,同时又在文化与价值观上构成了对物质主义时代的否定和更新,正如有学者指出:后物质主义价值观的兴起意味着"人们普遍接受物质享受合理化的生活方式,告别奢侈性的物质享受方式,对生活质量的重视及对幸福生活的追求成为社会生活中的核心价值,重视自我价值的实现和人的全面发展,追求丰富多彩的人生是人们的基本诉求"[①]。也就是说,从物质主义到后物质主义的经济转型必将引发深刻的文化效应。

(二)后物质主义的文化效应

进入后物质主义时代,经济转型将对文化发展形成双重效应:一方面,后物质主义时代将为人的全面发展提供现实可能性,文化发展的价值取向将从物质主义时代的"以物为本"转向"以人为本",将人作为经济活动的出发点与归宿点;另一方面,后物质主义时代价值观处于"人被物包围"的富裕社会中,但是财富的富饶并不必然导致文化的繁荣,在资本逻辑的支配下很有可能出现"物质丰裕与精神贫困"同时并存的现象。正反两种效应同时并存,这正是后物质主义时代的文化图景。

从积极的方面看,人的发展在后物质主义时代的经济发展中所占据的地位日益凸显,从而成为后物质主义时代经济发展的内在动力。

首先,从人的发展在社会发展中的地位这一角度看,后物质主义时代在审视人的发展问题上发生了深刻的视域转换:从物化思维转向人文思维。在物质财富极为匮乏的阶段,经济发展往往过分倚重廉价劳动力,从而人们往往自觉或不自觉地将人视为一种与其他物质性生产

[①] 胡连生:《当代资本主义的后物质主义发展趋向研究》,北京:人民出版社 2011 年版,第 7 页。

要素等量齐观的物质力量,即将人的价值单纯视为劳动力价值这样的物化形态。正如马克思所指出的,要想扬弃"以物的依赖性为基础的人的独立性"的第二大社会形态,关键在于"建立在个人全面发展和他们共同的、社会的生产能力成为从属于他们的社会财富这一基础上的自由个性"①。将人的劳动力从人本身中抽象出来而成为商品,这正是"资本关系的全部秘密"②,"资产阶级抹去了一切向来受人尊敬和令人敬畏的职业的神圣光环,它把医生、律师、教士、诗人和学者变成了他出钱找来的雇佣劳动者"③。在这样的物化思维看来,"按照这种说法,人体的四肢也是资本,因为要使它们能发挥器官的作用,就必须通过活动,通过劳动来使它们发育,以及使它们取得营养,它们再生产出来。在这个意义上,臂,尤其是手,都是资本。这样,资本就只是个同人类一样古老的事物的新名称了"④。所以,要想真正使人的发展成为后物质主义时代经济发展的新型驱动力,就必须要从物化思维转向人文思维,即把人当作人来看,"人是人的最高本质"⑤,而不能纯粹将人物化为劳动力商品。

其次,从人的素质和能力发展的角度看,后物质主义时代通过人的发展而实现生产要素的全面更新。一般来说,经济发展的持续增长必须依靠生产要素的全力投入;而在后物质主义阶段,经济发展则依靠生产要素的全面更新。在各项生产要素中,人无疑占据主导地位,只有人才是生产力中最具有革命性的主体性要素,因为只有人才能调动生产要素的组合,也只有人才能推动生产要素的创新。在这一点上,马克思强调:"人本身是他自己的物质生产的基础也是进行的其他各种生产的基础。因此,所有对人的这个生产主体发生影响的情况,都会在或大或小的程度上改变人的各种职能和活动,从而也会改变人作为物质财富、

---

① 《马克思恩格斯全集》第30卷,北京:人民出版社1995年版,第107—108页。
② 《马克思恩格斯全集》第32卷,北京:人民出版社1998年版,第181页。
③ 《马克思恩格斯文集》第2卷,北京:人民出版社2009年版,第34页。
④ 《马克思恩格斯全集》第30卷,北京:人民出版社1995年版,第213页。
⑤ 《马克思恩格斯文集》第1卷,北京:人民出版社2009年版,第11页。

商品的创造者所执行的各种职能和活动。"①

最后,从人的本质力量和主体性的角度看,后物质主义经济发展从资源驱动转向创新驱动,从而在客观上势必要求进一步发挥人的创造性本质力量。马克思曾经深刻地指出,"一个种的整体特性、种的类特性就在于生命活动的性质,而自由的有意识的活动恰恰就是人的类特性"②。马克思在此将"自由的有意识的活动"作为人的"类特性",也就是将自由自觉的对象性活动作为人的本质力量。这意味着,人的创造性活动是人的本质力量的现实体现。正是由于高度重视创造性活动,马克思在《1844年经济学哲学手稿》中批判了异化劳动,"异化劳动把自主活动、自由活动贬低为手段,也就把人的类生活变成维持人的肉体存在的手段"③。随后,马克思在《德意志意识形态》中立足历史唯物主义观点,具体分析了自主活动与物质生活之间的关系。马克思指出,只有在扬弃私有制的基础上,"才能够实现自己的充分的、不再受限制的自主活动,这种自主活动就是对生产力总和的占有以及由此而来的才能总和的发挥"④。"只有在这个阶段上,自主活动才同物质生活一致起来,而这又是同各个人向完全的个人的发展以及一切自发性的消除相适应的。"⑤也就是说,以创造性活动为主的自主活动是人的发展的重要尺度,创造性活动的充分实现是后物质主义转型的必要条件。

后物质主义经济发展对人的发展的内在需求决定了,后物质主义时代能为人的发展提供现实可能性,这是后物质主义时代文化效应的积极方面。但在另一方面,后物质主义时代也会对文化发展造成不容忽视的消极效应。

从生产的角度看,在资本逻辑的主宰下,后物质主义时代的劳动形态非物质化与劳动条件的高科技化将会推进劳动对资本的实质从属,进一步加剧人的发展的物化与矮化现象。对于劳动从属于资本的形

---

① 《马克思恩格斯全集》第26卷第1册,北京:人民出版社1972年版,第300页。
② 《马克思恩格斯文集》第1卷,北京:人民出版社2009年版,第162页。
③ 同上书,第163页。
④ 同上书,第581页。
⑤ 同上书,第582页。

式,马克思区分了两种从属形式,一种是形式从属,另一种则是实质从属。马克思说:"资本找到现实生产过程,即特定的生产方式,最初只是在形式上使它从属于自己,丝毫也不改变它在工艺上的规定性。资本只有在自己的发展过程中才不仅在形式上使劳动过程从属于自己,而且改变了这个过程,赋予生产方式以新的形式,从而第一次创造出它所特有的生产方式。"①而在后物质主义的信息化、自动化、智能化的生产条件下,劳动对资本的形式从属逐步转变为实质从属。因为"只要劳动资料仍然是本来意义上的劳动资料,像它在历史上直接地被资本纳入资本价值增殖过程时的情形那样,它所经受的就只是形式上的变化"②,但是"加入资本的生产过程以后,劳动资料经历了各种不同的形态变化,它的最后的形态是机器。……在机器中,尤其是在作为自动体系的机器装置中,劳动资料就其使用价值来说,也就是就其物质存在来说,转化为一种与固定资本和资本一般相适合的存在"③。也就在这一阶段,"劳动资料作为直接的劳动资料加入资本生产过程时所具有的那种形式消失了,变成了由资本本身规定的并与资本相适应的形式"④。从此,劳动始终依附于信息化、自动化和智能化的机器体系而为资本增殖服务。所以,后物质主义的生产条件将进一步加剧资本逻辑对人的发展的侵蚀,由此产生人的发展的物化与矮化现象,即马克思所说:"资本的趋势是赋予生产以科学的性质,而直接劳动则被贬低为只是生产过程的一个要素。"⑤

从消费的角度看,资本逻辑不仅使得劳动实质性地从属于资本,而且还将后物质主义所标榜的个性发展、自主性、差异性和多元性的种种需求纳入资本逻辑的自我运行中,由此形成了消费社会的意识形态体系。对此,鲍德里亚做出了非常深刻的批判,他指出:"'个性化'的意念

---

① 《马克思恩格斯全集》第 32 卷,北京:人民出版社 1998 年版,第 103 页。
② 《马克思恩格斯文集》第 8 卷,北京:人民出版社 2009 年版,第 184 页。
③ 同上。
④ 同上。
⑤ 同上书,第 188 页。

不只是一个广告诉求:这是一个透过物品和信念的'个体化',想要更佳地整合个人的社会的一项基本意识形态概念。"①在鲍德里亚看来,所谓的个性化消费、消费自由等,只不过是资本逻辑在消费社会中的意识形态,最终是为资本逻辑的增殖本性服务。这是因为,在后物质主义时代,消费成为关系到资本逻辑能否顺利运行的关键因素,这必将导致人的精神文化需求被强制性地纳入资本增殖过程。换言之,个性自由的背后是消费的强制。于是,马尔库塞所描绘的文化图景便在后物质主义时代成为现实:"小轿车、高清晰度的传真装置、错层式家庭住宅以及厨房设备成了人的生活的灵魂。把个人束缚于社会的机制已经改变,而社会控制就是在它产生的新的需求中得以稳定的。"②在人被物包围的消费时代,文化发展看似空前繁荣,其实陷入前所未有的精神贫困,因为人的精神需求完全被资本逻辑所控制。

最终,后物质主义通过生产和消费两个环节完成了资本逻辑对文化发展的殖民,进一步加剧了人对物的依赖性,进而形成了"物质丰裕条件下的精神贫困"现象。从后物质主义时代文化发展的正反两方面来看,后物质主义的经济发展并不必然导致文化的健康发展,后物质主义时代的文化发展既蕴含着人的发展的积极因素,也有可能走向臣服于资本逻辑的消极后果。文化发展在后物质主义时代如何能够趋利避害,关键就看文化发展是否能合理引导后物质主义时代,这就需要进一步把握后物质主义时代文化发展的若干关键问题。

(三) 后物质主义的文化应对

既然后物质主义时代的文化发展具有正反两种可能性,那么文化发展在后物质主义时代要想趋利避害,就要重视如下文化问题:

第一,财富观念的人学转向。根据马克思的历史唯物主义观点,文化重建在不同社会条件下具有不同的路径,所以必须先要讨论当代中

---

① 〔法〕布希亚:《物体系》,林志明译,上海:上海人民出版社2001年版,第163页。
② 〔美〕赫伯特·马尔库塞:《单向度的人》,刘继译,上海:上海译文出版社2006年版,第10页。

国文化发展的历史规定性。作为人对自身生存环境的文化反思产物，当代中国文化发展要处理的核心问题是人的发展与物质财富之间的关系问题。经过改革开放四十余年的物质积累，重建人文精神的主题已经不再是在物质匮乏的条件下保障人的尊严，而是在积累物质财富的过程中建立人的主体性。所以，如何树立正确的财富观是当代中国文化重建的现实命题。

马克思的实践观点表明，财富是人的感性实践活动的产物。这意味着财富具有两种形态：一种是客体形态，另一种是主体形态。正如马克思所说："财富的独立的物质形式趋于消灭，财富不过表现为人的活动。凡不是人的活动的结果，不是劳动的结果的东西，都是自然，而作为自然，就不是社会的财富。财富世界的幻影消失了，这个世界不过表现为不断消失又不断重新产生的人类劳动的客体化。"[①]财富的主客体两种形态并非截然对立，二者在人的对象性活动中得到统一，即作为主体形态的财富通过劳动实践转变为客体形态的财富，而客体形态的财富无疑表明了人的对象化活动的本质力量。与客体形态相比，马克思更为重视财富的主体形态，"劳动这种一般财富同资本相反，在资本上，财富是作为对象即作为现实性而存在，劳动则表现为财富的一般可能性，这种可能性在活动中得到实现"[②]。所以，在如何树立合理的财富观问题上，从侧重财富的客体形态转向侧重财富的主体形态，构成了财富观念的"人学转向"。按照财富观念的人学转向，马克思揭示了物质财富的实质性内涵，即"真正的财富就是所有个人的发达的生产力"[③]。

之所以强调财富观念的人学转向，是因为长期以来人们始终从客体形态理解财富，将财富视为外在于人的纯粹物质，割裂了人与财富之间的本质联系。这种片面物化的财富观进一步产生了"财富拜物教"，财富成为人们竞相追逐的物质对象。这种"财富拜物教"所造成的恶果是人们片面地将自身的安全感和满足感简单地建立在财富积累的单一

---

① 《马克思恩格斯全集》第 26 卷第 3 册，北京：人民出版社 1974 年版，第 473 页。
② 《马克思恩格斯全集》第 30 卷，北京：人民出版社 1995 年版，第 253—254 页。
③ 《马克思恩格斯文集》第 8 卷，北京：人民出版社 2009 年版，第 200 页。

维度上,财富成为衡量人生成功与否的唯一尺度,成为人能否获得幸福感的唯一来源,最终形成了"穷得只剩下钱"和"财富数值不断增加而幸福体验不断下降"的畸形文化。这种财富观是当代中国人在日常生活中时刻陷入焦虑状态的思想根源:丧失财富的人为无法获得财富而焦虑;拥有财富的人为无法守护财富而焦虑。因此,财富的膨胀与人文的萎缩构成了同一个硬币的两面。在此情况下,文化重建首先就要实现财富观的人学转向,从人的主体维度来理解财富的实质,使财富转化成为促进人的发展的必要基础,而不是使财富成为阻碍人的发展的焦虑源头。

第二,生活方式的重新启蒙。如果说财富观念的人学转向是在观念形态上适应后物质主义时代,那么生活方式的重新启蒙则是后物质主义时代在日常生活实践的内在要求。在现代社会,文化最终必须落实在每个人的日常生活之中,这是因为生活方式是人的发展的现实表现,正如马克思所说:"个人怎样表现自己的生命,他们自己就是怎样。"①在以往研究中,人们往往重视马克思的生产方式理论,而没有给予生活方式理论以应有的重视。对此,马克思指出:"这种生产方式不应当只从它是个人肉体存在的再生产这方面加以考察。更确切地说,它是这些个人的一定的活动方式,是他们表现自己生命的一定方式、他们的一定的生活方式。"②所以,后物质主义的生产方式转型必然要求生活方式的合理建构。

对于后物质主义时代而言,生活方式的重新启蒙具有十分重要的现实意义。从经济发展的阶段性特征来看,经济发展的启动阶段更多地表现为物质生产方式对生活方式的制约作用,生活方式往往服从于生产方式,这一阶段的生活方式主要受制于满足谋生需求的外在必然性。进入后物质主义时代,大量自由时间的增加意味着生活方式相对于生产方式的相对独立性,这一阶段更多地表现为生活方式对生产方式的引领作用,这与后物质主义社会中消费活动对生产活动的引导逻

---

① 《马克思恩格斯文集》第 1 卷,北京:人民出版社 2009 年版,第 520 页。
② 同上。

辑是一致的。对此,马克思深刻地总结:"创造出可以自由支配的时间是财富整个发展的基础。"①正是由于自由时间的增加,生活方式问题日益才凸显成为人们亟须解决的现实问题。按照马克思的理解,随着社会生产力的发展,在劳动时间之外的自由时间的大量增加无疑是现代社会的发展趋势。与劳动时间相比,自由时间并不单纯是自由支配的时间,而是人在摆脱了物质必然性的限制之后追求自身自由发展的时间,在此意义上,自由时间才能成为人的发展的空间。正如马克思所说:"时间是人类发展的空间。一个人如果没有自己处置的自由时间,一生中除睡眠饮食等纯生理上必需的间断以外,都是替资本家服务,那么,他就还不如一头役畜。他不过是一架为别人生产财富的机器,身体垮了,心智也变得如野兽一般。"②

但是,自由时间的增加并不会自动转化为人的发展的空间,这种转化必须要以健康合理的生活方式为中介。离开了合理的生活方式,大量的自由时间仍然服从资本逻辑的支配,从而成为空洞的时间。也就是说,自由时间之所以是自由的,并非节约劳动时间之后所剩余的物理时间,而是人的自由发展体现在生活方式之中的感性时间。所以,如何支配日益增多的自由时间,如何在生活方式的合理建构中将自由时间转化为人的发展空间,是文化发展在后物质主义时代的重大课题。

生活方式的重新启蒙不仅意味着对生活方式相对于生产方式的独立性地位的重新审视,同时也意味着现代生活方式应当摆脱物质主义和消费主义的蒙昧状态。从人的发展视角看,在物质主义和消费主义的影响下,人们的生活方式沦为对物质欲望的无穷追逐,从而这种生活方式只是物质欲望的不断消费过程,而没有成为人生产出自身全面丰富性的创造过程,这正是人的生存意义不断失落的原因所在,也是这种生活方式的不合理之处。更为重要的是,物质主义和消费主义支配下的生活方式将会带来巨大的生态困境。地球资源的有限性无法承载这

---

① 《马克思恩格斯文集》第 8 卷,北京:人民出版社 2009 年版,第 82 页。
② 《马克思恩格斯文集》第 3 卷,北京:人民出版社 2009 年版,第 70 页。

种片面追求物质享受的生活方式的普遍性,最终的恶果只能是人们对于物质资源的争夺大战。所以,在环境承载能力接近上限的新阶段,要想建立绿色低碳的发展方式,必须要同时建构绿色低碳的生活方式,这正是生活方式需要重新启蒙的关键所在。

第三,消费文化的合理建构。后物质主义时代的资源环境约束条件需要生活方式的重新启蒙,而生活方式的重新启蒙的关键在于摆脱物质主义和消费主义对生活方式的支配地位,这就关系到消费文化的合理建构问题。从消费社会与生产社会的运行逻辑来看,原先的生产社会也有消费活动,那么消费社会的特质是什么?事实上,消费社会与生产社会的关键区别在于消费文化开始占据主导地位,形成了所谓的"消费意识形态"。这种消费意识形态借助于现代传媒技术手段,在人们的日常生活中建构出了"我消费故我在"的消费主义观念,在消费主义支配生活方式和价值观念的同时完成了资本逻辑对于消费活动的殖民和宰制。总的来看,"被控消费的官僚社会是这样一个社会:生产的意识形态和创造性行为的意义变成了消费意识形态,这种意识形态夺去了工人阶级从前的理想和价值,但却维护着资产阶级的身份与主动性,它以人的意象代替了现实中的人,这种意象把消费当作对幸福的占有和对合理性的占有,并把消费当作现实。但实际上,在这个意象中重要的既不是消费者也不是被消费物,而是消费的幻象和作为消费艺术的消费"[①]。由于消费意识形态在现代社会开始占据主导地位,所以消费文化的合理建构直接关系到文化在后物质主义阶段能否健康发展。

在后物质主义语境中合理建构消费文化,关键在于处理好人的发展与物质消费之间的关系,使消费活动成为推进人的发展的内在环节。当今社会之所以陷入"消费主义综合征"的困境,究其实质是因为人的发展本身成为消费的商品对象,"它把消费主义的巨大阴影投射到整个的生活世界之上。它一再无情强调的主旨是,每件东西都是或者能够

---

① 仰海峰:《列斐伏尔与现代世界的日常生活批判》,《现代哲学》2003 年第 1 期,第 60 页。

是一件商品,或者,如果它离成为商品还差一点,那么,它应被当作商品看待"①。正如马克思所说:"各个人在资产阶级的统治下被设想得要比先前更自由些,因为他们的生活条件对他们来说是偶然的;事实上,他们当然更不自由,因为他们更加屈从于物的力量。"②这同样也是消费社会的"自由悖论",即人的独立性与物的依赖性之间的矛盾。所以,消费文化的合理建构必须要恢复人的发展在消费活动中的主体性地位。

　　财富观念的人学转向、生活方式的重新启蒙、消费文化的合理建构,这些文化问题共同指向一个问题,即后物质主义的文化重建问题。由于人的存在同时具有现实性与超越性的双重属性,因此人不仅追求自然肉体的存在,同时也追求生命意义的存在。正是在人追求生命意义的过程中,人在面对现实世界的同时必然会对自身存在的意义、价值与地位问题展开深刻的拷问与反思。所以,文化发展既要顺应后物质主义时代的发展趋势,也要引领后物质主义时代的价值观重建,最终使后物质主义社会能够达到"人的高度",推进社会文化的健康发展。

三、 文化发展的技术条件

　　在当今时代,云计算、大数据、物联网、人工智能、移动互联网等新型信息技术正在重构人们的物质生产方式,人类社会正在网络社会的总体境遇中迈入了"互联网+"的新发展阶段。正如习近平总书记所说:"如果实现了通过互联网平台汇集社会资源、集合社会力量、推动合作创新,形成人机共融的制造模式,那将使全球技术要素和市场要素配置方式发生深刻变化,将给产业形态、产业结构、产业组织方式带来深刻影响。"③物质生产方式在"互联网+"时代的深刻变化必然导致人们社会生活形态与思想文化观念的全面变革。在此意义上,"互联网+"构成

---

　　① 〔英〕齐格蒙特·鲍曼:《流动的生活》,徐朝友译,南京:江苏人民出版社2012年版,第95—96页。
　　② 《马克思恩格斯文集》第1卷,北京:人民出版社2009年版,第572页。
　　③ 中共中央文献研究室编:《习近平关于科技创新论述摘编》,北京:中央文献出版社2016年版,第75页。

了当今时代文化发展的时代境遇,引发了文化发展逻辑的深刻变革。

从直观的意义上来看,"互联网+"作为文化发展的技术条件,直接推动了文化生产所依赖的基础设施的直接变革,进而推动了文化发展形态的全面转型,这是"互联网+"在文化发展的外延层面所带来的变化。更进一步地深入来看,"互联网+"时代的新兴信息技术通过对人与机器的合理边界的不断追问以及对人的本质与存在的重新定义,产生了一系列新的人学思索与文化命题,这是"互联网+"时代在文化发展的内涵层面所带来的全面挑战。从文化发展的外延与内涵的双重维度看,"互联网+"都已经产生了不容忽视的文化效应,正如麦克卢汉(Mcluham)所说:"任何技术都逐渐创造出一种全新的人的环境,环境并非消极的包装用品,而是积极的作用过程。"[①]为了合理把握当今时代文化发展的趋势与方向,有必要对"互联网+"时代的文化效应进行细致的考察。

(一) 从"+互联网"到"互联网+"

对于文化发展趋势的合理把握,马克思曾经从精神生产与物质生产的关系入手,提出了把握精神生产方式的方法论原则,即"人们是自己的观念、思想等等的生产者,但这里所说的人们是现实的,从事活动的人们,他们受自己的生产力和与之相适应的交往的一定发展——直到交往的最遥远的形态——所制约"[②]。按照马克思的方法论原则,精神生产必然受到物质生产的总体制约,所以对物质生产的考察成为合理把握文化发展趋势的理论前提。然而,值得注意的是,物质生产作为精神生产的前提,其本身也是历史的产物。于是,马克思指出:"要研究精神生产和物质生产之间的联系,首先必须把这种物质生产本身不是当作一般范畴来考察,而是从一定的历史的形式来考察。例如,与资本主义生产方式相适应的精神生产,就和与中世纪生产方式相适应的精

---

① 〔加拿大〕马歇尔·麦克卢汉:《理解媒介——论人的延伸》,何道宽译,北京:商务印书馆2000年版,第25页。

② 《马克思恩格斯文集》第1卷,北京:人民出版社2009年版,第524—525页。

神生产不同。如果物质生产本身不从它的特殊的历史的形式来看,那就不可能理解与它相适应的精神生产的特征以及这两种生产的相互作用。这样就不能超出庸俗的见解。"①因此,为了合理把握当今时代文化发展的必然趋势,必须首先对当前阶段以新型信息技术为核心的物质生产的历史形式与阶段性特征予以必要的理论审视。

对于当今时代的物质生产的历史形式与阶段性特征,人们往往将其直接指认为信息化物质生产方式。然而,这一笼统的概括并未揭示出"互联网+"与"+互联网"的深刻区别。事实上,人类社会早在第三次技术革命即信息技术革命之后就已经步入"网络社会"。但在网络社会的早期发展阶段,人们主要是将互联网技术作为生产与交往的高效能工具,从而将互联网技术嵌入物质生产与社会生活之中,同时完成物质生产和社会生活的信息化与网络化,此即"+互联网"的发展阶段。随着互联网技术的进一步发展,尤其是移动互联网、云计算、大数据、物联网、人工智能、虚拟现实等技术产业的高速发展,网络社会从"+互联网"阶段进一步发展到"互联网+"阶段。"+互联网"与"互联网+"的区别在于:第一,前者是将互联网技术视为工具,而后者则是以互联网技术为平台;第二,前者是将互联网技术与经济社会各方面进行简单的叠加,而后者则要求将互联网技术与经济社会的各个方面进行深度融合;第三,前者是互联网技术服从既定社会的规则与秩序,而后者则是按照互联网精神重构与改写现存社会的结构与面貌。

互联网技术从生产工具演进为社会生活的平台,这便是"+互联网"与"互联网+"的本质区别。互联网技术之所以能从物质生产工具跃迁为社会生活平台,其内在的动力是互联网技术的智能化发展。如果说马克思所处的机器大工业发展所追求的目标是自动化,而由第三次技术革命发轫的信息化浪潮所追求的目标是网络化,那么"互联网+"时代所追求的目标则是智能化。

互联网从工具跃迁为平台,首先有赖于移动手机的智能化,即移动互联网的形成。原先,互联网的发展是在大型计算机之间展开的。随

---

① 《马克思恩格斯全集》第33卷,北京:人民出版社2004年版,第346页。

后,小型计算机的发展使得互联网在大规模范围内得以展开。此时的互联网发展的基础硬件设施主要是宽带网络与个体计算机。但是,宽带网络的分布具有一定的局限性,即受限于宽带网络的覆盖面。更为重要的是,个体计算机始终具有一定的固定性,所以互联网的覆盖并不全面。人们将这一阶段的互联网称为"PC 互联网"(Personal-computer Internet)。直到乔布斯(Jobs)的"苹果手机革命",互联网时代才从 PC 互联网时代进入移动互联网的崭新阶段。乔布斯的"苹果手机革命"的实质是将手机电脑化,每一部手机都是高速移动的小型计算机,于是手机可以接入网络,又伴随着 3G、4G 等通信技术的发展,互联网的通信覆盖面进一步扩大。于是,具有高度移动性、可以随时随地接入网络的手机,使得移动互联网从设想变为了现实。由手机智能化所引发的移动互联网,深刻改变了资源配置方式。资源配置方式的效率取决于供需双方的信息对称程度,市场经济之所以比计划经济更具效率,就是因为市场经济的资源配置是以市场价格为信号而展开的,这比计划经济单纯依靠行政指令的信息系统更为高效。同样,移动互联网在信息对称性上更具有高效能的独特优势,从而成为资源配置的基本方式。以打车 App 为例,在打车 App 出现之前,需要揽客的出租车司机与需要打车的乘客之间的信息并不对称,只能通过在马路上的偶然相遇完成供需之间的对接和匹配;打车 App 出现后,司机与乘客之间的信息对称性得到增强,迅速完成了供需关系的匹配与对接。由此可见,移动互联网正是通过增强信息对称性,成为目前最为高效的资源配置方式,进而成为现代社会生活的基础性平台。

其次,互联网数据处理系统的智能化进一步推动了互联网技术从工具发展为平台。在"+互联网"时代,互联网技术的自动化是通过人们向计算机输入一定的程序而得以实现。但在"互联网+"时代,由于大数据和云计算的出现,互联网数据具有自我生成和加工的能力,即数据处理的智能化。有人指出,现在那些更为复杂的系统(如网上银行和电子商务)的"编制者一定清楚所有内部的操作流程,他们知道系统的每一步操作在软件中是如何进行的……所以至少程序员知道这不是智能。……现在我们认为拥有人工智能的那些系统,比如进化算法和深度学习等,都有一个共同特点:它们都或多或少地表现出了黑箱的特点,虽然从理论上它们内部的运算步骤仍然可以追踪,但计算量的巨大使这种追踪实际上很困难甚至不可能。于是,我们真的感觉它们有智能了"①。以大数据和云计算为标志的数据处理技术发展进一步推动了互联网的智能化进程。以新型电子媒体"头条新闻"为例,现在的电子媒体不仅为读者提供了海量信息,而且还能追踪、分析读者的阅读偏好,从而向读者自动提供满足其阅读偏好与需求的信息。物质生产的弹性化特征进一步凸显;同时,文化生产与消费的个性化和差异化特征得到了充分满足。

最后,在手机智能化和数据智能化的基础上,"互联网+"时代最终实现了物的智能化,这集中体现在"物联网"(Internet of Things)上。在"+互联网"时代,网络连接是在人与人之间展开的;而在"互联网+"时代,网络连接是在物与物之间展开。以率先倡导"工业4.0"的德国智能化制造业工厂为例,智能工厂通过"赛博物理系统"(Cyber-Physical System)不仅强化了生产过程中的精益化程度,降低了生产成本与损耗,而且能够根据市场变化自动调节生产流程与产品形态,最终实现了定制化生产,即生产与消费之间的无缝对接。也就是说,物联网通过信息技术实现物与物之间的自动连接,从而推动了"物"的智能化。

从手机智能化到数据智能化,再到物的智能化,互联网技术的智能化发展使互联网技术从生产工具演进为生活平台,由此改写了现代社会的生存法则,即"互联网+"时代要求社会的一切资源只有接入互联网系统才具有存在价值与意义,否则就是与互联网系统相隔绝的边缘性存在。

如果说互联网技术从工具到平台的发展过程是人类社会从"+互联网"到"互联网+"这一深刻转变的实质内涵,那么面对在社会生活中居于基础性平台地位的"互联网+"时代会产生出何种文化效应呢?立足于文化发展的视野来看,"互联网+"时代文化效应的总体性特征便是从

---

① 李彦宏等:《智能革命——迎接人工智能时代的社会、经济与文化变革》,北京:中信出版社 2017 年版,第Ⅺ—Ⅻ页。

"互联网+"必然会发展到"文化+"。这意味着,第一,文化的引领作用在"互联网+"时代进一步凸显和增强;第二,文化的弥散过程随着"互联网+"的网状分布系统而在横向层面得到高速扩展;第三,文化生产与消费过程与互联网技术得以深度融合。

为什么"互联网+"必然会发展到"文化+"?这是由"互联网+"时代的价值生产法则所决定的。在"互联网+"时代,文化、信息和知识成为重要的社会资本,这也正是人们将网络社会称之为"知识经济"的主要依据。正如马克思所说:"固定资本的发展表明,一般社会知识,已经在多么大的程度上变成了直接的生产力,从而社会生活过程的条件本身在多么大的程度上受到一般智力的控制并按照这种智力得到改造。它表明,社会生产力已经在多么大的程度上,不仅以知识的形式,而且作为社会实践的直接器官,作为实际生活过程的直接器官被生产出来。"①换言之,"互联网+"时代直接凸显了"一般社会知识"转化为"直接的生产力"这一现实过程。然而值得注意的是,作为资本的"一般社会知识"与其他物质性资本存在着不容忽视的区别:在"互联网+"之前的社会形态中,占据主导地位的是物质性资本,这种物质性资本具有利益上的排他性,而且物质性资本的价值随着物质资本的损耗和扩散而递减;但是在"互联网+"时代,知识资本则具有共享性,而且在价值法则上更具有"越是共享,收益越大"的鲜明特征,即知识资本的扩散程度越高,知识资本的收益也就越高。正是文化、信息、知识这类资本的价值法则的独特性,决定了"互联网+"必然要转向"文化+",这便是"互联网+"时代在文化领域的总体效应。

(二)文化基础设施的变革

从"互联网+"到"文化+"的发展趋势作为"互联网+"时代的文化效应,仍然停留在文化发展的可能性层面,而要将这种可能性转变为现实性,则需要进一步分析"互联网+"对文化发展的外延与内涵的双重影响。就文化发展的外延层面而言,"互联网+"直接改变了文化生产与消

---

① 《马克思恩格斯文集》第 8 卷,北京:人民出版社 2009 年版,第 198 页。

费所依赖的基础设施,由此改变了文化发展的总体形态。

人们往往将文化创造活动视为头脑里的观念活动,而忽视了文化发展所需要的基础设施。事实上,正如任何社会的生产都必须凭借一定的生产工具,任何社会的文化发展也需要一定的基础设施。马克思、恩格斯曾在《德意志意识形态》中指出:"'精神'从一开始就很倒霉,受到物质的'纠缠',物质在这里表现为振动着的空气层、声音,简言之,即语言。语言和意识具有同样长久的历史;语言是一种实践的、既为别人存在因而也为我自身而存在的、现实的意识。语言也和意识一样,只是由于需要,由于和他人交往的迫切需要才产生的。"① 马克思、恩格斯在此所说的"语言"便是文化发展最初的基础设施。随着社会的发展,印刷术等媒介技术成为文化发展所需要的基础设施,推动着文化摆脱特定阶级的垄断而面向社会大众,促进了文化的积累、传播与发展。此后,报纸、书籍、无线电广播和电影电视都成为文化发展的基础设施。显然,在"互联网+"时代,互联网技术则成为当今时代文化发展的主要基础设施。

值得进一步追问的是:与以往的文化基础设施相比,作为当今时代文化基础设施的新型互联网技术有何独特之处呢?其主要区别在于,以报纸、书籍、广播、电视为代表的以往的文化基础设施在传播路径上具有单向性特征,而互联网技术作为文化基础设施则具有交互性的特征。以往的文化基础设施的前提条件在于,文化生产者与文化消费者彼此在时空上处于分离状态,文化生产者生产出一定的文化产品后再通过这些基础设施传播到文化消费者群体中,这种传播路径是单向度的,即"我生产什么,你就消费什么"。换言之,受制于传统的文化基础设施,文化消费者很难直接参与到文化创造过程之中,只是被动地接受既定的文化产品。但在"互联网+"的技术条件下,作为文化基础设施的互联网具有高度的互动性,而且这种互动是即时性的。互联网技术不仅将"我生产什么,你就消费什么"的被动格局转变为"我需要什么,你就生产什么"的定制化、个性化和弹性化的主动格局,而且打破了文化

---

① 《马克思恩格斯文集》第 1 卷,北京:人民出版社 2009 年版,第 533 页。

生产者与消费者的时空分离,使得文化消费者同时也是文化生产者,由此打通了文化的生产价值链与消费价值链。从单向性到互动性、从滞后性到即时性、从被动性到主动性、从规模化到个性化,便是新型文化基础设施在"互联网+"时代的显著特征,由此带来了文化发展机制、形态和重心的一系列深刻转变。

首先,文化发展机制从"纵向机制"转向"横向机制"。在前信息社会,与单向性的文化基础设施相适应的文化机制是以纵向机制为主,即"先生产后传播"。根据这一纵向机制,文化发展呈现为文化生产者与消费者、文化精英与普通群众、文化中心与边缘相互分离的等级化状态,形成了精英文化与草根文化、经典文化与大众文化相区隔的文化格局。然而,文化基础设施的发展过程不仅是精英文化向下扩散的过程,也是大众文化蓬勃兴起的过程。直到"互联网+"时代,以互联网技术为代表的交互性文化基础设施占据文化发展的主导地位之后,横向机制取代了纵向机制,成为文化发展的主导机制,原先的"先生产、后传播"演变为"边传播边生产",文化消费引领文化生产,文化传播的覆盖度决定了文化生产的价值量,文化发展不仅呈现出"大众的觉醒",而且也实现了文化生产者和消费者的直接合一。在此意义上,文化发展机制从纵向机制向横向机制的转变,其实质是重构了文化生产、传播和消费的关系与链条。

文化发展机制从纵向机制到横向机制的转变具有双重效应。从积极的方面来看,横向机制有利于文化的传播与扩散,从而使文化生产日益具有共享性和普惠性的特征。文化生产不再是少数文化精英所把持的特权,而成为每个人所应当享有的文化权利。从消极的方面来看,文化传播的广度与文化生产的高度并不是一回事,横向机制在增强传播广度的同时并不会直接抵达文化生产的高度,甚至有可能出现"娱乐至死"的消极现象。所以,"大众的文化狂欢"并不等于"大众的精神解放"。如果片面沉迷于文化发展的横向机制,极其容易出现"文化泡沫",以至于出现文化的繁荣与荒芜同时并存的悖谬现象。

其次,文化发展形态从"批量化生产"转向"个性化生产"。在前信息社会,与单向性文化基础设施相适应的文化生产形态只能是批量化生产模式,这也正是法兰克福学派"文化工业"批判理论所依凭的历史语境。在"互联网+"时代,文化需求日趋多元化和差异化,由此文化生产进入了个性化时代。与"批量化生产"模式相比,"个性化生产"模式更加注重文化需求的异质性,而非文化需求的同质性;更加强调文化发展的精细化,而非文化生产的规模化;更加凸显文化消费的差异性,而非文化消费的集体性。这一转变的实现,有赖于互联网技术的推广和运用。这是因为文化发展形态的"个性化"趋势与互联网的网状分布结构是相适应的。互联网的网状分布结构的特点在于,每一个信息连接点都是中心,由此取消了原先文化生产中的中心和边缘的界限,这便是互联网技术的结构性特征。互联网技术的"去中心化"结构恰恰带来了"个性化生产"。

同样,文化发展形态的"个性化生产"也具有双重效应。从积极的方面来看,在互联网技术推动下的个性化文化生产形态直接张扬了人们的文化个性,有助于实现人们的自由个性的全面发展。从消极的方面来看,文化的"个性化生产"在张扬个性的同时,极其容易造成"自我封闭",进而腐蚀文化发展的公共性维度。从当下的网络文化来看,网络的开放空间之所以没有出现人们随着网络交往而日益开放的积极局面,在很大程度上是因为当前的"个性化生产"走向了一种极端状况,即"我只关注我所感兴趣的内容"。从文化的"个性化生产"走向了以自我为中心的"碎片化发展",进而再由"碎片化发展"走向了封闭化、极端化的消极局面。

最后,文化发展重心从"渠道扩展"转向"内容创新"。在"+互联网"阶段,随着网络等新兴文化基础设施的出现,文化发展的重心主要是通过占领各种文化渠道,从而追求文化生产与传播的覆盖面。因此,谁能掌握文化基础设施等新兴渠道,谁就能掌握文化生产的主导权。但是,"互联网+"时代,当互联网技术已经成为文化生产的主导性平台后,文化发展重心也就从"渠道扩展"转向"内容创新"。这意味着,谁能在文化内容上不断推陈出新,谁就能获得更高的关注度。这也正是人们将网络化条件下的文化产业称为"眼球经济""粉丝经济"的缘由所在。从"渠道扩展"转向"内容创新",标志着文化发展在"互联网+"

时代条件下要从外延式发展转向内涵式发展。

同时,人们也应当清醒地看到,即使文化发展的重心从"渠道扩展"转向"内容生产",也并不意味着网络条件下的文化生产内容都是优质内容,反而很有可能在内容创新上出现良莠不齐、鱼目混珠的局面。要想顺利推进文化产品及其内容的优质化,既离不开文化受众的自主选择,也离不开对内容生产的合理引导。一方面,人们一旦厌倦了日益娱乐化、浅薄化的"文化泡沫",人们的文化需求自然就会转向深刻而优质的文化精品。因为文化需求作为一种特殊需求始终具有一种超越性,这就决定了人们的文化需求不仅要被不断满足,更会不断优化升级。近年来中央电视台备受瞩目的《朗读者》《中国诗词大会》等节目在人们对娱乐节目的"审美疲劳"中脱颖而出并广受欢迎,即是一例。另一方面,文化产品的内容管控不仅需要来自受众的检验与淘汰机制,也需要建立必要的引导机制;否则,文化产品的内容生产很难摆脱庸俗的资本逻辑的干扰,进而出现"劣币驱逐良币"的逆向淘汰现象。

正是通过从"纵向机制"到"横向机制"、从"批量化生产"到"个性化生产"、从"渠道扩展"到"内容创新"的一系列转变,新兴互联网技术在重构文化基础设施的同时,也深刻地改变了文化发展的具体形态,由此逐步显现出"互联网+"时代的文化效应。

(三) 文化核心命题在"互联网+"时代的重构

"互联网+"对文化发展的深刻影响不仅集中在文化发展的外延层面,而且也已经深入文化发展的内涵层面。这是因为在"互联网+"时代,互联网技术从工具跃迁为平台,也就构成了人们社会生活的基本境遇。与此同时,文化发展的动力既根源于实践,同时又源于对实践的超越和反思,基于文化发展的内在动力,人们必然会对"互联网+"时代的"数字化生存"的普遍境遇展开文化上的反思,由此构成了现代文化转向内涵式发展的有利契机。

文化始终是人的文化,而人对自身存在境遇的深层反思始终是文化发展的核心命题。值得注意的是,"互联网+"时代不仅塑造了人的"数字化生存"状态,而且随着智能化的发展而冲击并重新界定人之为人的边界。正是在此意义上,"互联网+"对文化发展的核心命题提出了一系列挑战,而对于"互联网+"的人学反思及其回应,也就构成了当今时代文化在"互联网+"时代发展的重要主题与内容。面向人的生存境遇,"互联网+"所提出的文化挑战主要体现为以下四个方面:

第一,在"互联网+"时代,人工智能技术的蓬勃发展要求人们重新思索人与机器的合理界限。如前所述,"互联网+"时代的本质特征是互联网技术的智能化,这一智能化不仅体现为手机网络和数据梳理的智能化,更体现为"物"的智能化,这鲜明地体现为机器人产业的高速发展。以往的机器化大工业的发展是要求人适应机器,这才有了马克思对工人在机器体系中的异化劳动的深刻批判;而智能化发展则是要求机器向人学习,最终将拉·美特利(La Mettrie)的"人是机器"这一命题改写为"机器是人"。智能化机器不仅是人的延伸,而且也替代了人的许多活动能力,那么人与机器的差别究竟是什么?这成为人工智能时代的人学反思的核心问题。借助于德国社会学家韦伯对工具理性与价值理性的区分,人们不难发现,人工智能机器具备高度发达的工具理性,因此价值理性也就成为人与机器之间的深刻界限。这意味着,当物在工具理性维度上日渐具备"人工智能"的同时,人也应当在价值理性维度上不断锻造出"人文智能"。

第二,在"互联网+"时代,大数据技术的广泛运用要求人们重新审视人类的认知模式。大数据技术的实质是"全数据",即通过海量数据构成人的"数据化镜像"。大数据技术不仅把"现实的个人"转变为"数字化生存"境遇中的"数据人",而且深刻改变了人们的认知模式。正如有学者指出,"从认知方式来看,大数据分析强调'样本=总体'的全归纳法,以相关关系替代因果关系,淡化认识过程中对精确性的追求;基于这样的认知方式,大数据分析不再追求以因果关系为中心的'客观事实',而是把由'相关关系'链接的'主观事实'建构为认知的主要内容"①。人们的认知方式通过大数据技术而被深刻改变,尤其是因果关

---

① 段虹、徐苗苗:《论大数据分析与认知模式的重构》,《哲学研究》2016年第2期,第105—109页。

系一旦为相关关系所替代后,人类文化图景经由"客观事实"而建立起来的统一性将会被由"主观事实"所建构的主体性所取代,这也正是西方社会进入"后真相"时代的内在根源。于是,当人类文化图景从单一的整体性形态演变为多元的碎片化形态之后,如何重建人类文化图景的总体性便成为当今时代文化发展的迫切问题。

第三,在"互联网+"时代,移动互联网的深入发展要求人们重新审视人的交往形态。虽然"互联网+"时代将共享作为其基本价值,但是"互联网+"阶段在本质上仍然从属于马克思所说的"以物的依赖性为基础的人的独立性"的社会形态中。"互联网+"不仅增强了人的独立性,更加剧了人对物的依赖性,而且物与物的关系通过智能联结而更加紧密。换言之,"以物的依赖性为基础的人的独立性"这一时代特征在"互联网+"时代被进一步放大和扩展,这集中体现为人与人在移动互联网条件下的交往方式上,即人与网络和智能化机器的结合日益紧密,而人与人之间的关系却日渐疏离。这种社会景观已经司空见惯:虽然人们同处于一个共同的物理空间,但是只要每个个体通过智能手机接入移动互联网,便能创造出专属于自己的虚拟空间而不与活生生的他人交流互动。于是,人们的社会交往形态从"+互联网"时代的"天涯若比邻"转变成"互联网+"时代的"比邻若天涯"。这种交往形态对于当今时代的人文文化提出了新的挑战,即如何重建文化交流的公共性。

第四,在"互联网+"时代,虚拟现实技术的迅速崛起,要求人们重新审视人的感性基础。按照马克思主义人学的基本观点,人在首要的意义上是感性的存在物,正如马克思所说:"人只有凭借现实的、感性的对象才能表现自己的生命。"[①]可见,感性世界在人的发展过程中起到了无可替代的关键作用。然而,随着虚拟现实技术在"互联网+"时代的兴起,感性世界不再是直接给定的现存世界,而是可以通过人工手段生产出来的仿真效果,这意味着,现实的感性世界被"伪感性世界"所替代。一旦感性可以被制造成"伪感性",不仅感性现实与虚拟幻象之间的界限被打破,而且也动摇了人的存在根基,因为人正是通过现实的感性对

---

① 《马克思恩格斯文集》第1卷,北京:人民出版社2009年版,第210页。

象性而自我确证。一旦离开了马克思主义的人学反思,虚拟现实技术不仅不会成为人的感官在智能机器上的合理延伸,反而会导致人的感官的全面萎缩。正是在此意义上,"互联网+"时代的虚拟现实技术在创造出一个个令人目眩神迷的"感性幻象"的同时,也在深刻地改变人与感性世界的对象性关系,从而要求当今时代的文化必须重新建构感性世界观,并对"感性异化"现象做出具有人的原则高度的批判与反思。

综上所述,"互联网+"时代的人工智能技术、大数据分析技术、移动互联网技术和虚拟现实技术从各个维度对人的生存境遇提出了种种深刻的挑战。对于这些挑战的全面回应,即"互联网+"时代的人学反思,不仅是当今时代文化发展的内在需要,更是实现人的自由而全面发展的必由之路。所以,"互联网+"时代对人及其文化的全面冲击,呼唤新人文精神的出场与重建,并以此引导时代文化的健康发展。

四、文化发展的形态变迁

一方面,文化作为人的生活方式的高度凝结,必然根植于人的感性实践,因而感性基础是文化发展的必要前提,否则文化发展就会成为无源之水、无本之木;另一方面,文化又在反思现实生活的观照过程中形成了超越性的品格,而这种超越与反思又基于文化形态所内蕴的理性原则,否则文化对现实生活的引领作用便无从谈起。感性基础与理性原则的矛盾推动着文化发展的形态变迁:在前现代社会,文化发展主要依赖传统的共同体而缺乏理性精神的反思,从而更多地停留在自在状态;进入现代社会后,文化发展在理性原则的推动下,形成了以形而上学为主导的一元化文化形态,精英文化和经典文化成为文化发展的主流形态;但是随着理性原则的过度膨胀以及对感性基础的敌视与排斥,基于理性原则的形而上学文化开始解体,文化发展开始转向基于感性实践的生活世界,重新确认现代文化的感性基础,大众文化开始兴起,精英文化与大众文化的决定性分离意味着生活世界的文化结构呈现出多元化的特征。然而,文化发展的生活世界转向并不意味着文化的健康发展,日渐平庸堕落的日常生活、丧失批判维度的单向度社会、被资本逻辑所支配的虚假"感性世界"又呼唤着理性精神的重建。感性基础与理性原则如何协调发展,成为当代文化发展亟待解决的重大课题。

(一) 从形而上学到生活世界

以理性精神为原则的形而上学虽然早在古希腊时期就已经孕育,但是这种理性形而上学真正成为现代文化的经典形态与主流,则是在现代社会的基础上得以确立的。现代形而上学的出场使文化发展从传统的"自在形态"转向了"自觉形态",而且这种文化自觉在很大程度上体现为理性自觉。

在前现代社会,由于人们的社会生活囿于"人的依赖性",所以传统的文化形态往往由两部分构成,一部分是少数文化精英所掌握的经典文化,另一部分是大多数民众完全依赖于日常生活的经验或习俗而形成的文化,强调"百姓日用而不知"。这两种文化在大体上彼此隔离,后者甚至被排除出文化的视野,成为一种"沉默的大众"。其中,传统社会普罗大众所享有的文化世界往往根植于不断重复的日常生活,具有很强的稳定性和保守性。在这样的传统生活方式下,人们的文化思维主要是经验性的常识思维,缺乏理性的反思,因而没有出现"理性的自觉"。

进入现代社会之后,熟人共同体被"物的依赖性"所取代,在理性启蒙的推动作用下,"自在形态"的文化转变为"自觉形态"的文化。这种理性自觉的文化形态主要集中于现代形而上学。在这方面,黑格尔曾经用这种"现代形而上学"确立起了"在思维中把握时代"的文化自信,由此奠定了形而上学在现代文化中的主导地位。

形而上学对现代文化的主导地位,实质上是理性把握感性经验的文化结果。在英国经验主义传统中,"经验主义者将属于知觉、感觉和直观的内容提升为普遍的观念、命题和规律"①,因此康德在此基础上提出"纯粹理性批判",开启了用理性把握经验表象的"哥白尼革命"。康德在《纯粹理性批判》一书中对人类的理性做了种种批判和限制,界定

---

① 〔德〕黑格尔:《小逻辑》,贺麟译,北京:商务印书馆1980年版,第111页。

了"经验世界"和"物自体",指出人类理性只能在经验世界中发挥作用,而不能在物自体这一领域发挥作用,否则就会陷入二律背反,即先验幻相。所以黑格尔必须要在康德的批判哲学的基础上重建形而上学。而重建形而上学的首要步骤就在于打消掉"思想"(即人类理性)和"物自体"之间的鸿沟。黑格尔所立论的根基就是思维与存在的同一性。在《小逻辑》中,黑格尔指出:"按照康德的说法,……我们的思想,而与物自体间却有一个无法逾越的鸿沟隔开着。"[①]与之针锋相对,黑格尔提出了"思想的真正客观性"这一概念,即"思想的真正客观性应该是:思想不仅是我们的思想,而且又是事物的自身(an sich),或对象性的东西的本质"[②]。更为重要的是,黑格尔又通过他的绝对观念辩证法完成了思维与存在的统一。这种统一的基础是思维的能动性,这集中体现在黑格尔"实体即主体"的命题中。"照我看来……一切问题的关键在于:不仅把真实的东西或真理理解和表述为实体,而且同样理解和表述为主体。"[③]于是,概念通过辩证运动获得具体的规定性,使自己充实起来,而不再是抽象的概念,最终实现了理性与现实的"和解"。正是在此意义上,黑格尔凭借思辨理性重建形而上学,并且使这种形而上学戴上了皇冠,成为文化庙堂里的"神"。

虽然黑格尔在主观上想要调和并统一理性精神与现实世界,但是他的这种调和很快被后来的思想家所打破,由此产生了"黑格尔哲学体系"的解体。黑格尔哲学之所以解体,关键问题在于他未能实现理性精神与感性现实的真正统一。在黑格尔眼中,因为"绝对精神"本身经由辩证运动所具有的丰富规定性,与其他种种感性现实相比,"绝对精神"无疑更为真实。而且,通过"绝对精神"在"逻辑学—自然哲学—精神哲学"这样一个运动历程中所起的作用,也不难发现,自然界和人类社会历史其实都处于"绝对理念"支配下,是绝对理念的运动发展的环节和阶段。无疑,由"绝对精神"所构成的"理念世界"比"现象世界"更高一

[①] 〔德〕黑格尔:《小逻辑》,贺麟译,北京:商务印书馆1980年版,第120页。

[②] 同上。

[③] 〔德〕黑格尔:《精神现象学》上卷,贺麟、王玖兴译,北京:商务印书馆1979年版,第10页。

个层次。所以,很显然,尽管黑格尔统摄了"理性"和"现实",统摄了"现象世界"和"理念世界",但仍然将"感性现实"视为"绝对精神"的注脚与附庸。

由于黑格尔的哲学大全中设置了这样一个"绝对精神",所以它遭到了马克思主义哲学和现当代西方哲学其他流派的猛烈批评。前有费尔巴哈用感性直观反对黑格尔的绝对观念,后有马克思的感性实践批判黑格尔的形而上学,再有叔本华和尼采从生命哲学的角度对抗黑格尔的思辨理性。这些文化反思的结果便是推动了文化形态从形而上学向生活世界的转型。其中,现象学家胡塞尔提出,现代文化危机的根源在于"生活世界的遗忘","最为重要的值得重视的世界,是早在伽利略那里就以数学的方式构成的理念存有的世界开始偷偷摸摸地取代了作为唯一实在的,通过知觉实际地被给予的、被经验到并能被经验到的世界,即我们的日常生活世界。"①此外,胡塞尔的学生海德格尔更是指出,以黑格尔为代表的形而上学彻底遗忘了"存在",而真正的世界正是"此在"(Dasein)在世的世界,而非被理性所对象化的世界。另一位语言哲学家维特根斯坦(Wittgenstein)也通过自己晚年从人工语言向日常语言的思想转型,以另一种方式回归生活世界、拒斥形而上学。总之,对黑格尔形而上学的拒斥并对生活世界的回归,成为20世纪中叶之后的文化主流。

在从形而上学向生活世界的文化转型过程中,马克思对黑格尔哲学的批判无疑占据了重要地位。在马克思看来,要想从形而上学的理性王国回归到感性现实,其决定性的一步便是前提性地反思社会存在与社会意识的关系。马克思正确指出了社会存在与社会意识的关系,指明了社会意识是从社会存在中派生出来的。于是,马克思要求把颠倒的社会意识再颠倒过来,在社会存在的视域中把握社会意识。正是基于社会意识对于社会存在的依赖性,即社会意识的非自足性,马克思要求从意识观念世界的外部世界出发,以此透视并扬弃观念世界。

---

① 〔德〕埃德蒙德·胡塞尔:《欧洲科学危机和超验现象学》,张庆熊译,上海:上海译文出版社1988年版,第58页。

然而,问题并未就此得到全部解决。仅仅对社会存在和社会意识的关系加以简单的颠倒,是远远不够的,因为这仅仅解释了社会意识的社会存在根源,还无法解释社会意识何以在相应的社会存在中进入人的大脑。马克思对此问题的回答是,要从观念反思走向现实批判。按照马克思的说法,只有把握了现实生活过程,才能解释这一问题。按照马克思的理解,要想通向"真正的实证科学",就必须首先把实践理解为整个感性世界的基础。所以,马克思在《德意志意识形态》中延续了《关于费尔巴哈的提纲》的思路,要求把"感性直观"原则上升为"感性活动",即人的实践。对于实践在整个感性世界中的基础性地位,马克思指出:"这种活动、这种连续不断的感性劳动和创造、这种生产,正是整个现存的感性世界的基础。"①只有立足实践观点,感性世界方能表现为人的意识的对象世界。

至此,马克思的哲学变革的路径逐渐清晰:要想摆脱形而上学的思辨基地,必须要前提性地反思社会意识与社会存在的关系;而要想真正透视社会意识的社会存在根源,必须要在立足感性活动的基础上描绘社会存在本身。对于这一迥异于黑格尔形而上学的思想路径,马克思和恩格斯形象地将其概括为"从人间升到天国"②。"从人间升到天国"的思想路径不仅颠倒了"人间"与"天国"的关系,而且也将"天国"的批判归结为"人间"的批判,从形而上学转向了生活世界。

马克思对黑格尔思辨哲学的哲学变革同时也是深刻的文化变革。马克思立足感性实践,通过社会存在与社会意识的决定性颠倒,将感性世界从黑格尔的理性统治中拯救出来,从而为20世纪文化发展的"生活世界转向"开辟了道路。在此意义上,马克思作为一个"后形而上学"思想家,与20世纪其他反形而上学的文化思潮分享了共同的文化前提。但是,这还不足以标识出马克思主义与其他同样旨在回归生活世界的文化哲学流派的实质性差异。更重要的是,回归生活世界只是文化重建的起点而非全部。文化发展的生活世界转向造成了一种"天真

---

① 《马克思恩格斯文集》第1卷,北京:人民出版社2009年版,第529页。
② 同上书,第525页。

的幻想",似乎只要面向生活世界,由理性过度发展而产生的文化危机就能迎刃而解。但事实上,生活世界暴露出了种种问题,生活世界本身有待进一步反思。更令人值得深思的是:难道立足生活世界、拒斥形而上学,就可以抛弃文化发展中的理性精神吗？在这些问题意识的进一步推动下,反思生活世界的文化重建问题开始在人们面前凸显。

(二)反思生活世界的文化重建

马克思文化批判理论通过"社会存在决定社会意识"的原理重新奠定当代文化的感性基础,从而将文化发展的立足点与重心从形而上学转向生活世界。但是,这只是"副本意义"上的批判。在《德意志意识形态》之后,他不仅发现了社会存在与社会意识的颠倒,而且发现了社会存在本身也是颠倒的这一事实。更重要的是,社会存在与社会意识的颠倒正是根源于社会存在的分裂和颠倒,而社会存在的分裂和颠倒正是资本逻辑的产物。一方面,资本逻辑促使社会关系的物化,由此形成了"个人现在受抽象统治,而他们以前是互相依赖的。但是,抽象或观念,无非是那些统治个人的物质关系的理论表现"[①]。之所以会如此,是因为物的依赖关系在个体意识中成为物的形而上学,人的观念体系成了物的依赖关系的内在环节,而这正是观念论的存在根源。另一方面,资本逻辑的社会形式主宰着劳动生产的物质内容,而物质内容又遮蔽了社会形式,所以人们只见劳动过程而不见价值增殖过程,只见使用价值而不见交换价值,只见劳动薪酬而不见剩余价值剥削,而这正是经验论的存在根源。二者共同构成了现代形而上学。马克思的深刻之处在于,他从对社会意识的"副本"批判深入到对社会存在的"原本"批判,这为立足生活世界的文化重建提供了方法论指引。

对当代文化发展而言,马克思从社会意识批判深入到社会存在批判的路径意味着,仅把文化发展的重心从形而上学转向生活世界是远远不够的。生活世界固然是形而上学乃至一切文化的感性根基,然而生活世界并非原初意义上"未经污染"的感性世界,恰恰相反,生活世界

---

① 《马克思恩格斯文集》第 8 卷,北京:人民出版社 2009 年版,第 59 页。

本身也处于分裂与矛盾状态,有待人们的反思。正如马克思所说,"要对现存的一切进行无情的批判",并在"批判旧世界中发现新世界"①,因此生活世界本身也要经受"无情的批判",如此才能在文化建设中"发现新世界"。而这也正是马克思在"深入到异化那一度中"超越胡塞尔、舒茨(Schutz)等人生活世界理论的深刻之处。

第二次世界大战结束后,许多文化哲学家发现,生活世界本身也存在着许多不容忽视的问题。与其说生活世界是蕴藏解放潜能的希望之地,毋宁说是为资本逻辑藏污纳垢之所;与其说生活世界是批判形而上学的哲学起点,毋宁说生活世界正是文化反思的现实对象;与其说生活世界的回归是文化重建的感性源泉,毋宁说生活世界的批判是推动文化发展的动力。一句话,生活世界如同它的批判对象形而上学一样,也成为批判的对象。因此,当代文化发展的趋势不再是对生活世界的浪漫回归,而是对生活世界的冷静审视。因为人们发现:

第一,日常生活的均质化与碎片化。一般认为,日常生活应当是丰富多彩的,人们可以选择充满个性的多元生活方式。但是,20世纪的文化哲学家发现了一个惊人的事实,现代日常生活究其本质而言竟然是千篇一律的生活方式,这被海德格尔描述为非本真的日常生活,而"常人"正沉沦其中。"常人怎样享乐,我们就怎样享乐;常人对文学艺术怎样判断,我们就怎样阅读怎样判断;竟至常人怎样从'大众'中抽象,我们就怎样抽象;常人对什么东西愤怒,我们就对什么东西'愤怒'。这个常人不是任何确定的人,而且一切人(却不是作为总和)都是这个常人,就是这个常人指定着日常生活的存在方式。"②也就是说,现时代的日常生活高度趋同,均质化的生活方式抹杀了自由而多元的个性,将"现实的个人"都夷平为面貌相似的"常人"。这种日常生活不仅是同质性的,也是孤独的。"互相关心、互相反对,互不相照、望望然去之,互不关涉,

---

① 《马克思恩格斯全集》第1卷,北京:人民出版社1956年版,第416页。
② 〔德〕马丁·海德格尔:《存在与时间》,陈嘉映、王庆节译,北京:生活·读书·新知三联书店1987年版,第156页。

都是烦神的可能的方式。"①海德格尔指出,人们在日常生活中的共在状态并未使他们之间发生有机的交往联系,反而陷入原子化个体的孤独境地,以至于日常生活呈现出碎片化的状态。

第二,消费休闲的庸俗化与虚无化。马克思曾指出,随着科学技术的发展,满足物质生存需求的劳动时间大大压缩,而用于人的发展的自由时间空前增加。在科技创新的推动下,"资本唤起科学和自然界的一切力量,同样也唤起社会结合和社会交往的一切力量,以便使财富的创造不取决于(相对地)耗费在这种创造上的劳动时间"②。这种劳动时间的节约,同时也就是人的自由发展时间的增长。正如马克思所说:"个性得到自由发展,因此,并不是为了获得剩余劳动而缩减必要劳动时间,而是直接把社会必要劳动时间缩减到最低限度,那时,与此相适应,由于给所有的人腾出了时间和创造了手段,个人会在艺术、科学等等方面得到发展。"③然而悖谬的是,这些用于自由发展的时间却变成了庸俗的消费休闲,闲暇时间虽然大为增加,但是人们在闲暇中并没有感到自由所带来的充实,而是虚无,这种情况就是消费社会中所出现的"闲暇的异化"。其实质在于,把工作之外的时间都让渡给了消费领域,从而完成了资本逻辑对于消费领域的支配,因此异化从生产领域扩大到了整个日常生活领域。最终,在人们的现代日常生活中形成了"闲暇的悖论":人们的闲暇时间越多,似乎人们就越是要消费;越是消费,就越是陷入自己欲望的满足;欲望越是得到满足,人们越是不知足。于是人们成了欲望的俘虏,而非闲暇的主人。

第三,感性现实的虚伪化与符号化。照理来说,感性现实是外在于人的思维的直接给定的东西。然而在现代生活世界中,感性现实却可以在信息技术的条件下成为人为建构的产物,由此产生了感性现实的虚伪化。正如美国学者卡斯特所说:"现实本身(亦即人们的物质和象征存在)完全陷入且浸淫于虚拟意象的情境之中,那是个'假装'的世

---

① 〔德〕马丁·海德格尔:《存在与时间》,陈嘉映、王庆节译,北京:生活·读书·新知三联书店1987年版,第149页。
② 《马克思恩格斯文集》第8卷,北京:人民出版社2009年版,第197页。
③ 同上。

界,在其中表象不仅出现于屏幕中以便沟通经验,表象本身便成为经验。"①感性现实已经变成了由符号所建构的"伪感性现实",甚至比真实的感性现实更为逼真,正是在此意义上,鲍德里亚宣称,"真实死了"。不仅感性现实如此,而且人的感性需求也可以被制造出来,这正是马尔库塞所说的"虚假需求"。这种"需要"不再是自然和合理的需要,而是虚假的需要,是被生产出来的无节制的欲望。比如在电视中到处充斥的广告,其实这些广告正是资本本身的化身,是受资本支配的符号,它们使人们产生欲望,诱发人们进行消费。人们的消费并不是为了满足自己的自然需求,而是为了满足被制造出来的欲望。一旦欲望在资本逻辑中形成了自我循环的生产机制,那么欲望就不会停下自己的脚步。更为致命的是,此时的虚假需求也就转变为"真实需求",至少对资本逻辑而言是"真实"的。感性需求与感性现实的共同虚拟化与符号化,则使得生活世界不再是感性现实意义上的生活世界,而是充满了魔幻现实主义的伪感性世界。这意味着,生活世界不再是批判形而上学的感性基础,而是成为重新生产形而上学的符号世界。

第四,生活世界的神秘化与单向化。既然生活世界存在着种种问题,那么为什么人们沉迷于其中而甘之如饴、不可自拔呢?这就涉及生活世界的神秘化问题,这也正是马尔库塞所揭示的"单向度社会"问题。生活世界之所以被神秘化,是因为意识形态不再是外在于生产过程的独立领域,而是成为资本主义社会生产过程的内在环节。生活世界的神秘化与单向化,其实质乃是生活世界的非批判化,即反思不合理的生活世界的批判精神的彻底沦丧。于是,生活世界的不合理发展不仅需要健康的感性意识,同样也呼唤着理性的反思能力。

从生活世界暴露出来的上述问题来看,资本逻辑正对现代生活世界全面控制,所以文化发展的重点不再是用生活世界来对抗形而上学,而是重新审视生活世界,在生活世界的合理重建中实现文化的健康发展。既然现代文化已经从日常生活之外的精神消遣逐步转变为人们的

---

① 〔美〕曼纽尔·卡斯特:《网络社会的崛起》第 1 卷,夏铸九等译,北京:社会科学文献出版社 2001 年版,第 463 页。

生活方式,那么作为生活方式的文化就必然要在拯救生活世界中完成自我救赎与更新,而这正是当下文化发展的必然趋势。

面向日渐异化而又弊病丛生的生活世界,人们既不能像胡塞尔那样无原则地顺从生活世界,或像费尔巴哈那样仅对生活世界加以感性直观,也不能像海德格尔那样回避生活世界与大众文化,转而寻求上帝的救赎和美学救赎。唯一的出路只能是直面生活世界、反思生活世界并重建生活世界。

(三) 立足生活世界的文化分层理论

从形而上学到生活世界的变化不仅使文化发展的立足点与重心发生了重大转向,同时也使现代文化的结构形态发生了变化:在形而上学时代,文化产品往往具有高度的同一性,以哲学为文化内核和最高表现形式,其他文化产品往往从属于最高文化样态,在这一阶段,文化形态主要表现为精英文化、高端文化和经典文化。在后形而上学时代,随着文化生产开始进入民主化时代,文化形态逐步分化,文化发展呈现出多元化趋势,精英文化不再一枝独秀,大众文化开始崛起,甚至成为当代文化主导形态。

既然文化形态发生了重大分化,如何把握文化分层便成为文化研究需要解决的问题。为了精准把握不同层面文化发展的特点与趋势,文化理论依据不同的标准而形成许多分层学说。有的学者从成果形态的角度将文化划分为精英文化与大众文化;有的学者依据文化与其他社会领域的关系将文化划分为物质文化、制度文化、社会文化和精神文化;有的学者按照历时性的标准将文化区分为传统文化、现代文化和后现代文化;也有的学者根据共时性的地域标准将文化区分为东方文化和西方文化;等等。应当承认,这些文化划分方式都具有一定的合理性。在此,我们立足现代生活世界的结构,将文化层次划分为日常心理、大众文化与理论思潮三种形态。

之所以将文化划分为日常心理、大众文化与理论思潮三种形态,主要是因为生活世界的结构性特点决定了文化的分层。一般说来,文化在本质上是人类的一种生存方式,所以根据实践的观点,文化在人类的实践活动中必然由内而外逐渐表现出日常心理、大众文化与理论思潮,逐渐从感性层面上升到理性层面,从而全面反映和制约人们在实践活动中形成的各种文化需求。生活世界的层次分离出现了三种文化形态,比如列斐伏尔(Lefebvre)就曾提出"现代社会现实三个层次"的理论观点。据有关学者的研究,列斐伏尔认为,"现代社会现实是由如下三个层次所构成的,其中,在顶峰的是想象与意识形态层次(文化的碎片化与专业化),包括基本原则(伦理学、美学、唯美主义、模式与模型,被视为'非意识形态'的意识形态,诸如科学主义、实证主义、结构主义、功能主义等等),还有被以上诸种原则所合法化的组织化的次体系,消费的意识形态和作为意识形态的广告宣传"①。所说的这一层次也就是文化的理论思潮形态,是现代文化中高度自觉的、具有相对自律精神的一种文化形态。随后,现代社会现实的"中层是社会想象投射的世界,它包括个人的想象与集体的象征。列斐伏尔的原话是'与意识形态和流行修辞相关的幻觉和神话'"②。这一层次与当前正在兴起的大众文化较为类似。最后,现代"社会现实的最底层则是所谓的实践与感性的层次"③,这也正是与日常心理相对应的层次,处于整个文化形态的底层,具有自发性的特征。

具体而言,日常心理、大众文化与理论思潮的形态划分是现代生活世界的内在结构在社会意识的具体体现。

首先,日常心理是现代文化的基础性形态。文化不仅体现在成熟的文化产品之上,同时也深刻体现在心理意识之中。在以往的文化研究中,日常心理处于边缘地位,属于社会意识的低级形态,没有在理论上受到重视。但是,随着生活世界各种问题的出现,日常心理形态的文化问题开始凸显。显而易见的事实是,随着生活方式的剧烈变动,日常心理与相对成熟的文化产物发生了断裂与脱节。在传统社会,由于生活方式的周而复始,人们的日常心理较为稳定,甚至由此产生了文化的

---

① 刘怀玉:《现代性的平庸与神奇:列斐伏尔日常生活批判哲学的文本学解读》,北京:中央编译出版社2006年版,第264页。
② 同上。
③ 同上。

"心理积淀",而经典文化与日常心理的关系高度契合。以中国传统的儒家文化为例,囿于小农生产形态而形成了以家族为中心的生活形态,随之产生了重视家庭、照料家人、亲子孝悌的日常心理,进一步巩固为"父慈子孝""亲亲尊尊"的伦理关系,这与儒家经典始终弘扬的孝道文化高度一致。但是,在现代生活中,生活方式不再一成不变,而是不断变革,尤其是在中国这样的转型社会中,生活方式发生了重大转型:从农业文明转入工业文明,又从工业文明迈向后工业文明;从乡村转向都市,又在都市缅怀"乡愁";从自然经济到计划经济,又从计划经济到市场经济;从短缺时代到过剩时代,又从物质过剩时代进入精神贫乏时代;从集体主义时代到个体主义时代,又从个体主义时代朝向共同体建设;从人与人之间的伦理关系到契约关系,又从契约关系发展到更为健康合理的人际关系……社会生活方方面面的变化不仅冲击着传统的文化观念和伦理道德,而且这些生活方式剧烈变革在短时间内的集聚势必触及日常心理问题,这些日常心理问题已经超出了原先的文化边界而呈现出"失范"特征。更为重要的是,生活方式的剧烈变革不仅冲击着日常心理,而且文化发展的逻辑也已经深入心理层面。以往文化研究之所以不重视日常心理,是因为传统的文化发展停留在高度自觉、相对清晰的社会意识层面。而日常心理之所以凸显,是因为现代的文化发展已经深入人们的潜意识乃至无意识领域。在现代生活世界中,文化开始越出原有的轨道,迅疾进入日常生活,文化向心理层次的渗透,使得人们的潜在欲望和心理需求受到现代生产方式与生活方式的支配与操纵。比如,在 20 世纪 40 年代之后,随着资本主义现代化的全面展开,从城市向广大农村侵蚀,人们的日常生活发生了巨大的变化,即整个社会都卷入了以消费为主导的资本主义经济过程中,人们的心理也随之发生了变化。消费主义心理特点在一定程度上合乎资本主义的要求,因为消费社会的盛行就需要有超前消费、及时行乐的心理,否则产品过剩,无法消费掉,资本积累与再生产过程也就无法重新开始。消费的盛行必将助长一种犬儒主义的心态,这正是马尔库塞感叹发达资本主义社会单向度化的心理支撑力。正因为文化发展已经渗透到了日常心理,所以日常心理也是一种值得重视的文化形态。正如列斐伏尔所说,"日常生活作为人和物立足的地基,被一层又一层的漩涡和循环所包围着,……更真实一点说,也许日常生活就是一层覆盖在无意识的洞穴与管道上的土壤"[①]。列斐伏尔所说的"无意识的洞穴与管道"正是日常心理。从这一角度看,与其说日常心理是文化发展的低级形态,毋宁说日常心理是文化发展的基础形态。

其次,大众文化是现代文化的主流形态。正是奠基在大众的日常心理之上,文化从内在的日常心理开始外化为大众的行为方式和价值取向,由此构成了文化形态的第二个层面,即大众文化层面。大众文化与生活世界的关系更为密切,有学者指出,"大众文化在形式上并不一味崇尚创新,而是偏爱惯例,如重复的结构(大团圆、因果报应等),重复的母题(永恒超越的爱情、安全和秩序的最终回归),重复的角色设定(常常是善恶分明的)。……大众文化表达的是普通人的常态经验,而不是精英们推崇的非常态经验(精英经验),它是日常生活的文化,而不是否定日常生活的文化"[②]。按照传统的文化研究,文化被划分为精英文化与大众文化,而且精英文化居于主导地位,大众文化处于附属地位。但是,现代生活世界在媒介方式的巨大变革下,大众文化开始勃兴,成为影响力极大的主流文化形态。值得注意的是,文化理论对大众文化的态度也经历了一个从批判到辩护的转变过程。以往的文化理论基于精英主义立场而批判大众文化,认为大众文化是资本主义文化工业的产物,是文化商品化、庸俗化、泡沫化的体现,是取悦大众、嘲笑崇高、媚俗丑陋的文化形式。法兰克福学派的文化工业批判即是对这种大众文化的抵抗。然而,在英国文化唯物主义看来,"民众并不是大众文化产品的消极接受终端,而是可以主动地发挥自己的选择性与创造

---

① Henri Lefebvre, *Everyday Life in the Modern World*, New Brunswick: Transaction Publishers, 1994, p. 109. 转引自刘怀玉:《现代性的平庸与神奇:列斐伏尔日常生活批判哲学的文本学解读》,北京:中央编译出版社 2006 年版,第 265 页。

② 陶东风等:《当代大众文化价值观研究:社会主义与大众文化》,沈阳:辽宁教育出版社 2014 年版,第 117—118 页。

性"①。由此出发,大众文化并非只有消极功能,也具有积极意义,应当予以肯定和重视。那么究竟如何来看待大众文化呢？虽然大众文化发展确实存在着鱼龙混杂、良莠难分的问题,但是大众文化的兴起具有一定的必然性,这是由文化发展的民主化和扁平化趋势所决定的。在传统社会,文化精英垄断了文化话语权,大众要么被动接受精英文化,要么干脆被排斥在文化发展之外。而到了现代社会,首先是文化传媒技术高度发达,冲破了文化精英的垄断地位；其次,社会经济结构不断扁平化,"大众社会"得以塑形,文化重心必然下沉到每个个体；最后,由于社会必要劳动时间随着科技发展而不断压缩,普通劳动者的闲暇时间大幅增多,这为大众文化的集体消费创造了时间与需求两大必要条件。最终的结果必然是大众文化的强势出场。换言之,大众文化的勃兴本身是现代生活世界转型的必然体现。面对大众文化,人们固然应当正视大众文化的种种泡沫,尤其需要对大众文化的商品化、庸俗化、新奇化、虚无化等问题加以必要的引导,但是抵抗大众文化乃至放弃大众文化的做法也不可取,一旦社会价值观的主旋律脱离了大众文化这个主流形态,就会孤掌难鸣。

最后,理论思潮是现代文化的高端形态。文化形态不仅表现为日常心理和大众文化,而且会在前两者的基础上形成具有高度反思性的理论思潮,由此构成文化形态的一个重要层面。与日常心理和大众文化的自发性特征相比,作为一种文化形态的理论思潮具有高度的自觉性,尤其是体现为理论思潮对生活世界的反思性、批判性和超越性。从生活世界的视域看,理论思潮虽然是由知识精英群体所创造的文化产物,但并非书斋里的孤芳自赏,也不是纯粹精神领域的抽象演绎；理论思潮虽然是对生活世界的批判与反思,但却植根于生活世界的实践基础。这是因为:第一,理论思潮的问题意识源于生活世界的实践基础,正如有学者指出,理论思潮"能够抓住当时社会最为敏感的问题,并能够对这些问题在价值、实践层面上做出明确的答复,尽管其理论根基不是非常深厚和准确,但是它面对的问题却是整个社会非常关心并且是

---

① 徐海波:《意识形态与大众文化》,北京:人民出版社2009年版,第118页。

亟待解决的。具有鲜明的时效性和敏感性"①。第二,理论思潮的传播方式必然借助于生活世界的大众生活。理论思潮并非单纯的理论,而是一种思潮,亦即一种观念运动。理论能演变为思潮,离不开生活世界的大众参与。有学者指出,"严格意义的社会思潮,无疑是指较大规模的观念形态的运动,是特定社会的各种矛盾尖锐化、复杂化在思想领域的反映,通常是从知识分子群体发端,推向或大或小的社会层面进而影响到生活世界与民众心理的思想运动"②。第三,理论思潮之间经常出现非常激烈的对立与交锋,呈现出价值观上的"诸神之争",而这种"意识形态丛林"的分歧则源于生活世界的内部矛盾。在中国,不同理论思潮的产生,既是由传统价值观念在现代社会所面临的冲击引起的,也是由市场经济发展后社会阶层的变化引起的。这些思潮体现了不同阶段、不同经历的人对中国社会的不同看法与态度。由于上述三点原因,理论思潮与生活世界具有密不可分的内在联系。正因为理论思潮与生活世界的内在关联,所以人们应当在社会发展的总体视域中把握理论思潮的发展趋势与走向。

以西方国家为例,在资本主义社会不同发展阶段,其文化理念的主导逻辑存在着一定的差异。在 19 世纪后期,资本主义从自由资本主义阶段进入组织化资本主义阶段,这时的理论思潮也开始出现相应的变化。如组织化生产更强调一种科层管理与严格的纪律,福特主义的推广开始将消费文化及消费理念纳入生产过程之中,并随着电力、交通运输的发展带来的时空压缩所造成的现代性眩晕感等,影响到人们的心理结构及其思想观念。实际上,正是在这个阶段,弗洛伊德、尼采、海德格尔、卢卡奇等人引领的各种理论思潮才能被准确把握。20 世纪 70 年代之后,资本主义社会从组织化向后组织化阶段转变。只有这种转变,才会产生后现代主义、后殖民主义等文化主题,才能理解新自由主义等的兴起。只有在全球化时代,新自由主义等文化思潮才能真正产生全球性的影响,消费文化才能获得今天这样的普遍性。所以,理论思潮必

---

① 刘建军:《当代中国政治思潮》,上海:复旦大学出版社 2010 年版,第 2 页。
② 高瑞泉主编:《中国近代社会思潮》,上海:华东师范大学出版社 1996 年版,第 12 页。

须在生活世界的总体视野中加以分析和透视,而不能仅就理论思潮谈理论思潮。当然,在与日常心理和大众文化所不同的精英文化中,理论思潮并非唯一的文化形态,但是理论思潮却占据了日渐重要的地位。理论思潮关系到一个国家或地区的道路选择与发展走向,关系到文化整合与社会团结,关系到文化发展的精神内核与发展趋势。所以,理论思潮必须被纳入文化发展的总体视野中,而不能被简单视为是与文化相隔离的政治问题。

日常心理、大众文化与理论思潮共同构成了现代文化的总体格局,也都具有不可替代的战略地位和文化功能。由于日常心理、大众文化与理论思潮的文化特性的深刻差异,这三种不同形态的文化也必然具有不同的发展逻辑,从而具有不同的发展趋势。要想深刻把握现代文化的发展趋势,必须对日常生活、大众文化与理论思潮进行分门别类的细致考察,而不能混为一谈,这也正是生活世界向现代文化提出的重大课题,应当引起人们的高度重视。

第四章

日常心理的当代发展

在当今时代的文化发展格局中,日常心理、大众文化与理论思潮共同构成了现代文化的三个层次,其中日常心理在当今时代文化发展中占据了不可替代的重要地位。所谓日常心理,是指在一定社会历史条件下弥漫于整个社会群体中的心灵状况,代表了整个社会的集体情感,是具有一定公共性的感性意识,是文化发展的心理诉求与深层需求,是当代社会文化中不可或缺的重要组成部分。在此意义上,日常心理是推动文化发展的内在动力,是当今时代文化发展的基础。所以,人们需要在文化发展中重新认识日常心理的基础性地位,合理把握日常心理的新特点、新趋势,从而引导我国日常心理的健康发展,最终实现我国文化发展的总体进步。

一、日常心理与文化发展的内在联系

在传统的文化研究视域中,日常心理一直处于被人遗忘的尴尬境地。由于日常心理的自发性、朴素性和直观性,同时由于日常心理只是人们的主观感受体验,因此日常心理被视为文化发展的表层结构和低级阶段。然而,随着现代社会的发展,文化发展不再停留在人们高度自觉的理性意识之中,而是深入人们的心灵深处,于是围绕日常心理的相关分析逐渐成为文化研究的热点话题,日常心理的文化发展功能也开始受到人们的关注和重视。人们逐渐发现:与其说日常心理是文化发展的表层结构,毋宁说是文化发展的深层动力;与其说日常生活是文化生活的初级阶段,毋宁说是文化发展的重要基础;与其说日常心理是理性精神之前的感性认识,毋宁说是培植人文理性的涵养土壤。在此意义上,日常心理问题的理论凸显本身就是当今时代文化发展的特征与趋势之一。

(一) 日常心理研究的理论凸显

按照马克思主义的社会意识理论,社会意识具有不同层次结构。其中所谓的"思维方式""世界观""哲学"等社会意识是经过理性反思而系统提炼的社会意识;日常心理则是依托日常生活而形成的朴素的感性认识,具有一定的自发性与直观性。尽管如此,日常心理是社会意识中具有一定独立地位的意识层次。正如同社会意识具有一定的层次结构,日常心理也有自身的层次结构。日常心理的第一个层次是相对较为稳定的心理气质,例如人们常说的风俗人情、价值取向、民族精神、国民性格之类,这一层次的日常心理往往在长期的历史发展中积淀而成,因而具有一定的稳定性;日常心理的第二个层次则是具有应激性的情绪心态,例如精神需求、利益诉求和社会心态等,这一层次的日常心理往往由外物所激发,随着社会条件的变化而变化,因而具有高度的流变性特征。[①] 从日常心理的这两个层次来看,日常心理既是漂浮于社会意识之上的浅层情绪,同时也是积淀于民族文化之中的深层结构,所以内涵丰富的日常心理是文化或社会意识中的独立部门。人们对于日常心理的理论反思也经历了一个从忽视到重视的理论转变过程。

长期以来,日常心理问题一直处于文化理论研究中的边缘地位而不被人所重视。之所以会出现这样的局面,主要是因为近现代文化是

---

① 参见〔苏〕安德列耶娃:《社会心理学》,蒋春雨等译,天津:南开大学出版社1984年版,第168页。

以理性反思为基础的文化形态。在这种高度理性化和形式化的文化形态中，日常心理被视为一种感性意识而遭受轻视。自启蒙运动以来，运用人的理性去审视世界成为具有普遍性的文化法则。在此过程中，人被视为理性的存在物。笛卡尔的命题"我思故我在"便是从理性的角度界定人的主体存在状态，由此成为近代主体性哲学的开端。此后，理性压制了感性，成为文化领域的主导精神。需要说明的是，这种理性是全方位的理性，包括了经济理性、科技理性、政治理性、哲学理性等多个维度。也就是说，理性精神进入各个社会领域，由此构成了整个社会的理性化进程，亦即社会按照理性原则进行自我构建。在此过程中，科学技术成为理性社会的技术架座，经济理性成为理性社会的主导原则，政治理性则主要体现为表征个体独立性的权利观念以及个体和个体之间的契约精神。正因为整个近代社会完成了理性化的自我构建，所以才有了理性精神的形而上学表达，即形成了理性主义哲学。在理性主义哲学看来，以启蒙名义出场的理性精神成为现代社会的内在原则，因而也成为整个近代社会的价值基础。至此，从经济基础到上层建筑，理性统治了近现代社会。在理性统治下的近现代文化中，日常心理被作为感性认识，因而被视为社会意识的初级形态，不被人们所重视。原本感性意识是理性意识的初始阶段和必经之路，然而，作为感性意识的日常心理却要受到理性的审判。

然而，随着现代社会的发展，日常心理慢慢摆脱文化研究中的边缘地位，成为理论家们关注的议题。人们在深刻意识到"理性压制感性"的消极后果后，也开始认识到日常心理所具有的积极功能和独特价值，由此形成了文化研究中对日常心理的理论反拨。

在意识形态发展理论中，率先认识到日常心理作用的是马克思。马克思深刻认识到，资本主义的发展过程离不开资本逻辑对日常心理的全面建构。马克思在《资本论》第一卷中专门分析了商品拜物教。在马克思看来，作为资产阶级社会的日常心理，商品拜物教正是资本逻辑进入人们的潜意识乃至无意识领域的产物。在商品拜物教这种日常心理的投射下，看似普通平常的商品物便表露出一定的神秘性。这种神秘性在于，作为物的商品似乎具有价值增殖的独特魅力。例如，生产某件商品的成本是10元,而转手卖出的标价是15元,于是商品生产者就获得了5元利润。在人们看来,这5元钱的利润似乎来自商品本身,商品因而成为能够带来财富的"物",获得了一种"超感觉的物"①的神秘性。这种商品拜物教正是资本主义的日常心理的基本形态之一。对资本主义而言,以商品拜物教为典型的日常心理之所以重要,是因为商品拜物教使人们只看到商品的物质形式而忽略了商品生产的社会性质。在此意义上,商品拜物教通过生产过程与交换过程的分离而使人们忽视了商品的生产过程,由此起到了"遮蔽"作用。于是,马克思进一步揭露了商品拜物教的秘密,即以物的外在形式遮蔽了内在于商品生产过程的社会关系。这便是商品拜物教的"物化"机制。根据这种"物化"机制,人们只看到商品世界中物与物的交换关系,而遗忘了生产商品的劳动关系,尤其是人与人之间的关系。资本主义剩余价值的剥削过程正是在商品拜物教的滤镜中被遮蔽了,从而使人们对资本主义生产的非正义性视而不见。这便是马克思所说的"商品形式的奥秘"②。进而,当人们只看到物与物之间的交换关系而遗忘了生产者与生产者的社会关系时,人们也就完成了对资本主义生产过程的"合法性确认",于是人们认为商品经济的等价交换是天经地义的行为,从而遗忘了潜伏于商品等价交换之下的不平等剥削。这既是资本逻辑对日常心理的深层掌控,也是日常心理与资本主义的合谋。

值得注意的是,马克思也曾深刻地指出,资本主义的日常心理结构原本并非只有拜物教一种路径,而是资本主义的社会意识完全服务于资本增殖的逻辑,在此意义上,资本主义的日常心理甚至溢出了物质生产和商品交换的边界而进入文化生活之中。值得注意的是,马克思曾经专门指出,作为日常心理的宗教观念也在资本主义社会发挥了很大作用。长期以来,人们往往关注韦伯在分析资本主义兴起过程中的所谓"新教伦理",而认为马克思忽略了资本主义的心理维度。殊不知,马克思在《资本论》中就曾指认过,在资产阶级社会中,新教是"最适当的

---

① 《马克思恩格斯文集》第5卷,北京:人民出版社2009年版,第88页。
② 同上书,第89页。

宗教形式"①,亦即新教与资本主义之间具有精神的同构性,这种同构性便是新教和资本主义都崇拜抽象的人,而非现实的人。在马克思看来,基督教之所以能够在资本主义时代兴起,其原因并非韦伯所说的"新教伦理",而是因为基督教崇拜抽象的人,基督教的抽象性与资本主义的抽象性构成一种同质关系,因而基督教成为资本主义社会所独有的宗教形态,亦即成为资本主义的日常心理。

纵观马克思的日常意识批判理论,人们不难发现,马克思日常意识批判理论的鲜明特点在于,马克思将日常意识还原到了社会发展的现实语境之中,在社会批判的过程中去除了日常心理的独立外观,而洞见到了日常心理的现实基础。

在马克思之后,许多哲学家和社会学家都开始高度重视日常心理问题。在西方马克思主义发展脉络中所出现的弗洛伊德主义的马克思主义正是日常心理研究的主要代表。弗洛伊德在人的精神结构中发现了"无意识"的重要维度,这种"无意识"正是人们的日常心理。这种"无意识"的发现开启了社会批判理论的新视域,即从社会心理的角度批判资本主义社会。也就是说,各种病态扭曲的心理的实质是资本主义病态社会的精神表征。此后,西方马克思主义中的弗洛姆、赖希(Reich)、马尔库塞、拉康(Lacan)、齐泽克(Žižek)等人将弗洛伊德的精神分析方法与马克思的意识形态批判理论相结合,从而共同展开对资本主义心理结构的病理学诊断与批判。正如有论者所说:"精神分析与马克思主义哲学质言之虽然是两条不同的思想路线,但在对工业文明批判方面却具有共同的理论旨趣。作为对发达资本主义铁笼的挣脱,精神分析围绕自我压抑、精神分裂、神经症等问题把哲学探索引向个体主体的心灵深处。"②西方马克思主义有关日常心理的研究颇为丰富,人们从中看到了理性与情欲、文明与压抑、意识与无意识、操纵与支配等一系列复杂的心理机制,看到了日常心理在资本主义社会中所占据的

---

① 《马克思恩格斯文集》第5卷,北京:人民出版社2009年版,第97页。
② 张一兵主编:《当代国外马克思主义哲学思潮》上卷,南京:江苏人民出版社2012年版,第187页。

重要地位。

至此,日常心理彻底走进了人们的理论视野,成为文化研究中不可或缺的重要维度。从理性文化对日常心理的压制与排斥,到人们对日常心理的高度重视,此即日常心理研究的理论凸显。日常心理研究之所以出现从忽视到重视的地位转变,不仅是因为理性的失落,也是因为人们看到了西方理性主义带来诸多负面效应而对此加以系统批判,更重要的是现代文化的发展逻辑已经突破了人们的理性意识的边界,深入日常心理之中。换言之,日常心理研究的理论凸显,究其根源是现代社会的发展逻辑所推动的结果。

(二)日常心理的文化发展功能

日常心理研究的理论反拨过程也是日常心理在现代社会的凸显过程。以往文化研究之所以不重视日常心理,是因为传统的文化发展停留在高度自觉、相对清晰的社会意识层面。而日常心理之所以凸显,是因为现代的文化发展已经深入人们的潜意识乃至无意识领域。在现代生活世界中,文化开始越出原有的轨道,迅疾进入日常生活领域。现代文化向心理层次的深入发展,使得人们的潜在欲望和心理需求被整合进现代生产方式与生活方式,并在其中发挥了至关重要的价值支撑作用。在此情形下,人们逐渐认识到日常心理对于文化发展的重要功能。

第一,日常心理是社会风尚的直接反映。人们注意到日常心理具有不稳定性,这种不稳定性主要体现在日常心理会随着社会的变化而迅疾转向,尤其是体现在社会情绪之中。日常心理的这种不稳定性表明,日常心理是社会风尚的直接反映,往往具有高度的敏感性。由于日常心理能够直接反映社会风尚,所以处于一定社会中的人们,其文化上的偏好、价值上的取向、理想上的追求都可以在日常心理中找到深层次的根据。作为社会风尚的直接反映,日常心理往往蕴含着巨大的文化潜能。有学者指出:"原来互不干涉、心理距离遥远的社会成员,现在也发生了信息的交流,情绪的感染,甚至采取协同行为。在这种社会条件下,新的社会心态因素一旦产生,就会重复地、不断地通过自催化、自反馈的机制迅速地复制着自己,急剧地扩大自身的能量。其本质是相关信息快速扩散和急剧膨胀而形成一定的社会能量。"①人们可以看到,在许多历史重大关头,人们正是在日常心理领域汇聚起强大的社会能量,日常心理成为引领时代变革的精神动力,这就是日常心理的惊人能量。虽然日常心理在常态社会中犹如大海般宁静深沉,但是也会在变革时代发挥出惊涛骇浪的巨大力量。

第二,日常心理是民族性格的深厚积淀。日常心理固然具有高度的敏感性和应变性,但是日常心理也具有相当的稳定性,这种稳定性主要体现在日常心理积淀为民族性格。这种经由日常心理积淀的民族性格也就被有些学者称为"文化模式"。也就是说,一个国家和民族的人民在行为方式与价值取向上,之所以同另一个国家和民族的人民有所差异,正是文化模式不同所导致的。民族性格之所以能够上升为文化模式,是因为这种民族性格对于该民族的人民而言往往具有潜在的规范性和隐匿的强制性。换言之,特定国家和民族的人民之所以会如此行事或看待世界,而不是以其他的方式行事或看待世界,往往是由该国家和民族的特定民族性格所决定的。在此意义上,作为文化模式的民族性格也就成了身处特定国家和民族的人民的"集体无意识",因而具有大众性和整合性的特点,可以将人们的行为方式和价值取向提炼为具有总体性的民族性格。于是,本尼迪克特在《菊与刀》中按照文化模式理论分析了日本的民族性格,而这种民族性格正是在日常心理的长期积淀中形成的。同样,中国人的民族性格也是在日常心理的长期积淀中形成的。例如,人们常说中国人具有吃苦耐劳的民族性格,这种民族性格的养成与我国传统社会的生产方式密切相关。在自然经济条件下的小农生产中,中国人始终面临着"人多地少"的困境,只能不断通过高度精密化和集约化的方式进行生产,因此我国特别推崇勤劳简朴的美德。再如,由于小农生产结构是以家庭为单位的,所以中国人特别重视家庭观念,强调父慈子孝、兄友弟恭的家庭伦理。又如,由于农业生产尤为依赖自然条件和气候条件,所以中国人又在长期的小农生产中形成了敬畏自然、敬天法祖的民族性格。又如,中国的小农社会所依赖

---

① 胡红生:《社会心态论》,北京:中国社会科学出版社 2011 年版,第 246 页。

的传统共同体,在本质上是一个熟人社会,所以中国人又在这样的人情社会中形成了所谓的"面子文化",重视情分体面、强调谦恭隐忍、反感飞扬跋扈、推崇稳健圆滑、主张与人为善、讲究人情练达。以上所罗列的中国民族性格无不来自中华民族在历史长河中的心理积淀,这就构成了中国文化的深层结构。所以,日常心理的长期积淀是民族性格与民族精神的重要来源。

第三,日常心理是生活世界的精神保障。许多关注日常生活问题的理论家发现,日常生活的合理运转,离不开日常心理的有力支撑。现代社会是一个生活节奏不断加速的社会,社会生活越是快速运行,就越是需要日常生活的持久稳定。否则,身处现代社会中的人将会处于高度的思想紧张状态,最终会因为压力的超负荷运转而陷入精神崩溃的境地。在此意义上,日常生活是现代人抚慰疲惫心理的生活世界。因此,对这种日常生活的需求也就势必呼唤与日常生活相适应的日常心理,强调亲密关系的和谐、家庭生活的稳定、个人心灵的安顿、人际交往的支撑。也就是说,日常心理具有强大的修复功能。人们一旦丧失了日常心理的精神修复与灵魂安顿,就会堕入社会生活与日常生活的巨大断裂之中而陷入精神分裂、人格扭曲的状态。日常心理在此意义上构成了生活世界的精神保障。日常心理既来源于日常生活,同时也对日常生活和感性实践发挥着巨大的影响。这是因为,处于日常生活中的人既是日常心理的创造者,也是受到日常心理无意识支配的存在者,此即中国古人常说的"习焉不察"。也就是说,正因为以感性实践为主要形式的日常生活具有前反思性的特点,亦即人们在日常生活中更容易受到日常心理的无意识驱动,所以日常心理对于日常生活的合理建构具有十分重要的引导作用。

第四,日常心理是大众文化的需求源泉。大众文化的兴起是现代社会文化发展的重要标志,大众文化是在市场条件下的文化生产新形态,商业性构成了大众文化的鲜明特征之一。大众文化作为一种商业化的文化形态,必然要考虑到文化市场的需要、迎合大众文化消费的内在需求,这就是大众日常心理对大众文化的引导作用。在此意义上,日常心理是大众文化生产与消费的需求结构。满足了大众的日常心理需求,大众文化产品就能赢得市场。反过来说,脱离了大众的日常心理需求,大众文化产品注定遭到受众的抛弃。所以,在以往的研究中,人们过分强调大众文化对日常心理的表达功能与塑形功能,而没有看到,日常心理透过整个社会的流行时尚和舆论风气而得以表现,大众文化作为一种被大众消费的文化形态,必然要满足一定的日常心理。例如,人们往往注意到这样一种现象,"自20世纪90年代初第一部长篇室内剧《渴望》开始,家庭伦理剧就在中国的电视剧舞台上长盛不衰,其产量之高、收视范围之广、影响之深远均为其他种类的电视剧望尘莫及"[1]。究其根源,正是因为人们在日常生活中呼唤家庭伦理的重新回归,希冀在家庭生活中获得心理归宿,正如有学者所说:"家庭叙事逐步从宏大叙事走向微观叙事,价值观从革命理想主义取向发展到个体幸福满足取向,从结构化家庭走向人性化家庭。"[2]这正是人们的日常心理引领大众文化生产的典型缩影。

第五,日常心理是主流意识形态的心灵土壤。在以往的研究中,日常心理作为文化发展的潜在基础并未得到理论上的重视,过分强调意识形态对日常心理的引领功能和矫正功能,而没有看到,对于意识形态而言,主流意识形态要想获得社会主流的认同,必须要植根于一定的日常心理基础之上。在此意义上,日常心理是主流意识形态的心灵土壤,只有扎根于日常心理,主流意识形态才能获得长久的生命力和巨大的影响力。中国的儒家思想之所以在传统中国具有强大的影响力,以至于没有接受过儒家经典系统训练的普通百姓也都恪守儒家的伦理纲常,是因为作为传统中国主流意识形态的儒家思想已经进入了普通百姓的日常世界,这种主流意识形态依托于日常生活而"细水长流"。反观苏联的意识形态建设,苏联之所以会意识形态溃败,在很大程度上是因为主流意识形态与人民群众的日常生活相脱离,甚至主流意识形态与人民群众的日常生活对立起来,将人民群众对美好生活的物质向往

---

[1] 陶东风等:《当代大众文化价值观研究:社会主义与大众文化》,沈阳:辽宁教育出版社2014年版,第276页。

[2] 同上书,第296页。

贬低为资产阶级生活方式。于是，在枯燥乏味、物质贫乏的日常生活中，人们很难建立起对主流意识形态的认同感，因为主流意识形态没有经由日常生活而呈现出一定的合理性与优越性。最终，主流意识形态随着日常心理的压制而陷入枯萎衰竭的状态。所以，主流意识形态的合理建构不能离开日常生活的常态建设，因而也就不能离开日常心理的有效支持。

总的来看，正因为日常心理是社会风尚的直接反映，是民族性格的深厚积淀，是生活世界的精神保障，是大众文化的需求泉源，是主流意识形态的心灵土壤，所以日常心理构成了文化发展的深层结构。从表面上看，日常心理对于文化发展似乎无足轻重、可有可无。但是，日常生活却弥散在人们的社会生活之中，就如同人们在自然环境中所需要的空气、阳光和水。空气、阳光和水看似随手可取而十分低廉，人们往往视若无睹，但人们离不开空气、阳光和水。日常生活正是当今时代人们文化生活中的"空气、阳光和水"，在此意义上，日常心理甚至直接构成了文化生态。如果能够实现日常心理的健康发展，就能为文化发展奠定良好的生态环境。反过来说，如果没有日常心理的健康发展，文化发展徒有光鲜亮丽的外表，人心秩序早已内在溃烂，那么最终将会导致文化乱象层出不穷。正因为日常心理所具有的重要文化功能，所以当代社会的文化发展必须高度重视日常心理的健康发展。

（三）我国日常心理的总体特点

推进我国日常心理的健康发展，不仅要正视日常心理在文化发展中所扮演的重要角色，同时也要顺应当今时代日常心理发展变化的重要特点。而要把握日常心理的发展特点，就必须深入社会发展的内在机理之中，这是马克思"社会存在决定社会意识"的方法论要求所决定的。所以，对日常心理发展特点的合理把握，必须在社会变迁的历史进程中加以审视。

根据中国社会发展的特点，当代中国日常心理的发展特点主要体现为以下四点：

第一，当代中国日常心理从传统社会的"高度稳定"转向现代社会的"急剧变化"。在传统社会中,日常心理具有稳定性特征。在封闭的自然经济条件下,人们通过一成不变的生活方式的不断重复,形成了基于日常生活的稳定价值观结构。传统中国的日常生活具有稳定性,是由传统社会生活方式所决定的。传统中国社会的生活方式具有这样一些特点:首先是具有一定的封闭性,即封闭在诸如家庭宗族、自然村落、行业帮会之中,亦即处于熟人社会之中;其次是具有一定的循环性,如同农业生产的"日出而作、日落而息"一样,传统中国的生活方式始终在不断地重复中展开,这种生活节奏与自然经济条件下的小农生产节奏是高度一致的;再次是强调服从与忍耐,即通过各种所谓的家法、家规等礼教秩序进行身体与灵魂的双重规训,由此确保小农生产的节奏与家庭生活的稳定;最后是强调经验而非理性,生活方式的代际传承往往以生活经验的直接传承为主要形式,费孝通先生将此形象地概括为"同一戏台上演着同一的戏,这个班子里演员所需记得的,也只有一套戏文"①。然而,当中国社会从传统社会转向现代社会时,日常心理就会发生剧烈的转型变化,由此产生了新旧价值观念的激烈碰撞与各种转型心态的竞相涌现等现象,在传统日常心理与现代日常生活的断裂中出现了一个"日常心理的空场"。换言之,由于作为日常心理现实基础的现代日常生活本身处于快速转变中,所以具有一定稳定性的新型日常心理也就未能得以有效建立和长期维系,这就出现了日常心理的失范现象,而这正是日常心理在现代社会急剧变化的重要表征。要想中国日常心理健康发展,关键在于人们生活秩序的常态稳定,亦即建立与现代社会相匹配的日常生活合理秩序。

第二,当代中国日常心理从计划经济时代的"高度同质"转向市场经济时代的"多元分化"。随着中国社会从传统社会向现代社会的历史变迁,中国日常心理不仅从"高度稳定"转向"急剧变化",同时也在日常心理的存在样态上从"高度同质化"转向"多元分化"。随着市场经济体制的建立,社会生活出现了利益的分化和阶层的差异,原先在计划经济时代高度同质化的"群众",在市场经济条件下也转变成了各种异

---

① 费孝通:《乡土中国 生育制度》,北京:北京大学出版社1998年版,第21页。

质性人群集合而成的"诸众"。在此情形下,日常心理势必走向多元分化。正如有学者指出:"进入社会转型期之后,人的个体性被重新挖掘,个人成为一个社会意义上的独立主体,有自主意识和主体意识,个体利益也成为合理的利益诉求点,个体才成为真正意义上的价值主体,因此才产生了完全不同于以往主导价值观念的新的价值观念。……由此,社会价值观开始呈现多元的局面。主流价值观念分化的结果就是价值观多元化,具体表现为各种小众价值观念的兴起。"[1]于是,在现代社会中,人们看到了不同代际、不同身份、不同阶层、不同职业的人依据日常生活的差异而形成了完全不同的日常心理。例如,游离于主流文化之外的各种"亚文化"开始流行,这正是当代中国日常心理高度分化的必然结果。当代中国的日常心理越是高度分化,人们越是渴求日常心理的系统整合,从而为日常生活提供总体性的意义安顿,不致陷入"一地鸡毛"的碎片化状态之中而无所适从。

第三,当代中国日常心理从以往社会的"被动接受"转向新的历史条件下的"主动建构"。现代社会与传统社会具有深刻的差别:前者是以物的依赖性为基础的人的独立性的社会形态,后者则是以人的自然联系为纽带而形成的原始共同体形态。现代社会发展逐渐向个体层面深入,表现在文化领域即是文化主体的个体化和大众化趋势,由此带来了日常心理的重要转变,即从原先的被动教化模式变成了主动构建模式。传统社会的日常心理往往是被意识形态和文化产品所规训、教化和定型,往往具有被动接受的特征。正如有学者所说:"在中国古代的传统社会中,主流价值观念常常被统治阶层操控。通过权威力量的强制、社会规范的约束和思想教育的涵化,统治阶层将他们所期望的价值观念尤其是'善恶''正义'等价值标准灌输到广大民众的日常价值观念之中,形成社会主流价值观念。"[2]但是,现代社会的展开过程即是个体与社会的重新组织化的过程。因此,进入现代社会后,由于个体与社

---

[1] 周晓虹等:《中国体验:全球化、社会转型与中国人社会心态的嬗变》,北京:社会科学文献出版社 2017 年版,第 68—69 页。

[2] 同上书,第 66 页。

会的重新组织化过程,同时伴随着社会关系的解体与重组,个体在现代社会获得了巨大解放。与之相适应,日常心理从原先的被动教化模式转变为主动构建模式。

第四,当代中国日常心理从传统媒介时代的"间接表达"转向新网络媒体时代的"直接表达"。在传统媒介时代,人们的日常心理往往没有直接表达的有效渠道而只能以间接的方式加以表达和传播。这是因为传统媒介对于社会的日常心理往往具有一定的过滤功能。换言之,传统媒介所反映出来的日常心理,其实是经过传统媒介的文化生产者所选择并建构出来的日常心理。对此,有学者将其称之为"新闻折射系统","借助于新闻折射系统来了解和认识社会,对于大众的社会认识主体来说,他们的认识便具有某种间接性。新闻记者和编辑等成为联系读者和社会事件的中介人。相应地,他们的需要和利益、能力和知识、兴趣和偏好等主观的和个人的因素,难免作为一种认知定势而参加到他们对于社会现象的观察与理解之中"[①]。进入网络时代的新媒体时代后,人们可以在网络社会中自由地表达自己的情绪和意见,因而日常心理在网络时代获得了直接发声的渠道。于是,人们在网络社会的众声喧哗中看到了日常心理的出场。在此意义上,网络空间成为人们观察日常心理的一个有效窗口。事实上,在当代中国,表征人们日常心理的话语表达都是率先从网络空间发生,进而传播到整个社会。例如,"空虚寂寞冷""感觉身体被掏空了""佛系心态""丧文化"都是一度作为网络流行用语,后来成为人们日常心理的普遍表达。于是,网络空间往往成为日常心理的汇集地和放大器。因此,在当代中国推进日常心理的健康发展,不能忽视对网络空间的文化治理。

总的来看,我国社会的日常心理发展呈现出不同于传统社会的一系列新特征,在日常心理的内涵上呈现为"急剧变化"特征,在日常心理的存在样态上呈现出"多元分化"的特征,在日常心理的建立模式上呈现出"主动建构"的特征,在日常心理的表达方式上呈现出"直接表达"

[①] 欧阳康:《社会认识论导论:探索人类社会的自我认识之谜》,北京:北京师范大学出版社 2017 年版,第 301 页。

的特征。这些新特征的出现使人们意识到,在当今中国文化的建设中,人们必须高度关注我国在社会转型中所涌现出来的一系列新型日常心理。

二、当代中国社会日常心理的新动向

我国日常心理的巨大变迁构成了我国社会变迁的内在组成部分。对此,曾有学者提出了"中国体验"这一值得高度关注的概念:"我们可以将 30 多年来中国人民经历的这场社会心态的巨大变革视为现在越来越引起人们广泛关注的'中国经验'(China Experiences)的一部分,或者干脆将其称为'中国体验'(China Feelings)。以价值观和社会心态的嬗变及其感受为核心的中国体验,是 30 多年的改革开放带给 13 亿中国人民的主观感受和心理积淀,它在精神层面上赋予中国经验以完整的价值和意义。"① 在构成"中国体验"的日常心理中,人们发现,随着消费社会、流动社会、风险社会、陌生人社会、竞争社会等特点的出现,我国日常心理也呈现出了新的发展趋势。如何看待这些新型日常心理的出场,如何评估其价值,又如何对其加以引导,成为我国日常心理领域的重要课题。

(一)消费社会与欲望伦理

从生产社会向消费社会的转变,是我国经济社会发展的必然结果。消费社会的出场,并非"告别生产",而是告别"短缺经济"。如果望文生义地理解消费社会或一味拔高消费的作用,就会产生一种理论错乱:似乎消费已经代替生产成为社会经济的发展动力,物质生产似乎在消费社会沦为无足轻重的边缘地位。这是对消费社会的严重误读。即使进入消费社会,消费在社会经济活动中的重要性不断上升,物质生产也仍然在社会发展中占据基础性地位。换言之,消费社会只是改变了生

---

① 周晓虹等:《中国体验:全球化、社会转型与中国人社会心态的嬗变》,北京:社会科学文献出版社 2017 年版,第 430 页。

产方式,而没有取消物质生产的决定性作用。在生产社会中,消费之所以被压抑,是因为当时生产力发展水平处于短缺状态,于是人们将重心放在生产,消费的意义仅是保证生产者的自我保存和生产过程的连续运转。随着生产力的发展,社会经济从短缺状态转变为过剩状态,此时消费不再处于生产链条的末端,而是位置迁移,起到了调节生产的作用,确保物质生产更好地匹配社会需求,从而优化生产结构,改善过剩状态。此即消费社会的出场逻辑。

消费社会的出场,并不意味着物质生产的退场,而是"丰裕社会"的出场。对此,鲍德里亚深刻地指出,从生产社会到消费社会的转型,意味着人与物的关系发生了根本性的转变,从"物为人服务"转向了"人被物包围",即"今天,在我们的周围,存在着一种由不断增长的物、服务和物质财富所构成的惊人的消费和丰盛现象,它构成了人类自然环境中的一种根本变化"①。所以,从生产社会到消费社会的转型过程即是从匮乏社会向丰裕社会的转型过程。进入消费社会,不仅生产方式发生了变化,而且消费方式也发生了深刻变化,从以往的规模化消费转向个性化消费。

消费社会的出场不仅是经济发展方式的转型,同时也意味着社会心理的深刻转变,这主要体现为整个社会的欲望伦理的深刻转变。在物质匮乏的生产社会,人们出于快速积累物质财富的需求而强调"禁欲",推崇节俭、压制欲望,这就是韦伯所说的"新教伦理"的实质内涵。在韦伯看来,"……这种世俗的新教禁欲主义与自发地享受财富几乎势不两立;它约束着消费,尤其是奢侈品的消费。……一旦对消费的约束和这种获利能动性释放结合在一起,一种不可避免的实际效果也就显而易见了:通过禁欲主义的强制节俭实现资本的积累"②。进入消费社会之后,节俭的伦理不再被尊奉,欲望的解放成为新的动力。于是,经济发展不再停留于人们的生存需要,而是依靠欲望的不断再生产。正

---

① 〔法〕让·波德里亚:《消费社会》,刘成富、全志钢译,南京:南京大学出版社2000年版,第1页。
② 〔德〕韦伯:《新教伦理与资本主义精神》,阎克文译,上海:上海人民出版社2010年版,第267—268页。

如鲍曼所说:"需求和满足之间传统的关系将要被颠覆:对满足的承诺或期许会优先于需要,且总大于既有的需要,但是又不能太大以至于消除了对所承诺物品的欲望。"①欲望的解放,带来了整个社会心理的深刻转型,形成了消费主义、享乐主义等新的日常心理结构。

欲望的解放是消费社会中必然出现的客观现象,但是如果对泛滥无归的欲望洪流听之任之,任由欲望冲决社会规范和心理防线,那么就会产生一系列负面效应。所以,一个社会的健康发展和合理运转,离不开对人们欲望的调节,避免出现虚无主义的局面,这就需要"欲望伦理"的出场。值得注意的是,提倡"欲望伦理",不是重蹈"存天理、灭人欲"的覆辙,不是压制欲望乃至取消欲望,而是调节欲望。之所以倡导"欲望伦理",是因为欲望的无限解放将会出现如下一系列负面效应:

第一,欲望的无限解放将会颠倒人与物的合理关系。如前所述,消费社会中出现"物的过剩",使人与物的关系发生了根本性的倒转,从"物为人所用"转变为"人被物包围"。对此,弗洛姆曾经忧心忡忡地指出:"个人不是作为一个积极承担他自身力量和丰富内心世界的人而体验着,而是作为一个依赖于他身外的、他投射于他的生命存在物的理论的、枯竭了的'物'而体验着。人从他自己选出的领导者面前俯首称臣。对于他来说,他自己的行为是一种异己的力量,这种力量不是由他来支配,而是监督他,并与他对抗。我们创造的产品比过去越发地联合在一起,形成一种超越于我们之上的客观力量,这种力量为我们所无法控制,它打破了我们的期望,摧毁了我们的设想,成为决定人类发展的主要因素。"②弗洛姆所说的正是人在消费社会中沦为了"抽象的存在",从而使得人的生存价值在不断失落。也就是说,欲望的无限解放使得人的本质性力量不断空洞化。

第二,欲望的无限解放将会扭曲人的真实需求。长期以来,人们没有对欲望和需求进行必要的理论界划,往往将两者混为一谈。根据马

---

① 〔英〕齐格蒙特·鲍曼:《工作、消费、新穷人》,仇子明等译,长春:吉林出版集团有限责任公司 2010 年版,第 66 页。
② 〔美〕埃里希·弗洛姆:《人的呼唤——弗洛姆人道主义文集》,王泽应等译,上海:上海三联书店 1991 年版,第 85—86 页。

克思的需求理论,需求与欲望的分野在于,需求是基于人的自我生存和发展,而欲望则是基于对物的无限追逐。也就是说,究竟是人还是物作为立足点,是判别需求与欲望的主要标准。进入消费社会后,需求与欲望的界限被敉平,这与人和物的颠倒关系是同步进行的。正如马克思所说:"产品和需要的范围的扩大,要机敏地而且总是精打细算地屈从于非人的、精致的、非自然的和幻想出来的欲望。"①欲望无限解放,结果出现了马克思所说的深刻悖论:"一方面出现的需要的精致化和满足需要的资料的精致化,却在另一方面造成需要的牲畜般的野蛮化和彻底的、粗陋的、抽象的简单化。"②也就是说,进入消费社会后,从表面上看,人们的"需求"不断细分乃至丰富多元,亦即"精致化",但是这些"需求"实则都是物欲。当人们沉迷在物欲的无限满足后,也就遗忘了人的发展需求,因而在物欲中沉沦。在此意义上,马克思将此称为"野蛮化"。精致化与野蛮化的悖论之所以出现,症结在于需求与欲望的敉平,而这正是欲望无限解放后的必然后果。

第三,欲望的无限解放将会湮灭人的真正个性。个性化发展是人的发展的题中应有之义。在此方面,消费社会确实促进了人的个性化发展,因为消费社会的消费方式逐渐转向个性化消费。然而,随着欲望的无限解放,个性不再是消费的内在动力,而是物欲的外在标签。换言之,个性被空洞化为符号。按照社会学家鲍曼的说法,"个性的秘方以批发的方式被兜售掉了","你的自我所具有的最不同于流俗的特征,只有在他们被转化成时下最为常见、最为广泛使用的流通货币时,其价值才能够得到认可"③。这意味着,在消费欲望的支配下,人们的个性看似千差万别,其实具有高度的同质化,都沦为海德格尔所描述的"常人"状态。正如有学者指出:"真正的个性体现在人们物质生产与社会生活等维度的全面发展活动中,而非片面限定在单向度的消费活动中;真正的个性是人的本质性力量在实践活动中的自我实现,而不是对物质利益

---

① 《马克思恩格斯文集》第1卷,北京:人民出版社2009年版,第224页。
② 同上书,第225页。
③ 〔英〕齐格蒙特·鲍曼:《流动的生活》,徐朝友译,南京:江苏人民出版社2012年版,第19—20页。

的无限追逐;真正的个性根植于人对全面而自由的发展目标的真实需求,而非根植于消费社会所炮制出来的虚假欲望。"①可见,一旦取消欲望与需求之间的界限,就会泯灭人的真正个性。

第四,欲望的无限解放将会夷平社会价值观念。在《共产党宣言》中,马克思以生动形象的笔触写道:"它无情地斩断了把人们束缚在天然尊长的形形色色的封建羁绊,它使人和人之间除了赤裸裸的利害关系,除了冷酷无情的'现金交易',就再也没有任何别的联系了。它把宗教虔诚、骑士热忱、小市民伤感这些情感的神圣发作,淹没在利己主义打算的冰水之中。它把人的尊严了变成了交换价值,用一种没有良心的贸易自由代替了无数特许的和自力挣得的自由。……资产阶级抹去了一切向来受人尊崇和令人敬畏的职业的神圣光环。它把医生、律师、教士、诗人和学者变成了它出钱招雇的雇佣劳动者。"②马克思所描绘的图景也适用于消费社会。欲望的无限解放将会导致社会价值观念的全面商品化,从而沦为虚无主义的状态。也就是说,社会心理和文化结构将会面临意义失落和价值观废黜的可悲命运。

以上便是欲望在消费社会的无限解放所带来的负面日常心理,所以对欲望的合理调节势在必行,欲望伦理的建构正逢其时。要想在消费社会矫正欲望伦理的无节制泛滥,关键的问题并不在于取消消费,而是在于重建消费活动的价值取向,特别是构建合理的消费文化,并且要促进文化消费,形成文化消费与消费文化的良性互动。有论者强调:"当生产方式的差异逐渐被现代性车轮碾平的时候,消费似乎已经成为塑造和表征人的文化认同和自我认同的主要因素。消费已经成为界定人们存在、个性、政治立场、价值观和文化定位的标志。在这种情况下,我们应该把人们的消费转向发展性消费,特别是精神发展的消费,只有这样,我们才能借助现代性力量构筑人们的现代认同而避免消费主义

---

① 王洪新、于冰:《消费社会的个性发展悖论:理论透视与合理解决》,《中国人民大学学报》2019年第3期,第111页。
② 《马克思恩格斯文集》第2卷,北京:人民出版社2009年版,第34页。

的负面影响。"①也就是说,克服消费社会欲望伦理的负面影响,必须依赖文化消费的健康发展;反过来说,文化消费的不断升级,也有助于克服欲望伦理的泛滥无归、享乐主义的奢靡之风和利己主义的过度膨胀。这正是消费社会与文化发展的辩证法,也是扬弃欲望伦理的根本路径。

(二) 流动社会与归属意识

现代中国社会不仅进入了消费社会,也进入了流动社会。当前中国社会的流动性比以往任何一个时代都大得多。在计划经济时代,国家对社会成员的整合主要是通过城市里的单位体制和农村里的大队体制实现的。20世纪90年代后,随着多种经济成分的蓬勃发展和体制外空间的扩展,单位对个人的整合能力趋向减弱,尤其是在国企和乡镇企业经历改制后,大量从业人员进入社会流动领域,从"单位人"转变为"社会人":在城市,大量国企工人在下岗分流中从单位走向社会;在农村,大批农村剩余劳动力不再"离土不离乡",而是进入城市打工,形成了庞大的农民工群体;此外,当代中国社会还有一类大规模的社会流动,即体制内的个体自主选择"下海",从体制内走向体制外。从单位到社会、从乡村到城市、从体制内到体制外,中国的大规模社会流动既为市场经济体制奠定了庞大的劳动力市场,同时也从根本上改变了计划经济条件下以单位制为核心的社会整合体系。中国社会的流动性在不断增强,这使我国的日常心理也发生了深刻的变化,主要表现为心灵归属感的缺失与呼唤。

对人们的日常心理而言,流动社会的出场也带来了个体解放的悖论:一方面,个体从传统社会机体中独立出来,流动社会标志着个人自主性达到了一定的历史高度。人们将这种个体在流动社会中的独立化过程视为"脱离",也就是个人对既定社会秩序的抽离与重新嵌入。正如美国社会学家丹尼尔·贝尔所说:"脱离,即从历史地规定的、在统治和支持的传统语境意义上的社会形式与义务中脱离(解放的维度);与

---

① 韩震:《全球化时代的文化认同与国家认同》,北京:北京师范大学出版社2013年版,第47页。

实践知识、信仰和指导规则相关的传统安全感的丧失（祛魅的维度）；以及重新植入——在这里它的意义完全走向相反的东西——亦即一种新的形式的社会义务（控制或重新整合的维度）。这三个因素——脱离（或解放）、稳定性的丧失和重新整合——自身都包含着无数的误解，从而构建了一种普遍化的、分析式的、非历史的个体化模式。"①也就是说，流动社会的出现意味着个体独立性的充分实现。在传统的计划经济时代，人们被禁锢在一定的社会体制之中而丧失了流动的可能性，无法自主地选择自己的生活方式。在此意义上，流动社会的生产与个体地位的独立化，无疑具有历史进步的积极意义。

另一方面，个体的流动也带来了心灵归属感的缺失现象，使现代中国人陷入"无家可归"的文化迷茫之中。个体从既定社会机体中的抽离固然意味着个体独立地位的获得，但也意味着个体丧失了原有社会机体的有效保护。当人们在流动社会中彻底成为孤立的个体时，他也就脱离了原来的生活网络，同时也脱离了原有生活网络为其提供的心灵支撑。一旦原有的生活网络及其所提供心灵支撑日渐解体，那么也就会陷入个体的意义迷茫状态。在今天中国社会，城市中的人们在普遍哀叹"空虚寂寞冷"，在异乡打拼的流动人员陷入"城市容纳不下我的身体，乡村容纳不下我的灵魂"。之所以会出现这样的现象，正是因为原有的生活网络在解体，而新的生活网络又未能重建，在这样的空窗期中也就出现了心灵归属感的缺失现象。事实上，心灵归属感的合理构建总是离不开一定的生活网络载体。人们总是在一定的生活网络中安顿自己的灵魂，这种生活网络可以是温情脉脉的家庭，也可以是和平宁静的熟人社会，还可以是拥有共同记忆的单位共同体。没有生活网络的有力支撑，个体的心灵归属感也就无从谈起，只能沦为精神上的流浪儿。

所以，越是在高度流动性的社会中，人们越是具有寻求心灵归属感的强烈冲动。事实上，心灵归属感的自觉意识正是在流动社会中才得以实现的。在流动性较低的传统社会，人们的心灵归属感处于自在状

---

① 〔德〕乌尔里希·贝克：《风险社会》，何博闻译，南京：译林出版社2004年版，第156页。

态,传统社会机制对个体心灵的守护是隐形的保护,处于"百姓日用而不知"的状态中。正如马克思所说:"人的依赖关系(起初完全是在自然发生的),是最初的社会形式,在这种形式下,人的生产能力只是在狭小的范围内和孤立的地点上发展着。以物的依赖性为基础的人的独立性,是第二大形式,在这种形式下,才形成普遍的社会物质变换、全面的关系、多方面的需要以及全面的能力的体系,建立在个人全面发展和他们共同的、社会的生产能力成为从属于他们的社会财富这一基础上的自由个性,是第三个阶段。"①当人们在流动社会中摆脱了"人的依赖性"而获得了形式上的独立性的时候,人们才具备了对原有生活共同体的自觉意识,才有了寻求心灵归属感的精神冲动,才有了化解精神分裂的内在动力。正是在寻求心灵归属感的强烈冲动的支配下,当代中国人才发现了精神家园的宝贵价值,才踏上了精神返乡的乡愁之旅,才有了重建生活网络与意义世界的不懈追求。

(三) 风险社会与规则意识

现代中国社会的高度流动性不仅带来了个体的独立化,同时也带来了风险社会。与流动社会一样,风险社会的降临也是中国现代社会构建的必然产物。在此需要指出的是,风险社会并不是一个贬义的负面概念,而是客观描述社会发展现实的中性概念。德国社会学家乌尔里希·贝克是"风险社会"概念的首倡者。在他看来,"这个概念指现代社会中的一个发展阶段,在这一阶段里,社会、政治、经济和个人的风险往往会越来越多地避开工业社会中的监督制度和保护制度"②。正如社会学家吉登斯所说,这个世界"并没有越来越受到我们的控制,而似乎是不受我们的控制,成了一个失控的世界"③。这正是吉登斯对"风险社会"的深刻揭示。在当代中国,风险社会的特质在中国社会也逐渐显

---

① 《马克思恩格斯全集》第 30 卷,北京:人民出版社 1995 年版,第 107—108 页。
② 〔德〕乌尔里希·贝克等:《自反性现代化:现代社会秩序中的政治、传统与美学》,赵文书译,北京:商务印书馆 2001 年版,第 8—9 页。
③ 〔英〕安东尼·吉登斯:《失控的世界》,周红云译,南昌:江西人民出版社 2001 年版,第 3 页。

现,风险社会对当今中国社会的日常心理也具有不可忽视的重要影响。

对日常心理而言,风险社会的心理文化意蕴是指人们的生活在风险社会中充满了不确定性,从而在人们的内心深处涌现出了不安全感。事实上,风险社会的"风险"是多种维度的风险,既有来自自然领域的各种自然灾害的不期而至,也有来自社会领域的各种危机的突然降临。但是,与人们日常生活关系最为密切的风险便是日常生活中的不确定性。在当代中国,人们之所以怀念过去生活的"岁月静好",并不是羡慕以往社会的低水平发展,而是羡慕以往社会生活的稳定状态。社会生活的稳定状态不仅带来了人们的心灵归属感,也带来了人们在日常生活中的稳定感和安全感。而这种稳定感和安全感恰恰构成了人们日常心理健康发展的重要基石。然而,在风险社会中,由于对未来生活的不确定性的恐惧,所以人们产生了不安全感,这种不安全感同时也就是弥漫在今天中国各种话语空间中的"焦虑感"。

必要的焦虑感是人们在生存处境中应对压力的正常现象,但是过度焦虑则是值得注意的负面情绪。如果人们任由"过度焦虑"发展,那么就会形成"心理失控"危机,这种"心理失控"随着恐慌情绪广泛传播,会引发更加深重的社会风险。在此意义上,过度焦虑的心理失控与集体恐慌是所有风险中最大的社会风险。著名的西方马克思主义者弗洛姆就曾在《逃避自由》一书中指出,20世纪之所以会出现法西斯主义,是因为人们通过盲目顺从权威的方式来摆脱"自由"的压力,此即所谓的"逃避自由"。再进一步来看,人们之所以要"逃避自由",是"因为这样可以让他们通过顺从和归附领袖、种族、宗教的方式摆脱焦虑与孤独,重新找到一种安全感"[①]。

为了对抗生活的不确定性以及随之而来的过度焦虑,应当在社会心态领域中树立起公共规则意识。值得注意的是,在应对不确定性以及随之而来的过度焦虑时,人们往往陷入"焦虑悖论"之中,即人们想方设法通过一切方式和手段来克服生活中的不确定性,结果人们原本克

[①] 张一兵主编:《当代国外马克思主义哲学思潮》上卷,南京:江苏人民出版社2012年版,第199页。

服不确定性的手段和方法反而导致了更大的不确定性风险,出现了更加深重的过度焦虑。例如,人们意识到财富的大量积累是应对生活不确定性的物质基础,因此都热衷于财富积累。但是,财富的积累又带来了一系列更加深重的心理焦虑。为了财富的快速积累,人们又陷入疲于奔命的生存焦虑状态之中。即使人们的财富积累到一定程度,他也会猛然发现,虽然他已经通过财富积累实现了"手中有钱,心中不慌",但是如何维持财富增长、如何保障财产安全又构成了更加迫切的心理压力。这就是"焦虑悖论"的深刻表现。

要想克服"焦虑悖论",关键在于全社会建立起公共规则意识,这是因为全社会的公共规则意识有利于化解生活的不确定性。既然人们的普遍过度焦虑来自生活的不确定性,那么最低限度化解生活的不确定性便是克服过度焦虑的根本路径。在此方面,公共规则正是最大限度降低生活的不确定性的重要保障。没有公共规则,也就没有合理的社会秩序,继而也就会产生各种不确定的风险。通过规则意识的呼唤,人们在社会公共生活中建立起良好的规则与秩序,从而使自己的生活充满可预期性,这也就大大降低了日常生活的不确定性。事实上,人们之所以过度焦虑,不仅与生活的不确定性相关,同时也与人们应对风险的能力相关。一方面,风险具有公共性;另一方面,应对风险的却是个体,这种风险来源与应对风险力量的不平衡性势必加剧人们的生存焦虑。所以,要想克服生存的过度焦虑,关键在于社会的共同应对。而公共规则的建立,正是整个社会为了应对风险社会所提供的优质公共产品。

(四) 陌生人社会与信任关系

要想应对风险社会中的生活不确定性,不仅需要公共的规则意识,同时也需要良好的信任关系。人与人之间良好的信任关系是健康的日常心理的重要组成部分。值得注意的是,许多学者是从社会合作的角度把握信任问题,而不是仅把信任视为人格品质。此即信任与诚信的区别,如果说诚信属于道德伦理范畴,那么信任则属于社会关系范畴。

信任在社会运转中具有不可或缺的重要地位。固然社会运行有赖于制度、契约、规则等硬约束,但也需要信任关系这样的软环境。有学者对信任的社会功能做出总结:"经济学家说,信任可以降低交易成本。如果人们在交易活动中缺乏信任,他们就必须花费大量资源在度量和监督方面,以免自己上当受骗。有了信任,这些资源大可不必浪费。政治学家说,信任意味着宽容。民主制度必须建立在宽容的文化基础上。因此,信任是民主制度运作的润滑剂。社会学家则发现信任像社会关系中的胶合剂。有了它,可以在混沌世界中建立秩序;没有它,社会控制权就可能落入黑帮手中。"[1]在此意义上,信任是社会成员确保社会有序运转的"默会知识"。由于信任是社会成员相互达成的默契,所以在社会运转中处于隐而不彰的地位。然而,一旦信任缺失,人们就会意识到信任的重要性。

只有在信任缺失的状态下,信任的重要性才会得以凸显。一旦缺乏信任,人们就会陷入霍布斯(Hobbes)所说的"一切人反对一切人"的战争状态。在霍布斯看来,相互猜忌疑惧乃至相互提防戒备,是人们处于战争状态的重要表征。"由于人们这样互相疑惧,于是自保之道最合理的就是先发制人,也就是用武力或机诈来控制一切他所能控制的人,直到他看到没有其他力量足以危害他为止。"[2]人们因疑惧而陷入战争状态,又因战争状态中自保获胜而采取欺诈,由此形成信任崩溃的恶性循环。这并非霍布斯的思想实验,而是人类社会真实状况的哲学写照。如果没有合理的信任感,那么人们就会生活在相互猜疑的状态中,就会处于各种生存焦虑中而难以自拔。正如有学者所说:"疑忌社会是畏首畏尾、'赢输不共'的社会:这种社会的共同生活是一种'零和博弈',甚至'负和博弈'('你赢,我就输')";……而信任社会是一种扩张的、'共赢'社会('你赢,我也赢')。这是一种团结互助、共同计划、开放、交换和交流的社会。"[3]正因为信任社会能够降低社会成本,提升人们的安全

---

[1] 王绍光:《安邦之道:国家转型的目标与途径》,北京:生活·读书·新知三联书店2007年版,第482页。
[2] 〔英〕霍布斯:《利维坦》,黎思复、黎廷弼译,北京:商务印书馆2017年版,第93—94页。
[3] 〔法〕阿兰·佩雷菲特:《信任社会》,邱海婴译,北京:商务印书馆2005年版,前言第5页。

感,所以信任感是良好社会心态的重要支撑。

对当代中国社会而言,信任问题的重要性格外凸显。人们逐渐认识到,信任问题是中国社会心态中的重要问题。当前中国许多社会问题都与信任缺失密切相关。例如,医患冲突愈演愈烈,乃至暴力伤医的恶性事件时有发生,其中一个很重要的原因就是患者及其家属对医生乃至医疗体系缺乏信任。再如,"舌尖上的安全"问题在我国备受关注,就是因为频频发生的食品安全问题破坏了人们的信任,乃至人们在餐桌前不敢下箸。信任缺失,社会就会充满戾气。

信任缺失的问题为何会在中国发生?这不能归咎于现代中国人的道德崩溃,这是中国社会转型的产物。随着现代性因素在中国社会不断培育成熟,中国社会正从熟人社会转向陌生人社会。长期以来,中国社会处于熟人社会状态。信任关系仅仅局限在熟人内部,没有推广到陌生人社会。正因为信任关系局限在熟人内部,所以信任被视为个人品质,属于"私德"范畴。这意味着,信任没有进入公德领域,无法从熟人之间的"人格信任"转化成为陌生人之间的公度性规则。这样的事例在我们日常生活中屡见不鲜。菜农往往把没有过度添加农药化肥的"绿色蔬菜"留给自己的亲友享用,而把"问题蔬菜"向都市输送。这正是中国社会在信任问题上处于"系统性缺失"状况的根源所在。

伴随着从熟人社会向陌生人社会的转型,信任必须从私德领域进入公德领域。信任关系要完成与陌生人社会相适应的转型,就不能再诉诸道德伦理,而是要建立客观的信任机制。也就是说,我们不应要求人们仅靠道德自觉,把信任关系从熟人推广到陌生人,而是应当依靠机制化、社会化的途径。

在这方面,恩格斯的相关思考为当代中国社会的信任重建提供了宝贵启示。恩格斯曾经指出,资本主义在其早期发展阶段中也出现过大量失信行为,"商人和厂主昧着良心在所有的食品里面掺假,丝毫不顾及消费者的健康"[1]。"由于烟草普遍地掺假,去年夏天曼彻斯特某

---

[1] 《马克思恩格斯全集》第 2 卷,北京:人民出版社 1957 年版,第 352 页。

几个著名的烟草商人曾公开地说,要是不掺假,他们的生意就无法做下去。"①恩格斯进一步指出:"当然,事情并不仅仅限于食品掺假。到处都有骗局:把法兰绒、袜子等等拉长,叫人看起来好像长一些,只要洗一洗马上就缩短……这类骗人的事情还可以举出几千件来。"②而这类失信行为的存在,究其根源是利益驱使。

虽然利益最大化的诉求产生了层出不穷的失信现象,但是失信现象的克服依旧也是通过利益机制得以实现的,这正是恩格斯信任观的深刻之处。恩格斯曾经饶有意味地指出这样一种现象:"随着大工业的发展,据说德国的许多情况也改变了,特别是当德国人在费城打了一次工业上的耶拿会战以后,连那条德国市侩的老规矩也声誉扫地了,那条规矩就是:先给人家送上好的样品,再把蹩脚货送去,他们只会感到称心满意。"③值得人们深思的是:为什么资本主义不再采取早期阶段的各种失信行为呢?恩格斯指出,这并非资产阶级的道德觉醒,而是资产阶级的利益驱动使然。"大零售商在自己的买卖里投下了大宗资本,骗局一旦被识破,就要丧失信用,遭受破产,可是小店主的营业面不出一条街,如果他的骗人伎俩被揭穿了,那他会失掉些什么呢?要是他在安柯茨再也得不到信任,他可以搬到却尔顿或休尔姆去,那里谁也不知道他,他又可以重施他的欺骗伎俩了。"④对此,恩格斯做出了深刻的总结:"现代政治经济学的规律之一(虽然通行的教科书里没有明确提出)就是:资本主义生产越发展,它就越不能采用作为它早期阶段的特征的那些小的哄骗和欺诈手段。波兰犹太人,即欧洲商业发展最低阶段的代表所玩弄的那些猥琐的骗人伎俩,可以使他们在本乡本土获得很多好处,并且可以在那里普遍使用,可是只要他们一来到汉堡或柏林,那些狡猾手段就失灵了。"⑤所以,恩格斯的启示在于,要想在陌生人社会重建信任机制,还是应当借助利益机制的调节作用。

---

① 《马克思恩格斯全集》第 2 卷,北京:人民出版社 1957 年版,第 353 页。
② 同上。
③ 《马克思恩格斯文集》第 1 卷,北京:人民出版社 2009 年版,第 366 页。
④ 《马克思恩格斯全集》第 2 卷,北京:人民出版社 1957 年版,第 354 页。
⑤ 《马克思恩格斯文集》第 1 卷,北京:人民出版社 2009 年版,第 366 页。

信任感是社会心态中的问题,社会心态问题的解决必须借助社会手段,而不能诉诸个体的道德自觉。如果一味地从伦理主义的方法来审视中国的诚信问题,那么就会出现南辕北辙的现象。对此,有学者指出:"在这些年的关于信任问题的讨论中,人们都对当前中国的社会信任状况很不满意,有人甚至认为我们面临着严重的信任危机,对由此造成的社会损失和对社会发展的严重危害性也都认识得比较清楚,重建社会信任成为一种普遍的呼声。但是,有相当一部分人,包括一些从事理论研究的学者,一些领导,他们对于我们要构建的社会信任的性质和目标并不是很清楚的。表现在……当他们在分析造成社会信任缺失的原因时,还是沿着传统思维的方式,或者可以说是站在前现代的立场上,将之看作是市场经济诱发了各种见利忘义的行为,是由于抓精神文明建设的一手太软导致人们的道德水准下降的结果……他们所理想的那种社会信任,还是传统的那种君子式的人格化的社会信任,是把义和利当作是对立的两极只能讲义而不能想利的那种信任。……总之,总体思路还是道德至上的伦理主义思路。"①所以,中国社会的信任重建不是一个伦理问题,而是一个社会机制问题。在此意义上,中国社会的信任重建应当按照马克思主义诚信观,构建出符合现代社会特征的信任机制。这才是建设"诚信中国"的合理路径。

(五)竞争社会与价值实现

随着社会主义市场经济体制的建立,当代中国社会也进入竞争社会阶段。竞争成为当代中国社会生活中的突出现象。当中国社会从计划经济时代进入市场经济时代,竞争不仅是商品经济的内在要求,同时也成为社会运行的基本方式之一,甚至成为推动社会进步与发展的重要驱动力。竞争社会在当代中国的历史性出场,也给中国的日常心理带来了双重效应。

一方面,竞争社会的出场培育了当代中国积极进取的竞争意识,而

---

① 马俊峰等:《当代中国社会信任问题研究》,北京:北京师范大学出版社 2012 年版,第 210 页。

这种竞争意识又推动了创新意识等诸多合理日常心理的不断涌现。根据马克思的分析,竞争机制的兴起是现代社会必然出现的、不以人们的意志为转移的客观现象。对此,马克思指出:"竞争不过是资本的内在本性,是作为许多资本彼此间的相互作用而表现出来并得到实现的资本的本质规定,不过是作为外在必然性表现出来的内在趋势。"[①]在马克思看来,竞争机制是资本本性的客观显现,是社会经济发展的内在要求。在竞争社会的巨大压力下,人们都被卷入了普遍竞争的格局之中。人们要想在竞争社会中避免被动淘汰,就只能不断积极进取。在此过程中,人们的自我价值实现必须要经受竞争的考验,这是竞争对于人们自我价值实现的积极意义。在此意义上,正如马克思所说:"工业的历史和工业的业已生成的对象性存在,是一本打开了的关于人的本质力量的书,是感性地摆在我们面前的人的心理学。"[②]而竞争社会对于个体自我价值的实现正是这种"工业心理学"的深刻体现。

另一方面,竞争社会也给当代中国日常心理带来了负面效应。

首先,竞争的加剧加重了人们的精神压力,从而影响了人们的幸福感。马克思指出,"普遍的竞争迫使所有个人的全部精力处于高度紧张的状态"[③],人们如果长期处于高度紧张的竞争态势之中,生活节奏不断加快,就会陷入身心俱疲、疲于奔命的异化状态。这是竞争加剧带来的最为直接的负面效应。

其次,竞争的加剧迫使人们形成极端利己主义的狭隘心态。对于竞争,英国古典国民经济学家曾经赋予其以玫瑰色的浪漫色彩,认为竞争会带来社会的最终和谐。在亚当·斯密(Adam Smith)看来,"如果竞争是自由的,各人相互排挤,那么相互的竞争,便会迫使每人都努力把自己的工作弄得相当正确……竞争和比赛往往引起最大的努力。反之,单有大目的而没有促其实现的必要,很少足够激起任何巨大的努

---

① 《马克思恩格斯全集》第 30 卷,北京:人民出版社 1995 年版,第 394 页。
② 《马克思恩格斯文集》第 1 卷,北京:人民出版社 2009 年版,第 192 页。
③ 同上书,第 566 页。

力"①。所以,他们将竞争视为天然正当的"自然秩序"。然而,马克思却针锋相对地指出:"在自由竞争的范围内,个人通过单纯追求他们的私人利益而实现公共的利益,或更确切些说,实现普遍的利益,那么,这无非就是说,在资本主义生产的条件下他们的相互压榨,因而他们的相互冲突本身也只不过是发生这种相互作用所依据的条件的再创造。"②也就是说,竞争的加剧使人们被迫以自我利益最大化为个体生活的全部重心,这就使得人们从自我价值的合理实现而堕入自我利益的膨胀。如果任由自我利益过度膨胀,那么就会形成狭隘的自我中心主义和极端的利己主义。进而在"人不为己,天诛地灭"的信条下,人们会为了自我利益的最大化而不择手段,抑或成为精心伪装的"精致的利己主义者",从而破坏了日常心理所内蕴的公共维度。

再次,竞争的加剧将会形成急功近利的短视心态和投机取巧的浮躁心态。在个人利益最大化的驱使下,为了在竞争中脱颖而出,人们更愿意选择终南捷径而不愿付出艰苦努力,人们更加推崇事半功倍而不愿精心打磨,人们更愿投机取巧而不再勤勉踏实。这正是当代中国浮躁情绪的来源。浮躁情绪的全面蔓延,最终使人们精神生活的内在品质不断败坏,最终出现各种精神失范危机,有学者将此总结为"伴随着物化意识及其商品拜物教的,是急剧膨胀、粗鄙不堪的个人主义与功利主义,享乐主义大行其道,身体的虚胖与精神的匮乏相伴而行,知识界则流行着犬儒主义,新的有机的共同体精神(集体意识、国家意识以及社会意识)尚待建立"③。

最后,竞争的加剧导致社会失衡,由此产生了仇富等怨恨情绪。有学者指出,"竞争机制在调节社会物质资源的同时,也在不断产生着各种社会矛盾,而这种矛盾是无法通过市场竞争而全部化解的。那种认为普遍竞争能够自发形成美好社会秩序的观点,要么是'前定和谐'的

---

① 〔英〕亚当·斯密:《国民财富的性质和原因的研究》下卷,郭大力、王亚南译,北京:商务印书馆1974年版,第319—320页。
② 《马克思恩格斯文集》第8卷,北京:人民出版社2009年版,第181页。
③ 邹诗鹏:《三十年社会与文化思潮》,上海:复旦大学出版社2012年版,第75页。

形而上学幻想,要么是'弱肉强食'的丛林法则的再现"①。也就是说,竞争社会最终出现了社会分化,在此情形下,人们极其容易形成以仇富仇官为表现形式的怨恨情绪,从而日常心理在自我价值实现问题上陷入心理失衡状态。

鉴于竞争社会对日常心理所构成的双重效应,人们不难发现,"竞争也是一把'双刃剑',它也有其负面的作用存在……所以,单凭竞争本身,并不能保证经济和社会的有效运行和总目标的正常实现"②。同样,单凭竞争也无法实现日常心理的合理调节。竞争机制成为社会运行机制的主轴,一方面既为个人自我价值的充分实现提供了平台,另一方面也出现了极端的个人主义与精致的利己主义、急功近利的短视心态与投机取巧的浮躁情绪、压力倍增的生存焦虑与仇富怨恨的心理失衡。所以,人们对于竞争所带来的双重日常心理效应,应当予以辩证审视,进而趋利避害,促进日常心理在竞争社会中的健康发展。

从总体上看,随着中国社会日益显露出消费社会、流动社会、风险社会、陌生人社会、竞争社会等社会特点,中国社会的日常心理也就相应地出现了深刻的变化,这些变化都对当代中国人的精神生活产生了不可忽视的重大影响。所以,提升国人的心理品质,健全人们的精神生活,建构稳定的心灵秩序,提供合理的价值取向,最终都聚焦在日常心理的健康发展。在此意义上,如何引导我国日常心理的健康发展便成为我国文化发展亟待解决的重大现实问题。

三、 当代中国日常心理的健康发展与合理引导

深入把握日常心理在文化发展中的重要功能,理性审视我国日常心理的发展特征与发展趋势,最终目标是为了推动我国文化在日常心理层面上的健康发展。从我国日常心理的发展需求来看,经过改革开

---

① 丰子义等:《社会发展的全球审视》,北京:北京师范大学出版社2017年版,第148页。
② 丰子义:《发展的反思与探索——马克思社会发展理论的当代阐释》,北京:中国人民大学出版社2006年版,第346页。

放四十余年的物质积累,人民群众对于幸福生活的追求成为新时代日常心理的重要需求;从我国日常心理的现实载体来看,日常心理的合理建构迫切需要生活世界的合理重建,进而为当代中国的日常心理提供精神家园,防止出现日常心理的意义失落现象;从我国日常心理的价值取向来看,日常心理的健康发展并不是为了废黜现代社会应有的理性精神,而是旨在重新塑造理性精神,尤其是在公共领域中建立起公共理性,走出日常心理与理性精神非此即彼的二元对立格局,最终实现日常心理与理性精神的协调发展。所以,幸福生活的积极实现、生活世界的合理建构与理性精神的当代重塑便成为推动我国日常心理健康发展的三项重要课题。

(一)幸福生活的积极实现

如何提升我国人民群众的幸福感与获得感,已经成为我国社会发展的价值目标与重要课题。在当代中国,对于幸福的追求已经成为我国日常心理发展的重大需求。中国社会经过四十余年的改革开放历程,人民群众的生活水平逐渐提高,从贫困到温饱,再到小康,在追求全面小康乃至后小康社会的过程中,人们也逐渐从物质财富的积累转而追求美好生活的全面实现。在此情形下,幸福感问题也就成为当代中国日常心理的重要课题。幸福生活的积极实现,是我国素来强调以人民为中心的中国共产党在日常心理领域的重要使命与文化担当。

幸福生活与日常心理具有密切的内在联系,这是因为幸福感具有强烈的主观体验色彩,因而幸福感问题在此意义上也就是日常心理问题。究竟什么是幸福?幸福的来源究竟是外在条件还是内在体验?围绕这些问题,人们众说纷纭,给出了不同答案。从总体上看,幸福固然离不开外在的物质条件,但也具有强烈的主观向度。从个体来看,有些人虽然生活水平不高,但却知足常乐、安贫乐道,这就充分说明幸福感的主观色彩。换言之,幸福感随着主体的感受能力的差异而具有不同的表现。再从国家来看,尼泊尔是世界上著名的幸福指数较高的国家,但是尼泊尔的经济发展水平并不高,这说明幸福感与物质财富并没有必然的联系。因此,幸福感呈现出强烈的主体维度,是基于主体自身需求的主观评价,主要反映不同的主体对自身生活的满意程度。

之所以强调幸福感与物质财富的积累没有必然联系,是因为长期以来,人们对于幸福的理解出现了偏差。很多人认为,所谓幸福就是物质财富的不断增长。然而,片面追求物质财富的不断增长,并未给人们带来其所预期的幸福生活,反而陷入"穷得只剩下钱"的尴尬境地。之所以会出现这样的现象,是因为人们忙于外在的财富积累,而在财富积累的过程中忽视了主体自身的发展。事实上,财富的物质积累与个体的发展程度具有一定的联系。马克思曾经指出:"财富的独立的物质形式趋于消灭,财富不过表现为人的活动。凡不是人的活动的结果,不是劳动的结果的东西,都是自然,而作为自然,就不是社会的财富。财富世界的幻影消失了,这个世界不过表现为不断消失又不断重新产生的人类劳动的客体化。"[①]如果人们一味追求物质财富的快速积累,而忽视主体的良性发展,那么就会堕入"幸福陷阱"中,亦即越是为了追求幸福而积累财富,越是陷入郁郁寡欢的焦虑状态而远离幸福。因此,要想充分实现幸福生活,必须重新审视幸福观念。事实上,幸福感主要体现了人的发展的主体维度。也就是说,幸福感问题在本质上是人的发展问题。既然幸福感在本质上是人的发展问题,人的全面而自由的发展同时也就是幸福生活的积极实现。

一方面,幸福感的合理提升需要人的自主发展。值得注意的是,马尔库塞曾经批判过资本主义的"幸福意识形态"。马尔库塞认为:"幸福意识,即相信现实的就是合理的并相信这个制度终会不负所望的信念,反映了一种新型的顺从主义,这种顺从主义是已转化为社会行为的技术合理化的一个方面。"[②]马尔库塞之所以批判"幸福意识形态",并不是拒斥幸福生活,而是担忧人们陷入"虚假的幸福感"之中。在马尔库塞看来,这种幸福感之所以是虚假的,则是因为这种幸福感脱离了人的自主性,是人们在盲目顺从资本主义消费文化的过程中丧失了自主性。所以,幸福感的提升首先建立在人的自主活动的基础之上。根据马克

---

① 《马克思恩格斯全集》第26卷第3册,北京:人民出版社1974年版,第473页。
② 〔美〕马尔库塞:《单向度的人》,刘继译,上海:上海译文出版社2006年版,第78页。

思的观点,"只有在这个阶段上,自主活动才同物质生活一致起来,而这又是同各个人向完全的个人的发展以及一切自发性的消除相适应的"①。随着人的自主活动能力的大幅增强、自主活动空间的大幅扩展、自主活动的时间的大幅提高,人们的幸福感也就日益提升。所以,对于幸福感而言,自主发展实际上满足了人们自我价值实现的发展需求,而这正是幸福感的重要来源之一。

另一方面,幸福感的全面提升需要人的全面发展。幸福生活的实现离不开人的总体性发展,换言之,幸福感的提升有赖于人们在各个社会方面的全面发展。从人与物质财富的关系看来,人们应当在物质财富的积累中实现自身主体性力量的发展,即"真正的财富就是所有个人的发达的生产力"②。这是所谓"成就感"的真实意蕴。从人与自我发展的关系来看,人们要想获得幸福感,就必须要实现精神充实,而不能陷入精神空虚的迷茫境地。也就是说,要实现主体的内在发展,这就是所谓的"满足感"的重要来源。最后,从人与社会的关系来看,人们要想获得幸福感,必须重视社会公平。只有不断提高社会公平程度,才能使人民群众切实享受到改革成果的"获得感"。成就感、满足感与获得感的有机统一,便是幸福感的最终实现。

(二)生活世界的合理建构

幸福生活的积极实现与日常心理的健康发展,最终离不开生活世界的合理建构。从正面来看,生活世界是日常心理的现实基础和最终来源。在日常生活的视域中,人们不难发现,有关中国文化变革的启蒙思潮在中国现代化进程中不断出现,但是有些启蒙思潮并未产生重大的影响力而停留在文化思潮的表面,有些思潮却因为深度介入中国社会的转变而发挥了重大作用,究其根源就是因为有些启蒙思潮融入生活世界的变迁而获得了现实的生命力,有些启蒙思潮则外在于中国人的生活世界而注定凋零。所以,文化启蒙的深层次实现必须要深入生

---

① 《马克思恩格斯文集》第 1 卷,北京:人民出版社 2009 年版,第 582 页。
② 《马克思恩格斯文集》第 8 卷,北京:人民出版社 2009 年版,第 200 页。

活世界的内在机理之中。

从反面来看,从马克思到西方马克思主义的日常心理批判理论都有一个共同的理论指向:在他们看来,人们之所以会出现各种日常心理症候,并非在主观意识上出现了认识论偏差或精神错乱,而是人们的现实生活世界出现了危机。换言之,现实生活世界的危机才是各种日常心理症候的现实根源。所以,对于日常心理的拯救,根本途径在于社会秩序的合理建构。正如马克思所说:"主观主义和客观主义,唯灵主义和唯物主义,活动和受动,知识在社会状态中才失去了它们彼此间的对立,从而失去它们作为这样的对立面的存在;我们看到,理论的对立本身的解决,只有通过实践方式,只有借助于人的实践力量,才是可能的;因此,这种对立的解决绝对不只是认识的任务,而是现实生活的任务,而哲学未能解决这个任务,正是因为哲学把这仅仅看作理论的任务。"① 也就是说,要想最终解决日常心理的内在冲突,就必须要从现实生活入手。现实生活的合理改善,是日常心理健康发展的前提性工作。

对我国当代日常心理而言,生活世界的合理重构主要是重新建立起生活共同体,从而为当代中国人的心灵安顿提供现实载体。生活世界的合理建构是文化发展的价值归属,这是社会心理层面文化发展的重要使命,即通过生活世界的合理结构打造具有现代中国特色的公序良俗,从而为日常心理提供"意义之网"。具体而言,则是通过家庭文化、社区文化、企业文化等不同群体和生活空间的文化构建,实现社会关系的规范化与社会心理的稳定化。

以家庭空间为例,一般说来,家庭是人们心灵归属的港湾,是夫妻、亲子等亲密关系的外在实现,是人们日常心理的重要载体。对于中国人而言,家庭文化更是日常心理的重要涵养基础。然而,在市场经济的社会转型时期,中国人传统的家庭结构发生了深刻的变化,从传统社会的大家族形态转变为"三口之家"的小家庭模式。更为重要的是,家庭生活中的夫妻关系、代际关系和财产关系也发生了重大的转变,诸如"一夜情""婚外情"等感情关系开始侵蚀原有的家庭婚姻状态,单亲家

---

① 《马克思恩格斯文集》第 1 卷,北京:人民出版社 2009 年版,第 192 页。

庭、丁克家庭等新型家庭形态逐渐出现,财产关系也从原来的"家庭本位"转向"个体本位",亲子关系的紧张、男女性别的不平等、工作与生活的失衡等各种问题都在困扰着人们。在此情形下,对很多人而言,与其说家庭成为安顿当代中国人的心灵港湾,毋宁说是中国人为亲密关系而苦恼的"伤心之地"。但是,这些问题的出现依旧没有动摇中国文化的家庭本位,反而呼唤起了新型家庭伦理。有论者指出:"个人不再作为时代变迁的牺牲品,用经历苦难和个人牺牲来换取家庭幸福,而是只要在日常生活中追求自我实现、相互协调,即可在此过程中体味幸福的和谐本质。"①而这正是中国人重建家庭伦理的重要指向。与家庭秩序的合理重构类似,当代中国还需要在重构社区空间、职业空间等方面进行类似的伦理努力,最终不断夯实日常心理健康发展的生活土壤。

(三)理性精神的当代重塑

从日常心理的发展轨迹来看,日常心理的当代复兴确实与非理性主义思潮的兴起相关。在非理性主义者看来,以往人们对理性的过分推崇压制了作为感性意识的日常心理,使日常心理陷入"理性的囚笼"。正如有学者指出:"我们的内在生活既非常复杂又多种多样,尤其很难用那种会使它变成抽象名词,因而使之丧失本质,就像玻璃罩下的死蝴蝶一样的概念来把握;玻璃罩下的死蝴蝶虽然还保持着原来的颜色和形状,但那使其飞舞成为可能的生命和运动却没有了;而在生活中,就像在艺术里一样,飞舞就是一切。"②所以,日常心理的合理塑造,离不开对理性片面发展和过度膨胀的必要反思。

但是,日常心理对于现代理性的片面发展和过度膨胀的反思不能由此走向另一个极端,即拒斥一切理性,从而使日常心理囿于反理性状态而放任泛滥。有学者忧心忡忡地提出:"当人们从过去那种大一统的'精神王国'走出来后,马上又遇到了一种新的极端,这就是精神生活日

---

① 陶东风等:《当代大众文化价值观研究:社会主义与大众文化》,沈阳:辽宁教育出版社2014年版,第289页。
② 〔法〕约瑟夫·祁雅理:《二十世纪法国思潮》,吴永泉等译,北京:商务印书馆1987年版,第36页。

益出现混乱与贫乏:理想主义坍落了,崇高信仰崩溃了,精神世界走向无序。价值观念混乱与失范的典型表现就是'自我'的膨胀:为了实现我的利益,可以不择手段;为了达到我的目的,可以为所欲为。许多合理的价值准则受到了嘲讽和戏弄,不少崇高的东西遭到了睥睨与践踏,人世间的真善美失去了往日的光辉,人们不禁为此发出一阵阵感叹。从文化生活方面来讲,主要表现为随着大众文化的兴起,文化发展严重扭曲。在不少人的眼里,文化仅仅被理解为娱乐、游戏和消遣的方式,其思考性、启迪性和教育性的功能则被轻视和否定。为了富有刺激性,各种封建的、色情的、凶杀的、腐败的东西蜂拥而上。"①由此可见,理性精神的缺失,不仅不能使日常心理获得解放,反而会使日常心理陷入混乱低俗的局面。在此意义上,现代社会的日常心理健康发展也离不开理性精神的合理重塑。

事实上,日常心理与理性精神并不矛盾。脱离了理性精神的日常心理必将陷入精神错乱、理想缺失、信念坍塌的紊乱局面而流于媚俗、低俗和庸俗。反过来说,脱离了日常心理的理性精神也将沦为"无人身的理性"而陷入自我枯萎的尴尬境地。进而言之,压制日常心理的理性并非理性精神的"原罪",而是人们对理性的迷信。正如恩格斯所说:"宗教、自然观、社会、国家制度,一切都受到了最无情的批判;一切都必须在理性的法庭面前为自己的存在作辩护或者放弃存在的权利。思维着的知性成了衡量一切的唯一尺度。……以往的一切社会形式和国家形式、一切传统观念,都被当作不合理的东西扔到垃圾堆里去了;到现在为止,世界所遵循的只是一些成见;过去的一切只值得怜悯和鄙视。只是现在阳光才照射出来。从今以后,迷信、非正义、特权和压迫,必将为永恒的真理,为永恒的正义,为基于自然的平等和不可剥夺的人权所取代。"②一旦理性成为衡量一切的绝对尺度,那么人们就从对理性的追求转变为对理性的迷信。值得注意的是,这种狭隘极端的理性观,本身

---

① 丰子义:《发展的反思与探索——马克思社会发展理论的当代阐释》,北京:中国人民大学出版社2006年版,第152页。
② 《马克思恩格斯文集》第9卷,北京:人民出版社2009年版,第19—20页。

就违背了理性的基本精神,即以非理性的态度对待理性。所以,日常心理的健康发展需要理性精神的重新塑造与合理复归,并且克服传统理性观的片面发展与过度膨胀。

对当代中国日常心理发展而言,合理重塑理性精神的重要内容之一便是建立与公共领域相协调的公共理性。随着中国社会的发展,现代中国社会已经形成了一个公共领域。然而,当代中国社会尚未建立起与公共领域相匹配的公共理性。众所周知,中国的传统文化过于注重人们的私德,而忽视了人们在公共领域的公德。于是,公共理性的缺失构成了我国日常心理健康发展的短板。如果不尽快建立公共理性,就会对我国日常心理造成严重的负面效应:有些人一味"任性",结果践踏了公共领域的必要规则,甚至严重危及社会公共安全;有些人则钻营于各种"潜规则",通过绕开公共理性的方式而实现自我利益的最大化,最终导致公共理性的全面沦落和社会规则的内在空洞;有些人在诸如网络等公共领域空间缺乏公共理性的约束,不断使用"人肉搜索"和"话语暴力"攻击他人,对他人名誉和生活构成了严重的威胁。在当今中国,诸如此类的日常心理症候还有许多。因此,人们迫切呼唤公共理性的出场。

随着公共理性的出场,再配合其他形式的理性精神的合理复归,日常心理与理性精神也就摆脱了之前非此即彼的二元对立关系,正如有学者指出:"传统理性主义过分强调理性至上,极力排斥非理性的存在,结果导致理性与非理性发展的严重失调,以致造成社会的畸形发展。但是,如果反过来像非理性主义那样极力贬低理性、解构理性,其社会后果将是难以想象的。"[1]只有摆脱了日常心理与理性精神的对立关系,日常心理与理性精神才能实现协调发展。通过理性精神的当代重塑,当代中国的日常心理便能凭借着健康的理性精神而获得高质量的发展,进而推动我国日常心理的健康发展与我国先进文化的合理建构。

---

[1] 丰子义:《发展的反思与探索——马克思社会发展理论的阐释》,北京:中国人民大学出版社 2006 年版,第 172 页。

第五章

大众文化的当代发展[*]

当今时代,文化已经不再仅仅停留于精神观念领域,而是日益融入人们的日常生活。在文化的诸形态中,大众文化异军突起,成为人们活动的重要场域。大众文化在当代社会的兴起,与社会结构的时代转换直接相关,同时又对当代文化和社会发展具有重大影响。如何在当代文化发展的总体格局中把握大众文化?大众文化在当代呈现出怎样的发展趋势?如何在中国特色社会主义文化主旋律中更好地发挥大众文化的功能?这些都是当今文化建设需要认真研究的重要理论和现实问题。

一、大众文化的当代发展与合理把握

大众文化在当代的凸显,与当代生产方式以及社会结构的变革直接相关。在传统社会,大众文化虽然也已出现,但主要依附于精英文化,并没有形成真正意义上的大众文化。近

---

[*] 本章部分内容曾以《大众文化的当代凸显与合理把握》为题,发表于《马克思主义论丛》2017年第1期。

代以来,随着市民社会与政治国家的分离,大众文化逐渐发展成为独立的文化形态。在市场、资本、技术的共同作用下,大众文化与经济基础日趋融合,大众文化日益活跃,在文化领域中的地位越来越突出。在市场经济条件下,文化产品的商品化和现代传播媒介共同推动大众文化不断繁荣发展。

(一) 大众文化的勃兴与社会生活变革

大众文化的兴起是社会生活变革的产物。生产方式的深刻变化、市民社会的自我嬗变和网络技术的发展,共同推动了大众文化的兴起。

首先,大众文化的当代勃兴源于生产方式的时代变迁。文化大众化是与文化产品的商业化生产连在一起的,而文化产品的商业化又直接受生产方式的影响。在现代社会,福特制生产在人类历史上首次引入半自动化流水线,极大地提高了生产效率,为大众消费时代的到来创造了物质前提。该生产方式将工人消费纳入生产过程,缓解了长期以来资本生产发展的瓶颈问题,使大众消费从可能走向现实。大众消费不仅作为经济现象发挥经济功能,而且引起文化格局的转变。大众文化作为文化与大众消费相结合的产物,正是在大众消费时代来临之后才开始真正出现的。大众消费创造的丰厚利润让文化生产更多地参与到产品化、商品化的进程之中,甚至一些原本高高在上的精英文化也悄然间改变面貌,成为大众文化的一部分。然而,标准化的福特制生产在创造消费大众化的同时,也使得消费千篇一律、缺乏个性,导致大众文化呈现出同质化的特点。

以弹性化为主要特征的后福特制生产的出现,又将消费社会引向新的发展阶段,同时也将大众文化带入新的发展空间。弹性生产可以根据消费者的个性需求有针对性地进行生产,规避了福特制生产时代产品同质化的缺陷。消费社会引导大众消费的主要逻辑不再是物的实用性逻辑,而是体系化、差异化的符号逻辑。符号逻辑作为文化逻辑,通过在商品中引入某种文化,使商品之间更具差异性,以满足消费者对个性消费的需求。因此,商品符号化的核心就是商品的文化化,它使文化参与商品生产的程度空前提升,文化在现代消费中的重要性空前增强。可以说,由福特制生产开创的大众消费时代,使文化开始走向产品化、商品化,文化的经济效应得到充分发挥;而在后福特制生产所开创的个性化消费时代,文化则普遍地渗透并参与到商品的生产当中,真正开启了大众文化普遍化的时代。

其次,大众文化的兴起适应于市民社会自我嬗变所带来的社会结构转换。在传统社会,政治国家和市民社会、公共领域和私人领域是浑然一体的,"政治国家还没有表现为物质国家的形式",政治生活构成"市民的生活和意志的真正的惟一的内容"①。在这样的社会里,不可能出现真正意义上的大众文化,大众文化主要依附于精英文化,其存在和发展都受精英文化的制约。只有到了现代资产阶级生产方式出现以后,市民社会与政治国家出现了分离,才出现了对市民生活和政治生活的理论抽象。而大众文化作为对市民生活的抽象和反映,只有在市民社会与政治国家的分离完成以后才可能真正出现。

大众文化的发展反映了市民社会的自我嬗变。市民社会是由市民及其活动构成的。市民社会同政治国家分离后,政治原则和传统规则不再是支配其发展的首要原则,而是被市场原则所取代。市民生活同政治生活的分离,使得市民生活逐渐去政治化、去组织化,走向日常化、生活化。然而,在市场原则下,市民生活的日常化并不意味着市民社会内部的简单趋同,相反,市民社会内部的矛盾日益增强。在马克思的笔下,"市民"绝非简单同一的"原子",而是"和原子截然不同的存在物,就是说,他们不是超凡入圣的利己主义者,而是利己主义的人"②。市民并非没有需要、欲望的抽象物,而是由其利益和需求驱动的从事现实活动的人。利益、需求上的不同追求正是大众从原来的组织化走向分化的现实土壤,由此驱使大众文化与精英文化走向分离。大众文化代表分化了的市民社会内部多样化的价值需求。与此同时,大众文化内部又呈现出重新组织化的倾向。这一方面以大众内部的等级化趋势表现出来,如在市民社会中,人们被各种社会条件分化为具有不同等级和地

---

① 《马克思恩格斯全集》第3卷,北京:人民出版社2002年版,第43页。
② 《马克思恩格斯文集》第1卷,北京:人民出版社2009年版,第322页。

位的人,因而在观念上也是各有分殊的人。"正像市民社会同政治社会分离一样,市民社会在自己内部也分为等级和社会地位。"①另一方面,大众内部在利益和价值上又有某些趋同,其趋同不仅发生在等级内部,同时也发生在与精英相对的整个大众内部。与这种倾向相适应,大众文化逐渐被人们所接受,其发展越来越普及。

最后,受网络社会的技术推动,大众文化的社会参与度和影响力均达到前所未有的程度。在大众文化的生产和传播过程中,现代媒介起了至关重要的推动作用。它首先为大众文化的传播提供了重要渠道,为文化走向大众化创造了前提条件。无论传统的广播、电视,还是现代的手机、电脑,都成为各种资讯、信息即时发布的媒介,大大改变了人们对社会生活的认知。另外,随着媒介的当代发展,各种媒介已由传统意义上的传播工具变为文化大众化存在本身。麦克卢汉所谓"媒介即信息"就是对这种转向的理论指认。在信息化的今天,凡是没有进入媒介的文化恐怕都很难进入大众消费的视野,因此也很难实现大众化。就此而言,媒介化就是大众化的代名词。阿多尔诺认为,电视出现以后,它对大众的改造作用主要体现在它创造了"伪现实主义"。人们通过电视媒介获得前所未有的生存体验。而在网络技术普遍化的今天,以波斯特(Poster)为代表的现代媒介理论家则指出网络所具有的双向交互性一改以往信息传播的单向强制性。大众并非只能被动地接收信息,而是可以直接参与到信息的互动、交流甚至生产当中。网络技术为文化生产创造出平等、民主的幻象。借此,在网络技术的推动下,文化大众化的传统意义被消解。大众不是被动地吸纳进大众文化体系,而是通过广泛的互动积极参与到大众文化的建构过程当中;大众不再是大众文化的被动消费者,而是成为积极的生产者。原来大众文化的生产还往往控制在少数人手里,现在大众文化的生产和消费已经颠覆了传统模式,大众文化的生产已弥散到大众的日常生活当中。这样,在网络技术的推动下,大众文化一改传统的生产和消费模式,大众不再仅仅是

---

① 《马克思恩格斯全集》第3卷,北京:人民出版社2002年版,第101页。

被动地接受大众文化,而是积极参与、创造大众文化,由此推动了大众文化的发展。

(二)大众文化与资本逻辑

大众文化之所以在现代社会蓬勃兴起,除了上面提到的这些原因外,最重要的原因是资本逻辑。市民社会同政治国家的分离、消费社会生产机制的现代转换以及网络技术的发展,都与资本的驱动密切相关。资本逻辑在大众文化的兴起和发展过程中发挥了非常重要的推动作用,同时也深刻地改变了大众文化的存在形态。

资本对社会历史的影响是巨大的,其影响主要体现在资本的双重逻辑之中。一方面,作为生产要素的资本,将包括人在内的各种资源都吸纳到生产过程之中,充分展现出对人类文明的创造功能;另一方面,作为社会关系的资本,其自我增殖的逻辑又蕴含着对劳动的无偿占有和剥削,它在创造人类物质财富的同时,也给人类社会带来深重的灾难。资本的双重逻辑无论在发达国家还是在发展中国家都有充分体现。在发达国家,资本以一种内生的力量推动本土的现代化进程,使其得到快速发展;而在后发性现代化国家,资本则作为一种外在力量将当地社会纳入西方现代化道路,使其被迫接受资本的"文明化"进程,导致各种问题与波折的出现。发展模式虽各有分殊,但其创造文明的效应和破坏文明的效应却是非常明显的。这种双重效应在文化的创造中也有充分体现。

资本不仅推动了生产要素的资本化和重新组合,而且引起了文化生活的重大变化。就资本所引起的社会变革而言,一般是先体现在器物方面即社会物质技术层面的变革,然后由器物层面的变革推进到社会制度层面的变革,最后带来社会文化层面的变革。资本逻辑所造成的文化效应在资本的中心区和外围区均会引起文化的碰撞与摩擦。在中心区,文化效应常常以传统与现代的矛盾体现出来;在外围区,文化效应不仅体现在传统与现代的历时维度之中,而且存在于本土文化和外来文化间的共时结构之中,因而显得尤为复杂。如在原发性资本主义国家,资本逻辑所造成的文化效应主要集中于传统与现代之间的矛盾冲突,资本逻辑就是在对前资本主义社会传统文化观念的批判中孕育形成的。14世纪和15世纪在意大利掀起的文艺复兴运动,用人文主义精神批判和揭露中世纪的神权统治,轰轰烈烈的反教权运动不仅在观念上而且在实践上将宗教统治赶下神坛,为理性精神的弘扬创造了条件。到宗教改革、启蒙运动,自由、平等、民主等观念逐渐被确立为新时期的基本观念。"且不说自由、平等、理性、民主等是资本逻辑得以贯彻的内在要求,就连我们经常提到的信用观念、时间观念、契约观念、效率观念等都是资本运动不可或缺的内在因素。"①这一系列价值观念不仅在思想上为资本发展扫清了障碍,而且在现实中被确立为社会运行的普遍法则。而在外围区的发展中国家,则是另外一种景象。如在中国,资本逻辑所引起的文化效应,使得人们对传统文化常常采取矛盾而又复杂的态度。一是彻底否定中国传统文化,接受全盘西化。从洋务运动到新文化运动,一种激进的观点就是用西方的器物和文化来拯救民族危亡,主张西学东渐。二是固守民族文化,排斥外来文化。一些人将西方技艺当作"奇技淫巧",固守华夏中心主义观念。三是在中西文化之间采取"中庸"路线,对西方文化既不简单抛弃,也不全盘照搬,而是相互借鉴、消化吸收。从这些不同的观点可以看出资本逻辑在发展中国家文化效应的复杂性。

资本对于大众文化的兴起与发展也造成巨大影响。现代社会流行的大众文化与通常讲的"民间文化"不同,前者更多是受市场和文化消费的影响而发展起来的。市场和文化消费之所以能够发展,主要是靠资本推动。资本的发展要求文化消费的拉动,要求文化走向市场和大众;而大众文化的生产又必须符合资本和市场的要求,符合大众的消费需求。在资本的驱动下,一方面大众文化得到了较快的发展,另一方面其功能逐渐发生了扭曲,即把大众文化更多地理解为娱乐、游戏和消遣,而轻视其思考性、启迪性和教育性的功能,忽视其反思和批判的能力。为了获得大众的接受和认可,博得大众的眼球,低层次、低水平的

---

① 丰子义:《发展的反思与探索——马克思社会发展理论的当代阐释》,北京:中国人民大学出版社2006年版,第112页。

东西纷至沓来。在网络技术、电子媒介的共同推动下,大众文化从传统书籍、报纸杂志等形式逐渐拓展到影视、游戏、电子竞技等多个领域,一步步脱离理性化走向感官化、娱乐化。重感性享受、轻理性思考,成为大众文化发展的一个重要特征。在资本逻辑支配下,大众文化的生产渐渐偏离原有文化生产的轨道,从提升民众的精神文化素养为目标转向以谋取经济利益为目的。为获取更多利润,大众文化往往淡化文化生产的教育、引导功能,程度不同地降低了大众文化的理论品质。

当然,也应当承认,大众文化在娱乐大众的同时,也在一定程度上发挥着开启民智的功能,这同样体现了资本的文明作用。随着资本的扩展,大众文化日益走进日常生活,因而大众文化所携带的文化价值也在潜移默化,客观上发挥着某种启迪、引导、教育的功能。而且,大众文化也不是铁板一块,其中不乏对社会现实的反思与批判,引起人们对现实处境的思考。正因如此,在霍克海默、阿多尔诺的文化工业理论对文化生产之同质化、意识形态化进行批判的同时,既有本雅明(Benjamin)对文化灵韵之缺失的深深忧虑,也有布莱希特(Brecht)对文化采取间离化阅读和理论批判的阐发,同时还有以雷蒙·威廉斯为代表的英国文化马克思主义者们对大众文化正面功能的强调。学者们对大众文化的多重态度,正是大众文化多元社会功能的理论反映。

(三) 大众文化的合理把握

对于大众文化究竟怎么看?国内外学术界已有广泛深入的讨论,取得了较多研究成果。但总体看来,过去的大众文化研究尤其是西方马克思主义的大众文化理论研究,主要采取的是批判的态度,重点揭示大众文化的消极作用,而对大众文化缺乏总体性、全面性的评价。今天研究大众文化,应当在学界已有研究的基础上,对其做出全面的审视和深入的考察。

重新审视大众文化,应首先摆脱精英主义的解读方法。如果仅从精英视角来看待大众文化,就必然会将消费大众视作被动服从的对象,导致对大众文化的否定性解读。正如亚当·斯密批判重商主义时所指出的那样,固守生产者视角必然导致经济贸易上的保守主义。在文化上也是如此。固守精英文化的视角,必然带来文化上的保守主义,不敢接受大众文化的兴起与发展,更不敢发挥大众文化的积极功能。其实,大众并不只是被动接受文化的对象,他们同时也是文化创造的主体,不能轻视乃至否定大众的文化创造作用。如果说在大众文化兴起之初,文化的生产可能掌握在少数生产者手中,但随着文化生产逐渐由大众参与,大众就不只是文化的消费者和文化的被动接受者,而是转变成为大众文化的生产者和创造者。承认大众是文化创造的主体,就必须正确看待大众文化产生和发展的合理性和必然性。

大众文化主体的转换与教育大众化密切相关。在传统社会,精英教育一直是上流社会的特权。由于这种教育不能适应市场的发展,不能很好地满足资本的需要,因此近代以来,在资本和市场的驱动下,教育的格局开始发生了明显变化。在英国,二战期间政府就出台了旨在普及中等教育的《巴特勒法》,该法规定享受中等教育是每个人的基本权利。这一举措极大地推动了教育的大众化、平民化。教育水平、教育大众化程度的提高,催生了文化大众化,推动文化生产创造主体的转换。如在英国出现了一批学者,他们出生于工人阶级家庭,因接受大众教育,开始不满精英主义文化传统,积极推动大众文化的理论转向,其中包括"伯明翰学派"的创始人霍加特以及雷蒙·威廉斯、汤普森等。这些学者虽然后来都跻身于中产阶层行列,但其阶级出身决定了他们的阶级认同。他们对大众文化情有独钟,相对于法兰克福学派俯瞰大众文化的精英立场,能够更全面地理解和对待大众文化。主体视角的转换必然带来观点和看法的不同。从精英立场来看大众文化,必然"哀其不幸,怒其不争",走向悲观论;从大众立场来看大众文化,则会更多关注大众文化的多元性、多样性,更好地满足人民生活的需要。

大众文化主体的转变,有助于大众文化社会功能的正常发挥。大众具有解码立场的灵活性,不会囿于传统观念、传统思维,能从社会生活实际出发,有针对性地适应和应对社会现象、现实问题。因此,大众文化会成为沟通、交流与协商的场域,有利于消除各种社会隔阂。"大众文化既不是自上而下灌输给'群氓'的欺骗性文化,也不是自下而上的、由'人民'创造的对抗性文化,而是两者进行交流和协商的场域,同时包括了'抵抗'与'收编'。"①在新的历史条件下,要从社会发展的总体视角来规范、构建大众文化,搭建合理的大众文化平台,形成良好的文化生态。

当今时代,大众文化无疑是文化领域中最活跃、最有创新性的一大形态,展现出前所未有的活力。大众文化在文化创意、产品生产、文化传播和文化消费等环节上都能积极有效地吸收最新的社会资讯以及最先进的技术手段,增强文化产品的吸引力、感染力。这是当代大众文化明显的优势。依赖大众文化的广泛普及,大众文化可以成为一个国家文化整合、社会整合的重要方式和渠道。在电子化、网络化的今天,各种信息资讯不再受传统媒介手段的限制而实现高速广泛的传播,消费的大众化将社会民众广泛整合进大众文化传播平台,这有利于扩大民众对社会事务的知情权、参与权和决策权,增强文化凝聚力和社会凝聚力。而且,基于社会共识和伦理道德的基本规范,大众文化也具有一定的自我约束和调节能力,有助于增强这些凝聚力。当然,也应当看到,受市场机制的影响,大众文化领域往往会出现一些不正常、不健康的现象,因而需要加强监管,以促进大众文化的健康发展。总的说来,大众文化是社会历史发展的必然产物,对其产生、发展及其社会影响应予以全面、合理的理解和把握,以加强大众文化的引导作用,使其发挥积极的文化功能和社会功能。

二、大众文化的表现形式与发展趋向

与其他文化相比,大众文化在内容和形式上都有明显的不同。由于"大众"在群体性结构上的历史性变化以及"文化"上的不断创新,大众文化也呈现出多样化的表现形式和独特的发展趋向。

---

① 〔英〕约翰·斯道雷:《文化理论与大众文化导论(第五版)》,常江译,北京:北京大学出版社 2010 年版,第 13 页。

(一) 大众文化的表现形式

伴随市场经济的发展,大众文化渗透到社会生活的方方面面,和其他社会因素一起共同构建了丰富多彩的大众生活。大众文化的表现形式多种多样,但就其基本表现形式来看,大众文化首先是以产品化、商品化的形式存在,文化消费采取商品消费的形式,并受商品生产与消费逻辑支配;其次,大众文化在媒介技术的推动下,以形式多样的社会景观出现,为社会生活创造了多样化的生存体验;同时,大众文化还以人们的生活实践形式出现,它深度融入大众日常生活,促进社会空间、实践场域的重组与融合。

1. 作为文化商品的大众文化

商品化、产业化是大众文化最显著的特征。文化生产与创造和市场经济相结合,创造了文化生产的当代模式,推动了文化的大众化。商品生产与文化创造相结合,共同创造了大众文化商品化的两种方式。其一是文化生产采取商品生产的方式,推进文化的商品化。在当代社会,大众文化要能繁荣发展并发挥其社会影响,必须符合市场逻辑的基本要求,顺应产业化、商品化的发展趋向,否则很难生存发展。正因如此,大众文化始终是与商品化联系在一起的。其二是经济生产、商品生产的符号化。在商品生产与消费之中加入文化意涵,是大众文化普遍流行的重要途径。这在消费时代尤为突出。"今天,在我们的周围,存在着一种由不断增长的物、服务和物质财富所构成的惊人的消费和丰盛现象。它构成了人类自然环境中的一种根本变化。恰当地说,富裕的人们不再像过去那样受到人的包围,而是受到物的包围。"[①]鲍德里亚认为,在消费时代,商品的实用功能退居其次,符号功能则成为消费的主要逻辑。在商品的符号逻辑支配下,选择一件商品即意味着选择一种价值观、一种生活方式。符号逻辑已成为当今时代商品生产与消费的主要逻辑。

[①] 〔法〕让·波德里亚:《消费社会》,刘成富、全志钢译,南京:南京大学出版社2000年版,第1页。

受文化商品化和商品文化化两种力量的共同推动,商品生产与文化生产的界限日益模糊,高雅文化与大众文化也趋于融合。"在现代主义的巅峰时期,高等文化跟大众文化(或称商业文化)分别属于两个截然不同的美感经验范畴,今天,后现代主义把两者之间的界线彻底取消了。后现代主义为我们今天的文化带来一种全新的文本——其内容形式及经验范畴,皆与昔日的文化产品大相径庭。而这种创新的文本,居然是在那备受现代(主义)运动所极力抨击的'文化产业'的统辖下产生的。"①文化的产业化已成为统摄当今文化生产的主导方式。"文化工业引以为自豪的是,它凭借自己的力量,把先前笨拙的艺术转换成为消费领域以内的东西,并使其成为一项原则,文化工业抛弃了艺术原来那种粗鲁而又天真的特征,把艺术提升为一种商品类型。"②无论是文化的产业化、商品化还是商品的符号化、文化化,都充分表明市场逻辑向文化生产领域的浸透、控制。大众文化逐渐失去传统的文化品格,带上更多的商业气息。大众文化的生存法则不再是文化、艺术法则,而是市场法则;大众文化产品的价值不再是艺术价值、文化价值,而是商业价值、经济价值。大众文化的商品性质决定了它只有走向市场、被大众消费,否则难以获得生存和发展的机会。

2. 作为社会景观的大众文化

大众文化与大众消费的有机结合,创造了现代社会各种消费景观、文化景观。"当文化仅仅变成了商品,它必定也变成景观社会的明星商品。"③用来塑造景观的"明星"商品,首先不是作为商品,而是作为大众社会的"明星"出场的。它对于景观社会塑造的重要功能,突出地表现在重建当今社会的整体性、重塑社会一体化的过程之中,以掩盖碎片化、断层化的社会问题。在当代资本主义社会,资本的发展导致了社会的碎片化,分隔了社会空间,并将分化的逻辑带到每个社会空间内部。

---

① 〔美〕詹明信著、张旭东编:《晚期资本主义的文化逻辑》,陈清侨等译,北京:生活·读书·新知三联书店1997年版,第424页。

② 〔德〕霍克海默、阿道尔诺:《启蒙辩证法——哲学断片》,渠敬东、曹卫东译,上海:上海人民出版社2006年版,第121页。

③ 〔法〕德波:《景观社会》,王昭风译,南京:南京大学出版社2006年版,第89页。

由此,城市与乡村分离了,就连城市内部也有市区与郊区、繁华的商业区与贫民窟的区别。这一区别不是传统地理位置的差别,而实际上是资本占有状况、资本空间分布的差别。大众消费的出现就是为了弥合由资本所导致的这种碎片化和社会分化,让人们过上同一的生活,拉近人与人之间的距离。"城市化毁灭了城市并重建了一种伪乡村,一种既缺少传统乡村的自然关系,也缺少历史城市的直接(直接竞争的)社会关系的伪乡村。今天'环境规划'的居住形式和景观控制创造出一种人工的新农民。"[1]通过伪造和效仿,以创造共同的生存空间,"重建没有共同体的社会"[2]。景观文化的鲜明特点之一,就是文化的景观化和消费的景观化。借助文化与消费的"共谋",可以伪造出一种社会总体性。景观就是一套"综合的机制","它必须通过混合以碎片形式与社会合理性相一致的表象因素来包围观众"[3]。

　　大众文化对于景观塑造的另一个功能,还在于能够创造各种幻觉效应、"惊颤"的生存体验,以掩饰同质化、"零度"化的社会问题。本雅明称当今时代为机械复制时代,该时代最显著的特征就是传统文化、历史意蕴的普遍丧失。物缺少灵韵,因为它们都已经同质化,同是机械工业的复制品,毫无个性可言。它们身上缺乏历史感,缺少文化气息,是平庸的简单复加。文化与消费的结合试图消除平庸,但都难逃媚俗的本质。"媚俗的激增,是由工业备份、平民化导致的,在物品层次上,是由借自一切记录的截然不同的符号和'现成'符号的不断无序增加造成的;它在消费社会社会学现实中的基础,便是'大众文化'。"[4]文化对商品的消费重新赋值,但无法掩盖其"价值贫乏"的实质。文化对商品、消费的普遍参与虽没能扭转大众消费价值"贫乏"的状况,但它创造了各种奇迹效应的文化景观,为社会创造了一种新的文化氛围。"工业美学——设计——的唯一目的就是,使那些深受分工影响并被标明了功

---

[1] 〔法〕德波:《景观社会》,王昭风译,南京:南京大学出版社2006年版,第80页。
[2] 同上书,第89页。
[3] 同上书,第174页。
[4] 〔法〕让·波德里亚:《消费社会》,刘成富、全志钢译,南京:南京大学出版社2000年版,第114页。

能的工业物品重新具有一种'美学'同质、一种形式上的或游戏式的统一,这种统一通过它们的'环境功能''氛围功能'等次要功能而使它们全部相互联系在一起。"①大众文化的媚俗功能正是通过"表达阶级的社会预期和愿望以及对具有高等阶级形式、风尚和符号的某种文化的虚幻参与"②,满足了消费者对文化匮乏时代的虚假认同。

广告和大众媒介在创造具有总体性、幻觉效应的社会景观的过程中起了重要的推动作用。作为社会景观的大众文化,采取的是感官化的存在形式。无论是流行的影视、音乐,还是大型的游乐场、主题乐园,其景观效应无一不是通过刺激感官的方式实现的。广告和大众媒介直接参与感官文化的生产与创造,成为大众文化的重要组成部分。广告和大众媒介的景观效应首先体现于对社会现实的直接影响,并深入人们的意识和观念,使社会生活对媒介景观的依赖既存在于想象世界,又存在于现实世界。广告和媒介创造了媒介化的社会现实,具体体现在选择、剪辑和拼贴过程当中。选择、剪辑和拼贴的技术过程其实就代表了一种价值观,再经由媒介的传播进一步产生广泛的社会影响。鲍德里亚曾断言海湾战争没有发生,这听起来很荒谬,其实他是要强调当今时代媒介所具有的强大社会影响。大众对于海湾战争的认知完全是媒介之中的海湾战争,是经过特定价值观重塑过的海湾战争。"真相"并不存在,存在的只是对真相的叙说。因此,媒介景观不能用传统的真伪标准来衡量,它已经超越真伪,是超真实的景观空间。新闻报道是如此,广告更是如此。广告的真实功能在于构建一种想象性的生存空间,该空间是日常生活的参照系,已成为福柯所谓的规训机制。人们在想象中进而在现实生活当中参照该空间形成自律,约束自己的观念和行为。

3. 作为人们生活实践形式的大众文化

文化,在一般意义上,是人类社会实践活动的产物,即"人化"的结

---

① 〔法〕让·波德里亚:《消费社会》,刘成富、全志钢译,南京:南京大学出版社 2000 年版,第 112—113 页。
② 同上书,第 116 页。

果。大众文化作为人类文明发展进程中的重要成果,与其他文化样态相比,更具有鲜明的实践特点。它既是市民生活的积极成果,以丰富多样的文化商品及绚丽多彩的社会景观形式存在,又与市民的生活实践紧密相关,甚至生活实践活动本身就是大众文化。生活实践的多样性决定了大众文化表现形态的多样性。

在当代社会发展过程中,分工和分化越来越细,因而人们生活实践的形式也越来越多样化。与不同形式的生活实践相适应,统一的社会空间被划分为不同的社会场域;在不同的社会场域中,资本也分化为不同的资本形式,如经济资本、社会资本、文化资本等。"资本的不同类别实际上就是在差异化和自主化的过程中形成的某某场域中(力量场域或者斗争场域)发挥作用的某些特殊权力。""不同类别资本的拥有者用来维系或者扩大其资本,同时也用来维持或者改善他们在社会空间中位置的再生产策略,总是不可避免地包含着某些旨在使其霸权的社会基础得以合法化的象征性策略,而这种霸权的社会基础就是特定类别的资本,这类资本支撑着他们的权力和与他们的社会基础不可分割的再生产方式。"[①]布尔迪厄(Bourdieu)将社会空间根据资本类型的不同划分成不同的社会场域,人们在不同场域中不断进行其资本占有上的生产与再生产,同时形成对该场域的认知(即布尔迪厄所谓的"误认"及在此基础上形成的不同"习性")以及个体认同与社会认同。这些认知和认同反过来又固化了该场域的逻辑规则。布尔迪厄所谓决定场域之根本的"资本",其实就是文化的不同形态。人们能否识别、占有各种特殊的文化形态,直接决定其在该场域内的发展状况。

作为人们生活实践形式的大众文化在不同实践场域中表现为特定的形态,如在公司场域中表现为企业文化,在社区场域中表现为社区文化,由此形成不同形态的大众文化。企业文化和社区文化在人们的社会生活中发挥着不可替代的重要作用。企业是市场经济条件下社会生产的主体;社区是城市化时代的历史产物,是该时代人们社会生活组织

[①] 〔法〕布尔迪厄:《国家精英:名牌大学与群体精神》,杨亚平译,北京:商务印书馆2004年版,第457—459页。

化的主要方式。企业文化和社区文化作为大众文化发展的新形态,其本身也在不断发展变化之中。如当下中国企业有国有企业、民营企业、外商独资企业、中外合资企业等多种形式,在不同企业内部,因其所有制形式、产品类型、历史文化背景等不同,企业文化也不尽相同。尽管如此,企业文化的社会功能是一致的,都是力求凝聚企业精神、创造核心竞争力、做好社会服务等,其中将员工发展与企业发展结合起来、实现员工对企业的认同是企业文化的核心功能。借助企业文化和社区文化,人们在企业、社区这些不同类型的社会场域中,可以实现各种社会认同。所以,企业文化和社区文化既是置身于企业和社区的人们生活方式的重要组成部分,又是企业、社区发展的重要推动力。

(二) 当代大众文化的发展趋向

大众文化与人们的社会生活息息相关。随着社会生活的深刻变化,大众文化也呈现出新的发展趋向。

要了解大众文化的发展趋向,需要首先了解"大众"的发展变化。对于"大众",早期法兰克福学派的代表往往给予更多批判性的理解与分析。他们认为,因商品、技术营造的统治逻辑不断制造资本主义社会的诸种神话,"单向度的人"被整合进社会统治的合法化进程之中。"只是在技术的中介中,人和自然才变成可以替换的组织对象。把他们统摄于其下的那些设施的普遍有效性和生产能力,掩盖着组织这些设施的那些特殊利益集团。换言之,技术已经变成物化——处于最成熟和最有效形式中的物化——的重要工具。个人的社会地位及其同他人的关系,看来不仅要受到客观性质和规律的支配,而且这些性质和规律似乎也会丧失其神秘性和无法驾驭的特征;它们是作为(科学)合理性的可靠证明而出现的。"[①]在西方社会的发展中,进步主义、发展主义话语使虚假的意识变成真实的意识。在这种话语之下,任何反对现状的思想都被禁锢。"否定性思考的力量也即理性的批判力量"的普遍丧失成

[①] 〔美〕马尔库塞:《单向度的人》,刘继译,上海:上海译文出版社 2006 年版,第 153 页。

为"发达工业社会压制和调和对立面的物质过程在思想意识上的反应。"①个人对于这种被动一致化的任何抗争都显得不合时宜。否定性向度的缺失、单向度人的出现,就是这一时期"大众"的基本形象。

与马尔库塞将"大众"理解为"单向度的人"不同,海德格尔将大众理解为一种平均状态。他在反思"此在"存在这一生存论问题时指出,此在的存在并非独自现成地存在着,而总是与他人共同分有一个共同的世界,因为每一个他人都和我一样也是此在。此在和他人共同存在不能简单地通过他人在周遭出现来说明,即便他人并不在场也同样是共同存在的方式。"共在是每一自己的此在的一种规定性。"②这种"共在"的生存方式构成此在出场的方式,因此也是其难以摆脱的生存状态。它对此在的影响表现在"这样的共处同在把本己的此在完全消解在'他人的'存在方式中,而各具差别和突出之处的他人则更是消失不见了"③。换言之,此在之共在状态往往抹杀了各自本己状态,并最终会形成一种生存的"平均状态"即海德格尔所谓的"常人"。"这个常人不是任何确定的人,一切人——却不是作为总和——倒都是这个常人。"④"共处同在、庸庸碌碌、平均状态、平整作用、公众意见、卸除存在之责与迎合等等",都是常人的"常驻状态",也是"此在作为共在的存在方式"⑤。

随着时代的变迁,铁板一块的大众形象开始松动,大众内部的分化、多元和差异逐渐显现。意大利哲学家奈格里和美国学者哈特的"诸众"概念比较细致地反映了"大众"的当代形态。在他们看来,在以往的政治实践中,大众总是与工人阶级紧密相连,"大众化的工人形象把自身作为一个霸权主体强加于/反对劳动的抽象化,并设置了一个对那样的抽象化进行社会主义管理的计划"⑥。这种工人形象一方面被资本主

---

① 〔美〕马尔库塞:《单向度的人》,刘继译,上海:上海译文出版社2006年版,第11页。
② 〔德〕海德格尔:《存在与时间》,陈嘉映、王庆节译,北京:商务印书馆2018年版,第156页。
③ 同上书,第163页。
④ 同上。
⑤ 同上书,第165页。
⑥ 〔意〕安东尼奥·奈格里:《艺术与诸众:论艺术的九封信》,尉光吉译,重庆:重庆大学出版社2016年版,第102页。

义生产过程去主体化,就是马克思所指称的劳动异化状态,另一方面与标准化的生产联系在一起。在新的时代条件下,资本主义生产机制虽然仍然存在,但社会历史条件已发生很大变化,劳动力的生产生活状况有很大改变,新的剥削状况已从生产领域扩散到社会生活的各个领域,同时生产生活中工人的主体化又有新的形式。显然,简单用主体性的缺失来解读"大众",不能准确反映大众的真实生活状况。与那种整体性的"大众"相反,"今天,具体的和独一的东西正再度占有抽象、商品和价值"①。由活生生的欲望、语言、斗争实践和理论等构成的"诸众"主体能更准确地表达当今多元化、复数化了的新大众形象。每一位诸众主体都具有不可与他人简单等同的"独一性"。

因此,今天已经很难用同一个标签来标识大众群体。社会历史条件的变化使群体内部在利益关系、知识素养、兴趣关注等方面发生了前所未有的分化、多元化、复杂化。这样的大众群体必然要求大众文化的生产和消费也要多元化、多样化。"人民不是抽象的符号,而是一个一个具体的人的集合,每个人都有血有肉、有情感、有爱恨、有梦想,都有内心的冲突和忧伤。真实的人物是千姿百态的,要用心用情了解各种各样的人物,从人民的实践和多彩的生活中汲取营养,不断进行生活和艺术的积累,不断进行美的发现和美的创造。"②

大众的发展变化使得大众文化具有新的发展趋向。

一是从单一到多元。机械化、流水线的生产方式被引入大众文化产品的生产,使之不可避免地走向单一化、同质化。大众文化的同质化,一直是被法兰克福学派文化工业批判理论所诟病的重要方面。在生产机制上,大众文化生产与传统的文化创造不同,大众文化产品失去了以往文化艺术作品的独特个性。文化生产与大众消费的结合,将文化生产的本来意义抹杀了,从对作者艺术审美情趣的主观表达转向对大众消费品味的简单迎合,艺术创作的目的被商业利润所扭曲。文化

---

① 〔意〕安东尼奥·奈格里:《艺术与诸众:论艺术的九封信》,尉光吉译,重庆:重庆大学出版社2016年版,第78页。

② 习近平:《在中国文联十大、中国作协九大开幕式上的讲话》,北京:人民出版社2016年版,第12页。

创作被作为产品、商品生产出来后,艺术本来具有的独特"灵韵"丧失了,展现在大众消费面前的是完全可替代的毫无个性的消费品,大众文化产品的文化性被商业性所替代,文化功能被商品功能、价值功能所替代。与此同时,大众文化产品生产方式的标准化、齐一化,导致文化消费方式的标准化,进而导致文化批判与反抗能力的丧失。这些都是技术理性作用的结果,"技术合理性已经变成了支配合理性本身,具有了社会异化于自身的强制本性。汽车、炸弹和电影将所有事物都连成了一个整体,直到它们所包含的夷平因素演变成一种邪恶的力量。文化工业的技术,通过祛除掉社会劳动和社会系统这两种逻辑之间的区别,实现了标准化和大众生产"①。

　　现代生产机制在导致大众文化同质化的同时,也为大众文化的多元化发展创造了条件和可能。随着福特制生产向后福特制生产的转变,大众文化的生产也开始有了新的变化。后福特制生产的灵活性、可定制化将大众文化生产推向一个新的发展阶段。围绕消费需求的弹性生产是该生产机制的主要特征,这在一定程度上缓解了文化生产同质化的局限。伴随大众文化生产模式的历史性变化,文化也开始多元化。如在当今社会,网民数量激增,网络空间已成为当今大众生活的重要活动场域。在该场域,各种信息的生产、传播和消费以超乎想象的速度发展。各种"点赞""吐槽""评论""转载"已成为大众参与网络生活的主要方式。在网络空间中,文化信息的生产与消费呈现出极强的去中心化,随着网络空间的不断拓展弥散到空间的各个角落,信息的发布与接收可以在网络空间的任何节点完成。可以说,网络文化作为当今时代大众文化的重要形式与载体,在文化多元化发展过程中起了引领作用。当然,也应当看到,在文化生产与消费模式没有发生彻底转换之前,文化同质化的现象仍会长期存在。因为文化同质化从表面上看是由文化生产的技术结构决定的,但实质上还是由资本的逻辑所支配。只要大众文化生产仍受资本逻辑支配并因此仍掌握在少数资本占有者手中,

---

① 〔德〕霍克海默、阿道尔诺:《启蒙辩证法——哲学断片》,渠敬东、曹卫东译,上海:上海人民出版社2006年版,第108页。

大众文化同质化的现象就难以消除,因为资本逻辑限制了大众文化多元化发展的可能。

二是从受动到主动。文化生产主体的时代转换,不仅使文化发展转向多元化,而且也深刻改变着大众文化的地位和作用。长期以来,在西方学界,大众文化往往被看作是统治集团用来控制大众思想、观念的工具,它在本质上并不是与大众的切身利益完全一致的。为此,文化工业批判理论将大众文化定位为文化欺骗的手段,认为大众文化是文化生产者与消费者、统治者与被统治者角力的舞台,是阶级对抗在文化领域的重要体现,大众文化的社会功能为统治逻辑所左右。该理论还认为,大众文化对大众的意识形态控制,与其他控制方式相比更具柔性色彩。它借助娱乐化、感官化等方式,让人们在不经意间陷入大众文化、融入大众文化,自愿受大众文化的支配。"它从主观出发,对真理进行的内在约束,往往要比想象中的约束更容易受到外在力量的控制。"①

文化工业批判理论对大众消极被动态度的批判固然反映出一定的事实,但其分析也有些片面、简单,实际情况并非完全如此。在变化着的现实生活中,大众面对大众文化时并非完全受制于大众文化的意识形态操控,对大众文化的接受也是在受动中有主动、在被动中有能动。这在英国伯明翰学派的大众文化研究中表现得尤为明显。英国学者麦克盖根(McGuigan)在分析斯图尔特·霍尔的文化理论时就指出:"霍尔对大众消费的考察推翻了那种推断普通百姓某种程度上被消费至上主义奴化、受资本主义传媒控制的悲观的大众文化批评。"②而霍尔所"推翻"的正是法兰克福学派对待大众的态度。霍尔强调,大众在文化选择与消费过程中也具有一定程度的主动性、能动性,如在电视媒介中,更能感受到大众对待大众文化消费的主动性。因为大众对大众文化的接受、认同程度决定着大众文化意识形态操控的现实效果,而大众是否接受、认同大众文化则掌握在大众自己手中。伯明翰学派改变了法兰克

---

① 〔德〕霍克海默、阿道尔诺:《启蒙辩证法——哲学断片》,渠敬东、曹卫东译,上海:上海人民出版社2006年版,第130页。
② 〔英〕麦克盖根:《文化民粹主义》,桂万先译,南京:南京大学出版社2001年版,第42页。

福学派文化工业批判的理论范式,看到了大众以及大众文化地位与作用的重要变化,这就是大众在大众文化面前并不是完全被动的角色,而是有较大的主动性和能动性。对于这样的变化,必须予以重视和研究。

三是从静态到动态。文化既以各种文化产品来呈现,又以某种生活样法、生活实践来表现。在以往的研究中,学界更多重视的是前者,而对后者没有给以应有的关注。在大众文化及其相关研究中,也存在类似情况。在西方影响较大的大众文化研究范式中,大众文化主要被看作是大众消费的文化产品。如法兰克福学派的文化工业批判理论就是将大众文化视为文化工业化生产的产品,因而大众文化的典型特征之一就是其商品属性。该理论强调大众文化商品属性及借由商品的生产与消费对大众实施意识形态控制,深刻影响到后来的大众文化研究范式。英国文化唯物主义、伯明翰学派的大众文化研究逐渐突破了这样的研究范式,将大众从传统的消极被动接受的角色转换成有自我阅读、思考、批判能力的主动角色。如雷蒙·威廉斯对"大众""大众文化"的重新解读,霍加特在《识字的用途》中对日益丰富的大众出版物、电影、广播、电视、广告等文化现象的考察和对工人的抵抗方式的分析,霍尔对大众解码电视媒介内容的方式的研究,以"文化消费主义"研究闻名的美国学者约翰·费斯克(John Fiske)对文本阅读中的战略、战术问题的考察等,就充分体现了这样的转向,即从文化产品研究转向文化活动研究,从静态的研究转向动态的研究。这就是更多关注人们的文化参与和文化生活本身,感受大众文化新的变化。

实际情况也是如此。随着社会生活和社会条件的不断变化,大众参与大众文化生产日益从可能变为现实。特别是随着教育水平的提高,现代媒介技术、互联网技术的广泛应用,大众参与文化生产与消费的积极性、主动性空前高涨。现在,大众文化的生产已离不开大众的广泛参与,它已不再是少数文化精英掌握的特权,而是成为全民参与、全民创造的实践过程。正因为大众文化与大众生活有机融合在一起,大众文化的实践品格得以前所未有地彰显出来,以至大众文化成为大众的生活样法或生活实践。

在新时代,人民对美好生活的需要日益多样化,不仅有物质方面的需要,而且在精神文化、社会民主、公正法治、生态环境等方面也有多种需要。这就使大众文化不可避免地进入人们的日常生活,同时也使大众逐渐参与到大众文化的创造与消费中。因此,大众文化实际上就是大众的社会生活本身。各种形式的社区文化、企业文化以及网络文化、媒体文化、信息文化等构成大众文化实践的丰富内容。伴随这些文化形式的发展,大众文化也在不断改变与发展。

三、大众文化发展模式的比较与探索

当今时代,大众文化发展方兴未艾,尤其在一些发达国家,这种势头尤为明显。与之相比,我国大众文化的发展起步较晚,无论在规模上还是在结构、效益、影响上,都还有很大发展空间。为了更好地引导我国大众文化健康、合理地发展,需要结合我国的实际,吸收、借鉴一些国家在大众文化发展方面的有益成果与经验,做出新的探索与推进。

(一)大众文化发展不同模式的比较与借鉴

大众文化是伴随市场经济特别是伴随大众消费与现代科技的发展而兴起的。20世纪初,无线电广播技术、电视技术等相继出现,电视、广播逐渐取代传统阅读方式和文化传播方式,引起文化生产、生活方式的重大转变。现代技术在文化生产领域的普遍应用,使文化能够像商品一样以工业生产的方式被生产出来,推动文化的产业化,带动文化的大众化。20世纪90年代以后,许多发达国家相继推出文化产业发展的激励政策,促进文化产业发展进入多元化、快速化的发展轨道。在这些国家中,美国文化产业发展起步最早,业态最齐全,在影视、娱乐、传媒、体育等多方面进展快速,产生了重要的国际影响。西欧各国文化产业各有特色,如英国的文化创意产业、法国的文化旅游产业、德国的文化出版产业等就是典型。亚洲的文化产业以日韩为代表,日本的动漫产业、韩国的游戏产业都是支撑该国文化产业的支柱产业。

美日韩在文化产业发展的类型、特色、历史脉络和运作模式等方面虽各有不同,但其背后又有一些共同之处。

第一,专业化的产品制作。这种专业化首先体现在文化产品创作团队的专业化水平。无论是美国的影视产业还是日本的动漫产业、韩国的游戏产业,其发展的成功都得益于将工业化的生产机制应用于文化产品的创作与生产当中。精细的工业化分工贯彻到每一件产品的设计、制作、生产全过程,每一道程序都有精细的内部分工,这样的生产机制有效地保证了整体制作的质量与水平。比如一部电影的创作,要有编剧、导演、演员、服装、道具、摄影、音乐等部门来组成,而每一个部门内部又有进一步的细致分工。这种细致的分工必须要有专业化的人员。如日本的动漫产品之所以能畅销全球,关键在于有专业化的动漫画家和制作团队。各部门、人员任务明确、各司其职,文化产品的生产制作形成一个庞大的系统工程。

专业化同时体现在产品制作的类型化。大众审美趣味的分化推动了产品制作的类型化。如影片根据不同题材分为战争片、犯罪片、科幻片、喜剧片、恐怖片、伦理片、灾难片等多种类型;日本的动漫产品根据观众年龄、性别的不同创作出如 Hello Ketty、机器猫、樱桃小丸子、蜡笔小新等不同形象;韩国的游戏也根据玩家的不同喜好,类型化为角色扮演游戏、动作游戏、冒险游戏、策略游戏、益智类游戏、体育竞技类游戏等。由不同文化类型所决定,文化产品的制作也带动创建了一批有影响力的专业化的制作基地。如美国好莱坞的电影制作公司、日本的动漫画家及其创作基地(如宫崎骏的吉卜力美术馆等)、韩国的游戏公司和游戏基地等就是专业化的制作基地。这些专业的制作基地为文化产品的专业化、规模化、产业化制作提供了总体保障。

第二,产业化的制作模式。以好莱坞的电影产业模式为例,它对电影业的影响主要在于其将电影成功地由传统艺术门类中的一支转变为具有巨大商业价值的文化产业。"巨大的投入、精良的制作、强烈的视听效果、具有吸引力的故事情节,加之成功的商业营销,为好莱坞带来了巨额的票房收入,制造了所谓的好莱坞电影神话。"[①]好莱坞作为电影行业成功商业模式的典范,已经成为一个文化符号,是美国电影产业化

---

① 张胜冰等:《世界文化产业导论》,北京:北京大学出版社 2014 年版,第 62 页。

的象征,更是美国文化产业的代名词。文化的产业化制作是否成功,不仅表现在电影票房上,而且表现在产品的经济和社会效应是否延伸到其周边产品、文化衍生品上。如塑造动漫产品、动漫形象就带动了游戏、唱片、卡通人物玩偶、文学小说等的发展,获取了更大经济社会效益。因此,建立和完善文化产业链条、发挥文化产品的产业效应,已是当今大众文化产业化的通行模式。

第三,市场化的运作方式。市场机制对文化产业发展的推动作用,首先在于它能充分反映市场需求,用大众的审美情趣来定位文化产品,满足大众消费需求。"好莱坞长期以来确立的是以制片人为中心的生产体制,而不是以导演为中心,这在好莱坞的早期电影生产中,表现得尤为突出。"[①]这些制片人对产品制作的衡量标准不是艺术尺度,而是市场的价值尺度。能够吸引观众眼球,让更多人来消费,才是一部影片成功的关键。美国大众文化的发展一直遵循的是市场机制的导向作用,依靠商业化的运作,使文化产品进入市民生活,为人们所认同,以此来推动文化产业的快速发展。

市场机制对文化产业发展的推动作用,还在于市场机制能够充分发挥科学技术在文化生产过程中的重大创造作用。文化产业在市场上的竞争,实质上是科学技术的较量。如《终结者》系列被认为是20世纪最成功的应用计算机技术制作的科幻电影产品,2009年的科幻巨制《阿凡达》更是被视为引领影视技术革新的又一范例。在市场机制和科学技术的驱动下,许多民族、地域的文化资源都会被作为要素整合到文化产品的创作与生产之中。如花木兰、熊猫这些典型的中国文化资源,经过好莱坞电影产业模式改造过后,成为诠释美国本土价值观念的文化要素。电影《花木兰》《功夫熊猫》中的艺术形象,颠覆了中国传统文化环境中的原初形象,对中国文化要素的运用既能够吸引中国观众的好奇心,又能够因在价值观念上的美国化而可以迎合美国观众的审美需求。值得指出的是,市场机制和科学技术的发展,还能够充分促进文化生产的国际分工与协作。比如,日本的动画绘制工作有90%依赖国

---

① 张胜冰等:《世界文化产业导论》,北京:北京大学出版社2014年版,第64页。

外,韩国动画产业就源于承接日本的外包业务,中国大批专业人才也受雇于中日合资的动画制作公司。① 现在,韩国的许多网络游戏与中国的一些网络公司有密切的合作,将其游戏的运营交给中国方面的运营商、代理商,既节省了成本,又开拓了海外游戏市场。

第四,全球化的创作理念。文化产业的发展既要有民族性,又要有世界性。这就要求文化生产在整合利用民族文化资源、突出民族文化特点的同时,要有全球化的创作理念,注意增强文化的世界性。如日本的动漫产业,虽然有许多本土文化元素,像在中国家喻户晓的动画电视剧《机器猫》中,有日本传统饮食、住宅文化的明显特色,但是其人物形象的塑造又超越了简单的民族特性,对儿童心理的刻画能引起世界性的广泛共鸣。美国的影视文化中虽然不乏美国元素,无论是怀旧的西部片,还是现代科幻电影,都有本土元素在内,但因其对个人主义的强调、对草根"逆袭"的一贯叙事方式,却能引起世界性的共鸣,获得大多数人的认同。可见,文化产品要有生命力、要走向世界,固然需要保持自己文化的民族特性,但保持民族性并不是要排斥世界性。一种文化要获得其他国家、民族的认同,必然要有世界性,能够满足世界文化发展的需要。深入挖掘民族文化资源,充分吸收国外先进文化成果,形成新的文化产品,这是民族文化走向世界的必由之路。

(二)中国大众文化发展路径的探索与出路

与美日韩等国相比,中国大众文化的发展起步较晚,在市场化、规模化、产业化等方面存有一定差距。中国大众文化开始兴起、发展是改革开放以后的事情。此前,中国社会尚不具备大众文化形成的条件。改革开放以后,随着市场经济的发展和对外交流的扩大,文化的发展开始呈多元化的势头,人们的文化需求也日益强烈,大众文化应运而生。党的十八大以后,大众文化更是迎来了大发展大繁荣。在一系列改革举措的推动下,大众文化获得了长足的发展。但是,从总体来看,与发

---

① 参见汤莉萍、殷瑜、殷俊编著:《世界文化产业案例选析》,成都:四川大学出版社2006年版,第229页。

达国家相比,与人民日益增长的美好生活需要相比,我国文化及相关产业在产业规模、产品质量、产业结构、产品的科技含量等方面还有较大的差距。这些差距还需要通过发展来解决。关于如何发展,涉及的问题很多,但关键是要明确大众文化的基本方向与出路。为此,应当立足中国的发展现实,吸收和借鉴国外文化及相关产业的经验,在理论和实践上处理和回答好这样一些重大问题:中国应发展什么样的大众文化?中国大众文化的发展究竟应当采取什么方式、走什么样的道路?只有弄清这些问题,才能保证中国大众文化沿着健康的轨道发展。

建构什么样的大众文化,这是大众文化发展必须首先回答的问题,因为它决定着中国大众文化的根本属性。在当代中国,大众文化发展面临的局势是复杂的,受到全球化、市场逻辑、传统文化和西方文化等的综合影响。在这样的大背景和复杂环境中,大众文化决不能放任自流,盲目发展,必须明确其性质和发展方向。这就是要明确中国大众文化的社会主义属性,使其发展与中国特色社会主义的本质要求和发展方向相一致。为此,要求大众文化的发展既要反映社会主义制度的本质要求,又能够适应市场经济的发展需要。"坚持以人民为中心的工作导向,坚持把社会效益放在首位、社会效益和经济效益相统一,以激发全民族文化创造活力为中心环节,进一步深化文化体制改革。"①

建构大众文化的当代形态,推动大众文化健康发展,需要区分文化的双重属性。"在社会主义市场经济条件下,文化不仅有引领风尚、教育人民的意识形态属性,也有通过市场交换获取经济利益、实现再生产的商品属性。"②发展当代中国的大众文化,既要保证大众文化丰富人民精神生活、提高人民精神文化水平功能的发挥,又要能够实现社会主义市场经济条件下大众文化产品的价值创造功能。推动公益性文化事业和经营性文化产业协同发展,这是中国大众文化发展必须坚持的基本原则。

---

① 《中共中央关于全面深化改革若干重大问题的决定》,北京:人民出版社 2013 年版,第 39 页。

② 蔡武:《文化热点面对面》,北京:人民出版社 2014 年版,第 27 页。

公益性文化事业以政府为主导,以实现文化的社会效益为目的,其主要任务是建构现代公共文化服务体系。这就是要"建立公共文化服务体系建设协调机制,统筹服务设施网络建设,促进基本公共文化服务标准化、均等化。建立群众评价和反馈机制,推动文化惠民项目与群众文化需求有效对接。整合基层宣传文化、党员教育、科学普及、体育健身等设施,建设综合性文化服务中心"①。建构现代公共文化服务体系,就是要坚持以人民为中心的理念,文化产品和文化服务能够反映广大人民群众的精神文化需求,能够提升人民群众的精神文化生活水平。为此,要推动公共图书馆、博物馆、文化馆、科技馆等公共文化事业单位建设,促进公共文化服务的社会化发展,使文化的社会效益和社会功能得到有效发挥。

经营性的文化产业则以市场为主导,以实现文化的经济效益为目的,推进文化产品的商品化、产业化发展。在当代社会,文化与市场经济之间的联系日益紧密,文化的发展越来越离不开市场,而市场的发展也越来越渗透着文化,需要文化的支撑,因为"市场经济行为本身就是一种文化行为",特别是"随着信用制度、金融业的发展,市场的文化性质越来越突出"②。既然文化与经济内在地联系在一起,那么,要发展大众文化,必须注意文化产品和服务所具有的经济属性,在文化创造和生产中,尊重市场规律,通过市场交换来实现其价值。只有走向市场,大众文化才有活力和动力。当然,文化不同于一般的商品,不可将文化完全交由市场来配置,盲目地推进"文化市场化"。

总的说来,无论公益性文化事业还是经营性文化产业的发展,都要以人民为中心,都要以坚持中国特色社会主义为基本方向。在此前提下,中国大众文化才有可能走上一条健康、规范、可持续的发展道路。否则,发展将会误入歧途。然而,也应当看到,目前我国大众文化的发展水平还不高,发展仍面临着一些障碍。要增强文化发展的动力,迫切

---

① 《中共中央关于全面深化改革若干重大问题的决定》,北京:人民出版社 2013 年版,第 41 页。

② 丰子义:《现代化进程的矛盾与探求》,北京:北京出版社 1999 年版,第 260—261 页。

需要推进文化体制机制的改革和创新,加强市场机制的法律法规建设。推进大众文化的市场化,必须要以一系列相关法律法规的建设为前提。只有这些前提性、制度性建设才能为大众文化的发展提供制度保障,才能为大众文化发展搭建平台。

(三)大众文化的合理引导

在我国,大众文化发展的时间不长,参与发展的因素、环境比较复杂,因而在其发展过程中,难免鱼龙混杂,既有可圈可点的一面,也有不尽如人意的一面。许多不良现象在大众文化领域中均有不同程度的表现。如"不分是非、颠倒黑白的错误倾向""低俗、庸俗、媚俗的低级趣味""拜金主义、享乐主义、极端个人主义的腐朽思想"在一定范围内存在,给中国文化生产与创作造成不良影响。由于大众文化的生产与创作和市场最为密切,所以大众文化受市场不利影响最大,容易出现一些不良的文化现象。

一是文化的批量化生产形成的快餐文化。文化生产一旦进入市场,成为商品生产,就必然受市场逻辑支配。市场的逻辑是:什么能够带来利益就生产什么,什么方式能够获取最大利益就采取什么方式。在此逻辑驱使下,文化生产就可能出现畸变。"十年磨一剑"的经典很难寻觅,各种"短平快"的文化产品屡见不鲜。在追求即时利益的驱动下,文化产品像流水线上的商品一样,讲求生产效率,忽视文化品位,最后形成的是有速度没内涵、有数量没质量之类的快餐文化。与此相应,现代人的生活方式也是不断用速度来挤压时间,忙碌、快节奏的生活方式形成了碎片化、标题化的阅读方式和文化欣赏方式。微阅读催生各种微文化产品,如微信、微博、微视频等。阅读往往是不求甚解,只是为了娱乐消遣。与这种阅读习惯、文化生活习惯相伴随的是以各种"标新立异"甚至怪诞的文字和标题组成的下品之作。浮躁的市场氛围造就了浮躁的文化。

二是文化的同质化生产形成的消费文化。文化的同质化是标准化、批量化生产的必然产物,它给大众文化带来的问题也是有目共睹的。就电视综艺节目来看,一些同类型的节目常常充斥舞台,简单的复制、模仿和所谓"创新",只是为了收视率,电视节目的效益左右了节目编制的逻辑,结果会导致粗制滥造。千篇一律、一哄而上、缺乏个性的现象在大众文化领域比较普遍,并随全球化、网络化的发展呈上涨之势。文化同质化和消费文化的发展往往是相伴而生的。在文化同质化的过程中,西方消费文化可以乘虚而入,甚至大行其道。消费文化的盲目发展、泛滥,必然会造成大众文化发展的浅薄和任性。

三是文化的庸俗化生产形成的媚俗文化。应当承认,文化的大众化、普及化不等于文化的庸俗化。"以为人民不懂得文艺,以为大众是'下里巴人',以为面向群众创作不上档次,这些观念都是不正确的。"①现在,人民群众的文化素质普遍提高,不能简单地用庸俗化的眼光来审视大众的审美需求。但是,也不能回避,大众文化中确实存在不少庸俗、低俗甚至媚俗的低级趣味的东西。一些文化生产者为了赢利,一味地迎合"大众口味",把文化的通俗当作庸俗甚至粗俗、低俗,炮制各种媚俗的文化产品以占领市场,获取利润。更有甚者,为了所谓的发行量、收视率、点击率、票房收入,昧着良心创作低级趣味的作品以迎合读者和观众。习近平总书记指出:"低俗不是通俗,欲望不代表希望,单纯感官娱乐不等于精神快乐。"②大众文化的生产不能因为经济利益而偏离方向,必须明确大众文化的社会功能与历史使命。

上述不良现象的出现,确实污染了大众文化的生态环境,影响了大众文化的正常发展。如果不加以合理引导,不仅会扭曲大众文化,而且会影响社会的和谐与稳定。大众文化的真正功能就在于"文化大众",通过各种群众喜闻乐见、通俗易懂的形式,让更多的人接受先进文化的熏陶,达到"以文化人"的目的。文化的"化"并不是简单的教化,而是要让人们参与到大众文化的生产和消费中来,使之成为大众的内在文化修养和文明素质。因此,必须加强大众文化的规范和引导,使其充分发挥正能量,促进社会全面进步和人的全面发展。

---

① 习近平:《在中国文联十大、中国作协九大开幕式上的讲话》,北京:人民出版社2016年版,第11页。

② 习近平:《在文艺工作座谈会上的讲话》,北京:人民出版社2015年版,第10页。

四、大众文化与文化主旋律的良性互动

在一个社会的文化格局中,往往存在着多种文化,其中必有一种文化占据主导地位,成为主流文化。主流文化代表着文化发展的主旋律。所谓主旋律,指的是社会在一定发展阶段上占有支配地位的价值观和思想体系,它是调节社会关系、保持社会稳定与和谐发展的枢纽和开关。从历史上看,任何一个国家在其发展过程中都有自己的文化主旋律,文化主旋律的倡导以及贯彻实施的结果,直接影响到国家的发展状况。可以说,任何一个国家的发展都离不开积极向上的文化主旋律。从文化意义上来看,正是因为一个国家有着积极向上的文化主旋律,这个国家的文化才能薪火相传、生生不息。习近平总书记曾深刻指出:"历史和现实都证明,中华民族有着强大的文化创造力。每到重大历史关头,文化都能感国运之变化、立时代之潮头、发时代之先声,为亿万人民、为伟大祖国鼓与呼。中华文化既坚守本根又不断与时俱进,使中华民族保持了坚定的民族自信和强大的修复能力,培育了共同的情感和价值、共同的理想和精神。"①这正是文化主旋律的重大影响力所在。在新的历史条件下,要推动大众文化的健康发展,必然要弘扬文化主旋律。

(一)大众文化的发展离不开文化主旋律

发展大众文化是时代的需要、人民的需要。但时代和人民需要的是健康的大众文化,而不是病态的大众文化。要克服大众文化的病态发展,必须加强对文化主旋律的积极引导。之所以要强调文化主旋律的引领,主要原因在于大众文化与文化主旋律之间存在着如下不可分割的内在联系。

第一,大众文化的合理发展需要文化主旋律提供科学的理论支撑。尽管大众文化不同于意识形态,但它又无论如何离不开意识形态。坚

---

① 习近平:《在文艺工作座谈会上的讲话》,北京:人民出版社2015年版,第5页。

持用马克思主义的立场、观点和方法来进行大众文化创作,坚持按照中国特色社会主义先进文化的发展方向来进行大众文化建设,这是弘扬文化主旋律的必然要求。弘扬文化主旋律,可以为大众文化发展提供科学的理论支撑和方向指引。在当代中国,发展大众文化必须坚持马克思主义的指导地位,坚持正确的理论导向。"发展中国特色社会主义文化,就是以马克思主义为指导,坚守中华文化立场,立足当代中国现实,结合当今时代条件,发展面向现代化、面向世界、面向未来的,民族的科学的大众的社会主义文化,推动社会主义精神文明和物质文明协调发展。"[1]

第二,大众文化的合理发展需要文化主旋律提供正确的价值引导。任何文化都体现着一定的价值观,完全脱离价值观的文化是不存在的。大众文化也是如此。尽管它常常是以感性的、直观的、娱乐性的形式表现的,但其中总是程度不同地渗透着一定的价值观念,影响着人们的观念和行为。从某种意义上说,接受了一种大众文化,就等于接受了一种价值观念。例如,西方大众文化在兴起之时就充分体现着资本主义的文化价值观念,如个人主义、金钱至上、绝对自由等。伴随着全球化的发展,西方一些国家又在文化交流以及各种交往活动中裹挟着资本主义价值观念,将其包装成具有所谓普遍适用性的价值观向世界推广。在新的历史条件下,我们的大众文化建设,必须对其价值导向予以高度关注。这就是要弘扬文化主旋律,充分发挥其价值引领功能。弘扬文化主旋律,让人们知道大众文化应该坚持什么、反对什么,倡导什么、抑制什么,从而保证大众文化能够沿着健康的方向发展。

第三,大众文化的合理发展需要文化主旋律提供正确的行动指南。文化主旋律不仅体现的是方向和价值指引,而且体现了路径指南。应当按照什么样的路径和方式来发展大众文化,这在文化主旋律中必然会得到体现和反映。我国的文化主旋律实际上就指明了大众文化发展应当坚持的基本路径和方式。首先,大众文化的创作必须贴近实际。

---

[1] 习近平:《决胜全面建成小康社会 夺取新时代中国特色社会主义伟大胜利——在中国共产党第十九次全国代表大会上的报告》,北京:人民出版社 2017 年版,第 41 页。

这个实际一方面是指中国正在进行的社会主义现代化建设实际,另一方面是指人民群众的生活实际。唯有贴近人民的生活实际,才有可能创作出让人民满意的作品来。其次,大众文化的创作必须贴近群众。"文艺工作者要想有成就,就必须自觉与人民同呼吸、共命运、心连心。"①这就要求摆脱传统的精英主义立场,自觉做到文化创作真正为了人民、真正属于人民、真心为人民服务。大众文化的创作者不能用自己的感受和想法来简单代替人民的感受和想法,应当了解群众、倾听群众呼声、反映群众愿望;同时要让大众积极参与对大众文化的生产创作中来,切实使大众文化具有"大众性"。

要使大众文化弘扬文化主旋律,关键是要使文化主旋律融入大众文化,使其真正发挥影响。如果文化主旋律高高在上,完全停留于一些原则、观念、要求而不能进入大众文化生活,那么,文化主旋律对于大众文化来说就还是外在的,其影响的程度和范围是有限的。如果借助行政手段来推行,可能不会达到理想的效果。实践一再表明,真正有效的方式还是让文化主旋律切实融入大众的文化生活,使其以润物无声的方式来影响和引导大众文化的发展。在这方面,西方一些国家的做法和惯例值得我们参考和借鉴。西方的大众文化有其明显的意识形态性,这是毋庸置疑的。但是,西方国家在其大众文化发展中常常是以潜移默化的生活化的方式来输入和渗透进它们的价值观和意识形态,人们所受的影响似乎是自然而然的。如美国的所谓平等自由价值观,常常通过不同方式来反映和体现。像不少反映种族歧视题材的电影,其中有黑人演员参与演出甚至担任主要角色,仿佛种族偏见和歧视的问题已经被合理地解决了,种族平等的价值已经实现了。其实,实际情况远非如此,在美国的社会观念中加诸黑人群体的诸如"懒惰""贪婪""下等""污浊"等文化标签的现象始终存在,白人与黑人的冲突屡见不鲜。大众文化的意识形态性就在于试图在人们的观念中创造一种社会稳定、和谐的假象,以弥补现实对该种意象的想象性需求。它通过采取平民化的形式,彰显其所谓的自由、平等、民主。我国的文化价值观和

---

① 《习近平谈治国理政》第 2 卷,北京:外文出版社 2017 年版,第 318 页。

文化主旋律当然与之不同,但其将主流价值观融入大众文化的做法是值得借鉴的。在大众文化建设中,应当让文化主旋律落地生根,使文化主旋律与大众文化不再成为"两张皮",而是融为一体,让文化主旋律切实发挥引领作用。

(二)大众文化与社会主义文化有机融合的历史经验

在我国,社会主义文化是由多样文化形态构成的,大众文化就是其中的一个重要组成部分。在不同历史时期,特殊的时代境遇和时代任务赋予大众文化以特殊使命。相应地,大众文化也在不同时期经历了从形式到内容的重大变化,发挥着不同的功能。认真总结大众文化与社会主义文化有机整合的经验,对于新时代推进大众文化建设有着重要意义。

在新中国成立之前,特殊的形势、任务决定了大众文化必然与政治斗争紧密结合。大众文化主要是通过政治宣传、文化宣传来服务于当时的革命需要。革命是群众的事业,大众文化的使命就是要唤醒民众,为革命和解放营造文化氛围,激励人民参与革命与解放斗争。为此,中国共产党高度重视文化的大众化问题。早在20世纪30年代初,就成立了中国左翼作家联盟,该联盟规定文学艺术的根本任务就是为革命服务。1931年通过的《中国无产阶级革命文学的新任务》的决议,明确提出文艺大众化的时代任务。在左翼作家联盟的文艺实践过程中,以瞿秋白为代表的中国共产党人较早阐述了我国文化大众化的特征和要求。瞿秋白将大众化问题不只是看作文艺问题,更要看作一场文化革命,是一场与当时革命主题紧密相关的政治革命。[①] 这种看法为文化的大众化指明了方向。这在后来毛泽东的新民主主义文化观中得到了更为深入的阐发。

毛泽东在《新民主主义论》和《在延安文艺座谈会上的讲话》中,对新民主主义文化、文艺大众化及相关问题进行了详细的论述,提出了非

---

① 参见陶东风等:《当代大众文化价值观研究:社会主义与大众文化》,沈阳:辽宁教育出版社2014年版,第61页。

常重要的纲领性意见。首先,明确说明了文艺的功能和任务。在《在延安文艺座谈会上的讲话》中,毛泽东指出,文艺必须为革命服务、为政治服务。文艺理论不应该从抽象的文艺定义出发,而应当着眼于实际、着眼于当时革命事业的需要和革命的中心任务,反思文艺创作如何为现实服务的问题。其次,明确了文艺大众化的首要的根本的问题,即文艺为什么人服务的问题。在左翼作家联盟的决议中并没有明确界定"大众"这个概念,因而引起不同意见的讨论。在《新民主主义论》中,毛泽东提出"民族的科学的大众的文化"的经典论断,并指出新民主主义文化"应为全民族中百分之九十以上的工农劳苦民众服务,并逐渐成为他们的文化。要把教育革命干部的知识和教育革命大众的知识在程度上互相区别又互相联结起来,把提高和普及互相区别又互相联结起来"①。这就非常明确地提出,"工农劳苦民众"才是大众的主体,是文艺服务的对象。最后,明确说明了文艺如何服务工农的问题。针对工农大众普遍存在文化程度低、识字率低、文盲率高等特点,文艺创作必须带有文化普及、知识普及的任务和使命。在文艺的具体创作上,应在吸收、借鉴本地民间文化形式的基础上进行大胆创新,融入政治因素、革命因素,让民间文化成为社会主义大众文化。当时,最为典型的就是以延安本土传统秧歌为基础、经过改造的新秧歌的出现,这种新秧歌除了保有文化娱乐属性外,还有着重要的政策宣传的内容和功能。在角色选用、舞蹈动作编排、道具的使用、表演形式等方面剔除守旧的因素,融入红色要素、红色主题,使这一传统民间文化焕发了生机,取得了良好的效果。

新中国成立后,形势任务和时代主题发生了深刻变化,大众文化的历史任务和发展方式也相应发生了变化。尤其是改革开放以来,随着社会主义市场经济的建立和深入发展,大众文化发生了前所未有的变化。大众文化主要是通过市场机制同社会主义实现有机融合。社会主义市场经济的发展,不仅激发了经济活力,而且大大激发了文化创造的活力,大众文化取得了长足进步。在其发展过程中,大众文化主要面对

---

① 《毛泽东选集》第2卷,北京:人民出版社1991年版,第708页。

和经历了这样一种复杂的变化。一方面,市场经济的发展,造成社会阶层的分化、社会利益的多元化,这就必然带来价值观念的多元化。各种文化价值观念交织在一起,形成复杂多变的文化局面。另一方面,大众文化作为一种文化,又承担着"以文化人"、资政育人、引导社会发展的重要功能,这就要求大众文化不能任意发展,而必须有助于社会整合、社会进步。为此,大众文化必须与社会发展相适应,必须有助于凝聚人们的共识和价值追求,既要坚持文化的多样化,又要保持文化的主旋律。大众文化有其经济利益追求可以理解,但须防止功利主义;大众文化有其特殊的感官、娱乐功能应予承认,但不能因此庸俗化、低俗化、媚俗化;大众文化可以彰显个体价值,但不能由此助长极端个人主义。只有用社会主义法治和社会主义核心价值观来规范和引导文化市场,才能保证大众文化不会在市场大潮中迷失方向,走上一条健康的发展道路。

从我国大众文化的发展历程可以看出,要实现大众文化与社会主义文化的有机融合,必须使大众文化始终坚持社会主义发展方向,自觉服务社会主义发展的中心任务,牢牢把握文化主旋律。只有这样,大众文化才能成为社会主义文化的有机组成部分,才能有巨大的发展空间与潜力。这正是历史发展提供给我们的有益经验与启示。

(三)大众文化与社会主义核心价值观结合的基本路径

如上所述,大众文化能否合理发展,就在于能否坚守和体现社会主义核心价值观。只要社会主义核心价值观能够在各种形式的大众文化中得到具体贯彻和体现,文化主旋律就可得到弘扬。要使大众文化和社会主义核心价值观得到有效结合,重点是要处理好这样几个关键性问题。

第一,凝聚群众共识,关键是找到大众多元价值观与社会主义核心价值观的结合点。随着市场经济的发展,利益主体走向多元,价值观念也因此多元化。价值观念多元化既给文化价值观念的发展带来了生机和活力,同时又给文化价值观念的发展以至思想文化建设带来诸多问题和挑战。如何使我们的主流文化能够得到正常发展?如何能够保证我们的主流意识形态得到切实贯彻?这些都是需要认真面对的问题。简单的号召和行政管理都不是合理的解决方式,正确的方式应该是在各种价值观念里边寻找价值共识,再进一步探寻这种价值共识与社会主义核心价值观的结合点,使大众多元价值与社会主义核心价值观得到成功对接。简言之,要实现大众多元价值与社会主义核心价值的有效对接,应到具有共识性的价值中去寻找。这种共识性的价值并不代表某一阶层、群体的特殊价值,而是代表普遍利益,因而它有深厚的社会基础,能够引起全民的认同,形成社会的合力。如中国人一向有"天下兴亡,匹夫有责"的情怀,有"修身齐家治国平天下"的抱负,所以国家富强、民主、文明、和谐就可成为大众的价值共识,就可成为社会的凝聚力量。又如中国人一向受中国传统文化的熏陶,注重礼义,所以诚信、友善就可成为价值共识,成为人们的行为规范。这些价值共识就是大众多元价值与社会主义核心价值的连接点。找到了这些连接点,也就找到了二者结合的有效方式。

第二,体现感染力量,关键是要使社会主义核心价值观获得大众文化的表现力。大众文化商品之所以能抓住大众口味,主要是因为大众文化借助市场化的运作方式能够迅速准确地把握大众的文化审美、文化价值和文化心态,并将其融入商品的生产与消费之中。事实确实如此,大众文化的吸引力,与其感官化、娱乐化的形式密切相关。随着现代电子媒介技术、互联网技术的不断发展,新的感官化、娱乐化形式不断翻新,大众文化的表现力越来越强,对大众的感染力、吸引力也越来越大。社会主义核心价值观作为文化的主旋律,应当充分利用新兴的媒介技术,将这些新的技术手段运用到文化生产、制作和传播之中,提升大众文化的吸引力和感染力。2017年8月电影《战狼Ⅱ》上映后,很快引起电影界的轰动,上映以来不断刷新票房纪录。可以说,该电影是近些年来少有的既反映主旋律又获得高票房的作品,其成功充分表明,主旋律是完全可以获得大众认可的,前提要找到好的突破口、好的表现方式。

第三,拓宽传播渠道,关键是要使社会主义核心价值的传播利用好市场机制。传播是社会主义核心价值观走向大众文化以及文化走向大众的关键环节。传播的渠道是多种多样的,但最主要的是市场渠道。因为大众文化就是在市场的基础上发展起来的,又直接面对的是市场,所以社会主义核心价值观要走向大众文化、走向大众,就必须充分利用市场、占领市场。主旋律应该体现在市场中,应与市场相结合。一方面,市场机制能够有效整合资本、技术、人才等各种资源,为文化从生产到消费提供保障;另一方面,市场机制也能为文化生产与消费的双向沟通提供渠道,为检验文化生产的质量和水平提供条件。借助于市场机制,文化主旋律可以通过大众文化得到有效传播。当然,市场的传播也应予以合理的看待。文化产品走向市场同样是"惊险的一跃"。文化产品能否受到大众青睐,市场最能给予直接的检验。但也要注意到,一些在市场盛行的文化产品未必就是好的产品,不能完全以市场价值来衡量文化产品的价值。真正好的文化产品,既是具有健康文化价值的产品,又是形式活泼、大众喜闻乐见的产品。因此,在大众文化发展中,既要充分利用市场,又要合理调控市场,让市场在传播社会主义核心价值观和社会主义先进文化中发挥正能量。

第六章

理论思潮的当代发展

文化形态不仅表现为日常心理和大众文化,而且也表现为理论思潮。与日常心理和大众文化相比,理论思潮具有高度的反思性,由此构成文化形态的重要维度。要想把握理论思潮的发展趋势,离不开社会发展的理论视域。这是因为任何一种理论思潮都是对社会发展现实的某种反映。一方面,社会发展为理论思潮的发展提供时代背景和问题意识;另一方面,理论思潮在反映社会发展变化的同时,也在理论上对社会发展加以反思,由此引导并影响社会发展的进程。

在社会发展的视域中,特定的理论思潮都有其自身的发展历史,并在社会发展的历史轨迹中互相交织,由此构筑了复杂的理论世界。如何在新时代的现实语境中重新审视理论思潮问题,如何把握理论思潮在当代社会发展中的新趋势,如何透视理论思潮演进的内在逻辑,如何推动当代中国理论思潮的合理发展,这些都是当代文化发展中无法回避的重大问题。

一、当代理论思潮的总体态势

要把握理论思潮层面文化发展的最新趋势,必须深入探究当代理论思潮问题的时代语境。与日常心理和大众文化这两种文化形态相比,作为文化形态的理论思潮的特殊性在于,理论思潮凝结着人们对时代问题的一定反思。在社会转型、全球化和网络技术快速发展的时代语境中,当代社会的理论思潮发展呈现为高度分化、多元激荡的总体态势。

首先,社会发展的高度分化产生了不同的利益诉求,由此产生了理论思潮的多元分化格局。理论思潮的多元化趋势具有特定的社会基础。马克思指出:"物质生活的生产方式制约着整个社会生活、政治生活和精神生活的过程。不是人们的意识决定人们的存在,相反,是人们的社会存在决定人们的意识。"[1]这就是说,人们在物质的生产和分配过程中的地位,决定了人们思想意识的状况。相应地,阶级阶层的分化必然导致利益分化,进而产生出社会意识的分化,最终发展成为理论思潮的分化。这是理论思潮不断分化的社会历史根源。

无论是从理论还是从现实来看,理论思潮从兴起发展至相互争鸣,都源于社会发展的深刻变革。对此,马克思曾经以古典政治经济学这一理论思潮为例,对其发展脉络做过系统梳理,并揭示其产生、发展的根源。在马克思看来,古典政治经济学之所以从重商主义发展到重农主义,继而发展出亚当·斯密与大卫·李嘉图(David Ricardo)的不同理论思潮、流派,其根源就在于资本主义生产方式的深刻变化和社会阶层的利益分化。在18世纪,以亚当·斯密为首的古典政治经济学与重商主义的争论,实质上是新兴资产阶级与特许商人等旧阶层之间的利益冲突在理论思潮上的反映。按照马克思的观点,"统治阶级的思想在每一时代都是占统治地位的思想"[2]。一个社会中占主导地位的理论思潮,也不过是社会中占主导地位阶层的利益在思想上的反映。随着社会阶层分化的日趋复杂,原先占据主导地位的社会阶层的地位必然面临新兴社会阶层和利益群体的挑战,这种挑战也势必反映到理论思潮层面上来。如果原先占据主导地位的理论思潮不能容纳、整合新兴社

---

[1] 《马克思恩格斯全集》第31卷,北京:人民出版社1998年版,第412页。
[2] 《马克思恩格斯文集》第1卷,北京:人民出版社2009年版,第550页。

会阶层的利益诉求时,就会在其自身外部产生代表新兴社会阶层和利益群体的理论思潮,从而产生理论思潮之间的争鸣。而且,即使原先占据主导地位的理论思潮能够容纳新兴社会阶层的利益诉求,原有的理论思潮也需要在自身内部进行一定的调整和改革,从而产生同一理论思潮框架内部的流派之争。所以,在社会转型中产生的阶层分化与利益多元必然会深刻影响到理论思潮的嬗变与发展。

具体到现代社会,理论思潮的高度分化是一个渐次展开的过程。起初,社会发展在全球范围内呈现为从传统社会向现代社会再向后现代社会的转型过程。进而,许多国家在融入全球化的过程中也开启了从计划经济向市场经济的社会转型过程,这一过程不仅伴随着体制转轨和结构调整,同时也带来了不同社会阶层的利益调整与深刻变化。最后,伴随社会转型和利益分化,必然导致价值观的多元化,以致产生不同理论思潮的相互对立与争鸣,理论思潮问题由此应运而生。

其次,全球化的深入发展进一步推动理论思潮在全球范围内的交锋激荡,理论思潮问题在价值观的全球碰撞中凸显出来。在冷战时代,国家间利益的冲突与对抗不再单纯依靠赤裸裸的武装对抗,而是逐渐转到政治、文化领域,以及较为隐蔽的理论思潮领域。随着冷战的终结和全球化的扩展,理论思潮的总体特征是从冷战时代的"两极对立"走向了"多元竞争",呈现出一种空前复杂、不断分化、日趋激烈的态势。一方面,资本主义主导的全球化对世界各个角落的冲击越来越大,越来越多的国家和民族在越来越深的程度上被卷入全球化的浪潮之中。另一方面,由于世界经济发展的不均衡性,各个国家所处的发展阶段和位置不同,看似相同的问题往往在不同国家具有不同的表现形式。在全球发展不平衡的结构中,资本主义世界体系与中国特色社会主义的发展阶段不同、主要矛盾不同、面对的问题不同,因而在发展阶段的"断层线"上就会形成不同理论思潮和意识形态的竞争与冲突。

全球化进程一方面推动理论思潮的多元分化,另一方面也促进理论思潮的相互交融。在全球化语境中,互联网技术的发展使世界各地海量信息的相互交换得以可能,各个理论思潮之间互相交流、互相影响的速度在信息革命的条件下得到快速提升。因此,除去少数极端的理论思潮,大多数理论思潮都无法在这种情况下保持自我封闭状态。值得注意的是,理论思潮的全球交融不仅表现为不同理论思潮之间的相互影响,还表现为本土性理论思潮的全球化,即特定国家、地区与理论思潮相关的局部问题会转化为具有全球性的普遍问题。

由于理论思潮在全球范围内既有交锋也有交融,所以全球范围的理论思潮进入多元分化的迷惘困惑期。如果说理论思潮在冷战时期呈现为两极对立格局,是两种社会制度和意识形态的分裂对抗,那么在后冷战时期,全球范围的理论思潮发展格局就突出地表现为全球共识的缺失状态。例如,国家治理和全球治理问题便是当今全球理论思潮陷入"共识缺席"困境的集中体现。对于如何实现国家治理、什么样的国家治理才是善治这样根本性的问题,西方自由主义不仅没有提供一个令人信服的有效治理的方案,反而暴露出了自身的意识形态性和国家治理能力上的软弱无力。20世纪90年代,俄罗斯的新自由主义"休克疗法"不仅没有带来新自由主义所许诺的自由与繁荣,俄罗斯的经济发展和国家能力反而双双陷入漫长而严重的衰退;在欧洲大陆,尤其是在北欧国家,号称"第三条道路"的社会民主主义在促进经济增长方面也不尽如人意;在叙利亚难民问题的影响下,极右势力再次抬头,甚至在一些国家的议会选举中表现出相当的影响力,为社会民主主义所提倡的价值观敲响了警钟……理论思潮的多元竞争格局,意味着世界范围内的治理问题难以形成共识,更难发挥有效治理的作用。

最后,信息技术的发展加剧理论思潮的复杂局面,尤其是传媒文化和网络社会的迅速崛起是理论思潮发展的重要技术背景。随着科技革命的深入推进,传媒技术快速发展,信息化程度明显增强。信息化的深入发展不仅表现为信息技术覆盖的人口数量迅速增加,而且也表现为互联网对于人们的生活产生越来越重要的影响。手机上网的普及,使得互联网全面进入移动互联网阶段。从博客到微博、微信,网络社交平台日益移动化、随身化和全覆盖。在此条件下,网络传媒的社会效应被急剧放大,以互联网为媒介的社会传媒对人们日常生活的影响越来越大。传播媒介的升级换代不仅改变人们的文化消费习惯,也改变理论思潮传播发展的基本规律和传统模式。由于互联网和自媒体具有双向乃至多向互动的特征,所以理论思潮从原有的知识分子向社会大众的单向度传播格局演变为诸多主体之间的互相传播格局。

传媒文化和网络社会的崛起对理论思潮的发展具有"双刃剑"效应。传播主体和传播渠道的多样化无疑拓宽了表达渠道,使得社会中绝大多数成员都能依据自身的利益、立场和观点来发表自己的意见,推动社会不断走向多元化、扁平化和民主化。与此同时,媒介文化和网络社会也在深刻改写理论思潮的生产图景和传播面貌,从而使理论思潮的争鸣辩论日趋碎片化、白热化和极端化。严肃的理论思考与辩论成为众声喧哗的"意见",理论生产机制日益民粹化、庸俗化、娱乐化和虚无化。在网络条件下,理论思潮之间的严肃交流往往变成意气之争。有时候,理论思潮为了回应网络舆论,不得不改变自己的辩论方式,以偏见回应偏见,以情绪对抗情绪。由于互联网时代具有低门槛的受众特性,复杂的理论思潮很难被大多数人直接接受,这就迫使理论思潮为了获取应有的社会力量必须将自身所具有的深刻性以简单易懂的形式表现出来,甚至在相当多的情况下要略过具体的论证而直接提出结论,由此导致理论思潮的粗俗化与低劣化。在这种情况下,理论思潮领域无疑也会发生"劣币驱逐良币"的现象。

总体而言,现代社会的转型过程通过阶层分化与利益多元化而从根基上奠定了理论思潮的多元并存、新旧更替的格局,全球化的深入发展在推动不同理论思潮相互影响的同时加剧了理论思潮的相互交锋,信息技术和网络社会的崛起又对理论思潮的多元激荡态势起到了推波助澜的作用。当代理论思潮在社会发展过程中的多元分化、相互激荡的复杂态势就是在这样的形势下形成的。

二、西方理论思潮的内在分裂趋势

当代理论思潮发展多元分化、相互激荡的总体格局,必然深刻影响到中西方各自不同的理论思潮格局。从总体上看,当代西方理论思潮日益呈现出内在分裂的局面,主要是新自由主义、激进主义、民主社会主义这几种理论思潮的分化与互动。

首先是新自由主义思潮。新自由主义是由原先传统的自由主义思潮发展而来的。自由主义是资本主义社会发展过程中的一种主要文化理念与意识形态。早期资本主义强调经济上的自由放任与政治上的自由民主，前者以亚当·斯密的古典国民经济学为代表，后者则以洛克（Locke）的自由主义政治哲学为基础。在经济上，亚当·斯密预设了一套能够自我调整和自我完善的自律性市场机制，主张任何人为的干涉都是不必要的，因此要限制国家权力，将国家视为经济领域内的"守夜人"，只负责向自由竞争的市场提供必要的公共服务。在政治上，洛克在《政府论》中进一步奠定了自由主义基于个体的自由权利尤其是自由的财产权的思想传统。随后在 19 世纪末，为了解决当时的经济危机，自由主义者在继承传统自由主义的同时，开始反思古典自由主义的社会实践效果，强调国家应当对经济领域内自由竞争的无序状态进行适当调节，用国家政策扩大就业，扩大国家干预以增强市场经济的效率。这种强调国家干预的自由主义的理论思潮在 20 世纪 30 年代到 70 年代达到高潮，主要以凯恩斯主义的盛行为标志。

20 世纪 70 年代之后，随着当代资本主义从组织化阶段向"后组织化"阶段转变，理论思潮也从福利国家的自由主义转变为新自由主义。由于欧洲福利国家危机的爆发，以哈耶克（Hayek）为首的新自由主义思潮再次兴起，其主张是重新回到古典自由主义传统，反对国家的过分干预。伴随资本主义向全球的扩张，这种新自由主义与古典自由主义结合在一起，极力推崇国际垄断资本主义，开始成为具有国际影响力的思潮，并于 1990 年形成了"华盛顿共识"。新自由主义实际上已成为当代发达资本主义国家向国外输出的一种文化思潮，也是发达资本主义国家干预后发展国家的一种重要意识形态。作为一种经济、政治与文化话语，新自由主义提出如下一些具有蛊惑力的错误观点：

一是意识形态终结论与历史终结论。意识形态终结论认为，随着东欧剧变、苏联解体和冷战的结束，资本主义与社会主义已经走到一起了，传统的意识形态已经终结了。历史终结论则进一步指出，资本主义已经取得了全面胜利，世界将终结于西方的自由民主制度。言下之意，一些后发展国家所倡导的社会主义、马克思主义应该寿终正寝了。这些观点的错误之处,就在于把资本主义作为特定的历史发展阶段的社会制度视为超历史的永恒制度。

二是文明冲突论。如果意识形态终结了,那么剩下的就是全球范围内的文明冲突了。文明冲突论将当今世界的格局认定为中华文明、日本文明、印度文明、伊斯兰文明、西方文明、东正教文明、拉美文明(还有可能存在的非洲文明)间的冲突,认为国际冲突的根源就在于文明冲突。这一观点的错误之处在于用陈旧的冷战思维看待当今文化的全球交流,只不过这种冷战思维从政治经济领域转向了文化领域,因此只看到多元文明的差异,进而将差异性过分渲染为对抗性。

三是西方文化普适论。隐藏在意识形态终结论、历史终结论、文明冲突论背后的文化理念其实是西方文化普适论。在资本主义古典时代,西方哲学家将理性看作人类的普遍本质,并从西方社会历史发展的视角来界定理性,这实际上就是一种隐性的西方中心主义。在今天,发达资本主义国家更是将自己的文化价值理念看作具有全球普适性的真理,由此形成新自由主义的文化霸权。这种观点的错误之处在于用西方文化的特殊性冒充为人类文化的普遍性,进而无视乃至排斥其他文化的合理因素。

其次是激进主义思潮。与资本主义的自由主义文化思潮同步发展、影响深远的另一种理论思潮是激进主义。受马克思主义影响的激进主义理论思潮,对资本主义秉持批判传统,在法兰克福学派时代形成了具有世界影响的批判理论。到20世纪80年代之后,特别是在全球化时代,激进主义文化思潮又对影响人们日常生活观念的西方文化理念与发展趋势展开批判,形成了一些具有世界性影响的理论主题。

激进主义理论思潮是对新自由主义思潮的深刻批判。虽然激进主义内部流派纷呈、观点不同,但在总体上都对全球化时代的新自由主义理论思潮持批判态度。按照激进主义的观点,当代全球化就是资本逻辑主导下的全球化,只要资本存在,世界就不可能实现真正的公正。因此,这种批判的立场试图探索一种新的解放道路,以实现对当下资本主义社会的替代。针对新自由主义的全球文化霸权,激进主义思潮提出了针锋相对的理论主张。持左翼批评立场的诸多学者认为,所谓普世价值论,不过是新自由主义的文化主张;所谓全球化,实际上是西方文化的殖民化。据此,他们进一步认为,正是新自由主义的全球扩张导致了各种原教旨主义的兴起。在他们看来,本土化原本是一些后发展国家用来对抗文化帝国主义的武器,但这种本土化或者是一种抵抗的幻象,或者陷入原教旨主义。因此,在激进主义者看来,新自由主义是引发全球思潮危机的根源。

最后是民主社会主义思潮。究其根源,民主社会主义思潮的发展也是由自由主义的内在矛盾所推动的。经过两个世纪的发展,自由主义在理论上和实践上都暴露出了自身难以克服的弊病。在社会实践上,自由放任的市场令社会大众苦不堪言,贫富差距被越拉越大,并且产生了周期性的经济危机,阻碍了社会的健康发展。正是面对这样的情况,民主社会主义思潮在第二国际时期开始兴起。随着西方特别是北欧的福利制度的发展,这一思潮逐渐产生了重要的社会影响。东欧剧变、苏联解体之后,民主社会主义思潮进一步扩散开来,在布莱尔时代更是风靡全球,尤其是向原来的社会主义国家逐渐渗透。持这种立场观点的人夸大民主社会主义,认为只有民主社会主义才能真正地解决当今世界的主要问题,宣称20世纪是民主社会主义的世纪。

进入20世纪90年代,民主社会主义思潮中最受瞩目的观点是"第三条道路"理论。第三条道路论者认为,面对全球化时代的经济、政治与文化发展,既不能回到"右"的思潮即自由主义与保守主义,因为这些思维已经不能适应当代社会发展的需要;也不能回到"左"的激进主义思潮,因为它不能充分实现民主自由、释放社会活力,必须超越"左"与"右",走"第三条道路"。"第三条道路"是适应全球化时代政治经济发展需要而兴起的一种新思维,既主张建立自由竞争的市场经济,又主张政府应当扮演积极的角色。在社会发展的动力上,认为全球通信系统、全球市场经济和现代化的自身反思性是塑造当今全球化世界的三股重要力量。这里所说的"第三条道路",实际上就是民主社会主义道路。这一思想曾受到英国、德国、美国等发达资本主义国家的青睐。

进入21世纪之后,民主社会主义又呈现出一种新的发展趋势:在文化理念上,主张思想的多元化,鼓吹社会主义和资本主义的趋同与融合,坚持所谓的自由、公正、团结的传统;在经济上,主张混合所有制,改革福利国家,提倡从消极福利到积极福利的转变;在政治上,主张多党制,混淆社会主义民主与民主社会主义,面对全球化强调全球治理,主张建立共同负责任的新体系,培养个人对自己负责任的精神与意识,以解决全球化带来的社会、环境、人权等一系列问题。

上述所讲的新自由主义、激进主义和民主社会主义,就是当代西方社会的三种主要理论思潮。当代西方理论思潮之所以会出现分裂格局,其根源在于资本主义社会的内在矛盾。正因为资本逻辑在西方国家占据了主导地位,所以形成了新自由主义思潮的强势扩张,从古典自由主义到福利国家自由主义再到新自由主义,都服务于不断追求利益最大化的资本逻辑。资本逻辑导致社会两极分化,由此产生了对资本主义社会的内部反思与必要调适,于是激进主义和民主社会主义应运而生。可以说,只要资本逻辑依旧占据着西方国家的主导地位,当代西方理论思潮分裂的格局就会长期存在。

立足当代资本逻辑,不仅可以把握西方理论思潮的发展逻辑,同时也能把握西方理论思潮的发展趋势。

第一,在今后相当长的一段历史时期内,服务于资本逻辑的新自由主义思潮仍将在西方资本主义国家占据主导地位。从目前来看,虽然新自由主义在一次次金融危机、经济危机中受到猛烈重创和强烈质疑,激进主义和民主社会主义也对新自由主义思潮给予批判并对其社会策略进行局部调适,但从根本上说,还是难以撼动新自由主义的主导地位。新自由主义之所以在西方资本主义国家占据主导地位,究其根源在于新自由主义的社会经济基础依旧占据统治地位。只要新自由主义的社会经济基础没有动摇,新自由主义虽然广遭诟病,但依然难以撼动其主导地位。在此意义上,激进主义虽然对新自由主义做出了犀利的理论批判,但是这些批判都没有触及新自由主义的社会基础;民主社会主义虽然是新自由主义的改良和调适,但不是对新自由主义所依赖的资本逻辑的根本性变革。所以,新自由主义的基础还存在。

第二,新自由主义虽然仍将居于主导地位,但是新自由主义思潮将由于其自身难以克服的内在矛盾而不可避免地走向衰落,新自由主义的全球扩张势头将被遏制。冷战结束以来,世界政治经济格局发生了深刻变化,苏东地区被纳入全球资本主义分工体系,欧洲于1993年《马斯特里赫特条约》生效之后一体化的进程明显加快,欧盟和欧元区的诞生将世界经济秩序重新洗牌,这些都标志着资本主义在全球范围内的扩张进入了一个新的高潮。然而,2003年伊拉克战争以来,以美国为代表的西方势力强势介入中东政局,其所带来的"自由民主"的价值观在中东并没有开花结果,反而引起了长期的动荡与衰退。前些年美国爆发的金融危机以及由此引起的世界经济危机,对新自由主义是一个重创。而且,新自由主义在全球扩张的同时也在培育自己的掘墓人,一步步走向衰落。

第三,新自由主义的衰落趋势不仅表现为外部扩张的势头被遏制,同时也体现为内部转型,新自由主义进一步转变为新保守主义和民粹主义,从而在全球理论思潮领域内出现全面对抗格局。新自由主义的全球霸权地位,依托于资本主义全球化的强势扩张。在全球化时代,资本将有利于自己自由流动的新自由主义向全世界范围内加以推销,从而为自己的畅行无阻予以理论上的保驾护航。资本主义全球化便在资本主义国家与非资本主义国家之间造成了"发展断层线",加深了二者之间的矛盾与分裂。但是,随着资本主义全球化的进一步发展,资本逻辑所蕴含的对抗性关系不仅在全球范围内布展,同时也反噬发达资本主义国家。于是,"发展断层线"也在资本输出国内部形成,加剧了西方发达资本主义国家的内在社会矛盾。在此情形下,新自由主义便在全球扩张的同时,也转向内部的社会稳定,甚至顺应国内民粹主义主张而转向右翼民粹主义,最终蜕变为新保守主义。与原先的新自由主义相比,新保守主义基本上放弃了国际责任,一味强调自身的国家利益,进而通过在外部"制造敌人"的手段来转移国内矛盾,甚至不惜发动新的"冷战"。

总的来看,西方理论思潮的内部分裂格局又将催生出新的发展趋势,新自由主义一方面依旧占据主导地位,另一方面又不可避免地走向衰落。值得注意的是,一些理论思潮开始走向自我封闭,退回到原教旨主义的怀抱之中。各种原教旨主义以保守主义的面目示人,但在实践中却一点都不"保守",而是走向极端化和激进化。冷战后期所盛行的新自由主义正是自由主义激进化的产物。形形色色的原教旨主义的出场表明,西方理论思潮日益趋向封闭化、保守化和极端化,由此将会进一步加剧全球理论思潮多元分化乃至交锋对抗的复杂态势。

三、中国理论思潮的多元激荡趋势

当西方理论思潮呈现出分裂态势时,中国的理论思潮在改革开放的历史进程中也形成了多元激荡的发展趋势,这是我国社会发展的必然结果。正如马克思所说,"人们在自己生活的社会生产中发生一定的、必然的、不以他们的意志为转移的关系,即同他们的物质生产力的一定发展阶段相适合的生产关系。这些生产关系的总和构成社会的经济结构,即有法律的和政治的上层建筑竖立其上并有一定的社会意识形式与之相适应的现实基础"[1]。要合理把握中国理论思潮的发展趋势,同样离不开对改革开放以来社会历史发展进程的深刻透视。伴随改革开放的深入发展,思想文化趋于活跃,加之国外各种理论思潮的传入,形成了众多的理论思潮。从整体上来看,理论思潮发展呈现出多元互动趋势。

改革开放以来,在我国思想理论界,占主导地位的始终是马克思主义。在改革开放初期,马克思主义对中国的发展进程起了极为重大的影响。1978年,《实践是检验真理的唯一标准》的文章直接引发了当代中国社会的思想解放运动。随后,伴随着改革开放的深入发展,中国特色社会主义理论始终立足中国现代化建设的实际,通过对"什么是社会主义,怎样建设社会主义;建设什么样的党,怎样建设党;实现什么样的发展,怎样发展;坚持和发展什么样的中国特色社会主义,怎样坚持和发展中国特色社会主义"等一系列重大时代课题的不断探索与回答,实现了与时俱进的理论创新,成为当代中国的主流意识形态,引导中国健康、快速地发展。

---

[1] 《马克思恩格斯全集》第31卷,北京:人民出版社1998年版,第412页。

与此同时，我国社会也出现了一些值得关注的理论思潮。

第一是自由主义思潮。随着20世纪80年代初期思想理论讨论的展开，一些非马克思主义理论思潮也开始粉墨登场，其中之一就是自由主义思潮。在20世纪80年代，自由主义主要强调的是文化与思想的启蒙。进入90年代之后，自由主义在坚持原有主张的基础上，提出了经济自由主义的系统理念，核心关切是"个体自由权利"，即如何在私有财产、市场经济的基础上，限制国家权力的过多干预，捍卫和拓展个人在生命、财产和言论等方面的自由权利。具体来看，当代中国流行的自由主义思潮又分为两个支脉：一是经济自由主义思潮，其特点在于将私有财产、个人产权和经济自由奉为圭臬，崇拜私有化、市场化，相信市场中自由、公正的"自发秩序"能够自然而然地转化为政治、文化领域的"扩展秩序"，减少国家权力对个体自由权利的威胁。二是政治自由主义思潮，其特点在于强调宪政民主条件下的所谓"公民政治自由"，要求以所谓"普世价值"改造传统意识形态，试图建立美国式的资产阶级民主政体。

自由主义思潮的主张显然具有不可忽视的内在缺陷。例如，自由主义思潮将国家权力与市场经济截然对立起来，错误地认为国家治理妨碍了市场机制的正常运行，显然背离了中国发展的现实。又如，自由主义思潮生搬硬套西方的"新自由主义"教条，鼓吹用"一刀切"的市场化、私有化举措来一次性地打包解决所有的社会问题，堕入市场至上思想和私有化拜物教，严重偏离当代中国改革实践的客观实际和内在要求。

第二是"新左派"思潮。"新左派"与文化保守主义是反思自由主义和新自由主义而形成的两种具有代表性的理论思潮。当代中国的"新左派"思潮形成于20世纪90年代，受到西方激进主义文化思潮的影响，既吸收了传统社会主义思想中的内容，又融入了西方激进思潮特别是西方马克思主义批判思想的相关资源。与强调阶级斗争的马克思主义传统不同，"新左派"批判自由主义与新自由主义、批判经济全球化的负面影响、重视工人与劳动者的利益、强调公正与正义、反对资本与权力的媾和。在"新左派"看来，自由主义者过于迷信个人自由，国家主义者过于迷信国家权力,两者都是极端而又片面的主张。与自由主义和国家主义不同,"新左派"思潮批判西方资本主义制度造成的收入差距、不平等、歧视弱势群体、环境污染、道德退化、价值虚无等问题,关注劳工和女性等弱势群体的政治经济状况,批判西方资本主义民主的虚伪性,认为"一人一票"的票选民主事实上无法改变社会统治性的资本力量。他们试图通过某种"人民民主"的方式来达成问题的解决,将"大众民主"或"全面民主"的理念奠基于国家转型、立法过程与社会运动的综合互动之中,建立在政府、精英和大众的广泛合作之上。

"新左派"思潮具有双重效应。一方面,"新左派"思潮将人们从所谓"新自由主义""唯 GDP 主义"等思想教条中解放出来,从而为社会主义的发展与建设提供了一定的思想启示。另一方面,由于其对社会主义本质和实现社会主义的方式的理解不同,因此"新左派"思潮中又包含着一些对中国特色社会主义质疑的倾向,甚至有某种民粹化的倾向。

第三是文化保守主义思潮。自 20 世纪 80 年代"文化热"以来,随着全球化时代文化认同和文化自信问题的日益凸显,自觉守护中华民族传统文化基本理念的文化保守主义思潮也逐步兴起。文化保守主义认为,近代以来的西方殖民入侵与现代化进程,斩断了中国传统文化的连续性,因而中国文化发展的合理道路应该是通过阅读古代经典、践行传统生活方式等复归中国传统文化,重新接续所谓的"道统"。面对社会发展中不断凸显的各种矛盾与问题,他们也提出了自己的政治主张。通过阐发和激活传统文化特别是儒家思想中的"仁政""德治""圣王""民本""礼制""乡土乡情"等理念来救治、矫正或补充当代的文化生活与政治实践。

与"新左派"思潮一样,文化保守主义思潮也具有双重效应。其积极意义在于,文化保守主义在应对自由主义全球扩张的过程中始终坚守中华文明的文化主体性,对 20 世纪 90 年代以来自由主义所倡导的市场化进程中所产生的各种现代性问题给予了积极回应。针对目前的生态危机与不合理的经济发展,该思潮伸张传统文化中的"天人合一"思想;针对市场经济条件下人心不古、道德滑坡的情况,该思潮宣传儒家道德;针对个体精神浮躁、欲壑难平的情境,该思潮宣传佛道老庄的清静无为的哲学;针对过去研究过于强调儒家心性的思路,该思潮强调儒学政治,重估内圣外王的制度建构;等等。与此同时,文化保守主义也有不容回避的消极效应。文化保守主义仅仅停留于抽象的文化理念层面来理解文化,无法正确地理解和把握文化的发展,不能从历史观高度来看待中国文化及其发展道路,不能用批判继承的眼光来审视传统文化与西方文化并自觉回应全球化与现代化的挑战,更不能与改革开放伟大实践相结合而获得新的时代内涵。

第四是民族主义思潮。20世纪90年代以来,伴随国际格局的重大变化和全球化的深入发展,民族主义思潮也迅速崛起并产生广泛影响。面对西方发达国家的强势地位,面对中国周边领海的纷争,民族主义喊出了"中国可以说不""中国不高兴"等口号,强调在面对世界强国的经济、政治与军事霸权时,不能软弱退缩,必须要有一种强势的表现。在国内,民族主义的核心关切是国家的"政治整合""国家富强"与"民族复兴",主张政府运用强有力的国家权力,克服过度市场化所带来的社会分裂倾向,协调个体与个体之间、个体与群体之间以及群体与群体之间的利益冲突,达成统一有力的政治团结局面。

与"新左派"和文化保守主义两种思潮一样,民族主义思潮也是一把"双刃剑"。从积极方面看,该思潮看到市场化所带来的社会分化效应,强调国家或政府作为自觉的政治权力代表应当超越市民社会而实现社会整合,其对国家权力的信赖、对政治稳定的捍卫和对社会秩序的强调,有着重要意义。从消极方面来看,民族主义的一些极端化倾向也会对我国政治、经济、军事以及外交战略带来一定的民意压力,影响到国家在重大问题上的决策,甚至在某些情境下影响中国的对外开放、和平发展。

总的来看,自由主义思潮、"新左派"思潮、文化保守主义思潮和民族主义思潮尽管立场不同、观点各异,但是这些思潮都是我国进入改革开放后面对全球化和市场化的产物,具有共同的时代背景。这些思潮的多元激荡根源于我国社会自改革开放以来社会生活的深刻变化。改革开放以来,尤其是社会主义市场经济体制确立以来,原有的一元化利益主体被打破,多元的社会利益群体正在形成。作为社会利益和群体的分化在社会意识上的必然反映,理论思潮也不可避免地走向多元化。每一种理论思潮的问题意识只能在中国改革开放的实践进程中予以把握。无论是各种理论思潮展开本土反思,还是向外寻求理论资源,其所回答的问题都是中国改革开放特定阶段中出现的问题。可以说,当代中国理论思潮的多元激荡实质上是中国发展复杂性的一种理论反映。

四、 理论思潮有序发展的路径选择

在当代文化格局中把握理论思潮的发展趋势,目的是促进我国理论思潮的健康发展。既然当代中国的理论思潮呈现出多元激荡的发展趋势,那么如何促进不同理论思潮合理互动和有序发展,便成为文化发展中应当关注的重要课题。推动理论思潮有序发展的合理路径固然是多方面的,但是应当重点关注这样一些关键环节:以社会实践尺度与人的价值尺度为基础,合理把握理论思潮的评价标准;合理建构公共空间,实现理论思潮的理性互动;从表面上的"话语拼接"转向深层次的"实践融合",推动理论思潮的相互交融;以民族复兴、社会主义现代化全面建设为着眼点,积极促进理论思潮的共识凝聚。

第一,关于理论思潮的评价,应当坚持历史尺度和价值尺度的有机统一。所谓历史尺度,主要是指历史发展的规律与趋势。在全球化时代,一种理论思潮是否合理,主要是看这种理论思潮是否顺应世界历史发展潮流。只有顺应世界历史发展潮流,才有其合理性可言,否则就会被历史淘汰。在这方面,马克思始终是坚持用历史的尺度来看待和评价理论思潮的。他对古典自由主义的评价就是如此。在马克思看来,古典自由主义之所以出现,主要源于资本主义的发展逻辑。在19世纪早期,资产阶级正处于上升时期,此时的资产阶级不像17世纪和18世纪那样依托于国家权力的庇护,已经成为能与国家权力分庭抗礼甚至能以自身逻辑控制国家机器的社会力量,因此反映资本主义内在需要的理论形态必然从重商主义转向古典自由主义。原来强调国家保护的重商主义不能适应经济发展的趋势,而古典自由主义所倡导的最小化国家权力的主张恰好迎合了此时资产阶级力图摆脱国家限制而在全球范围内追逐利润的强烈欲望。在如何加速财富积累的问题上，古典自由主义的回答比重商主义更符合资本增殖的利益和资本扩张的趋势，所以古典自由主义出现在历史舞台上。更重要的是，正是从历史尺度出发，马克思深刻地阐明古典自由主义的历史局限性。由于古典自由主义在发展资产阶级社会生产力的同时，也在制造出资本的内在矛盾和社会对抗关系，成为社会生产力进一步发展的桎梏，因而最终会退出历史舞台。可见，衡量一种理论思潮是否合理，归根结底要看这种理论思潮是否有利于促进生产力不断发展，是否有利于社会进步。

对理论思潮加以合理评价，也离不开价值尺度。所谓价值尺度，就是以人的解放和自由全面发展作为衡量的标准。社会历史是人的活动的产物，人的发展构成人类社会活动的价值归宿。从价值尺度对理论思潮进行评判，应当充分尊重文明的多样性，合理承认文明的差异性。不同文明虽然具有不同的价值取向，但是也具有一定程度的价值共识。应当以人类的普遍诉求为准绳，把人类发展最基本的价值取向作为现代人类文明多元发展的底线共识，其中包括经济上的公平、政治上的民主、文化上的包容、社会总体上的正义。对于不同文明的相互关系，应当通过对话的方式逐渐达成共识。在此意义上，要想获得不同文明间的底线共识，首先要确立不同文明的交往伦理，即平等、理性、和平、宽容的文明对话姿态。

第二，关于理论思潮的互动对话问题，应从非理性互动走向理性互动。在当今时代理论思潮发展日趋多元化、竞争化的背景下，要推动理论思潮走向健康发展，必须实现理论思潮之间的互动。历史表明，当理论思潮之间的互动走向非理性对抗时，社会发展与人类文明的发展必然会受到严重影响。如20世纪50年代初，在当时的冷战氛围下，美国社会曾经兴起了一股极端非理性的麦卡锡主义。1950年2月，时任美国参议员的麦卡锡（McCarthy）发表演说，在社会上掀起了一股名为反对共产主义、实为政治迫害的浪潮，大规模干涉正常的学术讨论和理论交流，学者们只要表露出些微的左倾色彩就立刻被审查，甚至以各种莫须有的罪名迫使美国相当数量的学者被解职。一些社会中相当知名的人士也受到波及,"原子弹之父"奥本海默(Oppenheimer)被指控为间谍,喜剧大师卓别林(Chaplin)也不得不移居瑞士,社会文明受到极大伤害。

推动理论思潮的理性互动,必须建构理论对话的理性秩序与公共空间,推进论辩方式的合理化,引导论辩向理性对话、民主协商的方向合理发展。所谓公共空间,是指于政治领域和社会领域之外的"第三领域"。汉娜·阿伦特(Hannah Arendt)在《过去与未来之间》中认为,公共空间向所有公民开放,公民在公共空间的彼此表达和分享中形成共同体关系。公共空间不仅需要各个公民的自由表达,同时也需要其他公民的出席与聆听。哈贝马斯在《公共领域的结构转型》中强调,公共领域中的理性对话对于达成共识具有不可替代的重要意义。虽然不同思想家对公共空间做出了不同理解,但都认同这样的观点:在公共空间中,不同理论思潮可以共同聚焦公共问题,展开对话交流,凝聚理性共识。

在当代中国的语境下建构理性的公共空间与公共秩序,首先要加强法治,以法律规范公共行为,消除公共空间内部的"灰色地带",将社会的底线和共识以法律的形式表达出来,为每一个公民的自由讨论提供必要的理性秩序。而法律不仅应当发挥约束性的作用,也应当发挥其自身的引导性作用。良好的法律本身也会教育、引导公民学会如何参与辩论,从而激发理论思潮之间的辩论活力。

在互联网条件下,建构一个理性对话的公共空间尤为重要。互联网的普及和微信、微博等自媒体的兴起,大大拓宽了每一个公民参与公共空间的渠道,但数量上井喷式的增长并不一定必然带来讨论质量的提升。目前互联网公共空间内也存在着这样的问题,网络上理论思潮的碰撞双方常常走向情绪化、极端化,缺乏对社会共识的基本尊重,这就很难在社会共识的基础上进行理性的讨论。建构理性公共空间的当务之急,就是加强互联网治理,促使理论思潮在理性对话与社会共识的双向生成中得到健康发展。

第三,关于理论思潮的发展逻辑问题,应当推动理论思潮从表面化的"话语拼接"转向深层次的"实践融合"。一般说来,理论思潮的相互交融可以有两种形式:一种是"话语拼接",即某一理论思潮在不改变其精神内核的情况下,借用另一理论思潮的话语体系来重新表述自身。另一种是"实践交融",即立足于社会实践的不断发展,理论思潮之间通过互相借鉴、补充和创新来回答社会实践所提出的新问题,最终在整体上推动理论思潮与社会实践的共同发展。实际上,仅仅停留于话语拼接层面的交融显然是缺乏根基的皮相之见。例如,在当代中国思想研究中,作为文化保守主义代表的一些新儒家所追求的以儒家传统为体、自由宪政为用,实际上是一种以话语拼接形式进行的理论交融。将中国传统思想的儒学与西方自由主义思潮连接起来的理论话语,最早可以追溯到 20 世纪初。在西方自由主义的冲击下,一些传统知识分子开始接受自由主义思潮,严复的"自由为体、民主为用"就是早期直接移植自由主义的最初尝试。但是随着辛亥革命所建立的共和制度迅速流产,一些人意识到,直接将自由主义移入中国的做法存在致命缺陷,西欧诸国的理论主张并不适合中国的文化土壤和社会需要。直接移植自由主义的政治实践没有注意到中国制度背后的文化传统,最终导致自由主义难以在中国生根发芽。实践表明,"话语对接"的致命缺陷在于割裂了话语与历史的关联。任何话语都是特定社会环境的产物,脱离了社会环境而盲目照搬话语,必将出现"橘生淮南则为橘,生于淮北则为枳"的尴尬现象。对此,习近平总书记指出:"一些理论观点和学术成果可以用来说明一些国家和民族的发展历程,在一定地域和历史文化中具有合理性,但如果硬要把它们套在各国各民族头上、用它们来对人类生活进行格式化,并以此为裁判,那就是荒谬的了。对国外的理论、概念、话语、方法,要有分析、有鉴别,适用的就拿来用,不适用的就不要生搬硬套。哲学社会科学要有批判精神,这是马克思主义最可贵的精神品质。"①

---

① 习近平:《在哲学社会科学工作座谈会上的讲话》,《人民日报》2016 年 5 月 18 日,第 1 版。

相较于话语对接,只有在现实的社会实践的基础上才能促进理论思潮的真正交融。时代是思想之母,实践是理论之源。任何理论思潮只有在社会生活中发现问题、回应问题并解决问题,才能够获得生命力。脱离社会生活的理论思潮注定要丧失活力并退出思想舞台。更为重要的是,只有真诚地面对实践中出现的问题,不同理论思潮才能保持自我反思和彼此学习的开放空间。因此,理论思潮的互相交融必须立足中国特色社会主义的伟大实践,通过回答实践所提出的各种重大问题来实现理论思潮之间的交融发展。

第四,关于理论思潮的共识凝聚问题,应当通过理论思潮之间的理性对话达到基本共识。在当代中国,不同理论思潮的基本共识应当聚焦在中华民族伟大复兴、社会主义现代化全面建设这些重要目标与任务上。要凝聚共识,需要采取合理的凝聚方式。凝聚方式不能仅依靠自上而下的行政指令,也不能仅依靠外力因素的强迫,还应借助不同理论思潮的碰撞互动和理论思潮的交往对话。对于多元理论思潮,要奉行"和而不同"的互动原则,既要尊重差异性,也要追求共同性,逐渐形成"最大公约数"。能否真正做到"和而不同",对于凝聚共识、维系团结至关重要。在这方面,美国爆发"文化内战"的教训发人深省。20世纪60年代,美国曾陷入社会价值观撕裂所导致的"文化内战"的困境。自20世纪30年代以来,美国曾以"社会自由主义"为旗号凝聚起了广泛的社会共识,社会各界将总统和联邦政府的强势视为让美国摆脱经济危机、实现宪法赋予人民自由权利的重要保障。然而,自从60年代的反战运动开始,美国的新左派率先向作为主流思潮的自由主义发起冲击,兴起了包括女权运动、黑人运动在内的一大批不同社会阶层共同参与的运动。就在"自由"与"多元"即将取代社会自由主义的传统共识而加冕登基为新的"政治正确"之际,新保守主义粉墨登场并给其致命一击。依托美国式的爱国主义和白人基督教的文化传统,新保守主义对美国新左派观点进行了攻击。于是,在两党制选举模式的催化作用下,新保守主义与自由主义的论战迅速将美国社会撕裂为意识形态的两极对立。与自由主义者所倡导的"多元、平等、开放"等价值理念不同,新保守主义者呼吁美国回到18世纪美国国父们建立国家时的道德状态,强调法律、公民的美德与自律以及权威对于整个社会的必要性。应当说,自由主义与新保守主义的争论虽然都把握到了美国民族精神特质的某个侧面,然而由于缺少价值观上的整合和统一,两者都难以形成社会共识。时至今日,少数族裔问题、禁枪问题、堕胎问题等看似无关政治原则的问题都会在美国社会掀起轩然大波,引发广泛争论甚至暴力冲突。反思美国"文化内战",不难看到:社会发展越是多元化,越需要有一种主导的思想和理论来整合社会共识。

在我国,要推进不同理论思潮的共识凝聚,必须提升中国特色社会主义理论体系的引导力和整合力。这就客观上需要处理好一元化的指导思想与多元化的社会思潮的相互关系。一方面,必须始终坚持指导思想的一元化地位,在指导思想问题上不能搞多元化,否则会造成极为严重的思想混乱;另一方面,又要切实提升主流思潮的包容力和影响力,在包容的基础上加强引导,使各种思潮的发展真正有利于社会的全面进步、人的全面发展。

五、引导理论思潮发展的若干关系

推动理论思潮的健康发展,不仅要建构合理路径,同时还要处理好理论思潮发展中涉及的一些重大关系问题,如大众与精英、政治与社会、思想与学术、理想与现实等关系问题。

一是大众与精英的关系。大众与精英的关系问题在理论思潮发展过程中日益突出,这是由理论思潮的大众化趋势引发的。在传统社会,由于文化传播手段相对有限,因此理论思潮往往由知识精英阶层垄断和掌控,少数精英掌握理论思潮的生产权和解释权。理论思潮也因此往往具有思辨化、抽象化和小众化的特征。随着传播技术的发展,现代社会的理论思潮日益呈现出大众化的发展趋势。与传统社会不同,现代理论思潮的传播方式主要依靠文化产业和现代媒体,而且理论思潮还要以大众能够接受的形式表述和呈现出来。理论思潮能否实现"大众化",就在于能否走进大众生活,落地生根。在此意义上,大众也日益参与到理论思潮的生产与传播过程之中,大众与精英的关系也由此得以凸显。

理论思潮的大众化趋势深刻改变了精英与大众的关系。对于精英而言,负责生产理论思潮的知识分子应当摈弃以往孤芳自赏的态度,实现与民众思想上的深度联结。具体而言,以往承担启蒙大众使命的文化精英不仅需要"启蒙他人",同时也要"启蒙自己"。如果知识精英始终以"启蒙他人"的姿态自居,那么就会逐渐走向自我封闭,最后被民众所离弃。对于大众而言,理论思潮的发展也离不开知识分子的合理引导。理论思潮作为对社会现实的概括和反思,本身应当具有高度的理论自觉,具有深刻的分析能力和敏锐的理论目光,这就需要知识分子来承担。如果理论思潮过分迎合大众,就会丧失自身对于社会现实所应有的批判分析能力,从而使理论思潮的大众化沦为"庸俗化"。

二是政治与社会的关系。理论思潮是对社会发展实践的理论反映或理论表达。在此意义上,理论思潮不可避免地具有一定的政治性。理论思潮有时就被直接等同于政治思潮。但是,随着理论思潮的大众化发展趋势,理论思潮更多关注社会问题,试图通过回应社会热点问题来表达人们的利益诉求,理论思潮也借此寻求社会民众的支持。这样一来,理论思潮与社会思潮的界限日趋模糊,对具体社会问题的不同理解成为各种理论思潮争锋的焦点。

理论思潮对社会热点问题的关注拉近了理论思潮与日常生活的距离,能够更好地发挥理论思潮对于社会发展的引领作用,但与此同时也带来了一个不容回避的问题,即许多社会问题往往被理论思潮迅速"泛政治化"。例如,一些人动辄将某些具体治理问题上升为制度问题、政体问题,这就会影响社会治理和社会发展。事实上,不是所有的社会问题都可以随意被拔高为政治问题,这就涉及社会问题与政治问题的合理界限。要想摆脱"泛政治化"的困境,就是在面对社会问题时坚持具体问题具体分析的原则,不能把社会问题和政治问题混为一谈。这就需要理性地面对和分析各种具体的社会问题,否则就会沦为各种"幼稚病"或极端化。

社会问题要摆脱"泛政治化"困境,不仅要诉诸理性原则,同时也要看到社会问题背后的利益诉求。一方面,任何社会问题都涉及多元的利益群体,但这并不意味着每一种利益诉求都是正当合理的。在兼顾特定群体特殊利益的同时,必须要看到人民群众的根本利益、民族进步的整体利益和国家发展的长远利益。这是最大的政治,必须始终坚守。另一方面,我国改革进入深水区,面对日渐凸显的转型矛盾,应当分清哪些是社会表层问题,哪些是深层问题;哪些是偶发性矛盾,哪些是结构性矛盾;哪些是应激性矛盾,哪些是长期性矛盾;哪些是表面性矛盾,哪些是实质性矛盾。不能把所有社会问题政治化,否则很难顺利推进改革和发展进程。

三是思想与学术的关系。一般说来,理论思潮与学术研究具有内在的统一性,扎实的学术研究是理论思潮健康发展的重要基础,而理论思潮又对学术研究产生重要的影响并在一定程度上引领学术研究。但是,在现实生活中,理论思潮与学术研究也存在着不容忽视的脱节现象。一方面,理论思潮的学术根基越来越弱,出现了无学术、无实质内容的"话语狂欢",学术风气趋于浮躁。另一方面,学术研究也不关注理论思潮的发展,出现了"有学术而无思想"的局面。所谓"学术凸显、思想淡出",就是这种状况的概括和写照。在强调学术自律的口号下,知识分子的身份定位逐渐模糊,社会责任日趋式微,学术研究沦为自说自话,最终不利于思想文化的整体发展。因此,知识分子群体应当妥善处理学术与思想的关系,在学术研究中不能放弃知识分子所应当承担的公共责任。

四是理想与现实的关系。理论思潮要反映现实,脱离了现实必然会丧失影响力和生命力。与此同时,理论思潮又对社会现实具有反思、引领和超越的功能。在此意义上,理论思潮具有理想主义的特点。如果只追求现实主义而忽略社会理想,可能会沦为犬儒主义;同样,一味追求理想主义而忽视现实的具体情况,又可能会沦为浪漫主义。无论是犬儒主义抑或浪漫主义,都是理论思潮发展不够健全的思想病症。

任何有生命力的理论思潮,都应当关注现实问题,这是理论思潮必须具备的理论品格。但是,强调现实性品格,并不是要求简单诠释现实、剪裁现实,而是应在深刻理解把握现实的基础上发挥超越性的功能,引领社会发展。诚如马克思所说,"光是思想力求成为现实是不够的,现实本身应当力求趋向思想"①。这里所说的"思想"同时包括理想。知识分子应有"社会的良心",应尽到自己的社会责任。

---

① 《马克思恩格斯文集》第 1 卷,北京:人民出版社 2009 年版,第 13 页。

第七章

当代文化的生产与消费*

文化作为人类实践活动的产物,其生产和消费构成了文化发展的内在环节。社会发展各个阶段的情况不同,文化生产方式与消费方式也不同。在农业文明时代,由于社会生产相对稳定,社会发展比较缓慢,因此文化发展总体上处于一种相对稳定的状态。自工业文明以来,经济技术的巨大进步推动了文化的快速发展;与此同时,经济社会发展又受到文化的重大影响,以致离开文化就很难有现代意义的经济与社会发展。特别是福特主义和电子媒介产生以后,文化的生产与消费在经济发展和人们的日常生活中起着超乎寻常的引导作用,文化的地位尤为突出。认真研究和把握当代文化生产与消费的新特点、新趋势,对于正确制定我国文化生产与消费发展战略,加强我国文化建设和现代化建设,具有非常重要的意义。

---

* 本章部分内容曾以《马克思生产决定消费思想及其当代反思——从鲍德里亚对马克思的误读说起》为题,发表于《山东社会科学》2018 年第 11 期;另有部分内容以《消费文化与社会秩序的变迁》为题,发表于《山东社会科学》2016 年第 7 期。

一、文化生产与消费的兴起与发展

在传统社会,文化生产往往依附于物质生产,是物质生产的附属品,文化生产一般滞后于物质生产;在现代社会,文化生产与物质生产间的关系发生了戏剧性变化,文化生产不再成为附属品,而是成为引领、促进物质生产的动力源。这与文化的商品化、市场化、产业化直接相关。文化已成为现代生产不可缺少的内在要素,文化与经济日益紧密地结合在一起。

(一)商品符号化与文化生产消费的兴起

商品的符号化是商品发展的必然产物。从历史上看,物的符号化并不新鲜,在原始礼物交换、图腾、禁忌中随处可见。然而,商品的符号化却是近代以来的事情。商品进入交换过程之后,商品的使用价值固然存在,但更多突出的是它的交换价值,商品能否实现交换价值,对于商品的生产和发展至关重要。要使商品的交换价值顺利实现,客观上要求商品适应市场的需要,不断改进它的标识、风格和表现形式,以吸引大众。所以,在市场上,没有永远的流行与时尚,没有亘古不变的风格。流行性消费、时尚消费、风格消费正通过流行、时尚与风格的毁灭与流转不断体现出来。符号化就是以抽象的形式代表了这样的变化。

商品的符号化是伴随着现代工业生产的发展与转变而发展起来的。现代大工业在其发展过程中,经历了从批量化、标准化的福特制生产向小型化、个性化的后福特制生产的转化。福特制生产创造了大众消费,但其总体特征是缺乏个性的产品形态和僵化的生产过程。而后福特制生产作为大工业生产的最新形态,则在一定程度上弥补了福特制生产的先天不足,将生产进一步引向灵活化、定制化。在后福特制生产中,商品越来越个性化、符号化。尤其是随着现代媒介技术的广泛应用,如广告、媒介对商品形象的塑造,大大促进了商品符号化的发展。商品的符号化就是商品的个性化、形象化,它充分利用了大众消费时代人们对自我个性的文化想象,使商品以一种新的形式出现。所以,商品的符号化带有非常明显的文化特征。这一点在商品生产前期的工具美术设计以及后期广告宣传当中都有充分的体现。个性化风格的引领、流行,时尚元素的捕捉,都是后工业时代出现的新现象,这些都与商品生产的当代机制直接相关。

在大众消费时代,文化符号化已经日益渗入商品的生产与消费,引起商品文化功能的显著增强。大众商品的生产和消费,是审美与生产的完美结合。一方面,商品渗透进文化因素,商品被当作美学意象生产出来;另一方面,人们的文化追求、个性的张扬又通过文化的消费来体现出来,由此产生了文化和社会生活的结合、文化和商品生产与消费的结合。"文化的作用力是最难衡量的,相比起法律或警察机构这些直接有效的具体影响力,文化的影响力似乎是次要的,即使我们无法想象如果缺少由审美所产生的愉悦感,社会会是什么样子。然而,审美生产尽管表面上是最不重要、位于生存需求之外的,却产生了决定性的社会影响。"[①]在商品生产符号化的推动下,工业生产以及人们的生活都出现了新的变化。

首先,文化生产和艺术创造符合人们对文化的主观想象,为工业生产创造了欲望。"艺术作品并非满足一种已经存在的消费需求,而是产生一些复杂的消费欲望。"[②]物质文化需求由人类的自然生存本能所决定,同时也受自然存在的限制。与之相比,精神文化需求并不囿于这种限制,具有本质上的超越性。它虽然受制于特定的物质文化需求和物质生产水平,但又力求突破这种限制,形成一定的精神文化需求。而这种精神文化需求必然会深刻影响整个社会的生产及其发展。正是这种需要刺激了生产的欲望,给生产发展注入了巨大活力。

其次,文化生产与艺术创作使得人们重新组织化。追求个性化被认为是人类生活自由的一大向度。从福特制到后福特制,弹性化代替了标准化,个性化开始代替同质化得到了张扬,但这种代替更多是表面

---

① 〔法〕阿苏利:《审美资本主义:品味的工业化》,黄琰译,上海:华东师范大学出版社2013年版,第70页。
② 同上书,第71页。

的,不能从根本上实现真正的个性与自由。在商品生产中自觉引入文化生产与艺术创作,便成为改变同质化、实现个性化的又一尝试。"审美消费欲望的发展不仅仅出自企业的意愿,也出自与现代工业生产模式的掠夺相关的新的欲望。"① 审美消费欲望与商品生产的结合,其结果是造成消费者的重新分化与组合。因审美个性而分化的大众不得不在众多个性中做出选择,由此形成新的分化与重组。"审美并非仅仅承载欲望和信仰,而是在个人身上烙下集体感官的共同印记。"② 这样一来,审美欲望的消费活动便转变成吸纳社会关系的有效机制,即通过审美体验的集体感受,实现了社会关系的分化与重组。

(二) 文化生产与消费的大众化和世俗化

当代文化生产与消费的兴起与发展,也与其大众化和世俗化的趋向密切相关。从历史发展来看,文化的生产与消费经历了一个从精英化到大众化、世俗化的过程。专门的文化活动过去一向是社会少数精英的专利和特权,大众囿于各种条件很难参与这样的文化活动,因此文化精英主义传统一直占据社会主流,并深刻影响到对文化的认知与评价。从历史上看,在生产力水平低下的条件下,人类物质生活与精神生活浑然一体,没有什么独立的精神文化生活。当社会生产达到一定水平以后,一些人从群体中开始分离出来专门从事文化的生产与创作。这种状况随私有制的出现、阶级的分化而被固定下来。一些文化精英同时也是社会精英,因社会统治的需要生产、创作出符合统治阶级利益和价值诉求的文化作品,文化领域基本上被这些精英所垄断。随着生产力和科学技术的不断发展,文化上的精英主义开始迎来前所未有的挑战。当代知识、信息、技术在生产和生活中的应用,日益走进生活现实,促使文化逐渐走向大众。随着物质生活水平的提高,人们有了更多的精神文化需求,倒逼文化生产走向大众化、世俗化。因此,文化生产

---

① 〔法〕阿苏利:《审美资本主义:品味的工业化》,黄琰译,上海:华东师范大学出版社2013年版,第82页。

② 同上书,第72页。

与消费走向大众化、世俗化,这是历史发展的产物。

文化生产与消费的这种发展趋势,对原有的精英文化是一个重大冲击。在传统视野中,文化的生产与消费均特指精英文化的生产与消费,精英阶层既是文化的生产者,又是文化的消费者。精英阶层总是试图通过"拒绝一切庸俗、平凡的品味,并排斥一切常规事物"来标识自己的贵族身份,而将大众文化拒之门外。在现代社会,随着社会环境的改变和人们文化水平的提高,更多的人开始参与到精英文化的消费中来,并影响到精英文化的发展。"对于最富有者才能享用的东西的审美品味促使其余的人努力改善自己的生活条件。"[①]大众对精英文化消费的积极参与,必然引起精英文化消费的大众化、世俗化。而文化消费的大众化又反过来影响文化生产,推动精英文化生产的大众化。在文化发展过程中,一些原来意义上的大众逐渐加入文化的生产当中,形成更多带有大众生活气息、符合大众生活品味、代表大众审美诉求的文化产品,其结果是拉近了精英文化与大众文化的距离,消除了二者之间的隔阂,有了更多融合交流的可能。

文化生产与消费的这种发展趋势,对大众文化是一个重大影响。大众化与世俗化本来就是大众文化的基本属性。随着文化生产与消费从精英化到大众化、世俗化的发展,大众文化无论在形式上还是在内容上都有了很大改变。大众文化的消费既可以是文化产品的消费,又可以是文化服务的消费,其消费的大众化、世俗化与人民精神文化需求的满足、精神文化水平的提高具有一致性。大众文化的消费借由市场逻辑主导下的大众消费来实现。大众文化的生产过去一直为精英阶层所主导,现在随着全社会文化消费水平的提升,大众越来越多地参与到大众文化的生产中来,推动大众文化生产的大众化与世俗化。大众既是大众文化的消费者,又是大众文化的生产者。

文化生产与消费的大众化、世俗化与媒介技术的发展是紧密联系在一起的。在文化生产与消费的大众化、世俗化过程中,媒介技术作为

---

① 〔法〕阿苏利:《审美资本主义:品味的工业化》,黄琰译,上海:华东师范大学出版社2013年版,第53页。

不可忽视的技术力量发挥了极为重要的推动作用。在媒介技术发展过程中,有三项技术革新为推动文化生产与消费的大众化、世俗化做出了划时代的贡献。

一是摄影技术的发明和应用。1839年,法国人达盖尔(Daguerre)因一个偶然机会发现了感光材料,通过解决显影、定影等问题,发明了"银版摄影术"。这是人类历史上最早的具有实用价值的摄影方法。自此以后,经过不断发明、改进,摄影技术逐渐从供少数人使用的奢侈品走进大众消费。文化大众化的主要特点之一是用感性来超越理性、用图像超越文字。感官上的刺激与体验营造出以视觉文化为核心的大众文化诸形态。摄影技术的发明与应用将文化的感官化向前推进了一大步,并进而促进了文化的大众化。以前,人们记录人物、景色只能依靠绘画这一传统艺术形式,摄影技术的出现替代了绘画的记录功能,并为人类生活创造出前所未有的生存体验。摄影技术能够原封不动地保有历史场景,使对象超越时空的局限,给人一种超历史的在场感。一张20世纪初紫禁城的老照片能够引起后人诸多遐想,照片图像真实地保存了历史场景、历史生活、历史境遇,拥有比文字描述更生动形象、更能说服人、更能吸引人的艺术感染力。视觉文化相对语言文化来说更加生动形象,且进入门槛低,一开始就具有大众化的潜质。

二是电视技术的发明与应用。20世纪二三十年代,美籍苏联人兹瓦里金(Zworykin)、英国人贝尔德(Baird)等人发明了电视摄像技术和电视节目的收发技术,解决了电视走向大众化的关键技术问题。后来经过不断的技术改进,电子显像技术不断完善,特别是在工业生产体系中不断降低生产成本,电视走向大众消费。如果说摄影技术消除了时间上的距离,给人一种现实在场感,那么电视技术消除的就是一种空间上的距离,给人们营造了一种集体感。无论空间上的距离相距多远,只要有电视信号接收的终端,人与人之间就会形成一种集体的存在感,这是以往无法想象的。自电视技术诞生以来,人类历史的众多事件经由电视网络可以让人们共同来经历、来体验、来完成。新年钟声敲响前的倒数、北京奥运会的脚印焰火、汶川地震的现场,都是经由电视信号的传播共同经历的。许多历史性的事件都是通过电视来共同见证的,这也带来了电视影像的真实性问题。如鲍德里亚就曾质疑说,海湾战争似乎并没有发生,因为它只是发生在电视媒介当中,我们并未真正亲自体验过。

三是互联网技术的发明与应用。与前两项技术相比,互联网技术出现较晚。20世纪中叶,随着世界上第一台电子计算机的发明,计算机间的通信方式被认为构成了互联网的雏形。美国ARPAnet的出现,奠定了当今互联网技术的基础。互联网技术真正实现大众化也就是最近三十年发展的结果。该技术不仅深刻改变了人类的社会生活,而且对于文化大众化的影响是巨大的,其关键作用在于它改变了人类文化、知识的传播方式,为人们提供了即时的参与感。它既促进了文化消费的大众化,又推进了文化生产的大众化。原来的摄像技术、电视技术虽是重要的技术进步,但其效果仍是单向性的,不具有双向沟通的特点和能力,因而在实现文化生产大众化方面的作用还是有限的。因为大众在这种技术模式中处于被动地位,只能接受文化消费的产品和价值观念。互联网则颠覆了文化、知识和信息的单向传输方式,它的去中心化、即时性特点打破了文化主体与客体、文化生产和消费之间的严格界限,文化消费的同时意味着文化的生产。大众能够广泛参与到文化生产过程来,引起信息、知识的爆炸式增长。

(三)文化生产与消费的资本驱动

当代文化生产与消费的兴起与发展,从根本上来说,是资本驱动的结果。资本对于文化来说,既是一种解放力量,又是一种压迫力量。

作为"解放力量",资本在商品生产中引入文化要素,推动了商品文化化,提高了商品的文化含量和文化价值,带动了文化的生产与消费。资本与文化的结合,大大激发了文化创造的活力,给文化发展增添了巨大动力,充分发挥了文化生产、艺术创作的经济效应,促进了经济和文化的发展。从历史和现实来看,一旦资本的力量介入文化领域,便会在原本平静的文化海洋中掀起巨浪,引起文化领域的重大变革。文化活动与市场机制、机器大工业相结合,推动了传统的文化生产由手工式的生产方式向社会化大生产方式转变。传统社会中被作为技艺而世代相传的文化创作被科学技术化，经由定性、定量的方式实现科学化改造，变成可无限复制的产品。与此同时，文化的传统职能也被新的社会职能所替代，文化创作既是精神活动、文化活动的工具与手段，又是经济增长、经济发展的手段，文化逐渐变为生产力。文化商品化以后，文化的生产和消费打破传统的藩篱，为普罗大众所参与、所消费，既满足了人们物质生活和精神生活的需求，又推动了人民文化素养的提升，其进步意义是显而易见的。

资本作为一种"压迫力量"，又给文化的生产与消费带来严重扭曲和畸形发展。如在看待文化生产时，首先遇到的问题是：文化生产算不算生产劳动？怎么看待文化生产的基本属性？在资本主义条件下，是以资本增殖作为尺度的。马克思曾在分析和批判古典政治经济学时分析了生产劳动与非生产劳动的区别，认为资本主义条件的"生产劳动是雇佣劳动，它同资本的可变部分（花在工资上的那部分资本）相交换，不仅把这部分资本（也就是自己劳动能力的价值）再生产出来，而且，除此之外，还为资本家生产剩余价值"[1]。换言之，"只有创造剩余价值的劳动，并且不是为自己而是为生产条件所有者创造剩余价值的劳动，……才是生产的"[2]。这就是说，只有能够给资本带来利润的劳动才是生产劳动。这样的标准也适用于文化生产。在资本主义条件下，精神文化生产是否属于生产劳动，关键在于它是否能够带来剩余价值。"例如一个演员，哪怕是丑角，只要他被资本家（剧院老板）雇用，他偿还给资本家的劳动，多于他以工资形式从资本家那里取得的劳动，那么，他就是生产劳动者。""作家所以是生产劳动者，并不是因为他生产出观念，而是因为他使出版他的著作的书商发财，或者说，因为他是一个资本家的雇佣劳动者。"[3]"生产劳动和非生产劳动的这种区分本身，正如前面已经说过的，既同劳动独有的特殊形式毫无关系，也同劳动的这种特殊形式借以体现的特殊使用价值毫无关系。"[4]总之，在资本介入文化生产的

---

[1] 《马克思恩格斯文集》第8卷，北京：人民出版社2009年版，第213页。
[2] 同上书，第214页。
[3] 同上书，第219页。
[4] 同上书，第221—222页。

情况下,原来不具有经济属性的文化生产就沦为资本生产,具有了价值增殖的属性。

资本作为一种压迫力量,同时造成文化发展的严重异化。为了实现资本增殖的目的,文化生产与消费的文化价值和社会效益可以被忽视,甚至可以被牺牲。文化生产与艺术创作的首要目的,就是利润创造的最大化。只要能带来利润,实现利润的最大化,即可投入生产或者扩大再生产,其文化效应、社会效益就可以忽略不计。文化生产完全向市场看齐,极易造成文化市场良莠不齐,导致文化的庸俗化、低俗化、媚俗化,对整个文化环境和社会风气产生不利影响。

在新的历史条件下,文化发展要学会利用资本而又超越资本。目前我国仍处于社会主义初级阶段,人民的物质文化需求基本得到满足,而精神文化需求开始提出新的要求,推进文化生产、消费水平的提高是文化发展的一项重要任务。要在这样的条件下推进文化的发展,必须充分发挥资本的作用,使资本要素与文化资源有效结合,促进文化产业和文化事业的发展。在市场经济发展过程中,我们不是要否定文化的经济效益、轻视文化的经济功能,相反,需要大力推进文化产业的发展,让其为经济发展和社会发展服务。然而,文化进入市场不能只强调经济效益而忽视社会效益。文化发展的根本目的在于提升文化产品、文化服务的质量和水平,以满足人民群众日益增长的精神文化生活需要。文化应以人民群众为中心,而不是以资本增殖为中心;应以实现经济效益与社会效益的统一为目的,而不是单纯以经济效益为目的。为此,在文化发展上既要尊重资本、发展资本,又要合理驾驭资本、引导资本,加强市场经济的监管、规范,限制资本的盲目发展,以协调文化的经济功能和社会功能,保证文化生产与消费的健康发展。

二、文化生产与消费的理论审视

当代文化生产与消费的兴起与发展,引起了原有文化生产与消费格局以至整个社会生产与消费格局新的变化。对于各种新的变化,国外学界给予了高度关注,并形成了有关消费的各种理论,如消费社会理论、景观社会理论等。这些理论都突出强调消费既是当代社会发展的重要策略，又体现了当代社会发展的文化逻辑。文化消费既涉及与生产的关系，又涉及与商品消费、人的发展的关系，引发的问题是复杂的。如何正确地看待这些问题，对于正确把握当代文化生产与消费及其相互关系、积极推进文化生产与消费的健康发展有重要意义。

（一）生产与消费的一般关系

对于生产与消费的一般关系，马克思在《〈政治经济学批判〉导言》中曾经作过明确的说明，认为生产决定消费。之所以如此，"（1）是由于生产为消费创造材料；（2）是由于生产决定消费的方式；（3）是由于生产通过它起初当作对象生产出来的产品在消费者身上引起需要。因而，它生产出消费的对象，消费的方式，消费的动力。同样，消费生产出生产者的素质，因为它在生产者身上引起追求一定目的的需要"[①]。对于生产与消费的关系，马克思在这里讲的是非常清楚的。然而，随着社会的快速发展和社会生活的巨大变动，生产与消费的关系也开始出现了很大的变化，这就是消费的现象和问题日益突出，以致当代社会又被称为"消费社会"。在消费社会，出现的一个新的现象是：生产逐渐隐匿化，消费日益显性化。所谓生产的隐匿化，主要指生产在社会生活中的地位与以前相比有所隐退，不像以前那么显赫；所谓消费的显性化，主要指消费在当代社会生活的地位越来越重要，作用越来越突出。随着生产力的发展，人们的生活水平普遍提高，消费水平也相应地明显提高。在广告、媒介技术的作用下，大众消费形式多样，逐渐形成了消费特有的景观化。消费的景观化既是指大众消费的种种场景，即由商品与文字、图像和影像等符号构成的消费空间，又是指由消费所中介的社会关系的外显形式。前者是作为客体存在的，是物质形态的消费景观；后者则是作为关系存在的，是关系形态的消费景观。作为关系形态存在的消费景观实质上就是消费的符号化。在现代社会生活中，消费与人们的社会关系建构有了更加紧密的联系。消费被赋予符号意义和功

---

① 《马克思恩格斯文集》第 8 卷，北京：人民出版社 2009 年版，第 16 页。

能,指向人们的社会身份和社会地位。

对于当代社会的消费,大卫·理斯曼(David Riesman)、列斐伏尔、鲍曼、鲍德里亚等学者均给予了比较具体的研究和阐述。在他们看来,消费时代相对于生产时代,远不止于消费的显性化,更重要的在于消费成为社会发展的主导逻辑,逐渐代替了生产的主导地位,现在是消费决定生产,而不再是生产决定消费。之所以如此,原因在于:一方面,消费对再生产的重要性更为突出。如经济危机的爆发就是因为消费不足,于是刺激消费自然成为解决经济危机的途径。消费在很大程度上决定了生产的进程。另一方面,消费决定生产还表现在消费已取代生产成为当代资本主义的意识形态。当代资本主义社会往往通过消费灌输和传递某种意识形态,实现其思想意识的控制。由此,马克思的生产劳动理论以及以此为基础的历史观被鲍德里亚批评为"生产之镜",认为消费已取代生产成为社会发展的首要任务,消费逻辑已取代生产逻辑。

究竟如何看待生产与消费的关系?需要从理论上做出认真的审视与回答。在生产与消费关系问题上,应当从实际出发,对其加以全面、准确的理解和把握。应当看到,随着现代社会的快速发展和社会生活的巨大变动,消费的地位和作用越来越突出,生产确实受消费的引导和制约,无视消费的变化与影响是绝对错误的。西方一些有关消费社会的理论实际上就是对西方发达资本主义条件下生产和消费状况的具体反映。特别是随着全球化的深入发展,跨国公司为了追求利益最大化,将生产的车间、工厂转移到原材料和劳动力都更加廉价的欠发达地区,其结果是生产在西方发达资本主义国家被转移从而隐匿化了,消费则被推向历史前台,代替了生产在城市中的原有位置,导致城市商业化的增强。生产与消费关系的这种变化对于社会生产以至整个社会发展的影响是巨大的,研究社会发展以及文化发展不能不考虑这一客观事实。但是,这种情况的出现是否意味着生产决定消费的基本原理过时了,生产的基础地位应该取消了?只要正确面对实践、面对客观现实,这一问题并不是很难回答的。

在一定的历史时期和特定的社会历史条件下,消费确实会成为经济发展、经济运行的主要矛盾方面,没有消费需求的拉动,生产就无法顺利进行,特别是遇到经济危机时更是如此。而且,市场经济不同于计划经济,不是生产什么人们就消费什么,而是生产更多取决于消费的需求、取决于市场的供求,因此消费的作用是非常明显的。但是,这绝不意味着生产的基础地位应该取消了,生产决定消费的原理应该废除了。从历史发展的长过程来看,即从长时段、大尺度的历史观来看,生产的基础性地位并未动摇,生产对消费的决定作用并未变化。没有生产的发展,仅靠消费的刺激,这样的经济发展不可能是持久的,这样的社会发展也是扭曲的。脱离生产而一味刺激消费,必然会带来严重的经济问题和社会问题,进而引发经济危机和社会危机。2008年肇始于美国并席卷全球的金融危机就深刻说明了这一点。这次危机的爆发,从根本上来说,是由美国盲目刺激消费、监管不力引起的。为了刺激消费需求、推动资本发展,华尔街的金融家们"创新"出高风险的金融衍生产品,将整个经济发展建立在脆弱的经济生态和运行模式之上。一旦无法及时偿还债务,经济泡沫便会破裂,引起金融危机和整个社会经济危机。危机过后,各个国家都在认真反思,反思的结果是:靠刺激消费终归不是上策,正常的经济和社会发展必须以生产为基础,必须回到实体经济上来。也正因此,危机过后,许多国家都在积极制定经济振兴战略,加强实体经济。

总的说来,对待生产对消费的关系,既不能把原有的理论教条化、简单化,又不能轻易动摇生产对消费的决定作用。在一定时期、一定历史条件下,消费可能是主导性的;但从长时段、根本上看,生产永远是第一位的,是具有决定性的,不能因为社会生活出现的一些新情况就轻易否定生产的基础性地位。把握这一点,对于理解文化生产与消费的关系是非常重要的。

(二) 精神需求引领文化的生产和消费

关于生产与消费的发展,马克思在《〈政治经济学批判〉导言》中谈到了生产与消费的同一性,认为二者相互创造,彼此促进。如生产为消费提供"作为外在对象的材料",而消费则为生产创造"作为内在对象,作为目的的需要";"外在对象"是可供直接消费的对象,"内在对象"则是"想象的对象",它虽不具有直接现实性,但是在一定条件下能转化为现实的生产和消费活动。① 文化的生产与消费也是在彼此的创造中推进的。不过,文化的生产与消费除了遵循这一基本规律之外,其发展也具有自身的特殊性。因为文化生产与消费在本质上是文化活动,而非单纯的经济行为。虽然文化与经济一体化的趋势越来越明显,但文化活动毕竟有它自身的特点,突出体现在它的文化性、社会性,而非物质性、经济性。与物质的生产与消费不同,文化的生产与消费应首先考虑文化价值的认同与选择问题。物质商品可以不考虑其文化价值,只要有使用价值,在哪里生产和消费都可以。而文化产品的生产与消费则不然,只有以认同、接受一定的文化价值观为前提,才有可能谈得上文化的生产和消费。2017年暑期全国热播的《战狼Ⅱ》,在国内不断刷新票房纪录,成为国内电影史上的一个现象级事件,但是在国外反应要冷淡许多,甚至一些西方人批评该片过于突出民族主义,不贴近时代现实。事实表明,文化生产与消费必然要涉及精神、价值。不以文化认同为前提,很难谈得上文化生产与消费。因此,在研究文化生产与消费时,必须关注人的精神需求,后者是前者的心理机制或精神驱动。文化生产与消费就是在精神需求的推动下形成和发展起来的。

精神需求与文化鉴赏能力和文化消费能力是联系在一起的。一种文化产品是否有消费的需要,与一个人的文化鉴赏能力和文化消费能力直接相关。农民只关注土壤的肥力,而不关注土壤自然的美;商人只能看到钻石的经济价值,而不会欣赏到钻石的美。这是由其关注的重点和鉴赏能力决定的。只有具备文化鉴赏能力而又认同该种文化的人才有可能对某种文化产品形成精神需求,并产生现实的消费活动。鉴于精神需求的重要性,文化生产和消费必须关注文化鉴赏能力以及文化消费能力问题,落后或超越这样的能力和水平,就不可能准确把握一定时期文化的精神需求,从而影响文化的生产与消费。

文化消费的精神需求也是不断形成和发展起来的。一般说来,物

---

① 参见《马克思恩格斯文集》第8卷,北京:人民出版社2009年版,第17页。

质消费需求具有自然性,而且需求是有限的,一旦得到满足,就不会轻易发生变化。与之相比,精神文化需求具有较强的社会历史性,是在历史中形成的并不断发展变化的,其满足的程度和水平也是在不断提升的。一个不热爱足球的人,不可能主动去踢足球,也不会主动买票去看足球比赛,但如果他跟一群足球爱好者经常在一起,也可能会逐渐增加对足球的兴趣,并主动观看足球赛事、参与足球消费活动。这就是说,精神文化需求是可以被培养出来的。另外,从需求发展的规律来看,物质生活水平的提高必然会引起消费需求水平的提高,精神文化需求在总体消费需求体系中的比重不断提升是必然的趋势。现在随着我国经济社会的快速发展,人们对精神生活的需求比以往任何时期都更加突出,随之而来的便是精神文化需求的满足。这就是我们需要面对的现实。

从精神需求到文化消费,还有一个转化的问题。在文化领域,有需求未必就有消费。要使需求变为实际消费,必须做好转化。转化的现实性不仅来自文化产品的现实购买力,而且来自文化产品的生产水平。文化产品的水平和质量越来越成为文化消费者关注的重点。现在我国文化市场比以往任何时期都繁荣,文化产品和服务匮乏的时代已经一去不复返了,但是也要看到,文化产品良莠不齐的现象还大量存在,影响到文化市场的发展和文化产品整体水平的提高。做好文化生产的供给侧改革势不容缓。一方面,要加大创新力度。只有创新,才有可能产出好的文化作品,才有可能扩大文化消费。另一方面,需要加强文化价值观的引领。只有加强这种引领,才能提升文化消费者的审美品位,才能提升人们的审美情趣、艺术境界,净化人们的心灵,促进文化消费健康发展。

(三)文化消费与商品消费

当代文化消费始终是与商品消费相生相随的。商品消费的大众化趋势反映了文化消费的大众化趋势。在当今时代,文化产品和文化服务往往只有被商品化才能被消费,才能获得生存与发展。这既是市场逻辑向文化领域扩展的结果，又是文化发展的必然选择。消费社会理论所描述的商品符号化，正是对当今市场逻辑与文化逻辑不断融合的反映。一方面，商品成为符号，演变成为某种文化现象、文化景观；另一方面，文化成为实现资本增殖的必要载体。借助文化形式，资本得以实现价值形式的转换。文化商品化、文化参与商品经济，成为资本增殖的有效手段。

虽然文化产品越来越商品化，但文化产品与商品还是有其差别，这就决定了文化消费不能简单混同于商品消费。首先，文化消费与商品消费的性质不同。商品消费属于物质性消费，主要借由物质产品的消耗来满足人们对商品的实用性需求。而文化消费则不同，主要属于精神性消费，借助文化产品和文化服务的消费，人们获得精神上的满足和愉悦。其次，性质上的差异决定了物质内容在两种消费中的功能和地位不同、价值转换形式不同。商品消费和文化消费都伴有物质上的消费。不同的是：物质消费构成商品消费的全部，商品物在消耗中实现其全部价值；文化消费虽然也依赖一定的物质消费，但物质只是作为文化价值的载体出现的，物的消费只是作为文化价值实现的途径。最后，两种消费的效果不同。商品消费是物的单纯消费，不会有价值增殖，而文化的消费则不然，带来的是文化价值增殖。文化价值增殖就是在文化的消费过程中实现的。在现实生活中，商品一旦进入日常生活消费，其原有的使用价值就会消耗掉，消费得越多，消耗得就越多，价值损失得也越多。文化消费则不同，文化产品和文化服务提供给人的不是一般的物，而是含有文化价值元素的物。这种物不同于一般的物，它消费得越多，价值越会增殖。这与文化消费作为一种精神性活动的性质有本质关联。主体对文化的消费不是对文化产品物质内容的简单消耗，而是包含着文化价值和思想观念选择、鉴别、批判、吸收、消化等在内的一整套运作过程。文化在消费的同时，更是文化的再创造、再生产，它可以拓展原有的文化内涵，实现文化价值的增值。"在精神取向的消费活动中，知识的吸取、思想的交流、文化的熏陶、情感的传达，这既是愉悦的消费过程,同时也是精神生产力和知识生产力的再生产过程。"①可以说,这正是文化消费超越商品消费的地方。

(四)文化消费与人的自由解放

马克思在谈论社会生产、消费时,由其理论主题所决定,总是和人的自由解放、人的发展紧密联系在一起的。在资本主义社会,人的生存发展就是在资本主义的生产、消费体系中进行的,因而不可避免地受到这种体系的严重制约。在马克思看来,资本主义条件下工人的生产活动,是与人的本质相悖的异己活动。"由于推广机器和分工,无产者的劳动已经失去了任何独立的性质,因而对工人也失去了任何吸引力。工人变成了机器的单纯的附属品,要求他做的只是极其简单、极其单调和极容易学会的操作。"②工人的消费活动同样是异化活动,它不再是真正满足人的需要,而是为了满足资本生产的需要。因为工人的消费能够实现劳动力的再生产,为资本的生产提供劳动者;而工人对生活资料的消费也为资本创造了新的需求,促进了资本的再生产。马克思对于当时工人生产、消费的分析和描述,实际上在今天也是存在的。

值得注意的是,现在的消费固然没有摆脱资本的支配,但它也为人的自由解放提供了某种可能性空间。正像异化的产生与异化的克服走的是同一条道路一样,生产与消费的发展变化,又为人的自由解放提供了新的动力和可能。"当上个世纪的农民和工场手工业工人被卷入大工业的时候,他们改变了自己的整个生活方式而成为完全不同的人,同样,由整个社会来共同经营生产和由此而引起的生产的新发展,也需要完全不同的人,并将创造出这种人来。"③在新的历史条件下,人通过对生产与消费的改变,可以创设各种前提、条件,实现一定程度的自由解放。如在消费上,对产品的占有即"为了人并且通过人对人的本质和人的生命、对象性的人和人的产品的感性的占有,不应当仅仅被理解为直

---

① 韩震:《全球化时代的文化认同与国家认同》,北京:北京师范大学出版社 2013 年版,第 71 页。
② 《马克思恩格斯文集》第 2 卷,北京:人民出版社 2009 年版,第 38 页。
③ 《马克思恩格斯文集》第 1 卷,北京:人民出版社 2009 年版,第 688 页。

接的、片面的享受,不应当仅仅被理解为占有、拥有。人以一种全面的方式,就是说,作为一个完整的人,占有自己的全面的本质"①。易言之,人通过克服产品旧的占有方式和消费方式,可以在一定程度上改变自己的生存方式,从而促进其发展。

文化消费也是和文化认同、主体性的确立联系在一起的。随着消费时代的到来,消费已成为各种身份的象征、各种认同的主要标志。诚如有的学者所说,"消费已经成为全球化时代自我认同的主要的指示器和标尺。人们以自己的消费界定自我认同的边界和内容"②。作为身份区分原则的消费与一般消费不同,这种消费更加强调消费的文化意涵。文化消费与其说是在消费某种商品,倒不如说借商品消费的名义进行的是文化价值的消费。对某种消费的认同,也就是对某种文化价值的认同。正是在此意义上,消费借由构建和确立某种文化来界划主体身份,确立其主体地位。或者说,主体性因其消费而确立和发挥。不仅如此,文化消费还含有一个选择、消化、吸收的过程,即包含一个价值选择、价值评价的能动过程。这对于人的主体意识的增强、个性的张扬、自由的扩展,无疑具有重要的促进作用。当然,在消费过程中,利益主体的多元化会形成价值追求的多元化,进而引起文化价值的分化乃至冲突,这就需要加强引导和调节。

三、文化生产与消费的时代特征

与以往时代相比,当今时代文化生产与消费发展的速度前所未有,出现的新情况、新问题也前所未有。文化生产与消费出现的新情况、新特点是多方面的。从总体上看,文化生产与消费具有如下基本特征:

(一) 文化生产与消费日益融为一体

从历史上来看,人类的生产与消费曾经经历了一个从原始统一不

---

① 《马克思恩格斯文集》第1卷,北京:人民出版社2009年版,第189页。
② 韩震:《全球化时代的文化认同与国家认同》,北京:北京师范大学出版社2013年版,第61页。

断走向分化的过程。在自然经济状态下,产品的生产与消费通常是浑然一体的,自给自足、自产自销是其基本特征。产品的生产者同时也是其消费者,消费与生产是结合在一起的。随着交换的普遍发展,特别是近代以来商品经济的出现,劳动产品逐渐转变为商品,生产与消费开始走向真正的分离。在商品经济条件下,自己生产的产品不见得自己消费,自己消费的产品不见得自己生产,生产与消费相互分离,成为社会总生产两个独立的环节。

文化的生产与消费也经历了类似的过程。在传统社会,文化的生产者主要来自社会上层,他们既是文化的生产者,又是文化的消费者。只有他们才有时间和精力进行专门的文化生产,才有能力进行文化消费。社会普通民众尽管在一定程度上参与了文化的生产与消费,但因生存压力所迫,其参与的程度是非常有限的。在现代社会,这种情况开始得到扭转。随着生产力水平的提高和市场经济的发展,文化的生产与消费也逐渐分化,尤其是伴随文化商品化、市场化的发展,文化生产与消费的专业化分工越来越细,分化的程度越来越高。文化生产和文化消费分属两大部门,各有其明确的分工。

然而,文化的生产与消费在经由一体化走向分化后,又呈现出再度一体化的发展趋势。这是大众文化发展的结果。大众文化一直被认为是"大众的"文化,它往往代表的是社会平民的审美趣味和文化追求,因而不同于传统意义上的精英文化。在大众文化的发展中,"大众"既是文化的生产者,又是文化的消费者,文化的生产与消费不再完全成为"两张皮",而是有机地交织在一起。特别是当代新技术手段、新媒介的发展,使其结合的程度更为加深。许多学者曾从不同角度来谈论媒介的发展状况,如麦克卢汉的"冷媒体"和"热媒体"、马克·波斯特的"第一媒介"和"第二媒介"等,均涉及一个问题,即民众在媒介中的参与程度。网络技术、电子媒介的发展,极大地提高了民众参与媒介活动的程度,也深刻地改变了文化生产和消费的模式,推动了文化的生产与消费再度走向一体化。网络既是信息发布、传输的载体,同时又是组织开展各种交流活动的平台。借助网络渠道和各种电子终端,民众可以便捷地参与各种媒介活动,参与文化的生产、传播与消费。这就打破了文化生产与文化消费的传统界限,使二者融为一体。对文化产品和服务的消费,往往会刺激消费者的文化生产活动,甚至文化消费本身直接就是文化生产活动。

文化生产与消费的一体化反过来又深刻改变了大众文化的发展方式和影响方式。民众在消费大众文化的同时,也越来越多地主导大众文化的发展方向。大众文化一旦成为民众精神活动自主、自觉的产物,在其生产、消费过程中,就会不断提升民众的文化素养,提高全民族的文化水平。而全民族文化素养、文化水平的提高,无疑会推动现代化建设。因此,合理推进文化生产与消费,对于加强文化建设和社会进步都有十分重要的意义。

(二) 文化生产与消费彰显个性特征

文化的生产与消费总是在特定的生产方式中进行的,因而不可避免地受一定时代生产方式的制约。在现代社会,福特制生产方式的确立从整体上改变了生产与消费,标准化的流水线必然产生的是标准化的生产和标准化的产品,创造出的是无差别、无个性的现代生活。这种生产方式和生产机制推动了消费的大众化,同时推动资本由仅仅面向生产转而同时面向消费。大众消费的出现和发展,又为个性化消费提出了新的要求和条件。后福特制的产生,正是适应了大众消费领域个性化发展的需求。生产的弹性化、定制化带来了生产的多样化和个性化。在大众消费时代,大众文化生产一方面要符合大多数人的审美趣味、价值追求,另一方面又要讲求个性、独创性。大众文化实际上就是按照这样的要求发展起来的,这在文艺作品创作的发展历程中有充分的体现。文艺作品创作的类型化是文艺作品大众化时代开始时的主要创作方式,典型代表就是20世纪三四十年代美国好莱坞类型电影。类型电影要求电影创作者必须根据制片人给定的电影类型进行创作,公式化的情节、定型化的人物和图解式的视觉形象等是电影类型的基本要求。当时最典型的电影类型有喜剧片、西部片、犯罪片、幻想片等。创作者根据大众趋同的审美品味及其变化趋势来决定影片的创作类型。这种电影的类型化就是标准化,是在当时的条件下满足大众审美追求的方式。模式化的故事情节、人物形象以及叙事结构是类型片的总体特点。50年代以后,类型电影趋于衰落,各类型间的严格界限也趋于模糊。如今,电影的发展越来越多样化,创作手法也越来越多元化、风格化。电影的发展过程实际上反映了当今时代大众文化生产发展的基本方向。价值观念、审美趣味、消费习惯、心理状态的多元化、复杂化,主体的碎片化、"单子"化,使文化需求前所未有的个性化、复杂化。

在大众生活领域,文化消费已经不再是一种单纯文化上的消费,而是作为一种生活方式纳入每个人的生存境遇之中,影响人的生存和发展。个性化的需求又反过来强烈影响并引导文化生产不断向弹性化、定制化转变。如今,定制生产在文化产品生产与销售中不断兴起,小到文化衫、文具盒、布偶玩具,大到婚礼、晚会,都通过定制的方式来进行创作、生产。在科技、人才、创新的驱动下,定制生产呈现出不断扩大和发展的势头。

(三) 文化生产与消费趋于集聚扩张

这里讲的"集聚化",主要是针对文化生产而言的;这里讲的"扩张化",主要是针对文化消费而言的。

从当代文化生产来看,集聚化的倾向与效应日益明显。知识、信息和技术的高度融合,赋予文化生产以鲜明的时代特征。一部电影的制作,前期成本极高,需要大量人力、物力和智力的投入。高知识、高技术附加值的生产特性,使其制作具有规模化、集聚化的发展趋向,特别是随着现代工业体系的逐步完善,传统社会文化生产的个体化制作方式日益为规模性的制作方式所代替。

文化生产一般有两种集聚方式。一是空间上的集聚。主要是文化相关产业在空间上的集聚,最典型的案例就是各种文化产业园区的创立。这种方式是文化生产集聚化的最主要方式。美国的好莱坞、印度的宝莱坞、日本的秋叶原动漫街、北京798艺术区都是这种集聚的典型代表。该集聚方式以产品为核心,按照文化产品的生产工序、产品的主要部件或相关产品集聚在一起。该方式的优势在于,通过空间上的集聚减少产品生产过程中各环节的成本,同时引入产品间的相互竞争,提升产品的质量和服务水平。以北京798艺术区为例,该艺术区位于北京东北四环外,原为国营798厂等电子工业的老厂区所在地,现在成了许多文化艺术工作室聚集的地方。在798艺术区内,文化产品形式以绘画、雕塑、音乐、出版、摄影为主,风格各异,有前现代的田园写意,有现代的工业文明,也有后现代的拼贴艺术。近些年,该艺术区吸引了国内外艺术家和文艺爱好者的广泛关注,有来自法国、美国、比利时、荷兰、澳大利亚等国的艺术家入驻其中,产生了一定的国际影响力。如今,该艺术区已经成为北京都市文化的新地标。二是产业上的集聚。主要是文化相关产业以资本集中的方式汇集到少数文化企业手中,尤以那些具有国际影响力的文化集团为典型。该集聚方式以产业为核心,按照文化产业的资本化运作方式实现集聚,如德国贝塔斯曼集团、美国的迪士尼传媒集团等。该集聚方式的优势在于,能够为文化产业化发展提供强大的资本保障,加强各文化产业间的沟通与合作,促进文化产业结构上的优化调整。仅以美国迪士尼公司为例,该公司原先是以动画制作为主,后来随资本集中效应不断显现,其广泛涉足音乐出版、日用品、玩具、主题公园等行业,形成了世界上经营范围极广、规模巨大的文化产业集团之一。目前,我国正大力发展文化产业,以政府、社会力量共同推动文化产业园区建设和以市场为主体的文化产业集团化发展方式同时存在。

文化生产两种形式的集聚化所产生的效应是不同的。文化生产在空间上的集聚在众多生产主体间形成自由竞争关系,而竞争能够充分运用市场机制的优选功能,为文化生产筛选出优秀的、有发展潜力的产品,逐渐形成有竞争力的文化产品和文化品牌。文化生产的产业集聚方式则能充分利用资本优势,借助文化产业的并购、重组,整合成具有先天竞争优势的文化产业。这两种文化集聚方式与传统文化生产有天壤之别,是新形势下资本介入文化生产的必然结果。可以说,文化生产的集聚化既是文化生产本身的要求,受文化发展逻辑影响,又是资本增殖的内在要求,受资本逻辑支配。

从当代文化消费来看,扩张化的特点又比较突出。目前的文化消费既受文化生产的直接影响,又和文化传播、文化交流密切相关。全球化的出现,加强了国与国之间的经济交流和文化往来,使文化之间的传播交流普遍化、经常化。特别是在网络媒体的推动下,这种传播交流更为快捷、方便。但是,在当今全球化的文化格局中,各文化主体的地位并不对等,西方文化特别是美国文化凭借其强大的经济实力,一直占据着主导地位,其他国家则在文化上始终处于被动局面。在全球文化发展过程中,所谓的文化交流,事实上变成了单向的文化输出,即西方文化向非西方国家的单向输出,而发展中国家的文化很难真正进入西方国家的文化市场。这就形成了这样一个格局:西方生产、全球消费。伴随全球化的深入发展,这种文化消费模式呈扩张的势头。在发展中国家的文化市场里,充斥的大部分是西方国家的文化产品,弥漫的大多是西方国家的文化。在许多发展中国家,刺激大众消费的广告业务急剧增长,而发达国家的广告公司在其中占据了相当多的份额,它们在发展中国家大众文化的发展中起了推波助澜作用。这种扩张化的结果,不光带来的是文化消费上的变化,更重要的是带来文化价值观念的变化。借助文化消费,西方文化力求统治世界。对此,发展中国家深感忧虑。如何在全球化的过程加强文化的传播交流、引导文化消费,确实值得认真研究并予以合理应对。

文化生产的集聚化和文化消费的扩张化是相互影响、相互促进的。一方面,文化生产的集聚化可以集中文化产业、资本形成规模优势,扩大文化国际影响力,促进文化消费走向世界;另一方面,文化消费的扩张化又可占领国际文化市场,加快资本积累,文化生产的集聚化。文化生产与消费就是在这种互动中向前推进的。

四、推动文化产业的健康发展

在新的历史条件下,要推进文化的生产与消费,关键是加快文化产业的发展。纵观世界文化发展,一个国家要想使文化强大起来,要使文化走向世界,必须发展文化产业。没有文化产业的支撑,文化的生产和消费就很难持续发展。因此,今天谈论文化生产与消费,不能离开文化产业这一核心问题。加强文化产业是加强文化建设的必由之路。

（一）文化产品的属性和功能

推动文化产业的发展，还需要对文化及文化产品的属性加以明确认识。文化就其基本属性而言，有着两大属性，即意识形态属性和商品属性。文化通常是指相对经济、政治而言的人类精神活动及其产品，属于经济基础之上的上层建筑，因而具有意识形态属性。然而，从其存在与作用方式来看，文化又是以产品和服务的方式存在，具有一般商品都具有的价值和使用价值，可以通过市场交换获取经济利益，实现再生产，所以又具有商品属性。

由文化的双重属性所决定，文化也具有双重功能，即文化的意识形态功能和经济功能。与一般商品不同，文化产品的消费会直接或间接影响人们的价值观念、行为方式，进而影响社会发展。因此，文化产品的生产必须首先考虑其意识形态功能以及社会功能，不能完全由市场机制所左右。在此前提下，正确发挥文化的经济功能，使其充分为经济建设和文化建设服务。这两种功能的不同，实际上就形成了文化发展的两大部门，即文化事业和文化产业。以社会功能为主要功能的文化产品，一般以公共产品形式存在，按照文化事业的模式来发展；以经济功能为主要功能的文化产品，通常采取商品生产的方式，走产业化的发展道路。

文化产业和文化事业都是文化建设和发展中的重要组成部分，但又存在一些差别。第一，文化事业与文化产业的产品性质不同。文化事业单位如图书馆、博物馆、艺术馆、文化馆、科学馆等，主要由政府提供财力、物力支持，并由政府负责管理、运营，提供的是公共文化产品和服务。而文化产业的兴办，既可能是政府，也可能是社会、民间，其所提供的不是公共文化产品和服务，而是商品化的文化产品与服务，如大众图书、音像、电影、娱乐等均需经由产业化和文化市场进入大众消费。第二，文化事业与文化产业各自追求的目的不同。文化事业的主体是政府，文化产业的主体是企业。文化事业以国家和社会的发展需求为目的，着眼于社会效益；文化产业则以满足市场需求为目的，更多关注的是经济效益。第三，文化事业与文化产业对文化生产与消费的调控方式不同。文化事业部门提供公共文化产品和服务,主要由政府根据国家和社会发展的需要来进行调节;文化产业部门参与市场竞争,主要由市场来调节。

文化产业和文化事业虽然有各种差别,但其联系也是非常紧密的。在其发展过程中,二者相互支撑、相互促进。一方面,文化事业单位提供的文化产品和服务,现在越来越多地采取市场化、产业化的企业运营管理模式。人民群众日益增长的精神文化需求迫切要求开放更多大众文化消费领域,这就要求文化体制深化改革,以适应市场机制,参与市场竞争,激发文化创造的活力。另一方面,不断壮大的文化产业也越来越需要参与到公益性、社会性的文化事业当中来。自文化产业在我国兴起以来,大众文化产品在数量和服务水平上都有了极大提升,一些文化企业还代工、承包文化事业单位的生产、运营任务,参与文化事业的建设。同时,文化企业也承担了越来越多的社会责任,为公益性文化事业发展提供更多的财力、物力和智力支持。总之,文化事业与文化产业相互影响、相互促进,都是文化建设和发展不可或缺的重要组成部分。加强社会主义文化建设和发展,必须协调好文化事业与文化产业的关系,推动文化事业与文化产业健康发展。

(二)文化生产力的理论阐释

发展文化产业,就是要增强文化生产力。文化生产力,顾名思义,就是文化生产的能力。现在,文化生产力越来越与经济实力、军事实力比肩,文化软实力被作为综合国力的一个重要象征,成为衡量大国地位的重要指标。

在社会生活中,文化生产与经济生产之间有着密切的关系。一方面,文化生产受经济生产的制约和支配。"宗教、家庭、国家、法、道德、科学、艺术等等,都不过是生产的一些特殊的方式,并且受生产的普遍规律的支配。"[①]文化生产作为生产的一种"特殊的方式",不可能脱离生产普遍规律的支配。另一方面,文化生产又具有相对独立性,有其自

---

① 《马克思恩格斯文集》第 1 卷,北京:人民出版社 2009 年版,第 186 页。

身的发展规律,它可以推动或阻碍经济生产的发展。恩格斯指出:"经济上落后的国家在哲学上仍然能够演奏第一小提琴:18世纪的法国对英国来说是如此(法国人是以英国哲学为依据的),后来的德国对英法两国来说也是如此。"①现在,随着科学技术和知识的快速发展,文化在社会生活中的地位和作用越来越重要,因而要推进社会发展,必然大力推进文化生产。

在市场经济条件下,文化与经济日益融为一体,形成一种新的生产力,即文化生产力。经济发展越来越依赖于文化生产力,因而提升文化生产力已成为各国经济发展的首要选择。在我国,要大力发展文化产业、提升文化生产力,必须强化如下关键性的因素。

第一,原创动力。文化能不能形成生产力,能不能走向市场,主要取决于有没有创新能力。谁的产品更有创意,谁就能在市场上站稳脚跟,获得丰厚的效益。文化的竞争说到底是创新的竞争。经过四十多年的改革开放和发展,我国的文化生产力已有很大发展,文化产品和服务无论在数量上还是质量上都有明显提高,文化创新能力也有明显提升,涌现出不少反映时代精神、符合人民文化需求的文化作品。不过,我国文化产业发展存在的问题也不少,突出的问题是"重硬件、轻软件""重山寨、轻原创",文化原创能力总体来说不是很高。所谓"重硬件、轻软件",是指文化生产主要强调文化硬件、文化基础设施建设,比如兴建各种文化工业园、产业园等,而对于文化的设计、创作没有给予应有的重视,没有充分尊重创作者的智力与精神投入,没有形成鼓励文化创新的机制与氛围。美国行为学家赫茨伯格(Herzberg)曾提出"激励—保健"双因素理论。该理论将硬件设施、环境条件、工资待遇等列为"保健"因素,认为它们在根本上不会对员工工作积极性产生激励作用,重视它们只是为了避免或消除员工的负面情绪;而激励员工则必须通过"激励"因素,这些因素与工作本身或工作内容相关,能够经由工作的完成给人带来成就感、满足感,因而能够调动其工作积极性。据此,赫茨伯格认为,加大对文化生产中创意、智力、精神等主体因素的投入,才有

---

① 《马克思恩格斯文集》第10卷,北京:人民出版社2009年版,第599页。

可能从根本上激励文化创造力、促进文化生产。所谓"重山寨、轻原创",主要指文化生产中剽窃、照搬的多,自主、原创的少。这与文化投入的侧重点有关,也与市场经济体制不够健全、法规制度建设不够完善有关。知识产权保护不到位,知识产权保护意识不强,必然导致盗版、山寨现象屡禁不止,如一些不法厂家、不法商贩制假售假,盗取别人的创意和品牌赚取经济利益。顾了眼前,忽视了长远,只能使文化创新能力低下,缺乏竞争力。因此,要发展文化产业、提振文化生产力,必须从根本上提升文化创新能力,让创新精神得以弘扬,让原创受到社会尊重、受到法律法规保护。

第二,资源开发。"巧妇难为无米之炊。"文化生产需要文化资源,离开文化资源,文化生产就是一句空话。但是,文化资源并不会自然而然地形成文化生产力,从前者变为后者需要有一个过程,这就是要加强文化资源的开发和整合。美国是个文化资源比较贫乏的国家,却有较强的文化生产力,其中的奥秘就在这里。仅以美国好莱坞为例,它的成功发展除了有严密细致的分工协作机制、有专业的制片人制度、有庞大的演员队伍、有高精尖的技术人才外,重要的一条就是对文化资源的有效开发与整合。它一方面能挖掘现有国内各种文化资源,另一方面又能把世界各种相关文化资源整合起来,形成强大的文化创造能力。与之相比,我国文化产业的特点是"资源丰富、产品薄弱"。我国有悠久的文明历史,积累了丰富的文化资源,但在世界文化产业格局中,我国的文化生产力与其大国形象还很不相称。不会利用文化遗产,不会演绎中国故事,不会诠释中国话语,影响了文化产业的发展。要提高文化生产力,确实需要转换思维方式,以现代眼光和现代方式激活文化资源,让丰富的文化资源充分释放出巨大能量。

第三,品牌效应。法国社会学家鲍德里亚在其早期著作中曾通过"符号价值"的分析,来指认当今商品生产与消费中使用价值亟待重估的事实。他认为,符号价值已经替代使用价值成为商品交换价值的基础,而所谓"符号价值",实质上就是文化价值或品牌价值。品牌现象是大众商品消费时代特有的现象,它反映的是商品的区分度和社会认可度,品牌可以为商品带来价值增殖。文化商品比大众商品更讲求品牌价值和品牌效应,更具有高附加值特性。在我国,文化品牌塑造能力还不强,文化品牌意识还比较淡薄,迫切需要发挥文化品牌对于文化产业成型升级的关键作用,形成文化品牌效应。

增强文化品牌效应,可以扩大文化生产的溢出效应。文化生产的溢出效应主要表现在文化生产对于经济、政治、生态等领域的深刻影响上。文化具有覆盖广泛、渗透力强的特点,它能够渗透到经济、政治、生态等领域,引起整个社会生态的变化。文化能够优化城市公共空间的生态,促进公民素质提升,提高社会精神文化水平;能够进入经济生产,提高文化服务业的比重,提升科技、教育在经济生产中的贡献度,促进产业结构优化升级;能够融入政治生态建设,提升政府机关人员的政治素养,形成风清气正的政治生态。增强文化生产和文化品牌的溢出效应,对提高全社会的文明水平有着特殊的意义。

(三)文化消费与文化产业发展

国内外文化发展的现实表明,文化产业的发展越来越倚重文化消费的发展。增加文化消费总量,提高文化消费水平,是文化产业发展的内生动力。在我国,随着文化市场走向繁荣活跃,文化产品的数量和种类也在日益增多,但民众文化消费的能力和水平总体不高,制约了文化产业的发展。因此,要发展文化产业、繁荣文化市场,一项紧迫的任务就是要提高文化消费,即增加文化消费总量,提高文化消费水平。

文化消费之所以能够成为文化产业发展的内生动力,原因就在于:

第一,文化消费的发展水平直接影响文化生产的发展水平。马克思指出:"没有消费,也就没有生产,因为如果没有消费,生产就没有目的。"[1]作为生产的目的,消费为生产提供观念的对象,同时为生产提供发展的动力,对生产的内容、方向和进程有着重要影响。消费与生产的这种关系在文化领域同样存在。文化消费的能力和水平往往影响文化生产的内容、方向和进程。民众在不同历史时期会产生不同的文化消费需求,文化生产的内容和形式能否适应这种需求并做出相应的调整,

---

[1] 《马克思恩格斯文集》第 8 卷,北京:人民出版社 2009 年版,第 15 页。

对其下一步的发展至关重要。文化产业要想得到发展,不能无视和落后于文化消费。

第二,文化消费会影响文化市场的发展水平。文化市场是文化生产与文化消费的中介与桥梁,是文化生产与再生产总过程得以延续的必要环节。在市场经济条件下,文化活动主要是在市场里进行的,文化产品的价值也是通过市场交换来实现的,文化的生产同样是根据市场信号发展的,离开了市场,就不可能有现代意义上的文化生产和文化产业。随着物质文化水平的提高,人民对美好生活的向往和追求越来越以文化消费的形式表达出来,这对文化生产水平提出了更高的要求,同时也为文化市场的发展提供了巨大的动力。这就要求扩大文化市场的规模,为人民生活提供更多的文化产品与服务;提高文化市场规范化水平,为人民提供更优质的文化消费、文化娱乐与文化服务。文化市场的发展,必然会推动文化产业的发展。

第三,文化消费的发展推动文化产业的转型升级,促进文化产业结构调整。长期以来,我国生产水平不高、居民收入水平有限,限制了文化消费的发展。改革开放以来,我国居民无论在物质文化生活还是在精神文化生活方面都有了量和质的极大提升。"70后""80后"和"90后"成为中国文化消费的主力,他们在知识、文化、艺术修养、审美情趣等方面相比上一代人都有明显的变化,对文化生活更为钟情,文化需求更为强烈,对文化产品和服务的要求更高。文化消费的新需求迫切要求提升文化生产的水平和质量,要求文化产业转型升级,使之更好地满足人民对美好文化生活的新期待。

要推进文化消费的合理发展,必须在全社会树立健康的文化消费观。自觉抵制低俗、庸俗和媚俗文化,改变文化消费中的消费主义、享乐主义,树立健康的文化消费观,已成为文化产业发展面临的一项重要任务。现在,随着对外开放和市场经济的发展,利益趋于多元化,文化价值观和文化追求也在变得多元化,这就形成了文化消费取向的多元化格局。传统与现代、东方与西方在同一个历史空间中并存,不同的生活追求、利益追求、审美追求和价值追求,形成了不同的文化消费取向。这种状况为文化消费的多重选择提供了自由空间,体现了文明进步,但也会造成人们在文化消费选择上的盲目性和随意性。如在市场利益驱使下文化生产中出现的文化感官化、娱乐化等不良现象,使文化消费活动演变成一场场消费狂欢、欲望派对,从而使文化消费遭到严重扭曲。为此,必须加强文化消费观的合理引导,为文化消费提供正确指引。

引导文化合理消费。要合理把握和科学应对多元化的文化消费需求。文化消费需求多元化的出现,是历史发展的必然现象。在经济文化水平低下的条件下,人们的需求比较单一,能够正常生存、满足基本生活需要便是追求的目标。随着生产力和生活水平的提高,人民群众的需求结构发生了深刻变化,过去基本上是"求生存",现在是"求发展",丰富文化生活成为人民幸福生活的新内涵,满足人民日益增长的文化生活需要自然成为社会发展的重要任务。不仅如此,文化消费需求的多元化也有利于推动文化市场的发展。只有文化消费需要不断翻新变化,才能刺激文化市场的发展,才能使文化市场富有生机活力。多元化的文化消费需求与繁荣的文化市场是并行不悖的。因此,要正确看待文化消费需求的历史进步意义。当然,文化消费需求也有合理不合理、正当不正当之分。尽管很难划出一个严格的、确定的界限,但其基本的标准还是有的,这就是文化消费需求不能超出一定历史时期的生产力发展水平,不能超出特定时期生活消费总供给的界限,过度消费、超前消费、奢侈消费都是不合理的消费,都是需要抵制和反对的。

第四,规范文化市场,为文化消费提供良好的外部环境。市场以利益为核心,追求的是经济效益,文化市场也不例外。但在追求经济效益的过程中,文化市场常常遇到两个值得关注的问题。一是文化产品雷同化的问题。文化商品不同于物质商品,创新性是其根本特性。文化生产以前人的成果为基础,但决不能是前人成果的简单重复,也不能是别人成果的简单复制。加强知识产权保护是规范文化市场、保证文化消费质量和水平的重要一环。二是文化产品低级化的问题。受经济利益驱使,文化商品粗制滥造、假冒伪劣的现象屡见不鲜。对于这种现象,如果不加以遏制、规范,文化市场就有可能沦为低级文化商品的集散地。低级文化商品进入日常生活,不利于人民文化生活的改善,不利于文化素养的提高,也不利于社会良好风气的形成和社会的和谐与稳定。因此,必须加强文化市场的规范,促进文化产业良性发展。

第五,提升文化生产能力和水平,为文化消费提供优质的消费对象。文化消费总体上是由文化生产决定的,文化生产状况直接决定着文化消费的状况。引导和构建健康的文化消费,归根结底还是要靠提升文化生产能力和水平。只有供给侧得到改革和发展,需求侧即消费侧才能有总体改观。这就要求文化产业在其发展中必须注意产品的质量与效果,不能为追求经济效益而牺牲社会效益。为此,不能将文化生产的主导权完全交给市场、交给企业,要加强政府对文化生产的监管与引导,加强文化治理。提高政府的文化治理水平,首先要从文化生产的源头抓起。生产出健康、优秀的文化作品与服务,用优秀的文化产品感染人,用高品位的文化服务陶冶人,这就是文化产业所应承担的基本任务和基本职责。

(四)文化产业发展的主要抓手

随着全球化的深入发展,世界经济格局正在发生深刻变化。特别是美国金融危机过后,世界经济进入一个新的调整期。与此相适应,我国的经济发展也进入新常态,经济增速放缓,由以往的高速增长转变为高质量发展,产业结构调整成为新常态下实现经济持续增长的重要任务。在此背景下,文化产业的发展也要适应新形势、新常态的变化。总体来看,文化产业的发展要与我国调整产业结构、建设创新型国家、解决新时代社会主要矛盾、建设富强民主文明和谐美丽的社会主义现代化强国的总体步伐相一致。要发展文化产业,离不开政府的高度重视和全社会的广泛参与,更需要政府与民间的共同协作。为此,发展文化产业,重点是把握好两个抓手:一个是政府,一个是社会。

首先,政策上的引导和支持是文化产业发展的必要前提和基本保障。影响文化产业发展的因素主要分市场因素和政策因素。在市场经济条件下,文化产业的发展必须首先发挥市场的决定性作用,借助市场机制来实现。如前所述,现在我国的社会主要矛盾已经发生转变,即由人民日益增长的物质文化需要同落后的社会生产之间的矛盾转化为人民日益增长的美好生活需要和不平衡不充分的发展之间的矛盾。经过四十多年的改革开放,生产的落后状况已经改变,更加突出的是发展的不平衡和不充分的问题。人们对美好生活的需要日益广泛,不仅对物质文化生活提出了更高要求,而且在民主、法治、公平、正义、安全、环境等方面的要求日益增长,这就要求精神文化产品的生产与消费也要有一个总体提升。市场力量的发挥,正是适应这种发展要求产生的。文化的多样化需求必须借助市场力量来满足,因而在文化产业发展中必须充分发挥市场因素的作用。但是,发展市场并不是任其盲目发展,而是需要加以引导和调控。这就要求政府出场,有所作为。事实上,许多国家在发展文化市场的同时,都程度不同地重视政府的作用,特别是在文化产业发展的初期。在美国强大的文化产业面前,日本和韩国都借助政府的有力扶持,推进文化产业的发展。正是有了这样的扶持,才有了今天文化产业发展的局面。近些年,我国在文化产业的发展上也作出了重大调整和改变,在发展文化市场的同时,政府制定并出台了一系列文化产业的支持政策,给文化产业发展提供了强有力的支持。正是在政府和市场两种力量的共同推动下,文化服务业等第三产业在国民生产总值中的比重日益增大,文化科技对经济发展的贡献率越来越高,文化产业的发展水平总体得到提升。

其次,调动各种因素,激发各种活力,促进文化产业发展。要使文化产业具有活力,需要充分发挥人才、技术、知识、管理、资源等多种因素的创新能力,加强这些因素的整合。"让一切劳动、知识、技术、管理、资本的活力竞相迸发,让一切创造社会财富的源泉充分涌流,让发展成果更多更公平惠及全体人民。"[①]这是文化产业发展必须遵循的基本原则。

推进文化产业,最重要的是加强人才队伍建设。"人才是实现民族振兴、赢得国际竞争主动的战略资源。"[②]文化产业的竞争,关键是人才竞争。做大做强文化产业,必须做大做强人才队伍。为此,要以普遍提

---

① 《中共中央关于全面深化改革若干重大问题的决定》,北京:人民出版社2013年版,第3页。
② 习近平:《决胜全面建成小康社会 夺取新时代中国特色社会主义伟大胜利——在中国共产党第十九次全国代表大会上的报告》,北京:人民出版社2017年版,第64页。

高全民的文化素养为目标,加强基础性教育,加大优秀传统文化、民族文化以及世界文化在全民教育中的普及程度,夯实人才培养的基础。在此基础上,最为重要的是造就高层次的领军人物和高素质的文化人才队伍。这是文化产业发展和文化建设的中坚力量。人才队伍建设重要的是"创新人才培养模式,实施高端紧缺文化人才培养计划,搭建文化人才终身学习平台。鼓励和扶持高等学校和中等职业学校优化专业结构,与文化企事业单位共建培养基地。完善人才培养开发、评价发现、选拔作用、流动配置、激励保障机制,深化职称评审改革,为优秀人才脱颖而出、施展才干创造有利制度环境"[①]。

　　发展文化产业,必须健全和完善知识产权保护制度,加大对知识创新的保护力度。知识产权保护制度是市场经济条件下鼓励和保护知识创新的有力保障。"文化产业链的形成与价值链的实现,必须仰赖于知识产权制度的建立与完善。只有通过对知识产权的开发和运用,才能有效地保证知识产品转化为商品,获得应有的经济效益。"[②]知识产权保护直接影响到知识创造的积极性,对有效杜绝投机取巧、侵权盗版等现象有明显的规范、遏制作用。我们的文化产品有没有市场,能不能走向世界,归根到底要看有没有原创性。文化要作为一个产业发展起来,必须要有自己的特色、要有自己的原创。唯有创新才能有出路。而知识产权保护制度就是用法律赋予的权力来保护知识产权、文化创新。2018年年初,中办国办印发《关于加强知识产权审判领域改革创新若干问题的意见》,为深入贯彻实施创新驱动发展战略和国家知识产权战略,强化知识产权创造、保护、运用,破解制约知识产权审判发展的体制机制障碍,充分发挥知识产权审判激励和保护创新、促进科技进步和社会发展,提出了新的明确的意见。伴随知识产权保护政策和法律的实施,必然会增强全社会的知识创新、文化创新,推动文化产业健康、快速发展。

---

　　①　《中共中央关于深化文化体制改革推动社会主义文化大发展大繁荣若干重大问题的决定》,《人民日报》2011年10月26日,第1版。
　　②　何群:《文化生产及产品分析》,北京:高等教育出版社2006年版,第7页。

第八章

当代文化的传承与创新[*]

从历史上看,文化总是随着时代的发展而不断发展的,文化的传承与创新便是文化发展的一个重要环节。当今时代,随着全球化的横向扩展与现代化的纵向演进,文化传承与创新呈现出与以往不同的新情况、新特点。在新的历史条件下,如何正确把握文化的传承创新?如何合理推进传统文化的现代转化?这是当代文化发展研究必须认真面对的重要课题。

一、文化传承与创新问题的当代彰显

一般说来,文化传承与文化创新是相辅相成的互动关系,文化传承是文化创新的前提,文化创新是文化传承的目的。在新的时代条件下,文化传承与创新开始出现许多新变化。特别是在全球化条件下,文化的传承与创新不仅仅是文化在纵向维度上的延续发展,同时还要考虑到纵向延续与横向吸

---

[*] 本章部分内容曾以《传统文化现代转化的现实路径探析》为题,发表于《理论视野》2019年第6期;另有内容以《传统文化的现代转化:模式、机制与路径》为题,发表于《学习与探索》2017年第3期。

收之间的复杂关系。这些新特点、新变化使文化的传承与创新日益凸显为文化发展的重要问题。

（一）文化传承创新是应对全球文化竞争态势的现实需要

全球化时代不仅是各个国家联系日益紧密的时代,也是各国竞争日益激烈的时代。全球化的深入发展,不仅带来经济与制度的竞争,同时也带来了文化上的全球竞争。从历史上看,各国之间的竞争最初主要集中在经济领域,依靠商品贸易、资本流动和科技创新而展开经济竞争;随后,经济竞争进一步演变为制度竞争,为了谋取经济竞争的优势,许多国家积极参与国际秩序与制度的建构,尽可能争取对自己有利的国际制度和格局。全球化经济体系的建立需要各种规则、法规的约束,而这些制度无非是一种以体制或制度的形式存在的文化。所以,国际制度层面的竞争又是文化的竞争。实际上,当前的全球竞争已经逐渐从商品竞争和市场竞争转向了文化竞争,集中表现为文化话语权和文化阐释力等的竞争。在此情形下,全球范围内不同文化彼此竞争较量的态势日趋加剧,这就客观上迫使各国提升自身文化的竞争力;而要提升文化竞争力,必然要加强自身文化的传承与创新。

首先,面对全球文化的竞争态势,文化传承的重要意义在于确立民族文化的主体性地位,这是民族文化参与全球文化竞争的首要前提。随着全球文化交往的日益深入,文化竞争中西方发达国家的文化帝国主义和文化霸权主义现象非常明显。西方发达国家凭借文化话语权的垄断而获得强势地位,不断通过文化帝国主义和文化殖民主义的方式来削弱发展中国家的文化自主性。萨义德（Said）曾对文化帝国主义及其"东方学"展开理论剖析,将东方学描述为通过做出与东方有关的陈述,对有关东方的观点进行权威裁断,对东方进行描述、教授、殖民、统治等方式来处理东方的一种机制。简言之,将东方学视为西方用以控制、重建和君临东方的一种方式。[①] 按照这种观点,西方国家在全球化

---

① 参见〔美〕萨义德：《东方学》，王宇根译，北京：生活·读书·新知三联书店1999年版，第4页。

过程中进行的文化渗透实际上是一种与之前殖民方式不同的新殖民主义,企图借助资本扩张来推行文化帝国主义。与经济扩张相比,借由国际话语权而建立的文化霸权往往更加隐蔽而有效。在目前的国际关系格局中,不少国家实际上处于"失语"状态,国际话语权牢牢掌握在西方发达国家手中,不发达国家要想进行文化交流,只能服从于发达国家已经确立的话语形式,这样的文化交流必然是不平等的。发达国家借助经济、科技、军事、政治等方面的优势,通过各种文化传播手段很容易就把文化价值传播和扩散到不发达国家。反之,发展中国家只能被动地接受这些国家的文化价值观念。这就产生了发展中国家的文化主体性问题。所谓民族文化的主体性问题,其实质是能否拥有文化自主性,而拥有文化自主性的关键在于确立民族文化的"自我",也就是在全球化时代明确自己的文化身份。这一文化身份的建构和认同,离不开民族文化的自觉传承。没有民族文化的自觉传承,就会出现民族文化身份的内在断裂,进而丧失文化主体性地位,最终淹没在全球化的文化趋同之中而处于被动地位。

其次,一个民族要想参与全球文化竞争,不仅要保持文化传统,更要积极推进文化创新。传承民族文化、延续文化传统有助于确立民族文化的主体性,但这只是参与全球文化竞争的必要前提。要想在全球文化竞争中脱颖而出,归根到底还是要依靠文化创新,这是提高民族文化竞争力的根本途径。在全球化条件下,如果一个民族一味固守传统文化而忽视文化创新,就会陷入文化保守主义和文化孤立主义,从而难以摆脱文化发展的困境。应当看到,全球文化的竞争态势日益暴露出文化同质化与文化异质化的深刻矛盾。一方面,在全球化过程中,文化的融合不可避免地会出现文化上的某种价值趋同的趋势。因为为了解决人类面临的共同课题,为了实现各民族的长远利益,各国不得不采取一些公认的行为标准和价值标准,这就是价值共识或共同价值。另一方面,某些价值观念往往又会演变成文化霸权主义。如一些西方国家总是热衷于将自己的某些特殊价值冒充为所谓的"普世价值"。在此情形下,丧失文化话语权的落后国家要么被迫接受西方价值观,要么采取文化孤立主义拒斥西方价值观,由此形成了外来文化与民族文化的冲突。要摆脱这种文化趋同与文化孤立的两难困境,关键还是要通过文化创新提升文化竞争力。在全球文化激烈竞争的态势下,只有文化创新才能增强竞争力和生命力。当然,文化创新并不是对传统文化的否弃与背离,没有传统文化的传承,就不可能有真正意义上的文化创新。但在当前外来文化冲击日益显著的情况下,强调文化传承对文化创新的前提性作用变得尤为重要。正如哈布瓦赫(Halbwachs)在《论集体记忆》中所说,"一切似乎都表明,过去不是被保留下来的,而是在现在基础上被重新建构的"[①],文化创新离不开文化的根基,离不开对传统文化的传承。

最后,面对全球文化竞争态势,旨在提升民族文化竞争力和话语权的文化创新必须不断吸收借鉴外来文明的合理因素,不断增强民族文化的内在活力和文化竞争力。全球化的深入发展,实际上为每个民族文化的创新发展提供了有利条件:第一,生产力和科学技术的不断发展使得世界上不同国家、民族可以在一种"共时态"的世界经济舞台上共同活动,这就极大地促进了全球不同文明和文化的交流乃至相互融合。第二,互联网的迅速发展为文化的全球传播提供了手段。通过网络世界的互联互通,人们可以实现信息的广泛交流和共享,人们的精神生活和文化生活可以得到极大丰富。第三,全球化过程中涌现出来的全球性问题给文化研究提出了新的课题,注入了新的动力。如气候变化、资源枯竭、环境污染、恐怖主义、金融危机等已经成为全球性问题,成为各民族共同关心的时代课题,对这些问题的研究,将有助于促进各民族文化的融合与发展。总之,全球化的发展为各种民族文化在世界范围的交流与融合提供了便利条件,也为各种民族文化的创新发展提供了丰富的文化资源。只有在全球化竞争中不断吸收借鉴外来文明,才能保持民族文化的生机活力。

(二) 文化传承创新是解决市场经济中文化失调的迫切需要

在我国,文化传承创新问题之所以凸显,还在于社会主义市场经济

---

① 〔法〕莫里斯·哈布瓦赫:《论集体记忆》,毕然、郭金华译,上海:上海人民出版社2002年版,第71页。

发展过程中文化失调现象的出现。社会主义市场经济的建构,不仅是经济关系的巨大调整,同时也带来文化观念的深刻变革。围绕市场经济发展过程中的道德问题,我国学界曾就"道德爬坡"还是"道德滑坡"进行过一场旷日持久的争论。事实上,不管是"道德爬坡"还是"道德滑坡",其实质都是我国文化价值观念在市场经济条件下转型的反映和表现。问题的关键不在于我国的道德观念是爬坡还是滑坡,而在于我国是否建立了与市场经济相适应的新型道德观念。如果文化价值观念缺失,任由市场放任自流,极易发生文化失范和价值扭曲现象。例如,市场经济本身是一种货币化经济,商品货币关系的存在本身就容易产生拜金主义。在市场体制不完善的情况下,商品货币关系确实有可能向伦理、价值、情感等领域扩张,导致权利、人格、良心等的商品化,形成对金钱的盲目崇拜。因此,文化价值观念的扭曲有其现实的根源。

面对市场经济带来的文化冲击,学界和社会上形成了两种不同的观点:一种观点认为,市场经济是现代社会的产物,与市场经济相匹配的价值观念应当是现代价值观念,而我国传统文化一向强调重义轻利,因而成为社会主义市场经济的"不良资产",应当予以摒弃;另一种观点认为,市场经济所呈现出的"人心不古、世风日下"的负面效应,迫切需要传统文化的复归与拯救。在此观念影响下,传统文化热、国学热、"读经热"等现象成为社会关注的热点。这两种观点均涉及如何理解和对待文化传承与文化创新的问题。实际上,面对市场经济所带来的文化冲击,合理的文化应对方式既不是全盘复古,也不是对传统文化的彻底抛弃,而是在文化传承的前提下进行文化创新,建立起与市场经济相适应的新型文化价值体系。

二、传统文化现代转化的模式选择

推进文化创造性转化,既要从纵向上把握创造性转化的现代化方向,又要从横向上把握创造性转化的全球化趋势,处理好传统性与现代性、民族性与世界性的关系。对于传统文化的现代转化,许多国家在其现代化发展过程中都做过程度不同的探索,形成了不同的转化模式。

只有认真总结这些模式及其经验教训,选择合乎中国道路的文化转化模式,才能为我国顺利推进传统文化的现代转化提供有益借鉴。①

(一) 传统文化现代转化的四种模式

文化发展向来不是自足的,而是受着多种因素的影响。在文化发展过程中,由于各国的环境、传统和社会条件不同,因而各个国家、民族的文化转化也是不同的。总体上看,这些文化转化可以大致划分为以下四种类型或模式:内生原创型模式、外部吸纳型模式、集成创新型模式、返本开新型模式。每种模式都是在特有的社会环境和条件下形成、发展起来的,具有鲜明的特点。

一是内生原创型的文化转化模式。这种模式立足自身的传统文化,通过内部变革和创新而实现传统文化的现代转化,具有明显的内生性和自主性。它并不是在外来文化的强大压力下被迫转化的,而是在本国社会发展和文化发展过程中自然形成的。当原有的一些文化观念不再适应社会的发展,或者原有的某些观念和现代观念发生碰撞时,传统文化的转化便被提上重要日程。转化的内在动力既来自民族文化的内在矛盾,也来自传统文化与现代文化的相互冲突,还来自传统文化与现代社会的相互摩擦。社会发展到一定阶段,必然会在文化领域有所反应,文化的现代转化就是这样的回应。这种文化转化模式在西方国家由传统农业文明向现代工业文明发展的过程中得到典型表现。

从历史上看,内生原创型文化转化模式的代表性国家是近现代的英国。近代英国文化的现代转化过程,其实就是为了使文化不断适应社会发展的新趋势,不断改变和超越传统文化的保守性格和发展惰性的过程。近代英国的文化变革是伴随英国工业革命而产生的。西方有的历史学家曾经对英国工业革命的文化根源做出这样的分析:"工业革命之所以首先发生在英国,主要是由于该国……社会和政治结构、人民

---

① 参见郗戈、董彪:《传统文化的现代转化:模式、机制与路径》,《学习与探索》2017年第3期,第20—26页。

精神面貌以及价值标准已经发展到适合于工业化的程度。……工业革命在漫不经心的观察者看来仅仅是经济和技术问题,实际上它是可怕的非常复杂的政治、社会和文化的大变动问题。"[1]英国工业革命不仅是经济和科学技术方面的革命,同时也是文化上的一场革命,是传统文化向现代文化的转化进程。这种文化转化促进了整个社会向现代化的转化。

二是外部吸纳型的文化转化模式。这一模式与内生原创型模式不同,它往往不是特定国家、民族由于自身文化的内在变革而产生的,而是在外来力量和外来文化的刺激下,通过吸收消化外来文化而形成的。这种模式通常是在该国家、民族自身的文化缺少活力、缺乏创新机制,无力从内部产生强大的动力来推动文化和社会发展,但又迫于发展的巨大压力而产生的。也就是说,长期占统治地位的传统文化具有相当大的"超稳定"性,即使已经丧失了历史合理性,也不可能通过自动调整来适应新的文化和社会发展的需要,整个国家只能停留于传统文化的不断延续。在这样的情况下,整个国家的文化和社会要想发展,只有依靠外来的冲击,只有通过吸收消化外来先进文化来实现自身的文化转化。这种文化转化模式往往采取的是一种内外融合的方式,即把外来文化同本国文化经过选择、改造而融为一种新的文化形式,它既没有离开本国的文化母体,又吸纳了外来文化的有益成分,因而形成一种新的文化。

这一文化转化模式的代表性国家是近现代日本。近代日本的文化转化模式就是在西方国家的强大压力下,通过自觉引进西方文化来对本国的文化传统进行批判改造,由此形成了相互交融的新的文化结合体。日本在大规模引进西方先进科学技术的同时,也引进了西方许多先进文化观念。但是,日本并没有全盘照搬西方的文化价值观念,而是结合自身民族文化的特点,对西方的价值观念进行了有选择地吸收和再造,形成了自己独具特色的文化价值。日本在吸收外来文化的过程

---

[1] 〔意〕卡洛·M.奇波拉主编:《欧洲经济史》第3卷,徐璇译,北京:商务印书馆1988年版,第10—11页。

中始终以日本传统的文化价值系统为根本,自觉改造外来文化,使其适合日本的社会需求和风土人情,最终形成"和魂洋才"的文化发展模式。所以,日本文化现代转化的过程是对外来文化消化再造的文化转化模式。

三是集成创新型的文化转化模式。这是特定国家、民族在吸收多种外来文化形式的基础上,依据自身的情况,自觉地加以重新组合和综合创新,从而形成一种适应本土发展的新文化形式。这种模式主要依赖于对多元异质文化的不断吸收和持续融合,因而具有明显的开放性、多元性和包容性。不断吸收各民族的优秀文化,并且使这些外来文化成为自己民族的财富和遗产,是这种文化模式最基本的特征。这种模式虽然具有明显的开放性、多元性和包容性,但也具有鲜明的自主性和选择性,是在自主基础上的开放、多元和包容,其他外来文化都要和它的基本文化价值观念相一致,都要符合它的主流文化精神。所谓的文化集成,并不是各种文化的机械组合,而是在自己的主流价值观支配下的文化融合,这种模式不允许外来文化动摇自己的文化基础,而是要让外来文化成为本民族文化的有益成分,为主流文化所用。

集成创新型模式的代表性国家是近现代美国。美国是一个移民国家,移民必然是带着本民族的文化来到美国的,这就形成了美国文化多元化的特征。面对这样的现实,美国必须应对的问题就是本土文化与外来文化之间的关系。外来移民文化是近现代美国文化形成和发展的土壤,美国文化本身就是一个不断容纳和整合外来文化的过程。美国作为一个多民族、多种族的"大熔炉",同时也是一个多元文化的"大熔炉"。人们可以在美国文化中找到世界上的各种文化元素。美国在其文化发展过程中,不断吸收世界各民族的文化因素,使其成为美利坚民族共享的文化财富;而在外来文化影响美国文化的同时,美国文化也在影响外来族群。外来移民无论在何种程度上保持其自身的文化传统,一旦进入美国生活就必然会在一定程度上融入新的环境,适应新的发展。这样一来,各种外来文化也会逐渐融入美国文化之中,形成一种新的具有美国特色的文化。近现代美国正是通过这种集成创新型的文化转化模式,实现了传统文化的现代转化,形成了自己独具特色的多元开放的文化形式。

四是返本开新型的文化转化模式。这种模式是特定国家、民族在坚持自身文化传统的基础上,结合不断变化的发展实际对传统文化进行的创造性转化、创新性发展。这种模式始终坚守自己国家、民族的文化根基,不断对自己的文化传统进行接续和创新,使其适应社会发展和文化发展的需要。返本开新型模式在立足自身文化传统的同时,更多地吸收借鉴现代人类文明成果,并适应现代社会发展要求对自身文化传统进行创造性转化,以不断形成新的文化引领社会发展。

这种转化模式的代表是古代中国。中华文明源远流长、历久弥新,这是中华文明的突出优势。中华文明之所以能够经久不衰而从未中断,其中一个重要原因就是坚持返本开新,形成了"周虽旧邦,其命维新"的延续历程。在中国历史上,各个朝代不断更替,文化形式也不断翻新,但是无论如何变化,中国传统文化的基本精神与核心理念始终屹立不倒。在古代中国,每当中华文明遭遇外来文化的冲击时,总会追溯到自身文明轴心期的文化源头,并吸纳外来文化的合理因素。也就是说,文化的创新始终没有抛开自己的根基,而是不断结合时代发展的需要,在文化上加以新的阐释,从而做到"移步不换形"。这种模式实际上就是在自身文化根基之上所进行的创造性转化,它既实现了文化传承,又实现了文化创新。实践证明,这是一种有效的文化转化模式,为当代中国文化发展提供了重要的经验与启示。

(二)传统文化的创造性转化

对中国而言,实现传统文化的现代转化,不是将传统文化与现代社会进行简单对接,而是要对传统文化加以创造性转化。在此意义上,文化传承同样具有创造性,并非原封不动地照搬传统文化。对当代中国的文化发展而言,中华民族优秀传统文化是中华民族的灵魂与根基,中华民族伟大复兴需要以中华文化的繁荣兴盛为支撑,必须结合新的时代条件传承和弘扬中华民族优秀传统文化,努力实现传统文化的创造性转化、创新性发展。

创造性转化需要文化系统的整体性转换,其中的主导思想、对象和中介等要素及其相互关系都需要进行必要的调整。具体到中国传统文化的创造性转化,其主导思想是社会主义核心价值观,转化的对象是传统文化,转化的中介是文化生产和文化生活。创造性转化是一种活生生的主客双向生成系统,而非僵死的主客二元对峙。作为转化主导思想和主体力量的社会主义核心价值观,既要发挥对传统文化的引领作用,同时又要把传统文化作为滋养自己的土壤,从中吸收精华养分。而作为转化对象的传统文化,也不是被动充当新型文化的现成资源,而是通过自身转化与创新,从自发状态走向自觉状态,主动支撑和涵养社会主义核心价值观。所以,创造性转化包含着传承与创新两个内在环节及其相互关系,体现为返本开新的传承模式与积累式创新模式的统一。只有处理好文化传承与创新的关系,把二者有机结合起来,才能实现中国文化的创造性转化和创新性发展。①

传统文化的创造性转化首先要依赖返本开新型的文化转化模式。返本开新始终是中国文化转化的主要模式。在一定程度上,中国文化发展史同时也是中国文化的复兴史。中国文化历经佛教传入以及西方文化入侵等数次巨大挑战,均能守住根本,复兴壮大,其主要原因就在于它不是一味地排斥异己、自我孤立,而是始终坚守文化根基,根据发展的需要包容外来因素,以不断调适和更新自身。例如,东汉时期传入中国的佛教文化对于中国传统文化来说是一种异质的文化,这种异质的文化并没有动摇中国传统文化的道统,而是在中国采取了本土化发展形式。中国人通过"格义"式的翻译转化,最终将外来佛教与儒道学说相融合,与中国人的生活方式和思维方式相结合,形成了一种不同于印度佛教的中国特色的佛教,即禅宗。佛教的中国化使中国传统文化在吸收其积极因素的基础上得到进一步发展。再如,自鸦片战争以来西方文化不断传入中国,西学东渐的文化潮流蔚为大观。对于西方文化的传入,中国文化也显示出了强大的包容性。中国人从科学技术的学习走向政治经济制度和文化价值观念的学习,不断吸收西方文化的

---

① 参见郗戈、张梧:《弘扬核心价值观要实现传统文化创造性转化》,《光明日报》2015年2月26日,第16版。

优秀成分来促进传统文化的自我理解和自我革新。可见,中国文化对异质文化的包容性是建立在"为我所用"的文化自主性基础之上的。正是对传统文化的不断解释和理解,造就了消化吸收其他文化和创造新文化的能力;正是通过吸收和包容外来文化,中国文化才能不断自我完善,不断复兴壮大。

坚持返本开新,关键在于激活传统。传统之所以成为传统,必须融入现代生活之中,完全游离于现实生活的文化传统之外谈不上是真正的传统,因为这种所谓的传统已经丧失了内在活力,只是博物馆中的历史遗存而已。因此,只有激活传统,使文化传统走进社会生活,才能使传统文化在彰显当代价值的同时也得到有序传承。这就需要传统文化立足现代社会的发展实践,在回答新的现实问题和理论问题中不断地自我革新、自我创造,由此做到返本开新,引导文化发展。就此而言,返本开新绝对不同于复古守旧。文化复古主义打着弘扬传统文化的旗帜,把古代文化和圣人遗训当成治国法宝,片面强调读经解经,因循守旧,力图把现代社会复归到传统状态,既不利于传统文化的发展,又与当代中国文化的发展方向背道而驰。中国文化的传承绝不是传统文化的简单接续和单纯复归,而是让传统文化自觉参与现代社会的发展实践,在与实践的互动中来推进和发展。

传统文化的创造性转化同时要依赖于积累式创新模式。在文化发展史上,一向存在积累式创新与断裂式创新两种不同模式。西方文化演进主要采取的是一种近乎断裂式创新模式,从上古、中古到近现代,发生了数次文化大断裂和文化特性的巨变,使文化的连续性受到重大冲击。例如,作为近现代西方文明开启的重要标志,"文艺复兴"表面上是要复兴古希腊罗马古典传统,实际上则更多体现了与古代传统的决裂。人文主义者与古典传统的决裂态度,在17世纪"古今之争"的"崇今派"中得到明显的表现,并在18世纪法国启蒙运动百科全书派那里发展到极致。因此,古今断裂、崇今抑古成为西方近现代文明及至当代文明的主流趋向。

相较而言,数千年来中国文化的主流创新模式基本上是积累式创新,即每一次文化创新都是立足于民族的文化根基,在保持文化连续性的基础上,根据时代发展的要求,自觉进行文化的变革与调整,由此推动文化的发展。如先秦孔子及其后学对周礼和天道的坚守,西汉董仲舒对道统与政统的调和,唐代韩愈对道统的复兴,宋明道学家对道统的形而上学方向的发展,晚清维新派为应对西方冲击而对经典加以重释并对道统加以重构,20世纪新儒家在现代化过程中对道统的彰显,及至21世纪以来国人对古代经典和优秀传统文化的重新弘扬等,无不体现出历代思想家对文化传统的守护和革新。正是在对古代文化不断加以阐释的基础上,中国文化一方面不断得到传承和积累,另一方面不断得到自我革新、自我发展。所以,中国文化在历史上的创新从来不是简单地割断传统,而是根植于传统文化的深厚积淀。

在新的历史条件下,要实现中国传统文化的创造性转化,无疑要采取返本开新、积累式创新的模式,在传承中创新,在创新中传承,将文化传承和文化创新有机结合起来,促进传统文化的创造性转化。

(三)传统文化现代转化的方式

实现传统文化的现代转化,还需要立足文化发展的时代语境,适应当今时代社会条件的新变化。只有明确当代世界的文化格局以及文化发展的新特点、新趋势,才能有效推进传统文化的现代转化。在传统社会,文化传承主要是在纵向维度上进行代际传承,谈不上文化的横向传承。而在当今时代,文化传承不仅要考虑文化的纵向传承,同时需要关注文化的横向传承。这是由人们交往实践的范围不断扩大所引起的。近现代以前,各个国家在其发展过程中尽管也有一定的交往,但从总体上来看,基本上是相对封闭的,发展是相对孤立的,因而文化传承也主要限于纵向传承。各个国家的文化都是世世代代延续发展下来的。而近现代以来,尤其在全球化条件下,文化传承机制发生了重大变化。随着全球化的深入发展,不同国家、民族之间的联系日益密切,逐渐打破了以往封闭、孤立的状态,使民族历史变为世界历史。与此同时,文化互动的频率和范围都增加了,以至各民族的精神产品成了公共的财产,由诸多民族文化融合形成了一种世界性文化。在这样的条件下,文化传承不能仅仅局限于纵向传承,同时必须考虑横向传承。

应当承认,文化传承首先是一种纵向传承,文化传统是由一代代人传承积累下来的,这是文化传承最基本的含义。然而,在当今全球化时代,文化传承必须关注横向传承,并自觉追求纵向传承与横向传承的有机结合。这就需要人们合理对待外来文化,处理好本土文化与外来文化之间的关系。历史经验表明,一种文化要想在世界文化竞争中永葆生机活力,要想在世界文化大潮中得到传承和发展,就必须在文化交流碰撞中不断吸收和借鉴外来文化优秀成果,将横向的传承融入纵向的传承之中。如果一味妄自尊大而故步自封,采取文化保守主义立场,结果只能是文化衰落,最终导致文化失传而日渐凋零。这就要求我国的文化建设必须加强对人类文明成果的吸收和传承,自觉将其融入本民族文化之中,从而使我们的文化得到健康的传承和发展。

要使纵向传承与横向传承实现有机结合,必须在观念和行为上进行相应的调整。一方面,要开阔眼界,摆脱狭隘的自我中心主义。应当认识到,中国的发展离不开世界,世界的进步也需要中国。因此,当代中国的文化发展应当树立和而不同、兼容并包、吐故纳新的文化气度,尊重文化多样性,博采各家所长,善于学习借鉴一切人类文明优秀成果,并将其融入中国民族文化之中。另一方面,也要坚持中国特色社会主义文化的主体性地位,突出文化自立、文化自强和文化自信。为此,应当充分"发挥社会主义核心价值观对国民教育、精神文明创建、精神文化产品创作生产传播的引领作用,把社会主义核心价值观融入社会发展各方面,转化为人们的情感认同和行为习惯"①。这就是要在社会主义核心价值观的引领下,"深入挖掘中华优秀传统文化蕴含的思想观念、人文精神、道德规范,结合时代要求继承创新,让中华文化展现出永久魅力和时代风采"②。

---

① 习近平:《决胜全面建成小康社会　夺取新时代中国特色社会主义伟大胜利——在中国共产党第十九次全国代表大会上的报告》,北京:人民出版社 2017 年版,第 42 页。

② 同上。

三、传统文化现代转化的现实路径

中华文化的现代转化,最终目标是建设和发展中国特色社会主义文化。习近平总书记在十九大报告中指出:"发展中国特色社会主义文化,就是以马克思主义为指导,坚守中华文化立场,立足当代中国现实,结合当今时代条件,发展面向现代化、面向世界、面向未来的,民族的科学的大众的社会主义文化,推动社会主义精神文明和物质文明协调发展。要坚持为人民服务、为社会主义服务,坚持百花齐放、百家争鸣,坚持创造性转化、创新性发展,不断铸就中华文化新辉煌。"①要推进这一进程,需要多方面的共同努力。

(一)合理把握传统文化现代转化中的主要矛盾

传统文化是在传统社会的土壤中形成和发展起来的,因而与现代社会难免存在不相适应的成分,难免与现代社会发展不相协调。这正是传统文化现代转化中的主要矛盾。按照唯物史观,文化作为一种社会意识,虽然是在一定的社会经济基础上产生的,但其发展又有相对独立性,即文化发展具有自身特有的逻辑。就中国传统文化来说,它是中国封建时代的产物,不可避免地带有那个时代的局限性,这是传统文化的特殊性。但是,中国传统文化毕竟是中华民族长期以来在处理人与人、人与自然和人与社会关系方面经验和智慧的结晶,属于人类文明认识的成果,是对人类文明的贡献,因而又具有一定的普遍性。正是因为具有一定的普遍性,才使得传统文化现代转化有其可能。就此而言,传统文化与现代社会既有冲突之处,也有相协调的一面。实现传统文化的现代转化,不在于回避矛盾,而在于正视矛盾,化矛盾为动力,使传统文化得到改造和升华,以同现代社会发展相协调。

既然不适应、不协调是传统文化现代转化的主要矛盾,那么如何实

---

① 习近平:《决胜全面建成小康社会 夺取新时代中国特色社会主义伟大胜利——在中国共产党第十九次全国代表大会上的报告》,北京:人民出版社 2017 年版,第 41 页。

现传统文化与现代社会的协调呢？其中最重要的一点，就是使传统文化适应社会发展实践的需要。因为社会实践始终是文化发展的源头活水。伴随社会实践的发展，文化也必须与时俱进。长期落后于时代、落后于社会实践的文化不可能成为有生命力的文化，更不会成为先进的文化。实际上，在历史上能够传承和保持下来的文化从来不是僵死的、不变的，而是随着社会实践的发展而不断发展变化的。比如说中国传统文化中的"天理"，之所以能够一直受到重视而没有走向消匿，就在于它是在不断发展的，在不同时期被赋予不同的内涵。虽然它的基本内核没有实质性改变，但其具体内容和表现形式却经历了较大的变化，以适应和满足社会实践发展的需要。先秦时期，《庄子》讲"天理""万物之理"，《易传》讲"穷理尽性以至于命"，不管怎么讲，天理与人事是联系在一起的。到了汉代，"天理"的思想开始发生了很大的转变，出现了"人副天数""天人感应"的解释，借助天与人关系的阐释，为统治者在伦理上获得至上权力的合理依据。唐代以来，对"天理"又有了新的认识，有的思想家认为各种天灾人祸不过是"常理"，天人是二分的，人要始终保持对天的敬畏，以"天下之正理"来检讨人事的过失。到了宋明，天理观又发生了很大的变化，理学家将儒家的伦理纲常抽象为天理，认为这些伦理纲常就是天理的表现，并把天理与人欲对立起来，以此来维护当时的伦理秩序和等级秩序。可以看出，同样讲"天理"，不同时期有着不同的内涵，内容和形式是为当时的社会发展需要服务的。离开了特定的语境，很难准确理解和把握"天理"的含义与意义；离开了特定的历史背景，也很难准确理解和把握"天理"的发展脉络。正是理论与实践的矛盾，促进了"天理"的深化与发展；也正是"天理"的深化与发展，既适应了现实发展的需要，又促进了传统文化的转化。因此，密切关注时代发展和社会发展的现实，自觉进行传统文化的改造与调适，是解决传统文化现代转化的主要矛盾、实现文化创新的必经之路。

通过自我扬弃来适应实践发展的需要和趋势，也是传统文化向现代转化的有效途径。在具体转化过程中，应当具体情况具体分析。以"三纲五常"为例，"三纲"与"五常"所具有的内涵和所显示的意义是不同的。"三纲"是"君为臣纲，父为子纲，夫为妻纲"，这显然是与"独立"

"自主""平等"的当代意识背道而驰的,是一种文化糟粕,必须予以否定。"五常"即"仁义礼智信",这些道德观念和行为准则在市场经济浪潮中对于处理好个人、家庭、族群、社会、国家之间的关系具有重要的意义,因而需要发展和弘扬,不能加以简单否定。再具体到"五常"内的纲目,也需要辨别分析。比如,"仁"的思想既有当时的思想局限性,也有其普遍性的价值。强调"仁者爱人"和"恕道"精神,无论在当时社会还是在现代社会都具有积极的意义。在传统文化的现代转化中,这种仁爱思想无疑是需要继承和发扬的。总之,只有对传统文化加以扬弃和改造,注入新的时代内涵,才能在现代社会焕发新的生机活力。

(二)以先进文化来引领文化转化

建设社会主义先进文化,既是传统文化现代转化的方向与目标,也是转化必须遵循的基本原则。既然要以先进文化引领传统文化的当代转化,就需要对先进文化予以正确的理解和把握。

正确理解先进文化,必须区分先进文化与落后文化,确定评价文化先进性的合理标准。判断文化先进性的标准是什么？严格说来,文化先进性的标准并不是以文化的新或旧来判定的,而关键是看其是否符合时代潮流,是否能够推动历史进步,是否代表大多数人民群众的利益。这是最基本的标准。在具体评价时,这一标准又可细化为价值的尺度、科学的尺度和历史的尺度。

首先,从价值的尺度来看待文化的先进性,就是要求文化反映大多数人民群众的利益,为人民群众服务。文化先进与否,总是和基本立场联系在一起的。站在人民群众的立场、为人民群众讴歌的文化自然是先进的文化,与人民群众相对立的文化必然是落后的、终究被淘汰的文化。为此,我们的文化研究应当牢固确立"以人民为中心"的理念,真正引导文化切近生活、切近群众。

其次,从科学的尺度来看待文化的先进性,就是看某种文化是否科学地反映了自然界和人类社会的发展规律,是否合理把握客观世界和人类社会。先进文化之所以先进,从本质上讲,就在于它对客观规律的正确揭示与把握,在于它能够为人们提供真理性的知识。正是借助于先进文化,人们才形成对世界和人生的合理认识,才形成正确处理人与自然、人与社会、人与人关系的行为方式。先进的文化可以破除以往的陈腐观念、开阔人们的视野、确立新的思维、深化对事物的认识和理解,从而促进人的全面发展和社会全面进步。所以,社会要发展进步,必须有先进文化的引领。同样的道理,人类要提高实践能力和文明程度,也必须有先进文化的推动。

最后,也是最关键的,就是要从历史的尺度来看待文化的先进性,把文化置于特定的历史条件下,考察其是否站在时代的前列,是否贴近历史发展的要求。凡是符合时代潮流的就是先进文化,否则就是落后文化;凡是有利于社会进步的就是先进文化,否则就是落后文化。所以,先进文化是一种与时俱进的文化,是具有明显时代特征的文化。随着历史的不断发展,先进文化的内涵也在不断充实和完善。历史的尺度要求先进文化始终不能脱离社会实践,始终要代表历史前进的方向。毛泽东在《新民主主义论》中对文化先进性与落后性的评断就坚持了这一原则。他对五四运动以来的资产阶级文化和无产阶级文化进行了具体分析,认为中国革命已成为世界革命的一部分,随着无产阶级日益站到世界历史舞台的中央,曾经作为先进文化的资产阶级文化已经不符合时代的发展潮流了,已经不能作为先进的文化来发挥作用了,日益表现出了它的落后性,而无产阶级文化却伴随着无产阶级成长壮大逐步兴起,反映了历史进步的趋势,成为符合历史潮流的先进文化。基于此,毛泽东指出,中国革命所要建立的新民主主义文化就是无产阶级领导的人民大众反帝反封建的文化,而不是之前由资产阶级所领导的文化。

用先进文化来看待和引领传统文化,应当坚持历史性的观点。对此,马克思指出,"人们自己创造自己的历史,但是他们并不是随心所欲地创造,并不是在他们自己选定的条件下创造,而是在直接碰到的、既定的、从过去承继下来的条件下创造"①。传统文化是当时社会发展的产物,是适应当时社会生活和发展需要而产生的,因而有它的合理性。现在,时代发展和社会生活已经发生了重大变迁,完全固守传统文化肯

---

① 《马克思恩格斯文集》第 2 卷,北京:人民出版社 2009 年版,第 470—471 页。

定不合时宜。但是,这并不意味着传统文化完全过时,可以被束之高阁。文化发展不能割断历史。要想克服文化虚无主义,必须破除历史虚无主义。发展社会主义先进文化无疑是当代中国文化发展的目标,但发展先进文化并不是一味否定传统文化,先进文化应包含传统文化的精华和优秀成果,离开了传统文化的精神价值,先进文化也就丧失了赖以生存的民族文化土壤。所以,对传统文化的认识应当坚持历史主义的观点。

建设先进文化,还必须处理好以下两种关系,避免两种极端倾向:一是处理好古与今的关系,避免文化复古主义。传统文化是民族的根,是民族的凝聚力和向心力的所在。任何民族在走向现代化的过程中都不能忽视传统,都要在传统的基础上进行。抛弃传统的现代化不可能是成功的现代化。但是,肯定传统文化的重要价值,不意味着由此走向文化复古主义。文化复古主义完全脱离了社会发展的现实,离开了时代要求和社会实践的要求,抽象地谈论传统文化,其结果是走向文化保守主义。马克思主义是一种与时俱进的理论,坚持马克思主义,就是要正确处理古与今的关系,引导传统文化研究自觉挖掘中国传统文化中的优良思想资源为现代化服务,将传统文化研究纳入中国特色社会主义发展轨道。只有这样,才能更好地实现传统文化的现代转化。二是处理好中与西的关系,避免"全盘西化"。在全球化条件下,推进传统文化的现代转化,不可避免地涉及中西文化的关系问题。随着全球化和互联网的深入进行和快速发展,文化交流和交往日益频繁,各个国家、民族的文化不可能孤立地发展,固守传统是没有出路的。因此,加强文化交流与交往是文化发展的必然趋势,借鉴世界先进文化成果是传统文化现代转化的必由之路。然而,加强文化交流和交往、吸收借鉴世界先进文化成果并不是盲目照办、全盘西化。文化一旦失去了自主性,其结局是非常悲哀的。许多发展中国家在其文化发展过程中盲目走西方的老路,结果程度不同地陷入文化殖民主义,后果是惨重的。我们必须引以为鉴,自觉走好自己的路。只有保持文化的自主性和独立性,才能稳妥地实现传统文化的现代转化。对此,我们既要保持文化自觉的主体性,也要拥抱兼容并蓄的开放性。正如习近平总书记所说:"我们要坚持不忘本来、吸收外来、面向未来,既向内看、深入研究关系国计民生的重大课题,又向外看、积极探索关系人类前途命运的重大问题;既向前看、准确判断中国特色社会主义发展趋势,又向后看、善于继承和弘扬中华优秀传统文化精华。"①要想处理好古今中西的复杂关系,还是要以我们正在做的事情为中心。只有坚持"以我为主"和"为我所用"的原则,才能实现"古为今用"和"洋为中用"的良好效应。

(三)抓好传统文化现代转化各项措施的落实

推动传统文化的现代转化,既要坚持文化的前进方向,坚持文化先进性的标准,坚持马克思主义的指导地位,同时也离不开各种配套措施,确保中华民族优秀传统文化的创造性转化和创新性发展落到实处。根据我国的实际情况,要想切实推进传统文化的现代转化,应当抓住如下关键环节:

第一,加强传统文化与现实生活的有机结合。在中国历史上,传统文化具有"人伦日用"的鲜明特点。也就是说,传统文化是和人们的日常生活方式、日常行为习惯始终密切地结合在一起的。进入新时代,要想振兴传统文化,同样要扎根现实生活。振兴传统文化的系统工程不能被简单地理解为一种人为设计的"宏大叙事",因为文化往往总是以微观和自发的方式扩展并渗透到现实生活的内在机理和"毛细血管"之中,在人们的自我意识和活动行为深处发挥"润物无声"的导引作用。只有在生活世界的丰厚土壤中,传统文化才能做到内化于心、外化于行。一方面,诸如"敬天厚德""民胞物与""中道和谐"等价值观念应当成为旨在实现内在超越的道德律令;另一方面,"孝悌""友爱""诚信""廉耻"等价值观念也应植根于生活世界,成为人与人之间相互交往的行为规范。值得注意的是,传统文化不仅要走入人们的日常生活,而且要融入整个社会生活,在国家、社会、个人三个不同的层面积极发挥作用。只有这样,传统文化才会富有生机活力、彰显当代意义。

---

① 习近平:《在哲学社会科学工作座谈会上的讲话》,《人民日报》2016年5月18日,第1版。

传统文化走进生活世界并实现现代转化,可以采取各种不同的有效途径。由于传统文化不仅以思想、文字等形式展现出来,而且还以传统节日、民俗、文物、古籍等各种形式来体现。这意味着,我们既要以传承经典的形式来弘扬传统文化,同时又要借助各种生活载体来传承和发展传统文化。也就是说,传统文化的生活化和现代转化的方式和方法是可以多种多样的。例如,在城市建设和建筑设计中可以融入具有民族特色的经典性元素符号;在节庆服装服饰中融入传统元素;以民族传统节日和节气为契机展开主题活动,在传承春节、元宵、清明、端午、七夕、中秋、重阳等节庆传统的基础上形成新的节日习俗;也可以重视中华老字号的价值,建设一批底蕴深厚、特色鲜明、历史悠久、市场广阔的老字号。又如,可以充分发挥博物馆、展览馆等的作用,通过组织参观,可以让人们亲身感受和体验丰富多彩的中华文化及其历史影响。这种参观考察也可以加深人们对中华文化的认同感,进而增强国家认同、社会认同。再如,可以开展各种校园文化活动,对青年学生加强传统文化的熏陶。在校园中,不能仅仅局限于对传统文化经典的传授,同时要开展各种文化活动,比如书画作品展、诗歌朗诵、相关纪念活动等,使学生们在活动中感受传统文化的魅力,接受传统文化的教育。需要注意的是,传统文化的生活化绝不等于庸俗化。必须把握好生活化的"度",不能使其沦为媚俗肤浅、娱乐恶搞的纯商业炒作。

　　第二,阐扬传统文化的现代价值。传统文化的基础是农耕文明,这与现代工商文明难免有冲突,但是其中一些思想观念和理想追求也具有一定普遍意义和现代价值。因此,在传统文化转化过程中,应当结合时代和社会发展的需要,充分挖掘和阐扬传统文化的现代价值。比如,上述"仁义礼智信"等传统价值观念就可以通过激活与阐释,使之适应社会主义核心价值观的弘扬与培育:以"仁"涵养"友善",以"义"充实"公正",以"礼"补充"法治",以"信"支撑"诚信"等。这样一来,就实现了从古代宗法价值到现代公民价值的转变,使传统文化获得新生。

　　在挖掘传统文化现代价值的过程中,应当特别重视中华民族优秀传统文化中对现代社会有所裨益同时又是西方文化没有充分重视的内容。传统文化有关家庭伦理的宝贵思想即是一例。家庭生活是现代社会生活的重要维度,是人们生活世界的重要载体。长期以来,家庭伦理问题在西方文化中处于缺席地位,而家庭伦理问题在中国传统文化中却始终占据重要地位。所以,家庭伦理是传统文化现代转化的重要切入点。如何促进传统家庭伦理的创造性转化和创新性发展,是备受学界和社会关注的重要问题。随着市场经济和现代化的发展,传统的家庭伦理遭遇极大的挑战和冲击,迫使其向现代家庭伦理转换。然而,现代家庭伦理的建构又不能完全脱离传统家庭伦理的基础,应当在批判继承的基础上进行调整与创新。为此,需要加强传统家庭伦理的创造性发展。其中,最重要的是按照现代伦理的要求,在家庭伦理中树立平等意识。在传统家庭中,妇女几乎承受了全部的家务劳动,其根源在于经济地位的不平等;而在现代家庭中,夫妻双方是完全平等的,夫妻双方应在人格上相互尊重,不允许一方完全服从另一方。另外,在传统家庭中,由于父权至上,强调子女对父母的绝对服从,以致形成不合理的家庭关系;在现代家庭伦理中,"父慈子孝"得到了创造性的发展,不再仅仅强调"子孝",同时也要强调"父慈",父辈与子女之间形成双向伦理要求。总之,现代家庭伦理文化是对传统家庭伦理文化创造性发展的结果,应当加强传统家庭伦理文化的创造性发展。

挖掘和阐扬传统文化的现代价值,对于推动当代人类文明建设也有重要意义。例如,中国古代的"天下"观念尽管有其历史局限,但也可以为今天"人类命运共同体"的理念提供滋养。在《诗经》中,天下的含义是"普天之下,莫非王土",这是对天下的一种理解,很不全面。之后在《礼记》中有了另一层含义,即"大道之行也,天下为公"。而在顾炎武《日知录》中,对天下又有了新的理解,即"天下兴亡,匹夫有责"。在全球化的背景下,"天下"其实是每个人的"天下",整个人类由于共同的利益、共同的追求而凝结成为命运共同体。正因为发展关系到每个人的命运,所以在"天下兴亡"中才会要求"匹夫有责"。这种对"天下"的当代诠释,是依据当今世界的发展现状对人类命运共同体所做出的思想贡献。通过阐扬,这一观念以及其他观念可以在"人类命运共同体"的建设中发挥一定的现代价值。

第三,推动传统文化面向世界。传统文化要走向当代,必须面向世界,既要关注当代世界发展的新变化,又要注意吸收借鉴世界先进文化。习近平总书记指出:"中华民族是一个兼容并蓄、海纳百川的民族,在漫长历史进程中,不断学习他人的好东西,把他人的好东西化成我们自己的东西,这才形成我们的民族特色。"①事实正是如此。我国民族文化的特色并不是封闭起来形成的,也不是完全土生土长发展起来的,而是在传统文化的基础上兼收并蓄,一步步确立起来的。建设中国特色社会主义文化,无疑离不开对中国优秀传统文化的继承,但也离不开对外来文化优秀成果的吸收。在全球化条件下,文化交流越来越频繁,漠视外来文化绝不是明智之举,开放、互鉴、吸收已成为文化发展的必要条件。

以什么样的态度来对待外来文化,是对一个国家有无文化自信的考验。唯有自信,才能以积极的态度对待外来文化,才能在同外来文化的互动交流中得到丰富发展。自觉吸纳并融汇一切外来优秀文化成果,是推动中华文化繁荣发展的必然要求。当然,广泛吸纳、开放包容不是崇洋媚外,更不是拿来主义。任何一种文化都依赖于特定的土壤和条件,离开了这些条件,文化的功能和性质都有可能改变。而且,外来文化良莠不齐,这就要求我们注意鉴别,择善而从。

需要强调的是,要想促进传统文化的现代转化,必须增强传统文化的再造能力。外来文化能否转化成为我们自己的文化,关键看自身文化的包容能力。唯有增强包容能力,才能争取主动,实现文化整合,完成文化再造。

---

① 习近平:《完善和发展中国特色社会主义制度　推进国家治理体系和治理能力现代化》,《人民日报》2014 年 2 月 18 日,第 1 版。

第九章

当代文化的传播与交流*

当代文化发展既离不开传承创新的纵向延续过程,也离不开传播交流的横向扩展过程。随着全球化和信息化的深入发展,文化的传播和交流问题日益成为文化研究中不容忽视的重要问题。在传统社会,与文化的生产传承相比,文化的传播交流处于次要地位。这是因为传统社会的文化传播是对既定文化观念和文化产品的传播,先有文化生产,再有文化传播与交流,二者是前后相继的两个过程。而在现代社会,文化的传播交流与文化的生产相互交融,文化的传播过程同时是文化的生产与消费过程,文化创新也往往通过文化交流的方式得以实现,因而文化传播与交流的重要性不断凸显。特别是在信息化条件下,文化传播媒介的迅速更新不仅深刻改变了文化的生产方式与渠道载体,还改变了人们的思维方式和认知方式,从而改变了当今时代的文化发展格局。因此,文化传播与交流问题日益成为当代文化发展的重大问题,需要加强对文化传播交流过程中涌现出来的一系列新特征、新矛盾与新问题的关注。

---

* 本章部分内容曾以《"互联网+时代"文化传播交流的新特征与新问题》为题,发表于《北方论丛》2017 年第 4 期。

一、 当今时代文化传播的全球碰撞

全球化与信息化的深入发展,使得文化传播交流问题日益突出。一方面,全球化的深入推进在扩展文化传播范围、促进文化多元交流的同时,凸显了不同文化在传播过程中的交往、交锋乃至交融;另一方面,信息化社会的迅猛发展又在引领文化传播与交流方式的深刻转型。前者是文化传播交流格局的全球碰撞问题,后者是文化传播交流方式的内在变革问题。在这里,我们首先考察当今时代文化传播交流的全球碰撞问题。

(一) 从文化交往到文化交锋:全球化时代的文化冲突

从文化发展的实际情况来看,文化交流起初表现为文化交往,而文化交往又是由经济交往引起的。对此,马克思曾做出深刻分析:"资产阶级,由于开拓了世界市场,使一切国家的生产和消费都成为世界性的了。……过去那种地方的和民族的自给自足和闭关自守状态,被各民族的各方面的互相往来和各方面的互相依赖所代替了。物质的生产是如此,精神的生产也是如此。各民族的精神产品成了公共的财产。民族的片面性和局限性日益成为不可能,于是由许多种民族的和地方的文学形成了一种世界的文学。"[①]可见,正是经济全球化带来文化交往的普遍化,带来了"世界文学"的产生。然而,资本主义的全球化不仅是资本关系的同质性扩张过程,同时也是资本的对抗性关系的全球扩张过程。在此过程中,资本主义全球化的对抗性格局反映在文化层面,便是文化交锋。资本主义发达国家往往采取文化殖民主义、文化帝国主义等方式强力推行文化霸权主义,而落后国家迫于压力不得不采取文化民族主义的姿态来进行反抗,这就不可避免地产生文化冲突。

文化霸权主义在当今时代具有新的表现形式。首先是利用优越的经济实力推行所谓的普世价值观。西方国家利用一些经济措施,例如

---

① 《马克思恩格斯文集》第 2 卷,北京:人民出版社 2009 年版,第 35 页。

经济援助或者技术援助,将西方文化中的基本价值观作为普世价值加以推行。其次是利用文化教育等产品的输出来扩大本国文化的影响力。如美国的文化产品在加拿大等发达国家占据电影、电视剧市场份额高达90%以上。再次是借助大众媒介和信息技术的优势,达到文化渗透的目的。美国经济实力的强大,使得自身拥有雄厚的广播、电视以及互联网优势,利用这些传播媒介,带有美国价值观烙印的信息被传播到世界各地,而其他国家由于经济实力的限制,只能是被动接受。最后是借助在文化传播媒介方面的优势,形成对其他国家话语体系的控制。

文化霸权主义的兴起必然导致文化民族主义的反抗。文化民族主义主要表达了落后国家的文化自主性诉求。文化民族主义不是一直存在的,而是在全球化的文化交往过程中被激活、被建构的意识形态。正如有的学者所说,"自我意识是现代性观念的核心,全球化把这种观念从西方传播到世界各地。在传播过程中,由于首先进入全球交往的是国家或地区等群体主体,因而对于许多国家来说,群体主体意识先于个体主体意识而觉醒。人在与他物或他人的关系中存在并确定自我的存在,在全球交往中,各个群体的主体性意识才产生"[①]。正是在文化霸权主义的强烈刺激下,各民族出于自身利益和文化认同的考虑,被迫强化民族性和地域性等文化因素,以此抵御外界文化侵蚀。当然,不可否认的是,文化民族主义在其发展过程中如果掌控不好,也会走向极端化和激进化,由此加剧文化交锋的态势,甚至出现亨廷顿所说的"文明的冲突"。

(二) 从文化交锋到文化交融:全球化时代文化融合的可能性

在全球化时代,文化交锋和冲突一方面构成了文化交融的障碍,另一方面又蕴含着走向文化交融的发展趋势。文化交锋何以蕴含着文化交融的发展趋势?这里主要涉及文明冲突与文明对话的关系问题。对

[①] 丰子义、杨学功、仰海峰:《全球化的理论与实践:一种马克思主义的视角》,南京:江苏人民出版社2017年版,第300页。

此,学界存在着两种观点。一种观点认为,现实存在的文明冲突使得文明对话和交融变得日益艰难,所以文明对话与交融是一种空洞的善良愿望。"只要世界上还存在不同的利益集团及其间的冲突,宗教的冲突便不会消失,以消除冲突为目的的宗教和文明对话便难以成功。这就是近年来宗教和文明对话总是雷声大雨点小的基本原因。对话成了知识分子的一厢情愿。"①另一种观点认为,即使存在着严峻的文明冲突,文明对话乃至交融不仅仍然是可能的,而且是必需的。正如有学者所说,"文明对话是全方位的,它是发给全球共同体所有成员的一张请柬"②。这两种观点在一定程度上表征了文化冲突与文化融合的矛盾。要想走出文化冲突与文化融合的两难困境,关键在于分析文化对话与融合的现实可能性。

第一,世界格局多极化的发展趋势为文明对话奠定了基本前提。文明对话与文化交融之所以可能,在很大程度上源于世界格局的多极化发展趋势。如果当今世界可以任由少数霸权国家主宰世界秩序,那么文明对话与文化交融确实没有可能。然而,当今世界正在呈现多极化发展的基本格局,正如有学者指出,"在当代世界,任何强国,包括美国,客观上都没有任意主宰世界、支配各国的充分能力。世界格局多极化已成为一个基本事实,并将继续成为未来世界格局的基本趋势。在当代,掌握重要经济、军事资源的并非只有美国一国,欧盟、俄罗斯、日本都具有强大的经济或军事实力,中国、印度等发展中国家也表现出不可忽视的发展潜力和上升空间,伊斯兰国家的发展潜力和宗教势力也不容小视。相比之下,美国的经济和军事优势是有限的,它还不能把自己的意志任意强加到世界每一角落,只是相对于较为弱小的民族国家,其优势才突出地显示出来。即使是这些相对弱小的民族国家,美国的

---

① 商戈令:《由伽达默尔与德里达的对话引出的思考:全球化进程中文明对话之可能性》,载哈佛燕京学社主编:《全球化与文明对话》,南京:江苏教育出版社2004年版,第273页。

② 〔美〕杜维明:《对话与创新》,桂林:广西师范大学出版社2005年版,第68页。

干预和支配能力也受到很大限制"①。所以,世界格局多极化趋势构成了文明对话的基本前提。

第二,人类社会的共同利益与共同挑战,客观上为文化交融提供了动力与压力。如果人类社会没有共同利益,那么文化交融也就无从谈起,注定沦为各种文化为了自身的利益而无穷无尽的文化冲突。反过来说,只要人类社会存在着共同利益,不同文化之间就会存在着一定共识,从而使文化交融得以可能。如果说人类社会的共同利益为文化交融提供了动力,那么人类社会所面临的共同风险与挑战,则构成了文化交融的压力。文化交融不是为交融而交融,而是为了解决一定的问题或应对一定的危机而相互交融。在全球化时代,生态问题、环境问题、粮食问题、人口问题等日益成为人类面临的共同问题,这些问题的解决迫切需要各国的协同合作,因而不同文化间的相互交融就成为必然趋势。

第三,与极端的文化民族主义和文化霸权主义相比,文明对话与文化交融成为破解全球文化冲突困境的现实方案。无论是文化霸权主义还是极端的文化民族主义,都是文化上的自我中心主义。"在文明多极化的当代世界,这两种立场都不可能得到人类各文明的普遍认同。它们都遭到其他文明的谴责和否定,要么被视为霸权主义而遭到联合抵制(参加抵制的,也包括那些持'自我中心主义'立场的非西方文明),要么被视为夜郎自大式的文明孤立主义而遭到嘲笑和鄙视(对其加以嘲笑和鄙视的,当然也包括持'普世主义'立场的西方文明)。"②这两种方案的局限性正是文明对话与文化交融的必要性之所在。全球化时代的文化冲突在一定程度上表征了不同文化的差异性,而这种差异性正是文化交融的逻辑前提,没有文化差异,也就没有文化交融。但是,文化差异不是文化冲突的理由。只有摒弃文化霸权主义和极端的文化民族主义,才能推动不同民族国家的文化相互交流,为全球文化发展提供活力。

---

① 丰子义、杨学功、仰海峰:《全球化的理论与实践:一种马克思主义的视角》,南京:江苏人民出版社2017年版,第305页。
② 同上书,第309页。

（三）从单向扩张到多元互动：全球化时代文化传播交流的新特点

正因为不同文化在全球化时代具有相互交融的现实可能性，因此文化交锋蕴含着文化交融的发展趋势。按照这一发展趋势，全球化时代的文化传播交流呈现出新的特点，即从单向扩张走向双向互动，日益彰显出不同文化在传播交流过程中的双向性、平等性和互动性特征。全球化时代的文化传播交流之所以呈现出从单向扩张到多元互动的新特点，在根本上是由全球化的客观发展趋势所决定的。在当今时代，全球化的现实发展正在发生着从资本全球化向人类命运共同体的深刻转型。

以往的全球文化传播交流的单向扩张特点根植于资本全球化的现实土壤。资本增殖的本性必然谋求资本的文化霸权。资本权力要想转化为资本霸权，就必须要在保有经济支配地位和操纵政治权力的同时进行文化控制。这突出地表现为意识形态的全球布展，资本将有利于自己自由流动的新自由主义向全世界范围内加以推销，从而为自己的畅行无阻保驾护航。新自由主义在全球推行的过程也是新殖民主义的塑造过程，对于资本流出国而言，新自由主义是资本扩张的通行证；而对落后国家而言，新殖民主义则是外来资本在本土加以统治的"护照"。与传统的殖民主义不同，新殖民主义不是通过经济、军事和政治压力得以完成，而是通过文化输出而得以建构。这正是全球化时代资本文化霸权的突出表现。

正如全球文化冲突的根源是资本主义全球化对抗性关系的必然体现一样，全球化时代文化传播交流要想从单向扩张转向多元互动，也有赖于全球秩序的合理建构。如果没有全球秩序的合理建构，那么多元互动的文化传播交流格局只能是脱离现实基础的空中楼阁和美好愿望。在此意义上，多元互动的文化传播交流格局离不开人类命运共同体的合理建构。

在资本全球化的条件下，全球治理的赤字、文化殖民的霸权、逆全球化的反动等困境都已充分表明：资本逻辑的对抗性本质正在使资本主义文明在全球化语境中发生系统性危机,因此时代正在呼唤人类命运共同体的出场。也就是说,要走出资本主义全球化的困境,人类社会必须建构人类命运共同体。习近平主席在莫斯科国际关系学院的演讲中指出:"这个世界,各国相互联系、相互依存的程度空前加深,人类生活在同一个地球村里,生活在历史和现实交汇的同一个时空里,越来越成为你中有我、我中有你的命运共同体。"①正因为全球化的现实进程已经发生了从资本主义全球化向人类命运共同体的深刻转型,并以此构成了全球文化多元互动的现实基础,所以全球文化的传播交流也就要从单向扩张转向多元互动。

随着人类命运共同体的合理建构,全球文化传播交流的多元互动具体体现为这样一些特征:

首先,人类文化多样性成为当今时代全球文化的显著特点。从理论上看,承认并维护人类文化的多样性是推动全球文化多元互动的逻辑起点。没有人类不同文化的差异性和多样性,也就谈不上全球文化的多元互动。从实践上看,人类文化多样性的客观存在,已经成为不争的事实。正如生物的多样性甚至地质的多样性是人生存的条件一样,文明或文化的多样性也是人类能够得以发展的重要条件。也就是说,人类文化多样性已经是全球文化生态的基本特征。承认人类文化的多样性,就是承认人类不同文化的平等性。不同文化之间没有高低贵贱之分,都是全球文化家园中平等的一员。只有承认这一点,才能实现文化多元互动。

其次,全球文化的多元互动聚焦于人类命运共同体建构过程中的共同问题意识。人类多元文化的互动交融不是随机性的互动过程,而是在共同致力于解决某些全球性问题的过程中形成和发展起来的。也就是说,全球文化的多元互动之所以可能,正是由人类社会共同问题引发的。在全球化发展过程中,人们越来越深刻认识到,人类社会正在成为一个"风险共同体"。正是"风险共同体"的出现,才强化了"命运共

---

① 习近平:《顺应时代前进潮流 促进世界和平发展——在莫斯科国际关系学院的演讲》,《光明日报》2013年3月24日,第2版。

同体"的理念。全球化时代的危机和风险主要包括生态危机、能源危机、金融危机、难民危机等,这些危机和风险或许是由某个国家或地区造成的,但在全球化条件下,这些危机和风险迅速扩散,最后会形成巨大的全球效应。正是基于全球问题的公共性,才有了不同文化的互动性。可以说,全球文化的多元互动归根到底是在解决全球问题的现实进程中逐步形成和发展起来的。

最后,全球文化的多元互动致力于共同构建人类命运共同体的新型文明。全球文化的多元互动不仅要解决人类社会的全球公共性问题,同时也要致力于塑造人类社会的新型文明形态。如果没有新型文明形态的构建,全球文化的多元互动就很难健康进行,最终也难以摆脱单向扩张的传统模式。为了共同塑造人类文明的新形态,多元文明的相互借鉴与交融成为全球文化多元互动的迫切需要。在这方面,中西方文明之间既有差异,也有互相借鉴和学习的地方。因此,当今世界应当在尊重人类文化多样性的基础上进一步推动文化对话与交融。从文明冲突走向文明互鉴,是当代文化交流在全球碰撞过程中的必然趋势。

二、当今时代文化交流的内在变革

当今时代文化传播交流不仅呈现出全球碰撞、多元互动的新特点,同时也在大数据、云计算、人工智能、移动互联网等新型网络技术的条件下发生着深刻的内在变革,特别是文化传播交流的载体、方式和理念都在网络社会的现实境遇中发生了革命性的变化。文化传播交流的媒介演变史,在一定程度上就是人类文化发展与演进的缩影。从历史上看,文化传播经历了语言、文字、印刷、网络等传播媒介;相应地,人类文明的发展也经历了口述史、成文史、印刷术、数字化等重大革命。文化媒介的升级换代,对文化传播交流带来巨大影响。

(一)网络媒体成为新时代文化传播交流的新媒介

随着信息技术的发展,网络媒体已经成为文化传播与交流的主要方式之一,文化发展开始进入新媒体传播交流时代。海量文化信息通过网络迅速传播,引起文化信息传播媒体、传播平台以及受众接受习惯的重大变化。相对于传统媒体,网络文化传播交流具有诸多明显的特点。

一是网络技术和网络文化信息传播具有更大的社会影响。文化信息媒介的转变,对文化信息传播方式有直接的影响。相对于传统媒体,网络文化信息传播的范围更广、传播的速度更快,因而产生的社会影响也更大。网络文化打破了以往主要依靠传统主流媒体传播的格局,开辟了多样化的文化传播渠道,可以倾听多种意见,集思广益,所以可以引起全社会的关注与参与。

二是网络媒体比传统媒体具有更大的竞争力。互联网打破了传统媒介传播的地域限制,具有高速流动的特点,因而比传统媒介文化更具有发展潜力和竞争力。现在已经进入文化信息多样传播的"融媒"时代,传统媒体文化被纳入融媒文化体系。"融媒"因传播的时间和空间优势而兼容或改变了很多传统大众媒介的功能,是文化信息发展的重要里程碑。

三是网络文化传播交流使得网络文化受众在行为方式和价值取向上具有新特点。网络文化受众不仅是文化信息的使用者,而且是文化信息的传播者,并通过文化信息传播获得个人价值的实现。网络文化信息受众的个体化、主动化特点,一方面增强了网络文化的活力,扩大了文化信息的影响力与传播范围,另一方面又使人的价值取向和行为方式多元化,加大了文化发展的复杂性。

这些新特征既使得网络文化发展呈现出快捷性、广泛性的趋势,也使得网络文化信息传播交流面临新的问题与挑战。为此,需要加强网络文化信息管理,规范文化媒体的行为。

(二)"互联网+"时代文化传播交流的发展趋势

随着网络社会的兴起,文化传播交流呈现出前所未有的变化,特别是"互联网+"的出现,使得文化传播交流呈现出一系列前所未有的新特点、新趋势。这些新特点、新趋势主要体现为文化传播的信息化、虚拟化、多元化与规模化。①

第一,文化传播交流的信息化。第三次工业革命带来了信息源和信息媒介的双重革命,从而形成了网络文化。对于网络文化,有不同的定义,大致有"广义说"与"狭义说"。广义的网络文化,是指以电子形式存在的、借助信息技术和电子设备进行文化生产和传播的文化形式,包括在生产和传播的过程中使用的材料及其衍生物。狭义的网络文化,是指以互联网及计算机等终端为媒介呈现出来的文化,包括文字、图片、视频、声音及程序等能够通过计算机等终端接收到的资料。狭义说将网络文化与互联网及接收终端直接联系起来,而将接收终端以外的、与电子信息及其相关的文化内容排除在外。显然,这种定义与一定时期内通信媒介以计算机为主有关。随着媒介的增多,手机、平板电脑等逐渐成为网络文化传播的重要手段,于是就有了涵盖更加广泛的接收终端的网络文化定义。

互联网技术的进一步发展,给传统行业带来了深刻的变化,形成了"互联网+"。通俗地说,"互联网+"就是"互联网+各个传统行业",文化也是如此。在"互联网+"时代,文化传播交流方式发展到了一个新阶段,即"互联网+文化"。"互联网+文化"并非"互联网"与"文化"的简单相加,而是运用现代信息通信技术以及互联网平台,让互联网与文化传播进行深度融合,创造出一种新的文化发展形态。互联网在文化资源配置中的优化作用和集成作用越来越突出,依托互联网形成的创新成果,文化信息的生产制造大大加速,形成了以互联网为基础设施和实现工具的文化产业新形态。

随着信息技术的发展和普及,网络文化在传播交流中表现出明显的信息化特征。网络文化表现为"信息文化",信息技术既作为网络文化的传播途径,也作为网络文化的主要内容。信息文化的传播机制与传统的文化传播机制存在巨大差异:传统的文化传播机制是先创造、再传播,而信息文化传播的新机制是先传播、再创造。由于信

---

① 参见郗戈、张继栋:《"互联网+时代"文化传播交流的新特征与新问题》,《北方论丛》2017年第4期,第37—41页。

息来源多样纷呈,传播过程充满偶然性,所以新信息在传播的过程中层出不穷、自我叠加。信息媒介的功能和地位已经远远超出传统的传播机制中的角色,在一定程度上呈现出麦克卢汉所说的"媒介即信息"格局。

第二,文化传播交流的虚拟化。在网络文化传播中,信息借助于互联网以及新终端接受平台,以信息化的方式进行传播,必然伴生文化传播交流的虚拟化特征。计算机以二进制为主要运算模式,以"0"和"1"为信息记录的方式,将实质内容转变为按照特定编码原则组合在一起的数字,实现了信息的虚拟化。平板电脑、手机等近年来迅猛发展的移动互联网媒介同样以数据记录的方式表示文字及图片信息,这些虚拟信息不具备独立外显的能力,其价值只能够在媒介内部体现。于是网络文化在形式上表现为不具有实在形式的无形性,在内容上表现为非实体化的虚拟化。

网络文化传播的虚拟化也表现为用户身份的匿名化,用户之间形成了虚拟性的交往形式。网络用户是网络文化的主要传播者,而大部分网站不要求用户实名制,这就导致了网络文化在信息传播中的匿名化特征,即传播者、接受者与传播中的发动者的真实社会身份都是难以查询的,传播源头仅仅是 IP 数据,传播的最终影响也难以直接估量,具有很强的不可预测性与高风险性。

但是,网络文化的内容还是客观存在的,因而网络文化又具有可查询性和可阅读性。文化信息的内容无论是以二进制编码的形式存在,还是以借助一定的存储手段保存于电子终端的形式存在,都不能否定文化内容客观存在的事实。网络文化借助数字信号、模拟信号等通信手段在电子计算机等设备中传播,经过编码的符号是不可感知的虚拟形态,但其信息源是可见的,与实体形式存在的物质相关联,这就决定了网络文化是可查询、可阅读的。

第三,文化传播交流的多元化。随着信息技术的发展,信息表现方式的种类不断增多,网络文化的表现模式也日益增多。在网络社会到来以前,文化内容主要以传统的视听模式来表现。而在网络社会中,文化信息的呈现方式在保留传统视听模式的同时,更多地采用网络形态,以文本、图形、动画、音频、图像、视频等多媒体交互手段作为表现形式，呈现出与计算机、互联网等网络媒介高度融合的特点。网络形态无疑促进了信息传播方式的多样化，如 Web 2.0（即互联网第二代，由用户主导而生成内容的互联网产品模式）。网络交互作用使传统媒体不得不改变自己的信息传播理念以及交流方式。

随着微博、微信等网络媒体的发展，一些传统媒体的工作中心也开始转移，实现从传递信息到观点表达的转化。网络媒体的出现，对传统媒体不温不火的表达产生强烈冲击，当微博、微信成为当今文化传播工作者强有力的武器时，文化传播交流形式也发生了本质变化，无论在内容采集、传播渠道以及评论形式等方面都呈现出截然不同的情形，演变成网络信息传播的多元化新模式。

网络文化同时引发传播主体的多元化。传统文化传播模式的传播主体往往是少数几个具有社会影响的大型主流媒体，这些主流媒体对相关信息进行收集和加工，并将经过编辑的内容单向度地传播给受众。然而，自网络媒体产生发展以来，信息生产的主体逐渐多元化，普通的网络媒体用户也具有了"生产"与"传播"信息的能力和手段，开始成为形式上自主的文化生产者与传播者。虽然普通用户生产的信息难免带有片面性和主观性的特点，一定情况下还会出现信息失真，但是这种"用户生产"的方式扩展了信息生产与制造的主体，将一般大众引导到信息制造者行列，给予大众更多的话语权，同时也改变了以主流媒体为核心的信息传播交流格局。这不仅使每个人都成了网络信息传播的主角，也使网络中的信息传播与交流成为"大众的文化，人人的文化"。

因此，每个网民都在文化传播体系中扮演多重角色，即信息生产者、信息传播者、信息接受者、信息消费者，而且这些角色之间界限模糊，可以任意转化。每个网民不仅可以利用社会人脉关系来制造文化信息内容，也可以通过现实生活中的人脉关系传播、接受以及二次传播，以此形成社交网络式的信息生产传播方式。这就是"大众化内容生产"，也叫"用户生产内容"（User Generated Content）。在这种生产模式中，广大用户将自己原创的内容通过互联网平台进行展示或者提供给其他用户，具有迅速及时、亲近受众、交叉传播等特点。与虚拟网络的信息传递相比,现实生活中进行的二次信息传递,无论是原创性的文化内容生产,还是对原有文化内容的整合加工,都是受众主动生产内容的过程,带有主观兴趣与价值观,在既定的人脉关系间信息传播更容易被接受,更易于广泛流传。因此,"用户生产内容"是社交网络传播区别于虚拟网络传播的杀手锏。[①] 在这样的情况下,网络文化传播越来越"去中心化",信息生产越来越碎片化,而传播渠道则越来越多样化。

第四,文化传播交流的规模化。文化传播的网络形态拓展了文化信息传播的广度与深度,由此形成规模化趋势。网络媒体的大范围使用,为用户提供了更好的信息生产方式与分享渠道,降低了人们生产和分享信息的难度,使得人们对信息的需求日渐多样化。这样,文化信息传播的涵盖范围越来越广,社会文化的方方面面都成为网络媒体的关注对象和传播对象。另外,在文化信息传播中,传统媒体与新媒体互相补充、相得益彰。网络时代"自媒体效应"得到了全面展现,为传统媒体的信息生产提供了大量鲜活素材。传统媒体以网络媒体中的参与者所发布的信息为基础,经过整合加工,将传统媒体的专业性融入新媒体的丰富性中,生产出兼具二者优势的文化产品,有利于文化传播交流综合化与规模化。

网络形态也促进了文化内容的整合,进而形成文化传播交流的规模化。随着计算机技术的发展,云计算与大数据得到广泛应用。在云计算的帮助下,文化信息管理者能够根据主题以及信息内容对海量的信息进行分类和编辑,以搜索引擎和内容提要的方式帮助用户更好地获得信息。[②] 而大数据则实现了对大量庞杂无序的数据的捕捉和管理,将其处理成数据集合,使信息变得系统化。通过云计算和大数据,海量的个体化、离散化信息被整合为系统性的信息群,实现了文化传播交流的规模化。

[①] 参见蒋宏、徐剑主编:《新媒体导论》,上海:上海交通大学出版社 2006 年版,第 2—8 页。

[②] 参见〔法〕加布里埃尔·塔尔德:《传播与社会影响》,何道宽译,北京:中国人民大学出版社 2005 年版,第 243—246 页。

(三)"互联网+"时代文化传播交流的新矛盾

在"互联网+"时代,作为文化传播交流的新媒介,网络文化媒介是一把双刃剑,在推动进步与革新的同时,也带来了一系列新矛盾、新问题。与前述的四大特征相对应,这些新矛盾、新问题主要表现为文化的可信息化与不可信息化、虚拟化与实体性、多元化与同质化、规模化与微碎化之间的矛盾。①

一是文化的可信息化与不可信息化的矛盾。一般来说,文化包括物质文化与精神文化,体现为感性具体的文化形态与表现方式和非感性的文化内涵及精神实质。网络文化信息传播是通过网络以信息化的方式,将文化内容以文字、图片、影像、视频等形态表现出来。这就引发了网络文化传播中可信息化传播的文化内容与不可信息化传播的文化内容的矛盾。可信息化的文化内容,如文本、图像等,可以直接在网络社会中传播。另一些物质文化内容,如建筑、雕塑等,在网络信息传播中需要转化成文字描述、图像及视频等表达形式。这一传播方式是对原有文化进行加工后的再传播,而网络文化传播无法传达原有文化的感官体验,导致传播内容的失真。非物质文化传播中,同样存在难以准确传播文化感受的问题,即使文化内容可以通过文字、图像等进行描述,对于文化内在精神的多样性体验、文化内涵的深刻感受也是不可能被准确传达和实现信息化的。显然文化信息化有其局限性,不可信息化的文化内在精神恰恰是文化的精髓和实质,信息化有错失和遗漏文化精髓的可能性。

另外,受网络信息传播方式及运营的影响,网络文化传播交流还产生出诸如商品化、肤浅化、快餐化、庸俗化等问题。很多网络文化的传播者对文化信息的传播往往表现出很强的功利性,如增加点击量以扩大个人影响力,将文化内容与一些商品以及企业建立联系以获得额外的商业利益等。为了实现这些目的,传播者在网络文化传播中通常以

---

① 参见郗戈、张继栋:《"互联网+时代"文化传播交流的新特征与新问题》,《北方论丛》2017年第4期,第37—41页。

具有吸引力的标题吸引网民浏览,在文化内容中夹杂各种赞助商广告,而对于相关文化的描述则可能是简单的介绍和粗浅的个人理解。

网络文化传播交流在很大程度上受传播主体与客体的影响。由于网络文化传播主体的素质不同,受众的背景知识以及思维习惯不同,网络文化的传播与交流因此表现出高雅与庸俗的区别。整体来说,目前的网络文化中高雅与庸俗并存。经常可以看到,在手机、平板电脑等终端上获取的信息呈现出碎片化、感性化的特征,与书籍所呈现的系统性、理智化知识相去甚远。网络评论在喧嚣之余,缺少深入细致的分析思考。网络文化更多的是作为一种消费品,以满足网民消费文化娱乐的需求。快餐化、娱乐化的文化消费对于文化的健康发展带来不利影响。

二是文化虚拟化与实体性的矛盾。传统文化传播交流中,大部分文化内容是直接呈现的,是敞开和无遮蔽的。这种文化传播给予受众的影响是直接的,不会受到他人介入和影响,而受众基于文化在场的影响,产生的思考也是多样的,在文化传播中进行的文化交流更为敞开。① 与此不同,网络文化传播交流方式则将文化内容信息化、虚拟化,实体文化在加工转变为虚拟文化的过程中可能会产生"文化信息损耗",原有文化内容受到加工者的个人倾向、能力等的影响而表现出增减变化。网络文化传播交流中,传播是不可见的,交流是匿名的,文化传播交流处于遮蔽状态,因此网络社会中文化传播交流的真实性和完整性难以得到保证。一般说来,实体化的文化内容经过信息化处理成为虚拟的数字内容,文化信息损耗相对较少;而本身就是非物质形态的文化内容,经过信息化处理,产生的文化信息损耗可能更大。

在文化虚拟化以及遮蔽性传播交流的情况下,更多普通大众开始习惯通过"自媒体"来表达观点和看法。于是,一些具有影响力与号召力的自媒体"意见领袖"开始出现,他们逐渐引导自媒体舆论的发展方向。随着意见领袖的不断产生,文化舆论格局发生重大变化。随着自

---

① 参见〔美〕马克·波斯特:《第二媒介时代》,范静哗译,南京:南京大学出版社2000年版,第1—8页。

媒体引爆的社会话题比例逐步上升,网络对文化交流传播带来两个重要影响。第一,人们对实体性文化的关注越来越少,例如许多实体书店的经营状况堪忧,纸质书的阅读量逐渐下降,不少读者习惯于网络的"浅阅读""轻阅读"或"微阅读"。第二,网络文化呈现出众声喧哗、莫衷一是的景象,使得群众对网络文化的尊重感与信任感不断降低,仅仅将其作为消遣内容,进一步增加了文化的娱乐性。过度娱乐化可能带来低俗化,直接危害文化的发展与传播交流。总之,在文化虚拟化的背景下,传统文化的地位与价值不断消解,现实生活与虚拟生活甚至发生了颠倒和异化。这就要求我们重新审视网络文化的地位、价值和作用,合理引导其发展。

三是文化多元化与同质化的矛盾。在"互联网+"时代,一方面,文化得到了多元化的体现和发展。每个网民都可以成为文化信息生产与制造的主体,因而具有更多的话语权,每个网民也都是文化信息的传播者,使文化信息的交流传播更加广泛和频繁,推动着文化向多元化方向发展。不同的文化信息生产者因其不同的角度、能力与倾向,对文化信息报道的完整性和准确性也不尽相同。在网络文化信息传播中,传播者根据自己的喜好既有可能对文化信息进行删减、更改与评论,也有可能仅仅传播部分文化信息,这就导致了信息传播的多样化、复杂化。另一方面,与传统传播方式相比,网络时代的文化信息生产虽然在总量上极为可观,然而在内容上却又彼此相似,程度不同地存在着模仿、雷同的同质化趋势。由于信息生产门槛的降低,网络信息的产品相似,缺乏思想创新。这样的多元化只是肤浅的表象,并非对现实的深刻反映,因而还未达到对现实世界的具体把握。文化多元化与同质化的矛盾既有利于文化的繁荣,也会对文化发展造成不利影响,使其在众声喧哗和模仿雷同中失去严肃的思考和研究。

四是文化规模化与微碎化的矛盾。网络文化的规模化、系统化发展,如大数据、"云计算"等新事物的出现,不仅改变了文化传播的方式,而且改变了人类的思维方式和认知方式。人们逐渐从传统的有限已知信息推导未知信息的"因果性思维"转向多个信息因素之间的"相关性思维"。这些新的思维和认知方式反过来又深刻影响着文化传播交流方式。于是,相关性思维方式导致了片面化、微碎化的认知模式,使得网民极易停留于表层信息的捕捉、收集和堆砌,难以获得对事物及其规律的全面深刻认识和把握,缺乏对社会的深刻认识和思考。这样,文化的规模化趋势最终走向了自身的反面,即文化的"微碎化"。文化规模化与微碎化的矛盾深刻地体现于网络文化交流传播中。所谓文化的微碎化,是指这样一种文化现象,即文化产品生产和消费的微小化和碎片化。文化的微小化大多聚焦于日常生活的细琐片段,仅仅注重与受众生活密切相关的感性事物,拒绝宏大的总体性叙事而沉迷于原子式个人的自我满足。文化的碎片化则更多涉及人们对文化产品的生产和消费方式,猎奇心、愉悦感等碎片化的情绪和感觉越来越成为主导人们选择文化产品的因素。而在碎片化快感占据主导地位的文化环境中,建立在对人类总体命运深度思考基础上的文化探讨也就越来越淡出网络文化的舞台。

综上所述,在"互联网+"时代,文化传播交流方式发展到了一个新阶段,即"互联网+文化"。可以说,"互联网+"创造出了一种新的文化发展形态。这种新的文化发展形态不仅改变了文化传播交流的方式,而且改变了人类的思维方式和认知方式,同时在一定程度上改变了社会发展和运行方式。对于这种新变化,需要认真研究,合理对待。

三、 网络文化的凸显与治理

任何文化传播都必须依赖一定的传播工具。不同的传播工具往往决定了文化传播不同的广度、深度和速度,深刻改变着文化格局与舆论生态。网络文化的深入发展,极大改变了文化传播途径和交流方式,也给文化发展提出了许多新的课题。

尤为值得注意的是,以移动互联网技术为标志的新网络技术的发展,使得文化治理日益提到重要议程。目前互联网技术已经发展到"移动互联网"时代,人们日常使用的手机接入互联网之后,互联网不仅是电脑与电脑之间的联结,更是手机与手机之间的联结。与电脑相比,手机具有更加快速灵巧的移动性,这就使得推特、微博、微信等互联网社交工具的传播速度大为提升。在传播上,以往的传播工具主要体现的是单向性特征,而移动互联网工具则具有双向性特征。形象地说,过去的报纸、电台和电视是"我生产什么,你就接受什么",而现在的移动互联网工具则是"我关注什么,你就生产什么"。这就意味着传播问题日益复杂化,客观上要求加强网络文化的管控与治理,否则将会给我国文化安全和文化发展造成不容忽视的负面影响。从实际情况来看,面对网络社会,我国文化治理的模式与方法亟须从以下方面来加强:

(一) 网络文化的平台建设

现在网络文化传播交流的平台越来越多地依赖自媒体平台。对于渴求文化信息的普通大众来说,自媒体平台改变了他们的身份,从原本的信息接受方变为兼任信息撰写与传播方。舆论环境不再只有一种声音,而是各种声音此起彼伏。由于普通大众开始习惯通过自媒体表达观点和看法,一些具有影响力与号召力的自媒体"意见领袖"便随之产生,对自媒体舆论的发展有较大的引导作用。但是,受自媒体文化信息内容以及个人情感的影响,其在发表意见、引导舆论的时候,可能放大网络碎片化的效应。

自媒体的发展,导致一系列平台问题的产生。在网络文化环境下,大量的文化信息媒体主要以大众发表的信息为文化信息来源,并因为条件限制,人们只注意转发与评论信息,对于信息的真实性与完整性难以第一时间核实,这就导致文化信息媒体处于大众文化信息二度播报的位置。"大众化内容生产"与传统文化信息生产相比,有其不可避免的局限:第一,大众化内容生产来源受限,生产出来的信息内容往往不够客观、准确。这些内容往往来源于生产者的直接见闻,对于一些事情的真实性既难如实反映,又无法深入分析,所捕捉到的多是一些边缘信息,反而让人受到蒙蔽。第二,大众化内容生产往往夹杂某些情绪而难以坚持客观公正的原则。在网络文化条件下,为了过分追求关注度,有些报道往往只有情绪发泄,或渲染夸大,或偏激极端,难以保持公正的价值立场。第三,大众化内容生产具有非系统性和零碎性的特点。即对事件的报道只关注一定的时间点,缺乏对事件的后续报道,而且报道的内容也不完整,这就影响到网络媒体的形象,导致民众对网络媒体的信任度下降。这些问题的出现使网络平台的治理问题凸显出来。

与此同时,应加强商业网站"文化板块"的建设,拓展网络文化建设平台。商业网站是指从事商业活动的企业法人、实体以及组织等拥有的网站,这些网站具有赢利的目的性。经过多年的发展,我国商业网站数量多、影响大,如新浪、搜狐、网易、腾讯等商业网站有大量的用户以及很大的影响力,在网络文化交流与传播中的作用不容小觑。随着民众需求的提高,这些商业网站的规模越来越大,内容越来越全面,相关人员的能力与素质也在不断提高。面对网络文化传播,这些商业网站与其他重点网站一样,以传播积极的、正面的文化,丰富民众文化生活,促进社会文化的和谐发展为己任来运营。如一些网站推出中国传统饮食文化、建筑文化以及民俗文化平台,通过对相关文化内容的详细标记与描述,促进了我国相关文化的传播,增加了文化的影响力,同时对于一些濒危的非物质文化遗产的保护起到了积极的促进作用。但是,一些商业网站在网络文化传播与交流中也存在一些问题,如为了提高点击率用夸张的、不真实的标题吸引群众,在文化内容中增加广告信息,一些文化内容涉及侵权问题等。这些问题无疑会影响商业网站的公信力。为此,应加强对这些商业网站文化内容的管理,引导这些网站健全管理制度,在发布文化内容时,应依法规范自身行为,提高社会责任感,并保证原有文化作者的权益不受到损害。

(二)各种媒体的融合发展

网络媒体和网络社会的崛起,向传统媒体及其传播交流方式提出了一系列挑战。如何应对这些挑战,实现媒体融合,推进网络社会的文化建设,成为当代文化发展必须关注的问题。

在文化传播交流形式上,网络媒体相对于传统媒体来说有其明显的优势。在网络传播中,"无缝传播"成为各渠道着力打造的重点。所谓"无缝传播",实际上是指移动网络终端的衔接与贯通。随着5G等无线网络技术的发展,手机、平板电脑等移动终端设备可以越来越便捷地通过网络获取信息。移动网络成为人们能够超越时间与地域限制,即时获得信息的保证。越来越多的人通过手机、电脑、平板电脑等移动终端设备在网络媒体上获得所需信息,并对信息进行评论与转发。民众广泛参与到信息的传播中,使信息的传播方式发生了重大改变。现在,我们经常遇到一边看电视、一边玩 iPad、一边手机上网的情况,受众不再局限于一种终端传递的信息,传播渠道由电视延伸至手机等各大电子媒体。许多媒体也将电视、电脑、手机、户外大屏等多屏幕联结全面打通,将传统电视内容根据受众不同重新挑选并编辑,提供至网络媒体平台,在不同屏幕上显示。除此之外,还通过网站、手机客户端、平板电脑 App 全面提供文化信息,全方位满足观众的内容需求。

在文化传播交流内容上,网络文化也打破了传统媒体文化一统天下的局面。传统的文化信息报道往往侧重于文化信息资讯以及相关文化信息事件评论,而自媒体打破了这个格局,展现在大众面前的是一个全方位、无死角的"全媒体""立体文化信息"。传统媒体的议程设置功能正在减弱,公众逐渐成为大众舆论的引导者,他们通过自媒体不断发表自己真实的观感与看法,打破传统媒体的单调局面。

面对新的网络时代,传统媒体必须不断寻求创新,寻求突破,跟上新媒体发展的潮流。如果传统媒体自身的内容无法满足受众求新颖、求方便、求快速的需求,就有可能面临被淘汰的风险。现在,传统媒体面临网络媒体"无缝传播"的巨大竞争,人们对网络媒体的依赖逐渐超过传统媒体,其发展遇到种种困难。当然,压力也是动力。网络媒体既构成竞争,同时也起着积极的促进作用。在网络媒体的带动下,传统媒体逐渐向网络媒体学习并靠拢,如改进传播信息速度,选择关注度高的问题和话题,增加与读者的互动等。传统媒体只有在传播内容和传播方式上实现转变,才能在网络时代保持应有的地位,发挥其应有的作用。

适应网络时代的发展,必须推进媒体融合。传统媒体在文化传播交流方面的局限在于和用户的联系程度不够、深入互动不足,从而导致信息的覆盖力和传播力相对弱化。网络媒体恰恰可以弥补这些不足。

网络媒体的优势在于可以满足不同群体对文化信息的个性化需求,其覆盖力和传播力更为强大。但是,网络媒体的文化传播缺乏专业性、系统性,倾向于碎片化、即时性和感官化,内容缺乏深度。因此,应加强传统媒体与网络媒体的融合,取长补短,相互促进。

(三)网络文化的主体自觉

网络社会发展的一大特点,是文化主体多元化的出现。文化主体的多元化一方面增强了文化发展的活力,另一方面也带来了一系列新问题。比如,在网络自媒体方面,由于缺乏系统完备的约束,几乎任何人都能随意在网络上发布信息,导致网络媒体在信息传播中出现不少虚假信息、不健康信息的传播。又如,"网络水军"的产生更是加剧了虚假、庸俗和暴力信息的传播,造成了文化信息传播的混乱。再如,一些传统媒体在引用自媒体信息时,有时由于缺乏对信息的严格审核,无法保证信息的客观性和真实性。这些因素相互交织,使网络文化不同程度地存在着言行失范、人格分裂、众声喧哗、庸俗暴戾的现象,影响到文化信息的正常传播交流。这些问题的出现,表明迫切需要加强网络文化新型主体的制度建设。

要加强文化信息媒体人从业资格考试制度,提高从业人员的业务能力。互联网文化信息媒体的从业人员应当通过培训,明确网络文化信息传播规则与方法,在转载与评论文化信息时,积极引导文化信息的舆论导向。对于传播虚假零碎的文化信息,并引起严重负面影响的媒体人,要严格追责。

要用好大数据、云计算等先进手段,做好各项数据的统计和分析。应将这些数据与预期目标进行对比,对文化信息传播交流的客观效果进行评估,以利于总结经验教训。针对文化信息传播交流的客观效果、舆论走势进行监测,了解网络对于信息的交流与评价情况,根据大众及媒体的评价来检验和调整传播交流方式。

要对网络文化传播交流的全过程进行严格的制度规范。首先应该建立健全互联网文化信息传播制度,即在互联网文化信息传播中,要求互联网用户必须完整传播文化信息,严格禁止断章取义地传播以吸引眼球的行为。还应建立信息传播追责制度,对于严重败坏互联网环境、文化生态和社会风气的不负责任的文化传播行为,应当按照传播的影响范围进行追责,确保网络空间风清气正。

要加强网络文化新型主体建设,需要提高网民的素质,增强网民的辨别力和鉴赏力。民众是网络文化信息的生产者、传播者与评论者,对于舆论走向的发展以及阻止网络文化信息的碎片化传播具有重要作用。因此,应加强教育和引导网民,使其树立较强的法律意识、责任意识,对于不合理的信息敢于出来质疑、抵制。只有民众能够第一时间发现虚假的、不完善的信息。民众应该充分发挥主体的作用,主动参与到网络文化信息的把关中,及时发现负面信息,并通过监督、举报,促进文化信息传播交流的规范化。

(四) 网络文化的风险治理

网络文化信息传播交流在带来文化繁荣发展的同时,也蕴含着较大的安全隐患,以致产生较大的文化风险与社会风险。如断章取义的网络信息往往与事实不符,甚至与事实完全背离,这样的信息不仅会引发网络暴力、语言暴力,而且会引起各种非理性的宣泄,影响社会稳定。另外,网络文化信息的碎片化传播往往在真相揭露后会引起舆论的逆转,很多网民感觉到被愚弄,由此产生对媒体的不信任,影响媒体传播秩序。为了有效应对网络文化信息传播交流中的风险,必须切实根据风险问题的产生和现状,寻求风险的防范和解决。

第一,积极引导网络文化传播的健康发展方向。鉴于网络传播的公开性,网络文化的传播风险和效应会迅速放大。因此,优化舆论环境,加强正面引导,是减少文化信息负面效应的根本之道。

第二,掌握舆论引导的话语权和主动权。文化信息的负面效应出现后,各家媒体必然会将事件发生的原因和发展过程作为报道的重点,而民众也把媒体作为了解信息的主要途径。为此,可以通过网络及时召开文化信息发布会,面向各种媒体和广大网民来提供真实的信息,并通过各种媒体的转载和传播来让更多的民众了解真实情况。

第三,完善网络治理的法律法规和各项规章制度建设。要规避风险,必须诉诸法律来加强网络文化管理。在网络文化安全的风险治理中,根据网络传播交流的规律,制定明确的法律规章,对网民的上网行为、信息发布、内容生产、舆论传播等加以规范,同时对网络服务商以及网民的权益和义务加以明确的规定。近年来,我国已经制定了相关法律法规,对网络文化传播与交流做出了具体的规定,取得了较好的效果。

　　总的来看,网络文化安全的风险治理是一项系统工程,需要各个方面的协同治理。面对网络文化领域涌现的各种风险,应从国家总体安全观的高度统筹网络安全建设,协调网络管理平台以及网络参与者,共同防范网络风险,共同维护网络安全,共同提高网络文化治理的法治化水平,共同促进网络文化传播交流的健康发展。

第十章

当代文化的分化与整合[*]

如果说文化的创新与传承、生产与消费的问题是在纵向维度上把握文化发展的内在机制,那么文化的分化与整合的问题则是在横向维度上把握文化发展的内在机制。从横向维度上看,当今时代的文化发展在结构上呈现出多元文化"众声喧哗"的共存格局;从总体结构上看,当代文化日益呈现出作为主导思想的价值观体系与作为主流文化的大众文化之间的深刻分离;从作为主导思想的价值观体系来看,当代中国又面临着马克思主义文化、西方文化与中国传统文化之间的深刻碰撞与深层交融的问题;再从大众文化的层面来看,由于大众文化所依附的市场经济必然导致人们在需求和利益上的客观分化,因此大众文化在市场逻辑的支配下日渐走向裂变与多元。这些看似纷繁复杂的文化现象都共同指向一个客观存在的文化现实,即文化的多元分化已经成为现代社会文化发展的结构性特征。

与此同时,文化作为人们观照和反思感性实践活动及其

---

[*] 本章部分内容曾以《马克思现代性批判视野中的文化整合问题》为题,发表于《学习与探索》2017年第1期。

现实产物的整全性图景,始终内在地具有不断"总体化"的趋向。文化自身的这一鲜明特点在客观上就决定了,文化分化的客观现实非但没有取消文化整合的必要性,反而激发了人们进一步推动文化整合的巨大需求。如果任由文化分化现象随意发展,那么文化发展必将陷入碎片化状态,原本具有积极意义的文化多元现象将会进一步发展出文化相对主义,并最终堕入文化虚无主义。文化分化的"自我悖反"现象决定了文化整合的必要性与迫切性。对于当代中国的文化发展而言,文化整合问题直接关系到中国文化的内在活力与健康发展,直接关系到中华民族共同体的认同建构与社会团结,因而引起了人们的高度重视。

一、文化分化与整合问题的当代出场

现代社会的文化发展的结构性特征之一即是文化多元化发展,亦即各种形态的异质性文化在同一个社会空间内部并存、互相碰撞。这意味着,文化分化不再是现代文化发展的偶然现象,而是现代文化发展的必然结果。从总体上看,社会发展的现代性特征从根本上决定了文化分化的必然性;从社会发展的外部条件来看,全球化的深入发展加剧了各种异质性文化的流动与碰撞;从社会发展的内部条件来看,社会转型的历史进程又凸显了各种异质性文化的矛盾与张力。因此,当今时代文化分化的新特征与新机制逐渐成为文化领域重点研究的重大课题。只有弄清了文化分化的新特征与新机制,才能进一步提出文化整合的一系列原则与方法。

(一)文化分化的现代特征

文化分化与整合是人类文化史中经常出现的现象,不同文化思想的彼此碰撞与融合构成了人类文化的发展图景。从社会发展的理论视域看,文化分化与整合在一定意义上是社会结构分化与整合的文化表现。因此,对于文化分化机制的把握,不能脱离对文化的社会基础的前提性审视。从社会发展的角度看,文化分化在前现代社会与现代社会的形成机制中有着深刻的差别,这种差别构成了文化分化的现代特征。

在传统社会,文化整合居于主导地位,文化分化居于附属地位。传统社会在本质上是高度同质性的社会形态,往往强调政治权力的高度集中与文化价值的普遍共识,以此维系传统社会的同质性。在传统社会,人们更为重视主流文化的建构与发展。因此,与文化分化相比,文化整合在传统社会中占据了主导地位。同时,文化分化也就成为文化整合的内在环节。具体而言,文化分化既是前一阶段文化整合的产物,也是下一阶段文化重新整合的动力。这在传统中国的文化历史中屡见不鲜。在西周时期,中国传统社会经过文化整合,形成了以宗法制为核心的礼乐文化,这成为当时的主流文化。后来由于礼崩乐坏,礼乐文化便分化为春秋战国时期的百家争鸣。经由诸子百家的文化分化与交锋,文化随后又不断整合,又在汉代形成了儒法合流的政治文化。再如唐宋之际,随着外来佛学的传播与本土道教的兴起,自汉代以来的儒家主流意识形态受到冲击,文化分化便是前一阶段主流文化受到外部冲击而导致的结果。于是,宋代儒学开始启动新一轮文化整合,在吸纳佛教的同时也在辟佛,最终完成了理学的建构,成为日后中国的主流文化。从这些文化案例中不难发现,文化分化在传统社会只是文化整合过程中的一个插曲。

　　然而,在现代社会,文化分化不再处于附属地位,而是成为现代文化的结构性特征。文化分化之所以是现代社会的结构性特征,是因为现代社会是以人的独立性为基础的社会。在传统社会,个体往往依附于血缘家族、自然村落、同业行会等传统共同体。然而,在现代社会,个体摆脱了各种传统共同体的束缚而独立出来,实现了"个体的解放"。美国学者丹尼尔·贝尔据此对所谓的"现代性"做出了至为重要的理论指认:"现代性的最根本前提是,一个社会的社会单位不是群体、行会、部落或城市,而是人。"①更为重要的是,个体的解放不仅意味着个体身份的出现,同时也意味着个体自我的文化觉醒,亦即个体成为主体性的存在。换言之,个体不仅在经济社会层面上获得了一定的权利,同时也

---

① 〔美〕丹尼尔·贝尔:《资本主义文化矛盾》,严蓓雯译,南京:江苏人民出版社2007年版,第13页。

在文化层面上具有个体自我的意志与价值观念。正如阿兰·图海纳（Alain Touraine）所说："我把主体定义为成为一个个体的愿望，它创造了个人历史，赋予了个人生活经验的全部领域以意义。"①个体的解放与自我的发明成为现代社会的本质性特征。

既然个体主体化成为现代社会的本质性特征，那么文化分化也就成为现代文化的结构性特征。由于个体的主体化，每一个主体都能依凭自己的主观认识而进行理性抉择与自主判断，因此产生了各种不同的文化取向。根据黑格尔的独特理解，"一般说来，现代世界是以主观性的自由为原则的，这就是说，存在于精神整体中的一切本质的方面，都在发展过程中达到它们的权利的"②。这也就是黑格尔所说的"主观性原则"。在主观性原则的支配下，文化价值观念的多元化便成为现代文化的本质特征，文化分化也就成为现代社会的结构性特征。在现代社会的语境中，文化分化具体表现为以下方式：

第一，领域分化。传统社会是各个社会领域高度合一的社会，而现代社会的结构性特征之一便是社会领域的高度分化，经济、政治、社会、文化等各种社会领域不断分离。社会领域的分化是社会分工不断精密化的必然产物，是标志着现代社会趋于形成的重要指标。马克思曾经深入分析过市民社会与政治国家的领域分离过程及其历史进步意义，"在古代国家中，政治国家构成国家的内容，并不包括其他的领域在内，而现代的国家则是政治国家与非政治国家的相互适应"③。在马克思看来，从"领域合一"到"领域分离"的过程同时也是从传统社会到现代社会的结构转换过程。在领域分离之后，不同的社会领域具有不同的价值取向，也就形成了各种不同的文化。在经济领域，人们更多追求的是物质生产与财富积累的效率和速度；在政治领域，人们更多关注的是权力的合理分配与权利的自由平等；在社会领域，人们更多关心的是社会

---

① 转引自〔美〕曼纽尔·卡斯特：《认同的力量》，曹荣湘译，北京：社会科学文献出版社2006年版，第8页。

② 〔德〕黑格尔：《法哲学原理》，范扬、张企泰译，北京：商务印书馆1961年版，第291页。

③ 《马克思恩格斯全集》第3卷，北京：人民出版社2002年版，第41页。

秩序的稳定与活力。也就是说,各个社会领域都具有一定的文化价值取向,因而各个社会领域都呈现出文化自律的特征。在此意义上,文化分化随着领域分离而呈现出结构性分化的特征。正是在此基础上,美国学者丹尼尔·贝尔提出了"资本主义文化矛盾"这一概念。在他看来,不同社会领域具有不同的价值取向。他"将社会分解成技术经济结构、政治和文化三个领域"①,由于"每个领域都服从于不同的轴心原则"②,"遵循不同的规范,这些规范将不同甚至是相反的行为类型合法化"③,所以构成了彼此之间的文化矛盾。

第二,阶层分化。现代社会不仅出现了领域分化,同时也出现了阶层分化,新的社会阶层不断涌现。马克思曾经深刻地指出,在阶层分化的格局中,原先以普遍利益为基础的同质性文化必然转变成以特殊利益为主导的异质性文化。在马克思、恩格斯看来,"正因为各个人所追求的仅仅是自己的特殊的、对他们来说是同他们的共同利益不相符合的利益"④,所以阶层分化必然经由利益分化而产生文化的分化。换言之,由于各个社会阶层所处的社会地位不同,生活方式与职业特点的差异,与之相伴随的是利益诉求的分化,必然导致文化观念上的巨大差异。更为重要的是,现代社会的再生产不仅是物质经济的再生产,也是阶层关系的再生产。在阶层关系的再生产过程中,文化教育等意识形态机制起到了巨大作用。具体而言,文化教育等意识形态机制不仅塑造了特定阶层的文化意识,而且在一定程度上还起到了阶层再生产的作用。对此,法国学者布尔迪厄提出了"文化区隔"的概念:一方面,不同的社会阶层具有不同的审美趣味和文化追求,在此意义上,不同阶层的文化之间形成了区隔;另一方面,不同的社会阶层也在高度分化的文化教育机制中生产出来,结果形成了不同阶层之间的流动障碍和文化

---

① 〔美〕丹尼尔·贝尔:《资本主义文化矛盾》,严蓓雯译,南京:江苏人民出版社2007年版,第8—9页。
② 同上书,第8页。
③ 同上书,第9页。
④ 《马克思恩格斯文集》第1卷,北京:人民出版社2009年版,第537页。

壁垒,这种阶层固化是更为隐匿的文化隔离。①

第三,身份分化。根据现代社会的个体主体化的发展趋势,现代文化必然催生出主体身份多元化的现象,由此也就产生了基于身份认同的各种文化分化。也就是说,不同的社会身份具有不同的文化表征。在当今时代的文化研究理论中,人们总能看到诸如酷儿理论、同性恋文化理论、女性主义文化理论、黑人文化等各种令人目眩的新概念与新理论。究其根源,正是因为基于性别、族群、宗教等各种社会身份开始进入文化研究的视野。与社会主流文化与主流群体相比,这些文化身份一开始处于"亚文化"的地位,具有一定的弱势性。随着社会群体的多元化发展趋势,"身份政治"日益凸显,这些文化身份也就具有了不可忽视的文化地位,日益成为当今时代文化研究的热点问题。值得注意的是,在资本主义社会的后现代社会语境中,随着资本主义生产方式从福特制转向后福特制,资本主义社会形态从组织化资本主义转向后组织化资本主义,资本主义社会的文化形态在弹性化生产方式的推动下越来越强调个性与差异,文化生产日益与各类社会群体的文化身份相契合,资本主义社会的文化形态也就越来越强调各种社会身份的文化意蕴,从而出现了文化身份的分异现象。这也正是西方国家兴起文化多元主义的重要社会根源之一。在身份分化的作用下,人们也越来越尊重身份认同的差异性与文化身份的多样性。

第四,全球分化。全球性是现代性的重要特征之一,所以现代社会也是一个基于世界性普遍交往的全球社会。在全球化浪潮的席卷之下,现代社会的文化分化也日益具有全球性特征,表现在全球文化与地方文化的多元互动之中。全球化一方面是不同地域文化的相互碰撞与彼此交融,但另一方面,全球化也带来了深刻的文化分化,文化普遍主义与文化特殊主义的矛盾由此凸显。对于特定的国家或地区而言,它们的文化也就分化为不同的层面,既有具有普遍性的全球文化,也有具有特殊性的本土文化。这些不同层面的文化具有不同的利益诉求,也

---

① 参见〔法〕皮埃尔·布尔迪厄:《区分:判断力的社会批判》,刘晖译,北京:商务印书馆2015年版。

有不同的价值内涵,更有不同的传播能力和流动速度。因此,文化分化成为全球化时代文化发展的必然现象。在全球化时代,各个国家或地区内部原先高度稳定的文化形态开始在全球流动的格局中不断分化,不断面临着全球文化与地域文化的文化矛盾,不断面临着文化普遍性与文化特殊性的文化冲突,不断面临着本土文化与外来文化的文化张力。

第五,代际分化。如果说领域分化、阶层分化、身份分化和全球分化都是现代社会在横向维度上的文化分化表现,那么代际分化就是现代社会在纵向维度上的文化分化表现。在传统社会的文化传承中,代与代之间的文化传递过程往往具有稳定性和同一性的特征。由于传统生活方式的高度稳定性,各代人的生活经验差别不大,由此完成了祖祖辈辈的文化传承与经验复制,各代人的文化因此具有高度的同一性。然而,在现代社会中,随着社会发展的速度日益加快,生活经验的更替节奏不断提速,因而代与代之间的生活经验和文化理念也就产生了分化,这表现为人们经常说的"代沟"现象。以财富储蓄和消费观念为例,老一代人往往信奉量入为出的原则,推崇省吃俭用的生活方式;而年轻一代的人则推崇消费型生活方式,借助信用卡等手段来实现"花明天的钱,享今天的福",通过借贷的方式实现"潇洒走一回"。这就是代际的不同文化理念,由此形成了代际文化分化乃至文化冲突。值得注意的是,现代社会代际更新的速度也在加快,以往是"十年成一代",现在则是"五年有代沟",不同年龄群体的文化鸿沟在不断拉大。

人们已经看到,当今时代的文化在现代社会的不同维度上都呈现出高度分化的趋势,文化分化已经成为现代文化的结构性特征。这也意味着,现代社会的文化分化已经成为一种常态现象。这既带来了文化冲突的常态化和文化风险的集聚化困境,也促使人们重新审视文化整合的实现方式。

(二)文化矛盾的中国语境

作为现代社会的结构性特征,文化分化趋势具有一定的普遍性和必然性。也就是说,当今世界各国在现代性的全面布展中都产生了文化分化问题,也由此形成了各种文化矛盾。文化分化和文化矛盾在不同的社会历史条件下也就具有不同的表现方式。当年马克思在分析"犹太人问题"时,不仅指出犹太教与基督教的文化矛盾根源于现代市民社会的内在分裂,同时也指出,同样的"犹太人问题"在法国、德国和美国等不同的国家也就相应地具有不同的表现方式。所以,人们不仅要关注文化分化在现代社会中的一般表现,还要关注文化分化在不同国家与不同社会制度下的特殊表现。美国学者丹尼尔·贝尔专门分析了美国这个资本主义社会的文化矛盾,当代中国又有哪些深刻的文化矛盾呢?这是推进我国文化健康发展所必须面对的重要课题。

正如马克思、恩格斯所说:"在思辨终止的地方,在现实生活面前,正是描述人们实践活动和实际发展过程的真正的实证科学开始的地方。"①把握当代中国社会的文化矛盾,离不开对当代中国社会结构与发展进程的合理把握。具体而言,在现代社会不断分化与文化多元化趋势的推动下,当代中国社会的文化矛盾具有如下特定的表现方式:

首先,传统与现代的文化矛盾。在中国改革开放的历史进程中,我国所面临的首要文化矛盾便是传统文化与现代文化之间的矛盾。传统文化与现代文化的复杂矛盾之所以在中国显得尤为突出,是由中国社会本身的发展进程所决定的。与世界上其他发达国家相比,中国社会的特殊性在于,中国是在经历了漫长的传统社会的基础上进入社会主义现代化建设时期,其中缺少了资本主义现代性在中国的充分培育,这正是马克思所说的"穿越卡夫丁峡谷"的东方社会发展难题。在中国的跨越式发展道路上,中国社会一方面急切需要完成现代化建设,另一方面又不得不面对源远流长的传统文化资源及其所带来的巨大历史惯性。如果一味追求现代化而切断传统文化根脉,就很容易陷入民族文化的虚无主义困境中,同时又陷入了文化激进主义的非理性状态。反过来说,如果一味推崇传统文化而罔顾现代文化的发展方向,那么就很容易出现文化倒退现象,深厚的传统文化在现代化进程中不再是可资

———————
① 《马克思恩格斯文集》第 1 卷,北京:人民出版社 2009 年版,第 526 页。

利用的宝贵资源,反而成为现代化建设中的沉重包袱,在"死人抓住活人"的困境中沦为现代化的"文化阻滞力"。处理传统与现代的文化矛盾,关键在于要从动态发展视角理解文化。文化是一个动态发展的过程,而不是静止的现成文化产品。在此意义上,传统文化作为文化流变的轨迹,应当在创新中继承,发展传统文化才是传统文化的最佳继承方式,因此不能拘泥于传统文化。同时,人们也要认识到,现代文化同样也是文化发展的结果,不是割裂与传统文化的内在联系而凭空出现的。在此意义上,当代中国应当以现代文化为原则,以传统文化为资源,合理调动传统文化的积极因素,不断实现传统文化的现代转化,以此解决传统文化与现代文化的文化矛盾。

其次,全球与本土的文化张力。中国的改革开放进程不仅是中国社会从传统向现代的转型过程,同时也是从封闭状态转向开放状态的转型过程。中国在融入全球化的历史进程中不可避免地将会遭遇到全球文化与民族文化的张力。更为重要的是,全球文化与本土文化的张力以时空压缩的方式在我国凝结,从而呈现出复杂态势。如果人们为了顺从全球化而盲目拥抱全球文化,甚至将全球文化视为放诸四海而皆准的文化形态,那么就会在全球化浪潮中丧失"文化自我"而随波逐流。同样地,如果我国在全球化进程中简单拒斥外来文化和全球文化,以激进的方式推崇本土文化,那么就会陷入文化孤立主义而与世界历史趋势相隔绝,与人类文明的主流相对立。所以,全球文化与本土文化的张力在本质上是关于如何理解文化的普遍性与特殊性的问题。对此,人们必须认识到:一方面,文化的普遍性是寓于特殊性之中的普遍性,黑格尔将此称为"具体的普遍性"。也就是说,当今世界并不存在着一个脱离各地文化特殊性的抽象的普遍性,全球文化的普遍性因素必须具体地体现在本土文化之中,这也正是"全球本土化"的客观趋势。另一方面,正如世界上并不存在可以脱离普遍性的特殊性一样,本土文化的特殊性同样也离不开全球化条件下的普遍联系。换言之,没有全球化的普遍交往,也就谈不上"越是民族的,越是世界的"。在全球化的普遍交往之前,本土文化仅仅是地方性知识而处于自在状态,正是因为本土文化融入了全球交往中,这才产生了"文化自我"问题,才形成了本土文化的自觉意识。所以,面对全球文化与本土文化的张力,我国文化发展的重要任务是借助全球文化的交往机制与传播平台,使本土文化从特殊性上升为普遍性,亦即向世界证明当代中国文化的世界意义,为人类社会贡献中国智慧与中国方案。

再次,市场与人文的文化冲突。随着我国社会主义市场经济体制的建立,我国又面临着市场化与人文化两种价值取向之间的深刻矛盾。以市场经济为主轴的文化取向在总体上是功利理性,而文化取向更多的是追求价值理性,亦即人文理性。长期以来,人们从手段和目标的关系来理解这两种理性,认为价值理性是目标,功利理性是手段。然而,对当代中国社会而言,这两种理性的冲突并非目标与手段的脱节,而是两种社会领域的各自价值目标之间的冲突。值得注意的是,功利理性与人文理性的文化冲突也已经深入文化领域内部。例如,在如何看待大众文化产品的属性问题上,就存在着两种截然不同的观点。有的观点侧重强调大众文化产品的商品属性,主张利用市场机制推动大众文化发展,但却难以应对大众文化庸俗化的问题。而另一种观点则强调大众文化产品的文化属性,在强调大众文化的价值取向的同时忽略了大众文化赖以发展的市场机制。这便是这两种理性在文化领域的深刻表现。如果人们盲目追求功利理性而牺牲人文理性,那么我国文化也就沦为资本逻辑的捕获物,从而陷入畸形发展的不良局面。久而久之,人文理性的缺失将使市场经济难以为继,因为市场经济的合理建构也离不开一定的价值观念。同样,如果人们侈谈人文理性而对功利理性不屑一顾,那么我国文化发展就会丧失必要的物质基础而沦为空中楼阁。所以,在市场经济体制全面推开的当代中国,必须处理好市场与人文的文化冲突,化解功利理性与人文理性的两难困境,建立我国文化产业发展中经济效益与文化效益协调并重的合理机制。

最后,精英与大众的文化对峙。随着市场经济向文化领域的深入发展,我国的大众文化由此勃兴,出现了精英文化与大众文化同时并存、相互交织的复杂局面。人们已经注意到,在精英文化与大众文化的背后蕴含着精英与大众的文化对峙现象。在传统社会中,文化生产往往由文化精英所主导,精英文化是以往社会中的主流文化形态。然而,现代社会在社会结构上日益呈现出扁平化趋势,文化生产的主导权也因此逐步从文化精英转移到社会大众的手中。换言之,伴随着大众文化的崛起,人们看到了精英文化的式微。在当代中国,文化精英的话语权正在衰退,各种专家在网络空间受到奚落与嘲讽,各界精英的文化权威地位遇到挑战。但是,如果缺失了文化精英的守护,那么文化大众化将会蜕变为文化的民粹化,文化的扁平化发展趋势也将沦为文化的平庸化。于是,人们不难观察到当代中国文化建设的尴尬境地,亦即在"文化的繁荣"的同时却出现了"精神的贫困"这样的困境。在此意义上,精英文化与大众文化的合理平衡是关系到我国文化发展质量的关键问题。我国要想摆脱精英与大众的文化对峙困境,关键在于精英文化与大众文化的合理归位,区分两种文化的各自属性,发挥两种文化的功能,避免两种文化的越界。如果精英文化代替了大众文化,则会陷入文化专制;反过来说,如果大众文化对精英文化进行僭越,则又将导致低俗文化的泛滥现象。事实上,精英文化和大众文化各自占据一定的合理边界。精英文化应当守护文化价值的理念,而大众文化应当注重文化的传播。

以上这些文化矛盾都是我国文化建设中客观存在的事实,也是我国现代化建设的复杂性的文化反映。由文化分化而导致的文化矛盾固然对我国文化建设的合理展开起到了一定的制约作用,但是人们也应该看到,文化矛盾的合理解决也是推进我国文化发展的重要动力。在此意义上,文化矛盾的存在并非只有负面影响而全无积极意义。要想使文化矛盾从制约我国文化发展的负面因素转变为推进我国文化发展的内在动力,关键在于深入推进我国的文化整合工作。于是,文化整合的问题得以凸显,我国文化的当代整合开始成为我国文化发展中的重要课题。

(三) 文化整合的当代凸显

既然文化分化是现代社会的结构性特征,那么应对文化分化的文化整合问题也由此得以凸显。对于我国文化发展而言,文化整合工作具有极为重要的战略意义,因为文化整合工作直接关系到我国能否合理应对各种文化矛盾,直接关系到我国的社会团结与政治稳定,直接关系到我国的文化认同与文化自信。

对于文化发展和社会发展而言,当代社会的文化整合具有如下重要功能:

第一,文化整合是实现文化健康发展的内在需要。回顾文化发展的历史,人们不难发现:对一个民族的文化发展而言,每一次文化整合都将带来民族文化的不断壮大。在中国的秦汉时期,儒法合流的文化整合使中国社会摆脱了秦朝二世而亡的政治悲剧;反过来看,汉武帝的"罢黜百家,独尊儒术"导致了思想专制与文化禁锢的可悲局面。在魏晋南北朝时期,中国文化随着民族大融合而实现了胡汉文化的整合,中原文化为游牧民族带来了先进的生活方式,而游牧文化也给中原文化注入了新鲜血液;反过来看,拒斥胡汉文化融合的政权都相继退出了历史的舞台。在唐宋时期,万方来朝的文化整合开创了大唐盛世,儒佛交融的文化整合使得儒家文化进入了理学的新时期;反过来看,儒家理学一家独大的思想钳制扼杀了中国文化健康发展的活力。在明清时期,中原农耕文化、蒙古草原文化、西域丝路文化、东北狩猎文化、东南海上文化这五大文化的有机整合使得中华文化超越了狭隘的中原中心主义而获得了蓬勃生机;反过来看,"片甲不许下海"的闭关锁国政策使中国错失了与西方文明整合的机遇,从而陷入了落后挨打的千年变局。中国文化发展的正反两方面经验教训告诉人们,凡是故步自封,必将导致文化衰竭;只有文化包容,才能发展壮大。从更深层次的角度看,文化整合之所以能够推进文化的发展,是因为文化整合过程同时也是一次文化竞争的过程,更是一次文化筛选的过程。在多元文化彼此竞争的过程中,先进文化脱颖而出,落后文化自然淘汰。于是,经由这样的文化筛选,文化整合始终确保先进文化的前进方向,始终推动民族文化的吐故纳新,始终具有与时俱进的文化活力。因此,文化整合成为推动文化发展的内在动力。

第二,文化整合是全球化时代保持文化自主和建立文化认同的必要前提。在全球化时代,文化整合显得尤为重要。在全球化文化交流的推动下,各种文化思潮蜂拥而至,人们不出国门也可能卷入国际文化的巨大"漩涡",同一地域内部的文化的异质化程度不断强化。错综复杂的文化格局给民族文化的发展带来了无序发展的文化困扰,这在客观上要求人们必须推进文化整合。在全球化时代,文化整合的首要问题是:谁来进行整合?或者说,谁来"整合"谁?实际上,这就涉及文化整合的主体问题,亦即保持文化自主的问题。失去主体的文化整合事实上不称其为"整合",而是"被吞并"。如果没有形成文化整合的主体意识,即使这个国家和民族的文化积累再深厚、文化资源再丰富,也只会沦为世界文化博物馆中的陈列品,即始终处于客体的地位。在此意义上,文化整合是一个国家在全球化时代保持文化自主的重要途径。此外,与文化整合主体意识密切相关的另一个问题是:在全球化的各种观念和思潮的相互交流、交锋和交融过程中,人们在全球文化交流过程中普遍感受到了"认同危机",主体的自我身份在全球交往中日益模糊,所以人们始终在追问:我们是谁?这就涉及全球化时代的文化认同问题。值得注意的是,全球化时代的文化认同问题既构成了文化整合的内在需求,同时也构成了文化整合的巨大挑战。有学者指出,"步入全球化之后,与权力中心相分离的权威空间进一步裂变为多重权威空间……这种多重权威空间的相互交织,意味着人们即使处于同一个区域,但在观念上也可能服从于不同组织的权威,或固守本民族的价值观,或推崇其他国家的价值观,这就对认同提出了挑战"①。所以,在全球化时代要想确立文化自主和文化认同,同样离不开文化整合。

第三,文化整合是推进社会各个领域协调发展的重要动力。现代社会不仅需要各个社会领域的高度分化,同样也需要在领域分离的基础上实现各个社会领域的有机互动。现代化理论研究的代表人物西里尔·E.布莱克(Cyril E. Black)指出:"从结构—功能主义的角度来理解,现代化的正常进程是先有社会的分化,然后通过整合来补偿由于分化而造成的秩序的脱节和混乱,逐步形成良性的循环,使社会获得现代

---

① 丰子义等:《社会发展的全球审视》,北京:北京师范大学出版社2017年版,第172页。

化的能力。"①必要的领域分离固然有助于社会发展,但是这并不意味着领域分化程度越高,社会发展就越快,恰恰相反,社会领域的过度分化将会导致社会的解体。为了避免社会解体,就要各个社会领域的协调发展;而各个社会领域的协调发展,又离不开文化整合的必要介入。这是因为文化整合是促进各个社会领域协调发展的精神动力。与其他社会领域相比,文化领域具有一种值得关注的特殊性,即文化领域具有超越自我领域设定的超越性和总体性。也就是说,文化总会介入其他社会领域并发挥其所独特的濡化功能。正因为如此,文化在社会再生产的过程中日益占据重要地位。形象地说,如果说整个社会有机体是一架有序运转的机器,那么各个社会领域犹如这个机器的构件,而文化则是带动各个构件相互配合的纽带,使各个构件彼此咬合,密切互动。人们已经注意到,随着现代社会的深入发展,各个社会领域的依存度正在不断提高,文化与经济、政治、社会等领域的一体化关系日益紧密,文化对各个社会领域的影响力与日俱增。在此意义上,文化整合成为各个社会领域高度协作、社会有机体有序运转的关键所在。

  第四,文化整合是推动国家治理现代化的共识保障。国家治理现代化离不开一定的政治文化共识。这个政治文化共识既可以是国家政治发展的最高目标,亦即"目标共识";也可以是维系国家政治秩序的最低限度,亦即政治底线。没有这样的政治文化共识,人们将会依凭各自的价值取向而各自为政,整个社会也就陷入价值观撕裂的困境而莫衷一是,整个国家的政治秩序也因此丧失必要的维系纽带而四分五裂,整个民族也就由此陷入动荡不安的局面。因此,有学者指出:"共识通常被视为政治的真正要义。因为政治至少在某种意义上是一种特殊的解决冲突的非暴力方式。"②在此意义上,对国家治理现代化而言,文化整合的使命就是为国家治理寻求"最大公约数",为政治秩序配上心理秩序,为国家政治发展奠定人心基础,为民族发展提供强大的精神凝聚

---

① 〔美〕西里尔·E. 布莱克:《比较现代化》,杨豫、陈祖洲译,上海:上海译文出版社 1996 年版,第 25 页。

② 〔英〕安德鲁·海伍德:《政治学核心概念》,吴勇译,天津:天津人民出版社 2008 年版,第 21 页。

力。从世界各国的国家建构历史来看,美国正是通过所谓的"美国梦",不断激励外来移民积极融入美国主流社会,在认同美国式生活方式的基础上认同美国的政治秩序,为美国的政治合法性提供了国家认同基础。反观苏联,苏联解体的重要根源之一正是苏联内部价值共识的断裂与缺失,最终使得苏联人民对苏联解体采取了冷漠的旁观态度。从美苏正反两方面的经验教训中可以看出:没有文化整合,也就没有政治共识;没有政治共识,也就没有政治稳定;没有政治稳定,也就没有国家治理现代化。

第五,文化整合是构建社会共同体的必由之路。根据马克思的历史唯物主义理论,社会共同体是现代社会的必然走向。共同体理想集中体现了马克思主义的社会理想,共同体概念在马克思的经典文本中反复出现,共同体理论是马克思共产主义理论的重要组成部分。马克思所设想的未来共同体是实现人的全面而自由发展的共同家园,是社会公共利益与普遍利益的最终实现,是和而不同、求同存异的和谐局面,是共同富裕、公平正义的社会机体。在从市民社会转向现代共同体的过程中,文化整合成为建构社会共同体的重要方式。这是由市民社会与现代共同体在社会结构上的本质区别所决定的。从马克思的思想发展历程来看,马克思正是在批判资产阶级市民社会的过程中建构了共同体理论,形成了现代共同体的解放诉求与理想目标。市民社会与现代共同体不仅是两种不同的社会有机体的构成方式,同时也是两种不同的文化逻辑:市民社会的文化逻辑是碎片化,最终导致了个人逐利、社会分化、丛林法则和文化撕裂;而现代共同体的文化逻辑是共通性,强调互相协作、社会团结、公共利益和文化整合。值得注意的是,美国正是因为缺乏必要的文化整合而陷入"文化内战"的困境之中。在美国,随着身份政治的凸显,美国文化整合放弃了过去的"大熔炉"模式,转而采取"沙拉碗"模式,亦即放弃了文化整合而只凸显文化多元。结果,当今美国社会在诸如同性恋婚姻、堕胎权等问题上陷入了巨大的社会撕裂,以"新教福音多数派"为主的保守派和推崇社会多元的民主派之间互相攻讦,整个美国社会陷入社会价值观撕裂的困境之中。同时,美国民主派从文化相对主义滑入文化虚无主义,而保守派也从文化保守主义陷入文化激进主义和民粹主义。从美国的反面教训中不难发现,文化整合是构建社会共同体、规避文化内战与社会撕裂等风险的必由之路。如果我国能够通过文化整合构建社会共同体,那么这将是我国社会主义制度优越性的鲜明体现。

正因为文化整合具有上述重要功能,所以文化整合成为当代文化发展的必要工作,也是我国文化建设的题中应有之义。总的来说,全球文化的激烈碰撞、理论思潮的彼此拉锯、文化生产的个性凸显、社会团结的内在需要、政治稳定的文化诉求、文化矛盾的时空压缩,在这些因素的共同交织下,文化整合问题日益凸显为文化发展的重要问题。尤其是对中国而言,我国的发展阶段在横向上有全球范围内的共时性特征,又在纵向上有我国自身发展所特有的历时性特征,两种因素相互交汇,使得我国在跨越式发展过程中,在"时空压缩"的作用下,必然爆发"文化矛盾压缩"的危机,古今后、左中右各种文化都在博弈,而我国传统的社会核心价值本身也处于激烈的变革过程之中,因此文化整合对于当今中国比以往任何一个时期都显得更为重要。文化整合由此走上了文化发展的前沿。

二、文化整合的价值取向与实现方式

既然文化整合是现代文化因应多元分化趋势的必然举措,那么按照何种原则与机制进行文化整合就逐渐成为当今时代文化发展必须面对的现实课题。如果从社会发展理论的视野透视文化发展的把握方式是有效的,那么文化整合的原则与机制也就必须从社会发展的内在逻辑中予以审视。从社会发展的现实语境出发,当今文化的整合原则与机制必然具有新的时代特征。也就是说,文化整合的原则不是脱离现实社会的历史规定性的抽象原则,而必须要与社会发展所内蕴的现代性价值取向相适应。在此意义上,文化整合的有效性,取决于人们能否领会现代性的生成逻辑与发展趋势,否则文化整合就会沦为多元文化之间无原则的简单拼凑,而非达到现代社会原则高度的文化创新,甚至会陷入文化倒退的尴尬境地。所以,在马克思现代性批判理论的基础上重新审视文化整合的现代原则与内在机制,是将从社会发展把握文化整合这一理论路径进一步现实化和具体化的合理展开。换言之,多元文化以何种原则与方式加以整合的问题,必须要牢牢锚定在现代性充分展开的现实语境之中。

(一) 当代文化整合的原则高度

随着当代文化的分化现象在不同层面上的展开,文化整合也就相应地具有不同的原则和机制,文化在不同层面的整合难度也就不能等量齐观。在大众文化层面,作为市场逻辑的必然产物,大众文化看似不断裂变出各种亚文化形态,其实都统一于市场逻辑与消费文化。对于当代中国而言,真正构成文化整合严峻挑战的是不同文化背后的主导价值观之间的冲突与碰撞,亦即马克思主义文化、西方文化和中国传统文化之间的碰撞与互动。值得注意的是,这三种文化形态不仅是"类型的差异",而且也蕴含着深刻的"时代的差异":西方自由主义文化与西方现代性的展开如影随形,然而西方现代性的内在危机又激发了强大的现代性批判思潮,不仅在西方文化内部出现了文化保守主义与后现代主义两种不同方向上的现代性反思,同时也在当代中国激发了传统文化的复兴态势;中国传统文化虽然在价值追求上与西方现代性存在着原则性的区别,但其文化内容和思维方式仍然不可避免地具有"前现代"的特征;马克思主义文化作为一种"反现代性的现代性",则是在重建现代性的前提下扬弃现代性,而不是将现代性作为一种"文化原罪"直接加以拒斥。所以,如何对待和审视现代性的问题必然成为当代中国文化整合的原则问题。在这方面,马克思的现代性批判为我国文化整合确立了原则高度,即当代中国文化整合的合理指向应当是"重建现代性",既不能无原则地全盘接受西方现代性的既有成果与现成模式,更不能以"反思现代性"的名义使当代文化在价值取向上倒退回"前现代"的水平。

具体而言,马克思的现代性批判之所以能够为当代中国的文化整合确定原则高度,是因为:

首先,马克思的现代性批判揭示了异质性文化共存的现实前提,即现代性的充分展开。反思现代性的传统文化和消解现代性的后现代文化,无一不是以现代性的展开为其现实前提。在此意义上,现代性的展开过程是各种异质文化得以多元互动的现实语境。正如马克思所说:"意识一开始就是社会的产物,而且只要人们存在着,它就仍然是这种产物。"①由于马克思是从"社会的产物"理解文化发展的逻辑,所以马克思主义文化必然要求文化整合以现代社会为现实前提。而西方自由主义文化基于对西方现代性的肯定性理解,也就不言而喻地以现代社会为前提。那么中国传统文化是否应当以现代社会为前提而被整合进当代文化呢? 也就是说,真正需要辨析的是中国传统文化与现代性的内在关系。按照人们以往的理解方式,传统与现代总是处于一种对立关系,从而忽视了传统文化与现代性的共生结构。正如西方有学者指出:"虽然人类不能没有传统而生存,也不能做到对其所接受的传统心满意足地生存,但是传统既是持续性的,又是断裂的。"②事实上,传统之所以成其为传统,正是建立在现代性的"断裂意识"之中。如果没有现代性所导致的传统文化与现代文化之间的断裂,那么传统文化就始终是一种自在意义上的文化样态,而不是经过反思之后的自觉产物。也就是说,没有现代性的现实前提,传统文化才具备了面向现代性的自我意识。既然现代性构成了传统文化的合理边界,那么传统文化也必须要以现代社会为前提而展开反思。

由于现代性前提的存在,传统文化的内涵发生了极大的变化:传统文化不再仅仅被视为是一种与现代性完全对立的、过去时代的事物,而且也被视为是一种在现代性之中不断被生成的活体,因为现代性使得传统文化的合理因素被不断激活。在此意义上,一方面,"复旧注定要失败;传统主义运动注定要失败,因为历史悠久的传统——连续存在到日前的传统——不可能完全消亡"③;另一方面,传统本身也在现代社会中不断自我更新,以至于"从传统中解放出来的传统也属于我们文明的

---

① 《马克思恩格斯文集》第1卷,北京:人民出版社2009年版,第533页。
② 〔美〕爱德华·希尔斯:《论传统》,傅铿、吕乐译,上海:上海人民出版社2009年版,第346页。
③ 同上书,第354页。

宝贵成就。它把奴隶和农奴改造成了公民;它解放了人类的想象和理智能力;它使人类有可能得以实现美好的生活"①。因此,传统文化也以现代性为自身前提,传统文化对于现代性的反思并不意味着对现代性的全盘否定乃至盲目拒斥。既然马克思主义文化、西方自由主义文化和中国传统文化都以现代社会为前提,那么当今时代的文化整合必须要正视现代性的合理存在及其矛盾。在文化整合的过程中,"应当时刻把握住:无论在现实中或在头脑中,主体——这里是现代资产阶级社会——都是既定的"②,这是因为"实在主体仍然是在头脑之外保持着它的独立性;只要这个头脑还仅仅是思辨地、理论地活动着。因此,就是在理论方法上,主体,即社会,也必须始终作为前提浮现在表象面前"③。也就是说,无论何种文化对现代性展开了何种反思与批判,现代社会的客观存在始终都是文化整合的既定前提,这就决定了当代文化整合的原则高度只能高于现代性而不能停留在前现代的理论水准之上。

其次,马克思的现代性批判为异质文化的有机整合明确了现代文化的价值取向,即文化整合的价值取向应当是扬弃现代性,而非停留在"反现代性"或倒退回"前现代性"的水准。之所以强调文化整合的价值取向,是因为当前文化领域中存在着一种令人忧虑的倾向,即将马克思主义文化和中国传统文化都理解为对现代性的反思性文化,从而使二者以拒斥现代性的方式进行无原则地对接。虽然马克思对现代性持有严肃的批判立场,然而这并不意味着马克思主义文化与传统文化的有机融合要倒退到"前现代"水准。事实上,马克思本人曾以"封建的社会主义"为例,对这种肤浅的"文化整合"进行了严厉的批判。在马克思看来,法国和英国的贵族看似反对资产阶级现代性,然后将封建文化与社会主义原则进行简单的拼凑,"这样就产生了封建的社会主义,半是挽歌,半是谤文,半是过去的回音,半是未来的恫吓;它有时也能用辛辣、俏皮而尖刻的评论刺中资产阶级的心,但是它由于完全不能理解现

---

① 〔美〕爱德华·希尔斯:《论传统》,傅铿、吕乐译,上海:上海人民出版社2009年版,第348页。
② 《马克思恩格斯全集》第30卷,北京:人民出版社1995年版,第47—48页。
③ 同上书,第43页。

代历史的进程而总是令人感到可笑"①。由于这种文化拼凑"不能理解现代历史的进程",因此,尽管封建贵族与僧侣们在封建文化的基础上纳入了社会主义因素,然而这种"封建的社会主义"仍然被马克思称之为"反动的社会主义",亦即这种封建的社会主义并没有达到现代社会的原则高度。

无可否认的是,当前的西方现代性固然存在着无法克服的内在矛盾,但是文化整合并不是对现代性矛盾的外在批判,而是深入这种矛盾之中去扬弃现代性。西方自由主义文化将自身特殊的文化形态冒充为普世价值,人们对这种普世价值加以理性的反思和拒斥无疑是合理的。但是人们同时也应当看到,西方自由主义文化之所以具有普遍性的外表,绝不是因为其价值理念具有普遍性,而是其所依托的现代性经济和社会体系具有一定的普遍性特征。所以,人们在拒斥西方自由主义文化"虚伪的普遍性"的同时,不能连带着否定现代性制度体系的历史合理性。事实上,马克思本人也正是以这样的态度对待西方自由主义文化,他在消解西方自由主义的意识形态幻象的同时,也承认"资本的伟大文明作用",更是在此基础上进一步揭示"资本文明"的内在矛盾而为新的文化形态奠定了合理的理论基础。这意味着,当代中国的文化整合绝不能以牺牲现代性的合理成果为代价,而是应当吸收借鉴各种有益的思想资源,从而在现代社会的原则高度上实现文化整合。

最后,马克思的现代性批判为异质文化的有机整合提供了合理的思维方式。马克思主义文化、西方自由主义文化和中国传统文化不仅存在着价值取向上的原则性差异,同时也存在着思维方式上的深刻差异。西方自由主义文化之所以对现代性原则予以未经反思的肯定性理解,是因为西方自由主义文化对现代性问题采取了经验主义的思维方式,即对于现代性事物的审视停留在经验层面,而没有探究这些经验事实背后的历史根据。与西方自由主义文化这种未经反思的经验主义思维方式不同,中西保守主义文化则是通过浪漫主义的思维方式对待各自的文化传统,在将自身文化传统加以浪漫化的同时对现代性采取了

---

① 《马克思恩格斯文集》第 2 卷,北京:人民出版社 2009 年版,第 54—55 页。

简单拒斥的态度。也就是说,浪漫主义思维方式对现代性的领会仍然停留在其表面,而未能深入现代性的内在矛盾中去。对于这样的思维方式,马克思曾以德国历史法学派为例进行深刻的批判,"随着时间的推移和文化的发展,历史学派的这棵原生的谱系树已被神秘的烟雾所遮盖;浪漫派用幻想修剪它,思辨又把自己的特性嫁接给它;无数学术果实都从这棵树上被摇落下来,晒干,并且被加以夸大地存放在宽阔的德国学术库房中"①。

在对待现代性的问题上,经验主义和浪漫主义两种思维方式看似立场对立,要么对现代性加以无批判的直接肯定,要么对现代性进行外部性的反思,但二者都具有相同的特征,即以感性直观的方式领会现代性事物及其产生的问题。与这两种思维方式不同的是,马克思对待现代性则采取了批判性的辩证思维。马克思说:"辩证法在对现存事物的肯定的理解中同时包含对现存事物的否定的理解,即对现存事物的必然灭亡的理解;辩证法对每一种既成的形式都是从不断的运动中,因而也是从它的暂时性方面去理解;辩证法不崇拜任何东西,按其本质来说,它是批判的和革命的。"②根据这种合理形态的辩证法,马克思对现代性危机所采取的是"内在批判"而非"外部反思"的态度,对现代性的积极成果所采取的是历史性的态度,而非将其视为"永恒的自然规律"。在此意义上,马克思把握现代性的辩证思维应当成为整合各种异质文化的思维方式。

总的来看,正因为现代社会成为各种异质文化的现实前提,进而扬弃并重建现代性成为整合异质文化的价值取向,同时批判性的辩证思维又成为整合异质文化的思维方式,所以马克思的现代性批判理论为当代中国的文化整合奠定了原则,亦即文化整合必须要达到现代性批判的原则高度。这意味着,当今时代的各种异质文化要想得以有机融合,就必须要先行地领会马克思的现代性批判,并在现代性的现实语境中确立文化整合的新机制。

---

① 《马克思恩格斯全集》第 1 卷,北京:人民出版社 1995 年版,第 238 页。
② 《马克思恩格斯文集》第 5 卷,北京:人民出版社 2009 年版,第 22 页。

(二)当代文化整合的新型机制

文化整合的原则高度不仅需要在马克思现代性批判的基础上加以确立,而且文化整合机制的当代特征也要在现代性的现实语境中加以把握。这是因为现代社会的文化整合机制呈现出不同于传统社会整合机制的时代特征。在传统社会中,各种文化往往以"无中介的直接同一"方式加以整合。这种文化整合机制在坚持自身文化主体性的前提下包容外来异质性文化的合理因素,保留外来文化与原有文化之间的同一性内容,消化甚至排斥两者之间的差异性内容,从而实现主体性文化的发展和壮大。这种文化整合机制的特征是文化主体性的地位是既定的,所以这种整合仅仅是文化要素的吸纳与文化形式的更新,而未涉及自身文化的主体性地位的瓦解和动摇问题。然而,现代社会的文化整合的复杂程度远远超过了传统社会的文化整合,因为现代文化整合不单纯是文化要素与形式之间的融合,还涉及多元文化主体之间的深刻互动。换言之,对特定的文化主体而言,异质文化的存在同样是主体性的存在,不再是一个可以轻易消解其主体性的"他者"。这意味着现代社会的文化整合不能仅从文化主体性的维度上加以把握,而是要在文化"主体间性"的维度上加以重新审视。正是由于从单一文化主体的内部整合转向多元文化主体之间的相互激荡,现代社会文化整合的机制必然要从"无中介的直接同一"机制转向"经由中介的辩证统一"机制。

文化整合的当代机制之所以是"经由中介的辩证统一"机制,是由现代社会的中介性特征所决定的。值得注意的是,马克思的现代性批判理论充分揭示了现代社会的中介性特征:

首先,马克思在社会结构的层面上揭示了现代社会的中介性特征。马克思认为,从传统社会到现代社会的历史转型中,中介的出现及兴起成为关键性的因素。对此,马克思说:"在法国,中世纪初期替封建主管理和征收租税的管家,不久就成为实业家,他用勒索、欺骗等方法,变成了资本家……由此可见,在社会生活的各方面,有很大的一部分落入中间人的手里。例如,在经济方面,金融家、交易所经纪人、大小商人捞取营业中的最大好处;在民法方面,律师敲诈诉讼双方;在政治方面,议员比选举人重要,大臣比君主重要;在宗教方面,上帝被'中介人'挤到次要地位,而后者又被牧师挤到次要地位,牧师又是善良的牧羊人和他的羊群之间的必然的中间人。"①在马克思看来,正是由于这些"中间人"的兴起,传统社会的等级化结构和依附性人身关系才被逐步瓦解,而以不同个体之间的互相承认为前提的市民社会由此诞生。所以,中介性的存在成为区分传统社会与现代社会的结构性特征。

进而,马克思在社会关系的层面上进一步揭示了现代社会的中介性特征。在马克思看来,随着现代市场经济的确立,"一切产品和活动转化为交换价值,既要以生产中人的(历史的)一切固定的依赖关系的解体为前提,又要以生产者互相间的全面的依赖为前提"②。现代生产中的中介性关系必然反映到人与人的社会关系之中,于是以"人的依赖关系"为特征的"最初的社会形式"转变为第二种社会形态,即"以物的依赖性为基础的人的独立性,是第二大形式,在这种形式下,才形成普遍的社会物质变换、全面的关系、多方面的需要以及全面的能力的体系"③。从中可以看出,"以物的依赖性为基础的人的独立性"成为现代社会的社会关系的重要特征。在现代社会中,人的独立性必须要以物的依赖性为中介,物质联系成为人们相互之间发生联系的现实中介,即"普遍的需求和供给互相产生的压力,作为中介使漠不关心的人们发生联系"④,"个人通过这种物的形式才取得和证明自己的社会权力"⑤。这就是现代社会的中介性特征在社会关系中的具体体现。

最终,现代社会的中介性特征必然反映到文化领域,从而在人的精神领域中对"以物的依赖性为基础的人的独立性"加以文化上的确认,最终导致了"主观意识"的普遍化,这成为现代文化的重要特征之一。在这方面,黑格尔提供了深刻的洞见:"一般说来,现代世界是以主观性

---

① 《马克思恩格斯文集》第 5 卷,北京:人民出版社 2009 年版,第 854 页。
② 《马克思恩格斯全集》第 30 卷,北京:人民出版社 1995 年版,第 105 页。
③ 同上书,第 107 页。
④ 同上书,第 108 页。
⑤ 同上。

的自由为其原则的,这就是说,存在于精神整体中的一切本质的方面,都在发展过程中达到它们的权利的。"① 黑格尔所说的"主观性的自由",即处于现代社会中的个体对自身的特殊利益的认识,同时也是对自身的主体地位的确认。对此,黑格尔进一步指出:"主体的特殊性求获自我满足的这种法,或者这样说也一样,主观自由的法,是划分古代和近代的转折点和中心点。"② 从中可以看出,"主观意识"的核心在于"主体的特殊性求获自我满足"。黑格尔将这种"主观意识"定位在"知性"层面,希冀通过从主观意识到客观精神的哲学思辨扬弃主观意识。而在马克思看来,这种主观意识的扬弃方式无疑是基于绝对精神的抽象思辨,如果不深入探究这种主观意识的社会存在根源,最终就无法在现实中超越这种主观意识。虽然马克思和黑格尔在如何扬弃这种主观意识的路径存在着根本性的差异,但不可否认的是,主观意识的勃兴是现代社会文化领域的客观现象,是人的社会意识对中介化的社会存在的能动反映,是"以物的依赖性为基础的人的独立性"在文化领域的深刻体现。一旦现代社会的中介性特征在人们的头脑中被确认为"主观意识",那么如何应对各种"主观意识"所导致的文化裂变,也就必然成为文化整合的现代机制所亟须回应的现实挑战。

从宏观层面的社会结构到微观层面的个体价值,现代社会的中介性特征逐步渗透到文化领域之中,这从根本上决定了当今时代的文化整合只能是"经由中介的辩证统一"机制,而不能停留在"无中介的直接同一"层面。既然文化整合的当代机制不再以追求直接的同一性为自身的目标,而诉诸中介化的辩证形式,那么进一步值得追问的是:各种异质文化究竟经由何种中介才能加以整合?

围绕这一问题,当今思想界提供了一种整合机制,即以形式化、程序化的文化对话为整合中介,亦即通过文化对话的方式推进文化整合。胡塞尔的"主体间性"、哈贝马斯的"商谈伦理"和罗尔斯(Rawls)的"交叠共识"即是这种机制的具体展开。这些整合机制先行地悬置各种异

---

① 〔德〕黑格尔:《法哲学原理》,范扬、张企泰译,北京:商务印书馆1961年版,第291页。
② 同上书,第126—127页。

质文化蕴含的价值冲突,将各种异质文化都承认为彼此平等的对话主体,试图以形式性的文化对话机制取代实体性的文化内容的融合,形成了文化多元主义的整合机制。然而,晚近欧洲难民危机所引发的欧洲文化危机的事实证明,这种文化多元主义的整合机制并没有带来"和而不同"的理想局面,反而陷入了各种文化之间相互敌视的尴尬境地。首先,文化多元主义整合机制陷入"文化相对主义"的窠臼之中,当各种文化的存在合理性都被等量齐观的同时,各种文化的内在融合也就沦为了抽象的话语对接;其次,文化多元主义的整合机制未能有效地实现文化融合,反而使不同社会群体的文化身份不断区隔,身份政治逐渐撕裂文化整合的可能性;最后,文化对话的形式化做法非但没有促进不同文化主体的相互承认,反而将不同文化群体之间的内在冲突通过这种形式化的安排得以固化,不同文化群体之间的"偏见与傲慢"变得日益根深蒂固。之所以会出现这些问题,究其根源是因为这种文化整合机制单纯依靠形式化的对话程序,而忽视了文化价值的实质性融合。当然,对于文化整合而言,文化对话无疑是必需的内在环节,然而如果文化对话沦为抽象的整合原则和形式安排,那么文化对话的有效性也就大打折扣。

由此观之,文化整合的中介化机制不能停留在抽象的对话形式,还必须要深入实质性的文化交融,即各种异质文化的价值取向、思维方式、内容要素、话语体系、表现形式都要在感性实践的社会现实基础上进行深层互动。如果不能深入文化领域所依托的社会现实这一维度中,而仅仅满足于文化对话的形式化程序,那么文化整合机制的抽象性缺陷也就无法克服,文化整合也就沦为了空洞的话语游戏。也就是说,文化整合所经由的真正中介是社会意识所依托的社会存在,而不是抽象的形式中介。

(三) 当代文化整合的重点领域

形式化的文化对话机制之所以无法承担多元文化进行实质性整合的使命,究其根源是因为这种形式化的整合机制没有克服现代社会的抽象性弊病。马克思将抽象性指认为现代社会的重要特征之一。马克思深刻地指出:"个人现在受抽象统治,而他们以前是相互依赖的。但是,抽象或观念,无非是那些统治个人的物质关系的理论表现。"①如果文化整合没有在根本上摆脱"抽象统治"的现代特征,那么文化整合只能表现为多元文化之间的"观念的拼凑"或"话语的对接",亦即文化整合被锁定在观念领域,而无法深入生活世界的现实领域。在此意义上,马克思对现代社会的抽象性特征的深刻批判,有助于人们确认当代中国文化整合的重点领域和具体路径。

之所以把文化整合的重点领域从抽象的观念领域重新回归到现实的日常生活领域,是因为现代社会的抽象性特征根源于现代社会生活的内在分裂。也就是说,观念的抽象统治仅仅是现代社会抽象性特征的表征,但却无法说明这种抽象性特征何以产生。而马克思批判"抽象统治"的深刻性恰恰在于,马克思不仅指认了观念的抽象性,而且合理地揭示了"抽象统治"的现实根源。马克思深刻地指出:"关系当然只能表现在观念中,因此哲学家们认为新时代的特征就是新时代受观念统治,从而把推翻这种观念统治同创造自由个性看成一回事。从意识形态角度来看更容易犯这种错误,因为上述关系的统治在个人本身的意识中表现为观念的统治。"②在马克思看来,与其说是抽象观念统治个人,毋宁说是现代社会关系在统治个人,抽象观念的统治只是这种现代社会关系对个体进行统治的观念反映。

具体而言,现代社会关系的本质特征是以物的依赖性为基础的人的形式的独立性,即"在货币关系中,在发达的交换制度中(而这种表面现象使民主主义受到迷惑),人的依赖纽带、血统差别、教养差别等等事实上都被打破了,被粉碎了(一切人身纽带至少都表现为人的关系);各个人看起来似乎独立地自由地相互接触并在这种自由中互相交换"③。马克思进而深刻地指出:"这种独立一般只不过是错觉。"④人的独立性之所以是一种"错觉",是因为人们没有认识到人的独立性是建立在物

---

① 《马克思恩格斯全集》第30卷,北京:人民出版社1995年版,第114页。
② 同上。
③ 同上书,第113页。
④ 同上。

的依赖性基础之上。个体的独立性错觉正是通过对物的依赖性关系的遮蔽,才使个人受到抽象观念的统治。马克思在《资本论》中对商品拜物教的批判也说明了这一点。人们仅仅直观到了商品的物质形态,而没有看到商品所承载的生产关系,亦即商品的物质形式对社会关系的遮蔽,最终导致了拜物教这种抽象的物化意识。所以,要想揭示"抽象统治"的形成机制,就必须要认识到这种抽象统治的社会生活根源。正如马克思所说:"只有在那些不考虑个人互相接触的条件即生存条件的人看来(而这些条件又不依赖于个人而存在,它们尽管由社会产生出来,却表现为似乎是自然条件,即不受个人控制的条件),各个人才显得是这样的。"①所以,要想克服现代社会的"抽象统治"逻辑,就必须要重新认识"生存条件",也就是重新认识人们的现实生活过程。

更为重要的是,马克思不仅深刻地揭示了抽象统治的现实根源,还指出了这种抽象统治所带来的文化效应:抽象统治之所以可能,是因为人们在观念领域中遮蔽了物的依赖关系,而对物的依赖关系的遮蔽,最终导致的是对现实社会生活的遮蔽。马克思说,在现代社会中,物的依赖性关系"同个人相对立而存在的异己性和独立性只是证明,个人还处于创造自己的社会生活条件的过程中,而不是从这种条件出发去开始他们的社会生活"②。按照马克思的观点,由于人们没有意识到物的依赖关系是"各个人在一定的狭隘的生产关系内的自发的联系"③,因此个人就会被这种生产关系支配,无法进入社会生活的现实领域中去扬弃现代社会的抽象性特征。所以,扬弃现代社会的抽象性,必然要求文化整合扎根于社会生活的内在进程之中,而不能满足于抽象观念的外部对接。这就意味着,文化整合的重点领域不是观念领域,而是人们所处的生活世界。

回归生活世界、整合多元文化,这是马克思批判抽象统治这一现代性特征的必然要求。一般说来,生活世界构成了文化整合的前提条件。

---

① 《马克思恩格斯全集》第30卷,北京:人民出版社1995年版,第113页。
② 同上书,第112页。
③ 同上。

正如马克思所说:"不是意识决定生活,而是生活决定意识。"①哈贝马斯更是深入地揭示了文化整合在生活世界中的具体展开过程:"我们可以认为,生活世界的各个部分,如文化模式、合法制度以及个性结构等,是贯穿在交往行为当中的理解过程,协调行为过程以及社会化过程的浓缩和积淀。生活世界当中潜在的资源有一部分进入了交往行为,使得人们熟悉语境,它们构成了交往实践知识的主干。经过分析,这些知识逐渐凝聚下来,成为传统的解释模式;在社会群体的互动网络中,它们则凝固成为价值和规范;经过社会化过程,它们则成为立场、资质、感觉方式以及认同。"②从哈贝马斯的论述中,人们不难发现,文化整合作为一种文化共识以及认同,是在生活世界的交往过程中逐渐形成的。这意味着,一方面,没有生活世界作为基础,社会成员的文化共识也就无法凝聚;另一方面,没有文化的整合,生活世界的统一性也就无从谈起。对于文化整合而言,哈贝马斯的生活世界理论的启示在于,虽然文化观念在社会生活中表现出众声喧哗的热闹景象,但是生活世界总是自洽的,而生活世界的自洽性才使得文化整合有了现实保证。在社会生活过程中,人们首先是在生活实践中要保持自身行为模式的同一性,以保证日常生活的自洽性和稳定性,然后在此基础上进行文化观念的整合,而不是先进行文化整合,再按照这种经由整合的文化观念来指导人们的日常生活。也就是说,对于个体而言,日常生活的自洽性引发了人们行为模式的同一性需求,而行为模式的同一性需求又引发了文化整合的客观需求。所以,生活世界是文化整合的前提条件和现实基础。

值得注意的是,生活世界是文化整合的前提条件,这仅仅是在一般的原则层面论述了生活世界与文化整合之间的理想关系。然而,生活世界始终是具体的感性存在,而非空洞的抽象概念;始终是现实的此岸世界,而不是理想的彼岸世界。所以,要想在生活世界的基础上实现文化整合,就必须要解决如下现实问题:

---

① 《马克思恩格斯文集》第1卷,北京:人民出版社2009年版,第525页。
② 〔德〕于尔根·哈贝马斯:《后形而上学思想》,曹卫东、付德根译,南京:译林出版社2001年版,第82页。

首先,立足生活世界的文化整合应当致力于重建生活世界的统一性。生活世界在哲学理论中或许是一个完满和谐的概念,然而在现实中却陷入了碎片化的困境。有学者指出:"现代把每个人的生活分隔成多种片段,每个片段都有它自己的准则和行为模式。工作与休息相分离,私人生活与公共生活相分离,团体则与个人相分离,人的童年和老年都被扭曲而从人的生活的其余部分分离出去,成了两个不同的领域。所有这些分离都已实现,所以个人所经历的,是这些相区别的片段,而不是生活的统一体。"①正是因为日常生活的碎片化导致了文化观念的分化,立足生活世界的文化整合工作的首要任务是重建生活世界的统一性。对文化整合而言,在个体日益原子化的现代社会中,重建生活世界的统一性,尤其是要重建生活世界的公共性,即建构合理的现代生活共同体。正如马克思所说:"在真正的共同体的条件下,各个人在自己的联合中并通过这种联合获得自己的自由。"②

其次,立足生活世界的文化整合应当致力于加强各个领域的协调性。在现实的生活世界中,人们的生活领域在现代性条件下不断分化,这种领域分化使得社会日益成为一个有机体,"这种有机体制本身作为一个总体有自己的各种前提,而它向总体的发展过程就在于:使社会的一切要素从属于自己,或者把自己还缺乏的器官从社会中创造出来"③。然而,在现实过程中,社会各个分化领域之间的价值原则却存在着冲突,由此形成了所谓的"文化矛盾"。例如,贝尔在《资本主义文化矛盾》中提出:"我是经济学领域中的社会主义者,政治领域中的自由主义者,文化领域中的保守主义者。"④在贝尔看来,每一种文化价值观只有在特定的社会领域中才是合理的,问题在于,这些文化观念并不会自动地安居于特定的社会领域,总是越出特定的社会领域界限而试图成为

---

① 〔美〕麦金太尔:《德性之后》,龚群等译,北京:中国社会科学出版社1995年版,第257页。
② 《马克思恩格斯文集》第1卷,北京:人民出版社2009年版,第571页。
③ 《马克思恩格斯全集》第30卷,北京:人民出版社1995年版,第237页。
④ 〔美〕丹尼尔·贝尔:《资本主义文化矛盾》,严蓓雯译,南京:江苏人民出版社2007年版,第2页。

社会有机体的普遍原则。所以,贝尔的文化矛盾理论与其说是解决文化整合问题,毋宁说是回避文化整合问题。在此意义上,要想在生活世界的现实基础上实现文化整合,必须要解决日益分化的不同社会领域之间的协调性问题,即在社会有机体的总体上进行文化整合,而不是把各个领域的主导价值观加以简单地拼凑。

最后,立足生活世界的文化整合应当致力于实现社会关系的合理化。一般说来,人们在生活世界的日常交往中会形成相对稳定的社会关系。然而在现实社会中,当代中国的社会关系随着社会转型而呈现出多种社会关系相互交织的复杂图景,既有根源于现代市场经济的契约化社会关系,也有传统社会残留的依附性社会关系,还有社会主义时期形成的平等化社会关系,这些不同社会形态的社会关系的同时并存困扰着人们的生活,形成了激烈的价值冲突。例如,在师生关系上,有的人按照传统社会的"天地君亲师"的观点把师生关系理解为一种道德关系,甚至理解成一种封建行会时代的师傅与学徒之间的人身依附关系,而有的人基于市场经济的交换原则把师生关系理解成教育产品的提供者和消费者之间的契约关系。这种对社会关系的不同理解正是当代中国文化冲突在生活世界的具体表现,也是文化整合所面临的现实难题。所以,要想在生活世界中实现文化整合,必须要理顺各种社会关系,形成相对合理的规范化社会关系。

一旦立足当代中国的现实生活世界,人们不难发现,文化冲突的真正根源在于各种异质的生活方式在现代社会的同时并存,所以文化整合的真实意蕴与其说是整合各种文化价值观念,毋宁说是整合各种不同的生活方式。只有实现了生活方式的整合,为生活世界立法的文化整合才能真正完成。遵循着生活世界的现实展开过程,当代中国文化整合应当少一些整合抽象观念的"宏大叙事",多一些深入生活世界的"微观实践"。

三、当代中国文化共识的建构与认同

探讨当代文化分化与整合的机制转换,最终目标是合理建构当代中国的文化共识。对中国社会发展而言,文化共识是一笔宝贵的"无形资产"。对提升我国国民素质而言,文化共识通过对人们的不断浸润滋养而提供强大的精神动力,使人们在良好的社会文化生态中健全完整的人格以避免心灵的内在分裂;对推动我国社会发展而言,文化共识以润物无声的方式嵌入各个社会领域,使各个社会领域有机协调、齐头并进;对实现我国民族复兴而言,中华民族曾屡次遭受列强的侵略和蹂躏,也数次面临分裂和动荡,之所以能够屹立不倒,关键就在于文化共识的不断传承,为民族生存奠定了强大而持久的发展韧性。所以,当代中国文化共识的合理建构与精心培育,是我国文化整合的重要使命。

(一)当代中国文化整合方法论原则的合理把握

当代中国文化共识的合理建构离不开对文化整合的方法论原则的合理把握,也就是说,以什么样的方式建构当代中国的文化共识,直接关系到我国文化共识的成效。在此意义上,文化整合的方法论原则问题成为建构我国文化共识的前提性理论工作。

长期以来,人们一谈到我国文化共识的构建问题,便会首先想到我国近代以来的各种整合方案,诸如"全盘西化""中体西用""中华文化复兴""西体中用""马克思主义儒家化"等方案。然而,这些文化整合方案在中国文化现代化的历史进程中相继失败。究其根源,是因为这些文化整合方案在方法论前提下都存在着难以克服的内在缺陷。关于"全盘西化"和"中华文化复兴"这两种方案,前者旨在用西方文化改造中国社会,后者则一味强调中国传统文化的当代复活,但这两种方案的共同点在于拘泥于特定的文化形态而采取了文化封闭的态度,缺乏对异质性文化因素的有效包容,所以这两种方案与其说是文化整合,毋宁说是文化偏执。再来看"中体西用""西体中用"和"马克思主义儒家化"等整合方案,这些方案看似都以某种文化为本位,也都采取了一定的文化包容态度,但是这三种方案都是相关文化内容的随意拼凑或话语对接,而没有立足中国社会的内在需求,并在此基础上进行各种异质性文化资源的有机融合。总的来看,这些文化整合方案之所以存在着这样或那样的缺陷,问题在于没有前提性地审视当代中国文化共识构建的方法论原则。

要想建构当代中国文化共识,我国文化整合应当遵循以下方法论原则:

首先,文化整合应当在文化竞争的条件下实现有机融合。文化整合应当是一个动态的发展过程,而不是静止的话语拼凑。同时,文化整合也应当是在开放条件下的融合过程,而不是封闭状态下的自说自话。无论是作为动态过程的文化整合,还是处于开放环境中的文化整合,都离不开文化竞争的外部条件。文化竞争之所以能够积极推动文化整合过程,是因为:第一,文化竞争是文化整合的推动力量。从人类文化发展历史上来看,人们之所以在多元文化中加以整合,正是因为多元文化的相互竞争刺激了文化整合的需求。也就是说,离开了文化竞争,文化整合也就无从谈起。第二,文化竞争是文化整合的必要前提,现代文化整合不是文化同一性的简单再生产,而是在文化多元存在的基础上的文化统合。换言之,从逻辑上讲,文化整合离不开多元文化的存在。没有多元文化,也就无须文化整合。而文化竞争正是文化多元化的直接表现,由此构成了文化整合的逻辑前提。第三,文化竞争有助于确立文化整合的标准尺度。面对各种异质性文化的同时并存,必然产生一个文化整合的价值尺度问题。哪些文化应当整合进入新文化,而哪些文化应当予以坚决地摈弃?这就涉及文化整合的价值尺度问题,即以什么样的标准进行文化整合。文化整合绝不是无原则的文化拼凑,而是先进文化的有机塑造过程。这意味着,文化是否具有符合历史发展趋势的先进性是文化整合的重要尺度。所有文化都要在文化先进性的价值尺度面前进行自我存在合理性的辩护。在此过程中,哪种文化是整合的主体,哪种是整合的对象,也就应运而生。文化先进性的价值尺度不是凭空产生的,而是在文化竞争的格局中自然形成的。所以,文化竞争是文化整合的必要前提。这一方法论原则的现实意义在于,在推动我国文化共识的建构过程中,人们必须以理性的态度对待多元文化的彼此竞争,从而使整合而成的新文化形态具有强大的竞争力与生命力。

其次,文化整合应当以文化创新的方式得以实现。既然在文化竞争的条件下进行文化整合,那么经由整合而成的新主流文化必须显现出强大的生命活力,而文化的生命活力则来源于文化创新。所以,文化整合同时也是文化创新过程。从文化创新的角度看,文化整合过程既是原有文化的选择过程,同时也是原有文化的重组过程,更是原有文化的扬弃过程。作为原有文化的扬弃过程,继承原有文化的哪些合理性因素,否定原有文化的哪些消极因素,这一过程便是新的文化标准的确立过程。同时,在扬弃过程中,各种具有内在合理性的文化要素按照何种原则进行有机融合,而不是随意的排列组合,这就涉及新的文化结合方式。无论是新的文化标准,还是新的文化结合方式,一旦人们在文化整合中涉及这些问题,便进入了文化创新的阶段。更为重要的是,文化创新不是无源之水的向壁虚构,而是在继承基础上的合理创新。所以,文化创新在本质上就是文化整合的过程,文化创新的结果也就是文化整合的结果。从文化整合与文化创新的关系来看,文化创新是文化整合的合理形态。在此意义上,人们在文化整合的过程中决不能成为"思想的懒汉"或"文化的搬运工",直接在前人遗留下的文化成果中随意挑拣或排列组合,而是应当经受黑格尔所说的"文化结合的艰苦锻炼",这样才能确保文化新共识的强大生命力。

最后,建立在文化创新基础上的文化整合必须满足我国社会的内在需要。既然文化创新是文化整合的合理形态,那么文化创新与整合的关键是新文化共识能否契合我国社会的内在需要。在此意义上,文化整合决不能沦为一味追求"为整合而整合"的拙劣模仿或简单拼凑,必须加强文化整合与创新的现实针对性。从社会发展的内在需求出发进行文化整合,这是马克思有关文化问题的方法论原则在文化整合过程中的必然体现。根据马克思的实践观点,任何文化整合都应当建立在社会发展的现实基础上。对此,马克思当年在《论犹太人问题》中指出,西方社会之所以出现犹太教与基督教的文化分化现象,根源正是市民社会的内在分裂。这是文化分化的现实前提。据此,马克思在《关于费尔巴哈的提纲》中进一步指出,文化分化"只能用这个世俗基础的自我分裂和自我矛盾来说明"[①]。同样的道理,文化整合也必须立足世俗

---

① 《马克思恩格斯文集》第1卷,北京:人民出版社2009年版,第500页。

基础内在矛盾的现实展开中加以合理把握。更为重要的是,文化整合的内在动力是由社会发展的现实需求直接决定的,而文化整合的效果也是由社会发展的成效来检验的。总之,实践层面的社会发展赋予了文化整合以内在的社会历史规定性。作为文化整合的马克思主义中国化之所以能够取得成功,根源在于马克思主义中国化不是将各种文化成果进行直接的文化结合,而是根据中国革命与建设的内在需要进行必要理论创新。在此过程中,文化整合就呈现为各种文化要素有机结合的"自然历史过程"。

在合理把握当代中国文化整合的方法论前提的基础上,人们不难得出结论:当代中国文化共识的建构必须在多元文化充分竞争的开放环境中进行艰苦的文化创造,在文化创造的过程中不断契合中国社会的内在需要,文化整合便是文化创新水到渠成、瓜熟蒂落的合理产物。所以,文化整合并非将各种异质文化无原则地加以随机组合,而是各种异质性文化的有机融合。

(二)当代中国文化共识的核心内容与资源整合

既然当代中国文化共识的构建不是异质性文化的随机组合,而是各种异质性文化的有机融合,那么这就意味着,人们在构建当代中国文化共识的整合过程中,必须区分出文化整合的主体内容与理论资源。也就是说,不能对所有的文化资源都加以等量齐观。如果对所有文化都等量齐观而加以整合,则是文化相对主义的文化整合思路,这只能加剧文化冲突。所以,人们在文化整合过程中必须思考,哪些文化是构建当代中国文化共识的核心内容,哪些文化是构建当代中国文化共识的必要资源。

立足中国现代社会的发展需求,马克思主义应当成为当代中国文化共识的核心内容。这是因为:

首先,马克思主义在当代中国纷繁复杂的文化思潮中占据了协调各种文化矛盾的枢纽性地位。要想构建当代中国文化共识,必须应对中国文化如何在古今中西相互交织的文化格局中实现文化整合这一问题。正是在这一点上,马克思主义凭借着其独有的理论特质而能化解古今中西的文化矛盾。从现代化的角度看,一方面,马克思主义坚持现代化的社会发展方向,认为传统社会向现代社会的转变是历史发展的必然趋势;另一方面,马克思主义又对西方现代性做出了极为深刻的理论批判,要求人们在"以物的依赖性为基础的"现代社会中迈向旨在实现人的全面而自由发展的"自由人联合体"。就此而言,马克思主义是反思现代性弊端的现代化理论。从全球化的角度看,一方面,马克思主义强调"历史向世界历史的转变"是人类社会的客观趋势,人类解放事业必须在世界历史的高度才能实现;另一方面,马克思主义又批判了以资本逻辑为基础的资本主义全球化,批判了西方中心主义、帝国主义、殖民主义等现象,密切关注落后国家在全球化时代的发展问题。正因为马克思主义在古今中西相互交织的复杂文化格局中居于枢纽性地位,所以马克思主义应当成为当代中国文化共识建构的核心内容。

其次,马克思主义在中华民族追求伟大复兴的历史进程中已经内化为当代中华文明的有机组成部分。有人认为,马克思主义是西方外来思想,因而不能成为中华民族文化共识的根基。这种观点无疑是肤浅和有害的。事实上,马克思主义已经内化为中华文明的内容,而且也是中华文明现代形态的主导内容。中国人选择马克思主义不是历史的偶然,而是历史的必然。人们之所以选择马克思主义为中华民族伟大复兴的思想武器,是因为中国人几千年来对和谐的美好社会的追求和向往,为近代先进分子接受马克思主义奠定了文化心理基础。自春秋战国时期孔子等人提出"大同社会"的构想以来,建立一个没有压迫和剥削、人人温饱和亲密和谐的社会,就一直是中国人梦寐以求的理想。正是因为马克思主义对共产主义的构想同中国传统对美好社会的追求和描绘的某些相似性,马克思主义一传入中国,就引起了先进分子的关注。这样,他们终于通过俄国十月革命的成功案例发现了比进化论、民权观更为高级的理论形态。强烈的爱国责任感和不以西方资本主义民主制度为局限的激进民主观,促使他们迈出了由资本主义向社会主义转变的关键性一步。也就是说,中国人在五四运动中接受马克思主义的社会革命理论,绝不是突发性的选择,是中国人几千年来对美好社会不懈追求的结果,更是近代中国深厚的民族意识作用的结果。而十月革命正好是顺时应势,为马克思主义传入东方,为中国人民走向未来架起了一座桥梁。自此以后,马克思主义被逐步地中国化,最终成为中国文化自身的组成部分,而非简单的西方舶来品。中国马克思主义具有鲜明的民族特色和民族气派。

最后,马克思主义之所以能成为当代中国文化共识的核心内容,不仅是由马克思主义在古今中西相互交织的文化格局中具有枢纽性作用所决定的,同时也是由马克思主义的开放性理论品质所决定的。如果一种文化没有包容精神,自然也就谈不上成为文化整合的主体。正是在这一点上,马克思主义具有广博的人类文明视野与鲜明的文化包容胸怀。马克思主义的实践性品格使马克思主义在后来的发展过程中从不僵化保守,在面向实践过程中坚持实事求是的观点,聚焦我国社会改革开放与现代化建设中的实际问题,着眼于马克思主义理论的运用,着眼于对实际问题的理论思考,着眼于新的实践和新的发展,从而不断地解放思想。在解放思想的过程中,马克思主义又采取了博采众长、为我所用的开放姿态与包容精神,不断吸纳各种文化中的积极因素,由此实现了马克思主义的与时俱进。总之,没有马克思主义的开放性理论品质,也就没有当代中国马克思主义鲜明的实践特色、民族特色和时代特色。

马克思主义是建构当代中国文化共识的核心内容,但这并不意味着当代中国文化共识仅有马克思主义的一枝独秀,恰恰相反,当代中国文化共识应当在马克思主义的基础上不断吸纳各种文化资源的有益成分,从而使当代中国马克思主义成为具有强大包容力和凝聚力的主流文化。在此过程中,中华民族优秀传统文化作为中国化马克思主义的文化血脉而成为中国共识的历史资源;同时,人类文明与现代文化的有益成果也是构建中国共识的必要借鉴。

一方面,构建当代中国文化共识,必须在马克思主义的基础上吸纳中华民族优秀传统文化。无论是中华民族优秀传统文化,还是马克思主义学说,之所以具有如此强大的生命力,就在于两者都具有包容性和创新性,能够对一切外来文化加以吸收,取其精华,从而不断丰富和壮大自身固有的文化形态。而在这个过程中,传统就得到了发展和弘扬。

传统并不是铁板一块的僵硬理论,而是永远处在活生生的变化、发展和生成之中的。中华文明本身就是一种包容性很强的思想体系,在其发展历程中,中华民族优秀传统文化从不抱残守缺,故步自封,总是能以非凡的兼容并蓄的开放态度来丰富和完善自己。在先秦时期,儒家曾吸收百家之学而使自己成为"世之显学";宋明理学则是吸收来自印度的佛教思想,援佛入儒,从而实现了古典儒学的延续和发展;在近代,中国古典思想又与近代学术体系相结合,与西方哲学相融合,摆脱了经学形式,完成了中国古典学术从古代形态向近代形态的历史性转化。正因为中华民族优秀传统文化具备开放性与包容性,所以才能够在新的历史条件下,与马克思主义的先进文化进行深度结合。

另一方面,构建当代中国文化共识,必须在马克思主义的基础上包容人类现代文明的有益成果。正如对待传统文化不能采取全盘复古和虚无主义的态度一样,面对外来文化,当代中国也不能简单采取排外主义和全盘西化这两种极端的观点,而应当在"西风东渐"的过程中逐步走向"西风东鉴",批判性地吸收外来文化的合理因素。当今时代已经是全球化深入发展的时代,文化共识的合理构建不能脱离全球化的发展趋势。许多国家和地区在融入全球化之后,由于文化认同和整合日益困难,而转向了自我封闭,在拒斥文化霸权主义和殖民主义的同时又陷入了文化孤立主义的困境,甚至采取与全球化趋势相对抗的激进姿态。事实上,游离于全球化进程之外的文化认同充其量不过是一种特殊文化的顾影自怜,最终丧失文明进步的活力。在开放环境中进行文化认同和整合,就要在不同文化的彼此竞争中注意扬长避短、取长补短,最终在借鉴和吸收其他文化的过程中丰富自身文化,提升认同效果,实现动态整合。所以,今天的国人应当摆脱狭隘的民族主义,走出"落后挨打"的历史悲情,再次拿出广阔的胸襟和恢宏的气度,在全世界色彩纷呈的文化之林中找到中华文明的正确定位。

总之,以马克思主义为核心内容,以中华民族优秀传统文化为文化血脉,以人类文明有益成果为思想镜鉴,共同构造当代中国的文化共识,这是一项具有深刻文明意蕴的文化创造工作。如何区分文化共识构建中的核心内容与理论资源,如何鉴别当代中国多元文化资源中的有益养分,这考验着当代中国人的文化眼光;如何在中华民族优秀传统文化中萃取出积极因素,如何在"西风东渐"的文化进程中做到"西风东鉴",这考验着当代中国人的文化胸怀;如何在"中西马"三足鼎立的文化格局中找到有机交融的结合方式,如何实现各种异质性文化资源的内在交融而非外在嫁接,这考验着当代中国人的文化智慧。在此意义上,当代中国文化共识的建构过程绝非一蹴而就的过程,而是充满了挑战与风险的文化苦旅。然而,也只有经历文化结合的艰难历程,当代中国文化共识才能牢固建立,从而使中华文明的当代形态在人类文化的百花园中大放异彩。

(三)当代中国文化共识的有效转化与普遍认同

当代中国文化共识的精心培育,不仅需要中国文化共识的合理建构,同时也需要中国文化共识的落地传播。换言之,要想维系当代中国文化共识,就必须要实现中国文化共识的各种有效转化,进而建立起人们对中国文化共识的普遍认同,最终使中国文化共识成为具有强大感召力和凝聚力的主流文化。

第一,中国文化共识应当转化为民族精神,从而建立起强大的国家认同。建构当代中国文化共识的重要使命之一,便是在激烈的全球文化竞争中确立"文化自我"的国家认同,所以文化共识必须转化为民族精神。正如有学者指出:"民族文化是一个民族的灵魂,它既是既往的民族感情和民族意识的积淀,又是当下该民族的时代精神和价值取向的凝结。民族文化反映着该民族成员的思维方式、价值取向、理想人格、伦理观念、国民品性等深层次的东西,是一个民族发展传承、生生不息的精神纽带。"[①]之所以要将文化共识转化为民族精神,是因为:首先,民族精神具有深厚的群众基础,这也正是文化共识之所以为文化共识的必要条件;其次,民族精神具有持久的文化韧性,这也正是发挥文化共识长效作用的关键所在;最后,民族精神具有强大的动员力量,这也

---

① 赵存生等:《中国精神:弘扬和培育中华民族精神的理论与实践》,上海:上海人民出版社 2014 年版,第 3 页。

正是文化共识转化为现实力量的重要途径。所以,文化共识只有积淀成为民族精神,才能在全球化时代转化为坚强有力的文化身份,才能在"我们是谁"的文化追问中确立起自主意识,才能在各种文化的不断交汇中保持主体性姿态,才能在中华民族伟大复兴的奋斗征程中汇聚起国民认同的磅礴力量。

第二,中国文化共识应当转化为公共精神,从而建立起深厚的公民认同。在文化信息化、网络化和大众化深入发展的当代中国,人们已经注意到,公共领域的文化论争呈现出愈演愈烈的态势。人们可以有不同的价值主张,而且往往以彼此对立的方式在公共领域发生激烈的争执。这固然是中国思想解放、文化多元的必然现象,但是如果对这种现象一味听之任之,不仅容易催生网络暴力,丧失文化理性,更为严重的是,这种现象的放任泛滥最终将出现社会撕裂的局面,甚至陷入"文化内战"的状态中。这就促使人们必须将当代中国文化共识转化为公共精神,在公共空间的出场中建立起公众认同。这就要求中国文化共识必须深度介入包括网络空间、大众文化平台等在内的公共文化空间,借助于公共文化空间不断得到有效传播,而不能束之高阁、孤芳自赏。在此过程中,虽然文化共识会面对各种非理性的质疑与解构,但是文化共识也正是在这种公共对话与交锋中不断增强自身的文化领导力。尤为重要的是,当代中国文化共识也可以在公共文化空间的众声喧哗中寻求"交叠共识"。没有公共空间的对话与认同,文化共识的当代建构也就无从谈起。与此同时,当代中国文化共识也要推进公共文化空间的理性对话,在各种价值观取向中不断寻求最低限度的底线共识,在各种思想的碰撞中不断展现当代中国文化共识的强大包容力,在理性对话的过程中不断提升公共生活的精神品质。

第三,中国文化共识应当转化为生活方式,从而建立起持久的大众认同。从根本意义上说,文化在本质上便是人的存在方式和生活样态。这意味着,文化共识只有转化为生活方式,融入当代中国人的生活世界中去,才能牢固扎根在人民群众的生活实践中而不断获得持久的生命力。古往今来,主流文化的有效认同,无不厚植于人们的生活方式之中。以中国古代的儒家意识形态为例,儒家文化之所以成为千百年来传统中国的主流意识形态，不仅依靠读书人对儒家文化的研习与传播，更依靠广大群众在自然经济条件下的生活实践中的反复践履。在中国古代封建社会的小农生产条件下，人们在宗法制的生活空间中不断恪守儒家所倡导的人伦纲常，从而使人们在不知不觉中接受了儒家教化的深刻影响。再来看现代美国，美国的价值观念之所以能够有效传播，在很大程度上也是凭借着所谓的美国式生活方式。美国正是通过消费主义生活方式的循环往复，使美国主流价值观深入人心，以至于形成了"认同美国生活方式，便是认同美国价值观念"的意识形态认同机制。与空洞的道德教化与灌输相比，经由生活实践的文化共识往往能够直接进入人们的无意识层面，从而使文化共识牢固扎根在人们的头脑和生活中。因此，当代中国文化共识的有效维系和持久认同，也需要将中国共识转变为中国式生活方式，进入日常生活领域，扎根于人民群众的生产生活实践。

当代中国文化共识只有在全球化的文化会通中转化为民族精神，继而在当代社会的公共空间中转化为公众认知，最终在中国人的生活实践中转化为生活方式以后才能被牢固确立并发挥不可替代的文化整合功能，否则文化共识将沦为文化生活的精致摆设而无人问津。因此，文化共识只有实现当代转化，才能具有文化凝聚力与感召力，进而激发当代中国人的文化创造力，最终体现中华民族精神力量的强大生命力。

第十一章

当代中国文化的发展历程与机遇挑战

从理论上把握当今时代文化发展新特点和新趋势,最终目的是促进当代中国文化的合理发展,使我国文化建设能够顺应时代发展与文化发展的内在规律,实现文化的繁荣发展。因此,深入了解当代中国文化在改革开放四十余年历史进程中的发展脉络,进一步明确当代中国文化建设的时代方位,进而洞悉当前我国文化建设所面临的历史机遇与风险挑战,是我国建设社会主义文化强国的必要理论工作。

一、 当代中国文化自改革开放以来的发展历程

文化发展与时代发展具有内在联系,问题是时代的声音,文化是对时代问题的回应和思考。据此,梳理文化发展的脉络离不开对时代语境的深刻分析。改革开放是当代中国最鲜明的特征,改革开放所推动的社会转型是当代中国文化发展的现实境遇。当代中国文化正是在改革开放四十余年的时代境遇中取得了巨大的进步,实现了深刻的转型。在此意义上,改革开放是当代中国文化发展的现实主轴。随着中国改革开放四十余年的渐次展开,当代中国文化走过了一条从20世纪

80年代的文化热潮,到90年代文化转型,再到21世纪文化重建的发展历程,这构成了当代中国文化的发展脉络。

(一) 20世纪80年代中国的文化热潮

在我国改革开放的起步阶段,我国文化领域在20世纪80年代迎来了一次空前的"文化热"。不少学者将80年代的"文化热"与新文化运动相提并论。80年代的"文化热"不仅是对"文化大革命"十年浩劫期间文化空白的历史性补偿,更是对中国未来现代化道路的文化思索。对中国的现代化建设和改革开放事业而言,80年代的"文化热"起到了精神解放的引导作用,因而才能与新文化运动相提并论。

20世纪80年代的文化热潮肇端于思想解放运动。思想解放运动直接推动了我国改革开放的历史进程,使当代中国文化迸发出巨大活力。作为80年代文化热潮的先声,思想解放分别从以下三个维度展开:

首先,思想解放体现为对社会主义的重新理解。真理标准问题大讨论是政治观念维度的思想解放,这一维度的思想解放重新确立了实践标准。针对"两个凡是",1978年理论界开始发起真理标准大讨论,提出了"实践是检验真理的唯一标准"。应当说,实践观点是马克思主义的基本观点之一。然而,"实践是检验真理的唯一标准"的重新提出并非老调重弹,而是旨在呼唤思想解放。只有从实践观点出发,人们才能认识到,以往人们对社会主义的传统理解存在着巨大的缺陷,进而要求重新理解社会主义的本质特征和建设模式。四十多年前的"真理标准大讨论"为我国改革开放奠定了哲学基础,"实践是检验真理的唯一标准"具有极为重大的思想解放意义。政治观念维度的思想解放使人们突破了对传统社会主义建设模式的思想束缚,进而追问社会主义的本质特征,从而在思想上拉开了中国改革开放的历史大幕。这一大讨论所体现的解放思想、实事求是的马克思主义哲学精神,一直伴随、引领和推动着四十多年中国特色社会主义伟大事业铸就辉煌岁月。

其次,思想解放体现为人的主体地位的觉醒。在"文革"结束后,中国文化界从不同方面重新呼唤人的主体地位的回归:在文学界,一些知青作家根据他们在"文革"中的经历和遭遇,出版了一批高扬人的生命和尊严的文学作品,被人们称为"伤痕文学"和"反思文学";在理论界,人们掀起了有关人道主义与异化问题的讨论。这些现象和争论之所以出现,在很大程度上是出于对"文化大革命"的文化反思,即"文革"践踏了人的基本权利和尊严,从而呼唤"人的回归",同时要求确立人的主体性地位。随后,人的主体地位的觉醒,贯穿了整个20世纪80年代的"文化热"。

最后,思想解放体现为社会价值观念的转型,这主要集中体现在当时的"潘晓讨论"中。1980年5月,发行量超过200万册的《中国青年》杂志,刊登了一封署名"潘晓"的长信,在信中他感叹"人生的路呵,怎么越走越窄"的巨大困惑,提出了"主观为自己,客观为别人"的伦理命题。这封信吐露的彷徨、苦闷、迷惘和怀疑,一下子击中了刚刚经历"文化大革命"的亿万青年的心。此后,从5月到12月的半年多时间中,《中国青年》杂志收到6万封来信,掀起了一场全国范围内的人生观讨论的大潮。"潘晓讨论"标志着改革开放时期人们价值观和人生态度的重大转折。

以上三个方面的思想解放直接催生了20世纪80年代的文化热潮。文化热潮洋溢着理想主义的精神气质,为中国的改革开放寻求各种文化理论资源。文化热潮的兴起为改革开放注入了强大的精神动力。这股文化热潮的基本理论倾向是"拥抱现代化",力图构建符合现代化时代潮流的文化,即"文化现代化"。当然,在如何实现文化现代化、现代化需要何种文化等问题上,找到的是不同的文化理论资源,因此相继出现了"科学热""西学热"和"国学热"三种表现形式。

首先是"科学热"。在20世纪80年代,科学主义开始在中国重新盛行,科学主义者主张中国现代化不仅要实现科学的现代化,而且要高扬科学理性的精神,正是在这一点上,科学主义犹如当年五四运动的"赛先生"一样起到了文化解放的作用。"文革"结束后,中国恢复了高考制度,1978年召开的首届中国科学大会提出了"向科学进军"的口号,从而激发了遍及全国的"科学热"。在此情形下,科学主义起初关注系统论、控制论和信息论等"老三论"和耗散结构论、协同论、突变论等"新三论",因为"老三论"和"新三论"不仅是科学理论,同时也是一种思维方式,这种思维方式所蕴含的理论意味是用结构主义、功能主义和整体主义的视角理解现代化和社会变迁过程。随后,科学主义又引入了波普尔(Popper)的证伪论、库恩(Kuhn)的范式论、拉卡托斯(Lakatos)的科学研究纲领方法论,这意味着科学主义思维方式发生了深刻的转变:不再用整体主义的一元论思维理解社会变迁,而是强调社会结构的开放性和多元性;不再具有独断主义的精神气质,而是更加强调自我反思的科学理性。总的来看,对科学主义而言,科学不再仅仅是研究领域和对象,更重要的是它能表征一种理性精神,也就是说,"科学"从学科意义上的研究领域逐渐转变为具有隐喻含义的思维方式。正因为"科学"成为一种理性化的思维方式,所以被引进到社会科学领域,成为一种理解中国传统社会与现代化转型的理论模型。所以,科学主义汇入了80年代文化热潮的洪流之中。

随之兴起的是"西学热",即寻求西方的理论资源。20世纪80年代,中国引进了西方人文社会科学的最新成果,引发了80年代的"西学热"。韦伯的社会学理论、海德格尔的现象学、尼采的生命哲学、西方马克思主义的批判理论、弗洛伊德的精神分析理论、后现代主义的各种理论开始受到人们的追捧。大量西方思潮的引入,拓宽了当时人们的文化视野,使人们接触到了西方思想文化发展的最新动态和前沿问题。应当指出,80年代的"西学热"并不完全主张"全盘西化",在引进西方理论资源的同时也关注到了西方社会的文化困境。从80年代所引进的西方理论资源来看,韦伯的现代化理论中有对"理性的囚笼"的反思;胡塞尔与海德格尔的现象学哲学有对西方传统形而上学的批判;尼采的生命哲学揭示了西方文明"上帝之死"的困境;弗洛伊德的精神分析理论看到了西方社会的病态心理结构;西方马克思主义的批判理论则关注到了晚期资本主义的种种异化现象;后现代主义的各种理论解构了西方的理性中心主义。这些理论思潮的引入,都伴随着对西方文明与资本主义现代性的深切反思,为中国后来反思西方现代性埋下了伏笔。正是在这一点上,80年代的"西学热"与中国在新文化运动期间出现的"全盘西化"主张有很大的不同。引进西方理论思潮是为了推动中国的现代化建设,而不是把西方理论简单套用到中国语境,更不是对西方思潮的盲目追随。

最后是"国学热"。20世纪80年代,我国在思想文化领域不仅有"西学热",同时也曾兴起过"国学热"。由于"文化大革命"激烈地批判传统文化,为了恢复人们对传统文化的合理认识,中国知识界开始了恢复传统文化的学术性研究。随后,海外新儒家相关理论资源的引介,引发了"国学热"。在80年代的"国学热"中,传统文化与现代化的关系成为人们最为关注的核心命题,亦即传统文化究竟是中国现代化的思想阻力,还是中国现代化可资借鉴的理论资源? 围绕这一问题,有些学者指出了传统文化的消极因素,认为传统文化是中国现代化的思想包袱;也有些学者讨论东亚新兴经济体的发展过程,并据此认为,传统文化与现代化完全可以并行不悖、互相兼容。对此问题,人们的基本看法是,在文化发展上固然不能以激进主义的态度全盘否定中华民族传统文化,也不能以虚无主义的态度抹杀中华民族传统文化的合理价值,但是中国的现代化也不能以全盘复古的态度对待传统文化,而是应当以现代化的价值尺度对传统文化进行辩证的审视。换言之,人们不仅需要合理区分中国传统文化的合理因素与消极因素,还需要在现代化的实践进程中对中国传统文化进行现代转化,赋予传统文化以新的时代内涵,为传统文化注入新的思想活力。只有充分彰显中国传统文化的现代意义与合理价值,才能处理好传统文化与现代化的关系。

无论是"科学热""西学热"还是"国学热",尽管不同的文化思潮在如何实现中国文化现代化的问题上采取了不同思考路径,接纳或激活了不同的文化资源,抓住了现代化建设的不同侧面,但是这些文化思潮共同汇聚而成的20世纪80年代的中国文化热潮,都在总体上肯定现代化的正面价值,都在热烈地拥抱现代化的时代潮流,都在呼唤与现代化相契合的文化意识。正是在此意义上,80年代的文化热潮为中国现代化建设提供了思想动力。80年代文化热潮为90年代的市场经济提供了一定的观念支撑,尤其是人的主体地位和理性精神的推崇,这是90年代建立市场经济所需要的思想前提。事实上,90年代中国改革的历史进程,尤其是社会主义市场经济的建构,使80年代文化热潮中的重要观念从理念变成了现实。经过80年代的文化热潮之后,当代中国文化迸发出了思想解放的强大活力。随着中国改革进程的不断深入发展,当代中国文化从80年代的文化热潮进入了90年代的文化转型。

(二) 20世纪90年代中国的文化转型

与20世纪80年代热闹喧嚣的"文化热"相比,90年代中国文化在精神气质上发生了深刻转变。80年代的文化热潮洋溢着理想主义的崇高气质,"这是一个精神振奋且洗去平庸的时代,是一个注重精神生活品质的时代,也因此是一个理想主义的时代"①。与之相比,90年代中国文化在精神气质上从理想主义转变为了现实主义,呈现出了"思想淡出,学术凸显"的专业化图景,人文精神受到了较大的冲击。究其根源,中国改革开放在90年代进入了以市场经济为经济架构的社会发展阶段,由此发生了深刻的文化转型。换言之,理想主义与人文主义的退场并不意味着文化的消沉,而是意味着当代中国文化在新的时代境遇中进入了一个崭新的发展阶段。

在20世纪90年代,中国社会的最大变革在于确立了社会主义市场经济体制。社会主义市场经济体制的确立不仅是经济领域的市场化转型,同时也是社会领域的现代化转型,中国社会结构发生了深刻变化,从计划经济体制下的传统社会转向了市场条件下的现代社会:社会领域不断发育,中产阶级逐渐壮大,单位体制趋向流动,家庭本位正在重建,公共政治日益凸显,这构成了中国社会转型的巨大图景。在社会转型过程中,90年代中国文化也相应地发生了深刻转变:

第一,市场经济的建立实现了中国文化价值取向的总体转换,从人文主义转向理性主义。正如有学者所说:"80年代是一个后神圣化时代,革命乌托邦开始消解,但现代化意识形态作为新的乌托邦替代出场,社会弥漫在后理想主义的氛围之中,无论在思想解放运动,还是新启蒙运动中,为现代化的理想图景所感召,到处充满着激昂的献身精神和理想主义激情。90年代随着市场社会在中国的出现,中国加速了世

---

① 邹诗鹏:《三十年社会与文化思潮》,上海:复旦大学出版社2012年版,第79页。

俗化的进程,日常生活的工具理性成为市民普遍合法的意识形态。"①1994年中国文化界的"人文精神大讨论"正是这一价值取向转变的标志,面对日益深入的市场化改革,世俗化的价值开始登场,经济理性成为主导,利益机制成为主轴,从而使80年代以来具有浪漫主义色彩和理想主义气质的人文精神开始退却。

第二,市场经济的建立实现了中国文化发展的机制转换,从价值驱动转向利益驱动。市场不仅在资源配置中发挥决定性作用,而且在文化发展的过程中发挥了重要的推动和引导作用。市场的需要与经济的效益,成为文化发展的动力机制。恩格斯曾指出:"社会一旦有技术上的需要,这种需要就会比十所大学更能把科学推向前进。"②同样,一旦社会对某种文化有了需要,则比任何强大的行政力量都更能把文化推向前进。于是,文化与经济开始日趋一体化,文化事业与文化产业比翼齐飞,文化产品日益具有商品属性,中国的文化生产格局随着机制转换而呈现出一系列新的时代特征。

第三,市场经济的建立释放了中国文化的巨大需求,大众文化由此应运而生。随着文化生产机制的深刻转变,文化产品无论在内容还是形式上,无论是在载体还是技术的表达手段上,都得到极大的丰富。过去的主流文化一枝独秀的局面已经被一主多元的文化格局所取代。除了主流文化外,传统的精英文化也重新焕发新的活力,西方文化迅速传播,大众文化、网络文化从无到有迅猛发展。大众文化、网络文化成了人们文化生活不可或缺的内容,不但影响着人们的文化消费,而且影响着人们的思维方式,成为当代中国人精神生活的重要组成部分。

第四,市场经济的建立呼唤当代中国文化提供新的价值观念。市场经济作为现代社会的经济基础,在解构传统社会价值观念的同时,也在呼唤新的价值观念,从而与市场经济相适应。市场经济的建立并不是发生在纯粹经济领域内的经济体制改革,而是需要相应的价值观念

---

① 许纪霖等:《启蒙的自我瓦解:1990年代以来中国思想文化界重大论争研究》,长春:吉林出版集团有限责任公司2007年版,第33页。

② 《马克思恩格斯文集》第10卷,北京:人民出版社2009年版,第668页。

作为市场经济的价值基础。离开了价值观念的有效支撑,市场经济也就无法获得健康发展。换言之,新型价值观念的确立是市场经济的内在需求。因此,市场经济依据内在需求,经由自下而上的过程催生出一定的价值观念,并以此作为联系社会成员的精神纽带,成为市场经济的观念基础。

第五,市场经济的建立促进了当代中国文化的思想分化,从20世纪80年代文化热潮分化为自由主义、新左派与文化保守主义三种社会思潮。市场经济使中国社会产生了巨大的利益分化和阶层分化,与此同时,中国思想界也相应地出现了文化分化,围绕中国改革的方向和目标,先后出现了自由主义、新左派和文化保守主义三种具有代表性的社会思潮,并且相互之间发生了激烈的思想争论。这种思想分化之所以出现,在很大程度上是由现代价值观念之间的内在冲突所导致的。自由、民主、解放、权利、公正、平等都是现代社会所需要的价值观念,然而这些美好价值之间却具有内在的冲突性,因此以何种价值为优先目标就成了90年代中国思想界阵营分化的焦点问题。

第六,市场经济的深入发展使中国文化的时代主题发生了深刻转变,从无条件地拥抱现代化转变为有意识地反思现代性。在市场经济尚未建立的20世纪80年代,当时的文化热潮在总体上都无条件地拥抱现代化,"现代化"在一定程度上成为正面价值观。然而在90年代,随着市场经济的深入发展,人们逐渐深刻认识到市场经济所带来的负面效应,打破了"现代的就是好的"的信条。尤其是旨在对现代性进行理论解构的后现代主义思潮在中国社会的传播,促使人们开始反思现代性。有学者指出:"1992年以后,中国开始出现了一个市场社会,现代化的目标部分兑现,而且是以一种扭曲的方式走向了现代。这引起了一部分知识分子的焦虑,开始反思现代化目标本身。而1994年以后,现代性问题的提出,为中国思想界反思启蒙、反思晚清以来中国现代化的道路和模式提供了一个元理论层面的思考焦点。"[①]于是,"现代

[①] 许纪霖等:《启蒙的自我瓦解:1990年代以来中国思想文化界重大论争研究》,长春:吉林出版集团有限责任公司2007年版,第23页。

性"开始成为中国思想界的流行话语,人们逐渐认识到了"现代性的隐忧"。事实上,90年代人们对现代性的反思在一定程度上表征了人们对现代化的深层追求。换言之,这不是对现代化的断然否定和彻底抛弃,而是要求实现一种更为合理的现代化进程,是将现代化事业视为"未完成的事业"加以深入推进。

从以上六个方面的分析不难看出,20世纪90年代中国市场经济体制的确立,不仅为当代中国文化注入了新的活力,也向当代中国文化提出了新的挑战。正是在这种社会转型的变迁过程中,当代中国文化在90年代发生了耐人寻味的转型。

20世纪90年代,中国文化不仅随着市场化改革发生了深刻转型,同时也随着中国融入全球化而产生了新的文化问题。换言之,除了市场经济之外,经济全球化也构成了20世纪90年代中国文化转型演进的现实境遇。90年代,中国积极融入世界经济全球化的浪潮,在资金短缺和技术落后的条件下,紧紧抓住世界经济产业结构升级、劳动密集型产业向外二次转移的历史性机遇,依托中国廉价劳动力资源丰富和国内市场需求极为广阔的比较优势,中国与国外经济深度耦合,吸引了国外资本、先进技术与管理经验,顺利地搭上了全球化经济的"顺风车",成功地实现了我国发展的赶超战略。对文化建设而言,90年代中国文化的外部环境也相应发生了深刻的改变,从封闭环境走向开放环境。在此过程中,中国以何种文化姿态应对经济全球化,成为90年代中国文化转型的另一个重要议题。

20世纪90年代的中国文化一方面在积极融入全球化,吸收借鉴外来文化的合理因素,另一方面也引发了中国民族主义情绪的激烈反弹。正如有学者指出,"90年代以来的中国社会,民族主义意识无论在大众还是在知识精英中都有相当的强化。与80年代'外国的月亮总比中国的圆'的普遍意识不同,90年代以来的中国知识界,对西方逐渐采取了一种反思的态度"①。在这一时期,《中国可以说不——冷战后时代的

---

① 许纪霖等:《启蒙的自我瓦解:1990年代以来中国思想文化界重大论争研究》,长春:吉林出版集团有限责任公司2007年版,第160页。

政治与情感抉择》《全球化阴影下的中国之路》等书,以及1999年5月8日美国轰炸中国驻南斯拉夫大使馆,这些都强烈激起了中国民族主义情绪,让人们重新认识了美国的霸权,也让人们担心全球化会带来后殖民主义。要摆脱落后就要挨打的局面,依附于西方经济并不能改变发展中国家的落后面貌,因此必须首先振奋民族精神,从西方的话语霸权中解脱出来,重新审视发展中国家的工业化、现代化道路,探索一条真正属于自己的道路。

20世纪90年代中国积极融入经济全球化与民族主义情绪兴起的双重变奏,向人们提出了一个深刻的文化命题:中国在汇入世界文明主流的同时如何保持自身文明的主体性。这一问题也就是所谓的"文化自觉"问题。"文化自觉"是费孝通先生于1997年在北大社会学人类学研究所开办的第二届社会文化人类学高级研讨班上首次提出。费孝通先生认为,文化自觉是在全球化语境中形成的问题意识。文化自觉的实质是在全球化浪潮中塑造文化自主性,"文化自觉只是指生活在一定文化中的人对其文化有'自知之明',明白它的来历,形成过程,所具的特色和它发展的趋向,不带任何'文化回归'的意思,不是要'复旧',同时也不主张'全盘西化'或'全盘他化'。自知之明是为了加强对文化转型的自主能力,取得决定适应新环境、新时代时文化选择的自主地位"①。值得注意的是,虽然文化自觉高度强调文化自主性,但是文化自觉不是拒斥全球化的文化孤立主义态度,也不是盲目鼓吹自身文化优越性的孤芳自赏态度,而是要求中国文化必须回应解决人类社会共同面临的问题。正是在这一点上,文化自觉既超越了"全盘西化",也超越了"文化复归"。

虽然费孝通先生是"文化自觉"的首倡者,但是"文化自觉"很快转变成为20世纪90年代中国文化的普遍意识和共同追求。在此意义上,"文化自觉"是90年代中国文化的自我意识,是90年代中国文化的重要成果,直接引领了21世纪以来中国的文化重建潮流。

---

① 费孝通:《反思·对话·文化自觉》,《北京大学学报(哲学社会科学版)》1997年第3期,第22页。

（三）21世纪以来中国的文化重建

20世纪90年代中国的文化转型已经触及当代中国文化建设的深层次问题。第一个问题是，在市场经济体制建立后，现代化建设逐渐呈现出"现代性的隐忧"，中国文化如何在反思西方现代性的同时积极推进中国的现代化建设？第二个问题是，在中国融入经济全球化后，中国文化如何在汇入人类文明主流的同时保持自身的文化主体性？这两个重大问题构成了当代中国文化进入21世纪后的问题意识，中国社会对这两个问题的解答过程也就构成了21世纪中国的文化重建过程。21世纪以来，中国的文化重建主要体现在以下方面：

第一，重塑当代中国马克思主义的思想魅力。自20世纪90年代中国文化转型以来，中国文化呈现出多元化的局面，包含主流意识形态、大众文化等形态在内的各种文化形态逐渐分化，各种价值理念竞相进涌，于是一个亟待解决的问题得以凸显：如何在当代中国文化多元化的基本格局中确立主流意识形态的指导地位？对此问题，我国在进入21世纪后，一方面坚持马克思主义的指导地位，通过中央对马克思主义理论研究和建设工程等措施加大投入，为巩固马克思主义的指导地位提供了全方位保障；另一方面也对马克思主义做出了与时俱进的理论发展，旨在追求建构21世纪中国马克思主义，不断彰显马克思主义的中国特色与时代特征。

进入21世纪后，马克思主义的指导地位之所以是重塑，主要是因为坚持马克思主义指导地位的机制发生了深刻变化。以往坚持马克思主义指导地位的机制主要是行政机制，诉诸自上而下的国家投入与理论灌输。随着市场经济的建立和多元文化格局的形成，现在坚持马克思主义指导地位的机制主要是依靠自下而上的自觉认同。也就是说，坚持马克思主义的指导地位，关键是彰显马克思主义的思想魅力，从而在当今多元化的思想市场的相互竞争中获得人们的认同。在此方面，我国马克思主义理论界在进入21世纪后不断加强马克思主义的学理性研究，提升了马克思主义的学术品味和理论品质。同时，我国马克思主义理论界围绕中国改革开放的现实问题，激活了马克思主义经典文本中诸如世界历史理论、市民社会批判、资本逻辑批判等一系列内容，在理论上论证了"马克思是我们的同时代人"，彰显了马克思主义的当代价值。这为马克思主义重新焕发理论活力、重新凸显思想魅力、重新加强理论认同、重新巩固指导地位做出了不可磨灭的理论贡献。

第二，理顺文化建设与经济建设的协调关系。自20世纪90年代我国建立社会主义市场经济体制以来，我国经济建设与文化建设之间存在着一定的失衡现象，经济建设飞速发展，文化建设却进展缓慢，以致形成了经济建设与文化建设的脱节现象。之所以会出现经济建设与文化建设的失衡现象，是由经济建设与文化建设的各自特点所决定的。一般来说，经济建设随着体制转换而能够快速启动，尤其是通过市场经济的利益机制调动各方面的积极性，因而经济建设往往具有发力迅猛的特点。而且在全球化时代，经济建设也能在生产力进步方面通过吸收全球生产力的积极成果而实现跨越式发展。与之相比，文化建设必须经过长时间的文化积累过程，没有长时间的文化积淀，就不可能形成相对稳定的价值体系。更为重要的是，中国在改革开放四十余年中走完了西方国家持续了两百年的现代化进程，这种时空压缩的特征使得我国文化建设的难度空前加大。经济建设与文化建设在发展速度和节奏上的快慢差异，就导致经济建设与文化建设之间出现了失衡现象，亦即所谓的"文化滞差"现象。

经济建设与文化建设的失衡现象造成了当代中国的价值观危机。有学者认为，"社会并没有普遍实现管子所说的'仓廪实而知礼节，衣食足而知荣辱'，倒是出现了大量的'饱暖思淫逸'的现象。如果这样日复一日地滋长蔓延，人们的大脑被这些欲望所充塞，而缺少精神文明有力的规范与引导，难道灵魂不会生锈、良知不会蒙蔽吗？他们还能正派做人、诚实为人、踏实做事、恪尽职守吗？还能形成理性的精神、独立的人格、坦荡的胸怀、坚定的信念吗？如果不能，那么，我们还能建立健康的市场、廉洁的政府、公正的法律、启蒙的教育、科学的研究、文明的社会吗？而各种无德、不法现象普遍且持续地存在，难道不是意味着社会机体的严重溃败吗？如此下去，不要说什么文化软实力，就是物质性的硬实力也要被掏空了"①。如果无法解决经济发展与文化发展的失衡现象,那么我国社会的健康发展也就无从谈起。

我国进入21世纪后日益追求经济建设与文化建设的均衡发展。我国针对转型时期社会的价值观缺失和混乱的现象提出了社会主义核心价值观。党的十八大提出,倡导富强、民主、文明、和谐,倡导自由、平等、公正、法治,倡导爱国、敬业、诚信、友善,积极培育和践行社会主义核心价值观。社会主义核心价值观的提出,有力地纾解了我国价值观念面对市场经济的疲软状态,为中国特色社会主义建设事业注入了强大的精神动力。

第三,实现市场社会向良序社会的合理演进。21世纪中国文化重建不是为重建而重建,而是具有深刻的现实关怀。21世纪中国文化重建的问题意识便是如何引领中国社会从市场社会转变为良序社会。文化建设作为社会发展的重要组成部分,固然离不开一定的社会发展条件,但是文化建设对于社会发展具有一定的引领作用。在此意义上,我国文化建设的一个重要目标是实现我国社会秩序的合理建构,从而推动中国社会的健康发展。

20世纪90年代中国在文化转型过程中之所以会出现自由主义与新左派之间的思想分化与论战,主要是因为90年代中国开始形成了以市场经济为基础的市场社会。对社会秩序而言,90年代"市场社会"的出场在社会秩序问题上引发了两派观点。一派观点认为,中国尚未建立起与市场经济相匹配的市场社会秩序,市场机制未能摆脱旧权力体制的过度控制而走向规范成熟,所以要想完善市场经济,必须建立起以个体权利为本位、以民主法治为准则的新型社会秩序。另一派观点认为,中国社会并非苦于市场经济的不发达,而是苦于市场社会的过分发达,市场经济在资本逻辑的推动下出现了贫富分化等社会问题,造成了巨大的社会断裂,所以要想建构合理社会秩序,必须批判市场机制,呼唤公平正义。有学者指出:"尽管双方都注意到中国市场化进程中资本与权力的互动关系,但新左派的批判主要指向全球资本主义,而自由主

---

① 张曙光等:《价值与秩序的重建》,北京:人民出版社2016年版,第12—13页。

义的批判则集中于传统权力体制。"①进入 21 世纪后,自由主义与新左派的观点分歧非但没有消弭,反而不断加剧,最终在改革开放三十年前夕出现了"改革论战",甚至引发了有关共和国历史前后两个三十年的极端对立,改革共识一度濒临破裂。从表面上看,这是一场反思三十年来改革模式的争论,是一场重新确立改革目标与方向的论战,但实质上这是关于中国社会秩序合理构建的思想分化。

事实上,无论是自由主义还是新左派,都涉及现代良序社会的某一个方面。现代良序社会既需要民主法治的规则意识,也需要公平正义的底线伦理,两者都是良序社会的必要构件缺一不可。进入 21 世纪后,中国开始从市场社会转向良序社会,更加注重社会秩序的健全和稳定。只有聚焦社会秩序,才能重新凝聚文化共识。同时,只有建立了相对稳定合理的社会良序,中国文化才能告别价值观缺位错位的混乱局面。在社会良性秩序的合理建构中,文化建设也具有不可替代的作用,即一方面倡导与社会良序相适应的价值观念,另一方面批判与社会良序相违背的错误观点,最终为社会良序提供深厚的文化滋养。

第四,再造中国文化在全球时代的主体意识。进入 21 世纪后,中国文化的主体意识得到极大的增强,这表现为以下两个方面:一是中华民族传统文化呈现复兴势头。民族传统文化往往是一个国家在全球化时代的文化身份,因而能够充分彰显文化主体意识。2001 年,张岱年、季羡林等 76 名文化学者发表《中华文化复兴宣言》;2004 年,各地恢复孔子公祭仪式;是年,许嘉璐、季羡林、任继愈、杨振宁、王蒙联合发表《甲申文化宣言》;2006 年,于丹在中央电视台"百家讲坛"开讲《论语》,引发了普通民众对国学的热烈兴趣。总的来看,中国传统文化在 21 世纪得以复兴,成为当今中国文化版图中不可忽视的重要力量。与 20 世纪 90 年代中国传统文化被动回应全球化文化冲击的态势相比,21 世纪中国传统文化从被动转向主动,开始主动论证中华文化的现代价值。正如有学者所说:"如果说,本世纪初学者们的任务是如何'开窗'而让

---

① 许纪霖等:《启蒙的自我瓦解:1990 年代以来中国思想文化界重大论争研究》,长春:吉林出版集团有限责任公司 2007 年版,第 213 页。

'西学东渐',那么,本世纪末的学者们的任务则是如何开门,而让中国文化精神走向世界,在新的世界格局中加入自己的声音。"①中国传统文化在 21 世纪更加强调挖掘中国文化的世界意义。

二是中国发展道路以及围绕中国发展道路的理论探讨引发了世界关注。2004 年 5 月,美国著名投资银行高盛公司资深顾问雷默在英国伦敦外交政策中心发表了题为《北京共识》的论文,认为中国不仅探索出了一条独特的发展道路,而且还具有一定的普遍性,从而被称为"中国模式"。在雷默看来,中国模式及其"北京共识"将取代 20 世纪 90 年代以来盛行的新自由主义模式及其"华盛顿共识"。自此以后,有关中国模式的讨论成为国内外学界热议的焦点问题。虽然理论界对中国模式的世界意义仍然存在着争议,但不可否认的是,中国已经形成了一条独特的发展道路。中国道路的成功也极大增强了中华民族的文化自信。

无论是从民族文化还是从发展道路来看,中国在 21 世纪以来所取得的巨大成就都极大地增强了中国文化在全球化时代的主体意识和文化自信,这既是中国文化重建的结果,也是中国文化重建在新时代的新起点。

总的来看,经过四十余年改革开放,随着经济全球化、世界多极化、社会信息化的发展,中国社会进入一个转型阶段,当代中国文化进入了一个崭新的发展阶段。随着计划经济向现代市场经济的转型,民族历史向世界历史的深刻转变,传统社会向现代社会的深刻调整,当代中国文化发展也经历了从文化热潮到文化转型再到文化重建的过程。

二、当代中国文化建设在中国特色社会主义新时代的机遇与挑战

经过四十余年的改革开放,中国特色社会主义已经步入新时代,这意味着当代中国文化建设也进入了新的发展阶段。在新阶段,当代中

---

① 转引自李翔海:《中国文化现代化历程的哲学省思》,载俞可平主编:《中国学者论文化与文化转型》,重庆:重庆出版社 2018 年版,第 26 页。

国文化既面临着繁荣壮大的新机遇,也面临着各种考验与挑战。要想合理推动当代中国文化的健康发展,就必须在把握文化发展趋势的基础上冷静分析我国文化建设的机遇和挑战。而对我国文化建设机遇与挑战的辩证分析,则又离不开对中国文化发展逻辑的合理把握。纵观改革开放以来当代中国文化建设的发展历程,人们不难发现,现代化与全球化的双重变奏共同构成了当代中国文化的发展逻辑。从传统社会向现代社会的现代化转型是当代中国文化发展的纵向逻辑,从历史向世界历史转变的全球化融入是当代中国文化发展的横向逻辑。现代化与全球化的双重逻辑既是当代中国文化各种矛盾错综交织的根源,也是把握当代中国文化建设的基本坐标。按照当代中国文化发展的双重逻辑,首先应当在现代化的新阶段中把握文化发展的机遇与挑战。

(一) 新时代的文化使命

中国特色社会主义是我国改革开放以来全部实践与理论的主题,也是我国现代化建设的历史道路。中国特色社会主义进入新时代,也就意味着我国现代化建设进入了新的历史阶段。在解决人民温饱问题、人民生活总体上达到小康水平之后,我国在社会主义现代化建设"三步走"战略安排的基础上又提出了社会主义现代化建设的"路线图",在2035年基本实现社会主义现代化,最终在本世纪中叶把我国建成富强民主文明和谐美丽的社会主义现代化强国。应当说,新时代中国特色社会主义的现代化"路线图"奠定了我国文化建设的发展空间,也提出了新时代文化建设的崇高使命。

进入新时代,我国文化建设的使命是实现文化复兴。所谓文化复兴,是指我国文化建设通过文化的传承、整合与创新,创造出与中华民族伟大复兴相匹配的文化形态,为中国的民族复兴提供精神支撑,为人类文明提供中国智慧。正如习近平总书记所说:"没有中华文化繁荣兴盛,就没有中华民族伟大复兴。"[①]纵观世界上各大民族的发展进程,民族复兴不仅需要经济富庶与国力强盛,同时也离不开文化繁荣;不仅要

---

① 习近平:《在文艺工作座谈会上的讲话》,《人民日报》2015年10月15日,第2版。

解决"挨打""挨饿"的问题,同时也要解决"挨骂"的问题,亦即恢复中国文化应有的尊严与自信,并为人类文化做出更大贡献。如果没有文化繁荣,那么民族复兴就会丧失精神动力而无法实现。值得注意的是,文化复兴不同于文化复古,二者的本质区别在于:文化复兴的基本途径是立足社会发展的实践过程并面向未来发展趋势而进行的文化创新。这种"新文化"固然离不开对中国优秀传统文化的合理继承,然而这种"新文化"主要是中国在现代化进程中所积淀的、与现代社会相适应的先进文化。事实上,传统与现代都只是文化的形态,而不是评判文化的价值尺度,否则就会陷入"传统的即是好"的迷思,进而对传统文化进行无原则的肯定和机械式复制,最终只会扼杀文化创造的活力与生命力。评判文化的价值尺度只能是先进抑或落后,而先进与落后的评判标准则是这种文化是否顺应时代的发展潮流。所以,新时代的文化复兴不是一味地文化复古,而是通过文化创新建构先进文化,从而引领实现民族复兴的伟大梦想。

进入新时代,我国文化建设的目标是推动文化定型。长期以来,我国处于社会主义初级阶段,处于从计划经济向市场经济的转型阶段,因而我国文化始终处于转型阶段。中国社会转型具有一定的特殊性,即转型中国不仅苦于传统工业文明的不发达,也苦于传统工业文明的过分发达。在这种"时空压缩"和"时代落差"的条件下,我国文化转型必然伴随着前工业文明、传统工业文明和后工业文明等各种文化观念的激烈碰撞,由此产生了转型社会的文化景观,即深刻而又剧烈的文化冲突。应当说,文化冲突是后发展国家在文化发展方面上的客观现象,也是文化转型必然要付出的代价,更是推动文化整合与创新的必要动力。但是,如果长期停留在文化冲突状态,那么就会在各种相互冲突的文化观念中莫衷一是,继而陷入文化相对主义乃至文化虚无主义的泥淖之中。如果放任文化冲突,那么就会陷入"文化撕裂"而难以凝聚共识的困境之中。所以,文化转型只是我国文化发展的阶段,而不是文化发展的常态,更不是文化发展的最终目标。进入中国特色社会主义新时代,人们可以预见,随着我国社会主义现代化的逐步实现,我国将从转型社会转变为新常态社会,社会形态将随着社会文明的高度发达而日趋成熟,社会政治制度框架将会逐步趋向定型,社会文化价值观念也将逐步稳定。换言之,转型中国的文化冲突现象也将逐步转向文化凝聚、塑型和积淀的过程,亦即实现文化成熟和文明进步。

进入新时代,我国文化发展的方式是内涵式发展。自20世纪90年代社会主义市场经济体制建立以来,驱动我国文化发展的主导方式是外延式发展,亦即通过文化的外部条件来推动文化生产,我国大众文化与网络文化的蓬勃发展即是外延式发展的典型例证。大众文化与网络文化的兴起,肇端于文化媒介的改变与文化市场的形成,在此意义上构成了"外延式发展"。与强调规模和数量的"外延式发展"不同,文化的"内涵式发展"更强调文化发展的质量。内涵式发展诉诸文化观念的内在积淀与创新,而不是外部条件的改变。如果我国单纯依靠文化的外延式发展而忽略了内涵式发展,那么就会陷入"虚假繁荣"的文化悖论:一方面,文化生产如火如荼,文化产业空前繁荣,文化产品层出不穷;另一方面,人们的精神生活却在大众文化的泛滥中日益贫乏,文化发展陷入"无深度的平面化"状态。破解这一文化悖论的根本出路是推动文化从外延式发展转向内涵式发展:从文化的形式与内容的关系看,内涵式发展更强调文化内容的建设与创新,而不是追求花哨形式和表面文章;从文化发展的数量与质量的关系看,内涵式发展更强调文化发展的质量,生产高质量的文化精品,而不是平庸作品的低水平重复和大规模粗制滥造。文化的内涵式发展,必然要求人们遵循文化发展的内在规律。只有遵循文化发展的自身脉络,文化发展才能获得内生性力量。对于我国文化的内涵式发展而言,遵循文化发展的内在规律,就要承认人在文化创造活动中的主体性地位。所以,推动我国文化的内涵式发展,关键在于提高国民素质,激发人的文化创造活力,因为人的自由自觉的创造性力量是文化发展的最终动力。离开了人的发展,文化发展的内在动力也就无从谈起。所以,我国文化内涵式发展应当聚焦人的发展,尤其是人的精神发展与文明提升。

(二)挺立文化自信的历史契机

我国社会进入现代化建设的新征程,这为我国挺立文化自信提供了宝贵的历史契机。所谓文化自信,是指人们对自身文化价值的充分肯定,对自身文化活力与发展方向的坚定信念。换言之,文化自信的挺立,并不是说我国文化建设已经完美无瑕,也不是人们对自身文化的无原则肯定,而是说人们有信心、有能力依靠自身力量正视并解决文化发展和社会发展中的各种问题。文化自信的挺立,对内有助于凝聚文化认同而不至于陷入文化自卑与价值虚无的精神状态,对外有助于保持文化定力而不至于陷入精神困惑与战略迷茫。也就是说,文化自信是我国文化建设的重要精神动力。

回顾我国自改革开放以来的文化发展历程,人们不难发现,我国文化经历了一个从文化自省到文化自觉再到文化自信的过程。在改革开放初期,随着中国对外开放,人们在第二次"睁眼看世界"的过程中认识到了中国与西方国家的发展差距,在担心中国被"开除球籍"的焦虑中走向了文化自省,在检视自身文化缺陷的同时也在不同程度上将西方文化加以理想化,甚至形成了"外国的月亮比中国圆"的崇洋媚外情绪与"黄色文明不如蓝色文明"的文化自卑。进入20世纪90年代后,当中国社会深度融入世界全球化的浪潮中,人们在全球化的多元文化激荡中深切认识到保持文化自主性的重要性,进而从文化自省走向了文化自觉,希冀在全球化时代守护文化身份的自我认同。进入新时代,人们在亲眼见证了中国崛起的过程后,又进入了挺立文化自信的新阶段。

中国道路的成功开辟之所以能够转化为文化自信的现实基础,是因为人们在中国道路中发现了中华民族的"文化基因"。四十余年来中国所走过的改革开放道路清楚表明,中国今日之所以崛起,中国特色社会主义之所以成功,绝非偶然,是以极为深厚的中华文明作为自己的坚实基础。例如,中国改革中的"小康社会"理想根植于我国源远流长的社会理想;我国改革的渐进式道路蕴含着中华文明的中庸智慧;自我改革的巨大勇气源于我国穷则思变、与时偕行、自强不息的民族精神;社会主义与市场经济的创造性结合则体现了中国文化中的包容性思维。正因为中国道路蕴含着中华民族的文化基因,彰显了中国文化的强大生命力,所以中国道路的巨大成就也就能转换为文化自信的昂扬姿态。

与此同时,中国道路的成功开辟既为文化自信的挺立提供了历史机遇,也给文化自信的挺立提出了更高的要求和挑战,即中国的哲学社会科学应当在中国道路的现实展开中构建出"中国理论",形成对中国道路的合理解释,实现我国哲学社会科学的理论自主性,以此巩固中华民族的文化自信。

正所谓"知人者智,自知者明",文化自信的深层力量源于客观冷静的文化"自知",即对自身文化有一个合理的自我评估。脱离了合理的自我认知,文化自信要么沦为文化自卑,依旧无法摆脱对西方社会科学理论的"学徒状态",要么走向文化自大,陷入孤芳自赏、盲目骄傲的自我封闭状态。所以,挺立文化自信的关键在于将中国道路提炼为中国理论。如果中国理论对于中国道路的解释处于"失语"状态,那么只能把中国道路的解释权拱手相让给西方学术界,这意味着中国理论丧失了自主地位,根基于中国道路的文化自信也就很难挺立。在此意义上,构建中国理论是挺立文化自信的迫切需要。所以,要想进一步挺立我国的文化自信,就亟须实现"理论自主"和"学术自信",构建出能够有效解释中国道路内在合理性的中国理论。

构建中国理论的现实可能性在于中国道路的独特性。正如世界上没有两片相同的叶子,同样世界上也没有完全相同的发展道路,每个国家的历史条件差异决定了发展道路的独特性。在此意义上,中国的现代化道路不是西方现代化道路的简单照搬,因此无法把西方理论无原则地照搬到中国现实。对此,习近平总书记指出:"当代中国的伟大社会变革,不是简单延续我国历史文化的母版,不是简单套用马克思主义经典作家设想的模板,不是其他国家社会主义实践的再版,也不是国外现代化发展的翻版,不可能找到现成的教科书。"①也就是说,中国道路已经在实践中溢出了西方社会科学理论的边界,由此产生了中国实践与西方理论之间的差异,而这种差异正是构建中国理论的现实可能性之所在。事实上,马克思本人正是从实践与理论的落差中发现了传统

---

① 习近平:《在哲学社会科学工作座谈会上的讲话》,《人民日报》2016年5月19日,第2版。

理论的缺陷,从而开启了理论创新道路。在莱茵堡时期,马克思正是看到了黑格尔理性国家观与现实社会利益分化现实的内在断裂,才由此进入对市民社会的探究中去解决"物质利益难题";在《1844年经济学哲学手稿》中,马克思正是看到了英国国民经济学的劳动价值论与现实工人的异化劳动状况的相悖,才开始对英国国民经济学进行前提性批判。从马克思的理论创新历程来看,理论创新的空间源于既有的理论无法解释社会现实的内在逻辑。同样,中国道路不仅无法套用西方理论加以分析,而且也暴露了西方理论在前提预设上的局限性。在此意义上,建构中国理论的现实可能性恰恰在于西方理论解释中国实践的不可能性。

构建中国理论的关键在于摆脱中国学界盲目迷信西方理论的"学徒状态"。构建中国理论固然离不开汲取西方理论的合理因素,但是构建中国理论的前提是摆脱"学徒状态"。对于中国道路,中国理论界应当按照实事求是的原则进行客观分析,而不是将西方理论无原则地照搬到中国道路的解释中去。盲目迷信西方理论,而忽视中国道路的独特性,就会产生理论与现实的脱节,而这正是马克思、恩格斯在《德意志意识形态》中批评德国"真正的社会主义"的要害。对于德国当时盛行的"真正的社会主义",马克思、恩格斯认为,"真正的社会主义"虽然受到英法共产主义思想的影响,但没有看到英法共产主义思想"仍然是以实际的需要为基础,是以一定国家里的一定阶级的生活条件的总和为基础的"①,所以既没有认真考察英法的现实条件,也没有认真考察德国社会需要的"真正的社会主义"对英法共产主义存在着误读,从而出现了"真正的社会主义"的理论倒退。马克思、恩格斯对德国"真正的社会主义"的批判启示人们,构建中国理论既要看到西方理论的现实前提,也要看到中国现实的内在逻辑,更要看到西方理论与中国现实的内在断裂。这是构建中国理论的理论前提。

中国道路的成功开辟呼唤中国理论的出场,这是一个需要理论而且一定能够产生理论的时代。只有构建中国理论,形成对中国道路的

---

① 《马克思恩格斯全集》第3卷,北京:人民出版社1960年版,第535页。

合理解释,文化自信才能得以巩固。中国道路只有上升为中国理论,文化自信才能从文化姿态转化为文化成果。

(三) 引领美好生活的文化升级

马克思曾经指出:"在政治上利用一切社会领域来为自己的领域服务,光凭革命精力和精神上的自信是不够的。"[①]也就是说,文化自信的挺立不仅需要文化主体的自觉意识,同时也需要社会环境的全面改善。在此意义上,文化自信的挺立,作为一个动态的生成过程,同时也是一项系统工程。文化自信的最终奠定还需要我国社会的全面发展,尤其是要实现引领美好生活的文化升级。

中国特色社会主义进入新时代,我国社会主要矛盾发生了深刻的转化,我国社会主要矛盾已经转化为人民日益增长的美好生活需要和不平衡不充分的发展之间的矛盾。我国社会主要矛盾的转化是关系全局的历史性变化,对我国文化建设既提供了文化升级的历史机遇,也带来了文化建设如何满足美好生活需要的深刻挑战。

美好生活是新时代的理想生活图景。在改革开放四十余年的进程中,以人民为中心的党在不同阶段都会为人民描绘出不同的生活图景。从温饱生活到小康生活的生活图景变迁,就是我国之前改革开放历程的写照。进入新时代后,"美好生活"就成为后小康时代的理想生活图景。满足美好生活需要是我国文化升级的历史机遇,这是因为:

首先,文化升级是实现美好生活的内在要求。从哲学的角度看,美好生活首先是自主生活。马克思认为,美好生活是摆脱物质必然性的自由而全面的生活。对此,马克思曾以"自由王国"予以形容,"事实上,自由王国只是在必要性和外在目的规定要做的劳动终止的地方才开始;因而按照事物的本性来说,它存在于真正物质生产领域的彼岸"[②]。在自由王国中,人不再迫于外在的生存压力,人的活动是为了实现自身全面而自由发展的内在目的。与自由王国相对的是"必然王国",按照

---

① 《马克思恩格斯文集》第 1 卷,北京:人民出版社 2009 年版,第 14—15 页。
② 《马克思恩格斯文集》第 7 卷,北京:人民出版社 2009 年版,第 928 页。

马克思的描述,即"像野蛮人为了满足自己的需要,为了维持和再生产自己的生命,必须与自然搏斗"①。在马克思看来,受制于物质必然性的生命状态只能叫"生存",而不能叫"生活"。与疲于奔命的生存状态相比,美好生活是一种超越了物质必然性的自主生活,人们拥有更多自主支配的自由时间,拥有更为广阔的人生舞台,拥有更充分的发展空间。这意味着,在追求美好生活的过程中,人的需求不再是维系自我生存的物质需求的直接满足,而是在物质需求的基础上进一步追求精神需求。

其次,美好生活需要释放了文化升级的巨大需求空间。美好生活不仅是自主生活,同时也是全面生活,亦即实现人的全面发展。在谈到人的全面发展时,马克思曾说过:"对私有财产的积极的扬弃,就是说,为了人并且通过人对人的本质和人的生命、对象性的人和人的产品的感性的占有,不应当仅仅被理解为直接的、片面的享受,不应当仅仅被理解为占有、拥有。人以一种全面的方式,就是说,作为一个完整的人,占有自己的全面的本质。"②也就是说,美好生活旨在实现人的全面发展,而全面发展的关键是人的需求的充分实现。经过四十余年的改革开放,人民群众的需要不仅包括物质文化需求,同时还有民主、法治、公平、正义、安全、环境等方面的需要。所以,人们不再满足于原来较为单一的"物质文化需求",而是更具全面性的"日益增长的美好生活需要"。美好生活所蕴含的全面需求给新时代文化升级带来了巨大的发展空间,这表现为,"人们普遍接受物质享受合理化的生活方式,告别奢侈性的物质享受方式,对生活质量的重视及对幸福生活的追求成为社会生活中的核心价值,重视自我价值的实现和人的全面发展,追求丰富多彩的人生是人们的基本诉求"③。在此意义上,新时代的美好生活需求构成了文化升级的动力机制,人们的全面发展需求推动着文化的进步与发展。

---

① 《马克思恩格斯文集》第7卷,北京:人民出版社2009年版,第928页。
② 《马克思恩格斯文集》第1卷,北京:人民出版社2009年版,第189页。
③ 胡连生:《当代资本主义的后物质主义发展趋向研究》,北京:人民出版社2011年版,第7页。

最后,美好生活需要的满足有赖于文化的引领功能。对我国文化发展而言,美好生活需要的满足带来了文化功能的深刻转变,即从被动适应转向主动引领。随着社会主义市场经济体制的建立,我国文化通过自身的转型与调适,与市场经济和现代社会相适应。在此意义上,文化具有被动的适应性。进入新时代后,随着我国社会发展的不断进步,我国的文化建设已经具备了文化繁荣所需要的雄厚的物质基础。在此情形下,文化功能不再是被动适应转型社会,而是在经济、政治、社会、文化各种社会领域逐渐一体化的新阶段中发挥文化的濡化功能。也就是说,文化日益成为主动引领美好生活的精神动力,这具体表现为:

在经济建设上,文化发展要对经济新常态的合理构建提供文化反哺。随着市场机制的日益成熟和现代经济的深入推进,当今时代的人文精神危机主要源于不合理的经济发展方式,这种"见物不见人"的片面增长模式导致了人的物化、矮化和异化现象,最终造成了人文精神的失落,突出表现为当代中国人普遍的生存焦虑与幸福感缺失。对于传统经济发展方式的深刻反思与调整是经济发展新常态的出场路径。在此意义上,经济发展新常态不仅具有转变物质生产方式、调整资源配置方式的经济意义,同时也具有推进人的发展与解放的人文意蕴。回顾中国经济的发展过程,人们不难发现,经济发展与人的发展的结合日益紧密。20世纪90年代,党和国家提出了从粗放型经济增长方式向集约型增长方式的转变问题,此时的经济发展方式的调整主要集中于物质生产领域,人的发展问题尚未出场。进入21世纪,党和国家针对发展问题提出了"科学发展观",科学发展观强调以人为本,这不仅是从增长到发展的转变,而且是从以物为本的发展向以人为本的发展的转变。这意味着,人的发展开始成为衡量经济发展方式是否科学合理的价值尺度。在党的十八大后,党和国家又提出了"经济发展新常态"。从经济社会发展与人的发展的关系来看,如果说科学发展观将人的发展视为经济社会发展的价值诉求与评价尺度,那么经济发展新常态则进一步要求人的发展成为经济社会发展的内在要求与推动力量。与科学发展观相比,经济发展新常态将人的发展从原先外在于经济发展的目标理念转变为内在于经济发展过程中的现实力量。从经济发展新常态的内在要求来看,如果说中国经济的旧常态是向体量巨大的市场要增长动力、向广大的落后地区要增长潜力、向物质资源要增长要素,那么中国经济新常态则是要向人的发展求动力、挖潜力。这体现在:首先,从人的需求和个性发展的角度看,人的发展将为经济发展新常态的消费形态转变提供现实支持。其次,从人的素质和能力发展的角度看,人的发展将为经济发展新常态提供生产要素的全面更新。最后,从人的本质力量和主体性的角度看,人的发展将在人的创造性本质力量的全面提升过程中为经济发展新常态提供现实的转型动力。从人的需要与个性、素质与能力、本质力量与主体性的三重维度看,人的发展在经济发展中所占据的地位日益凸显,成为经济发展的内在动力。这也正是中国经济新常态之所以为"新"的本质属性,也是新常态之所以能"常"的关键所在。这就是文化建设对经济新常态的文化反哺。

在政治建设上,文化发展要为国家治理现代化奠定心灵秩序。国家治理现代化是我国政治文明建设的题中应有之义。按照马克思的理解,国家治理的合理形态是国家与社会的全面和解与合作共治,未来社会的国家权力成为整个社会的真正代表,从原来社会领域的寄生物转变为现代社会健康发展的推进器。在马克思、恩格斯看来,国家治理现代化必然伴随着人的主体自觉,这正是国家治理现代化对文化建设的内在需求。与此同时,国家治理现代化也在呼唤文化建设为国家治理体系提供心灵秩序。国家治理体系的现代化也就是国家政治秩序的合理构建,而政治秩序的合理构建离不开心灵秩序的内在契合,换言之,国家治理的秩序需要源于内心的认同。如果文化建设不能为国家治理现代化提供必要的心灵秩序,那么国家治理就会陷入价值观冲突乃至社会撕裂的局面,最终阻碍国家治理现代化的合理推进。在此过程中,关键是将国家治理与人的发展联系起来,从而将国家认同奠基于每个人的全面而自由的发展这一价值理念上,这样才能从根本上赢得人民的认同,才能超越各种意识形态和利益分歧,才能最大限度地凝聚整个社会的共识。

在社会建设上,文化发展要推动社会共同体的健康发展。我国社会建设的最终目标是建构"真正的共同体"。在《德意志意识形态》中,马克思、恩格斯把人类历史的共同体形态划分为以下三种:自然的共同体,即传统社会;虚幻的共同体,即资产阶级国家;真正的共同体,即未来理想社会。其中,"虚幻的共同体"是《德意志意识形态》共同体理论的批判对象。马克思、恩格斯正是通过对"虚幻共同体"的批判走向"真正的共同体"。这两种共同体的原则性区别主要体现在个体在共同体中的地位。个体是作为阶级成员还是以独立个体参与到共同体中,这是两者的重要区别。在虚幻的共同体中,人们是以阶级成员的身份而非以真正独立个体的身份隶属于虚幻的共同体。而在真正的共同体中,个体摆脱了阶级成员的身份而以真正的个体身份参加到共同体中。所以,马克思的"真正的共同体"是要实现个体与集体的协调发展。总的来看,马克思所设想的未来共同体是实现人的全面而自由发展的共同家园,是社会公共利益与普遍利益的最终实现,是和而不同、求同存异的和谐局面,是共同富裕、公平正义的社会机体。这种社会共同体的建构则离不开文化纽带的维系和文化建设的推动。

总的来看,新时代文化建设能为经济发展新常态、国家治理现代化和社会主义共同体建设提供文化支撑,为引领美好生活的全面实现提供了文化引领功能。这正是新时代文化升级的机遇。反过来说,包含经济发展新常态、国家治理现代化、社会主义共同体在内的美好生活需要,也对文化升级提出了新的课题与任务。在此意义上,引领美好生活也对新时代文化升级构成了挑战。历史机遇与现实挑战共存,回应挑战与文化升级同行,这就是新时代美好生活需要对文化建设的双重效应。

三、当代中国文化建设在构建人类命运共同体中的机遇与挑战

当代中国文化建设的机遇与挑战不仅来源于我国现代化建设的发

展逻辑之中,而且源于我国所处的全球化新阶段的现实语境之中。当前世界范围内的全球化出现了新的发展趋势,以西方国家为主导的资本全球化面临着自身难以克服的内在困境,因此我国提出了构建人类命运共同体的倡议。这标志着全球化进入了新的发展阶段。人类命运共同体的提出,标志着中国与世界的关系发生了深刻变化。长期以来,中国是以被动的方式进入世界历史,而人类命运共同体理念的确立,意味着中国以主动的姿态参与全球化。中国与世界关系的历史性变化对我国文化建设产生了重大影响,既为我国文化进一步赢得世界话语权、扩大国际影响力提供了宝贵的历史机遇,又对我国文化巩固文化安全、实现中西文化融合提出了更为严峻的挑战与考验。

(一)人类命运共同体构建的文化意蕴

构建人类命运共同体重要战略思想是当今全球化进入新阶段后的中国理念与中国方案。习近平总书记在党的十九大报告中特别强调:"我们生活的世界充满希望,也充满挑战。我们不能因现实复杂而放弃梦想,不能因理想遥远而放弃追求。没有哪个国家能够独自应对人类面临的各种挑战,也没有哪个国家能够退回到自我封闭的孤岛。我们呼吁,各国人民同心协力,构建人类命运共同体,建设持久和平、普遍安全、共同繁荣、开放包容、清洁美丽的世界。"①值得注意的是,人类命运共同体具有深刻的文化意蕴,人类命运共同体的历史性出场必然要求中国文化开拓出世界维度,必然要求不同文化从交锋状态走向交融状态,必然要求各大文明协力淬炼全人类共同价值。

人类命运共同体是马克思世界历史理论的当代发展。马克思在提出世界历史之时,便注意到了世界历史的文化维度,即所谓"世界文学"的形成。在《共产党宣言》中,马克思强调:"过去那种地方的和民族的自给自足和闭关自守状态,被各民族的各方面的互相往来和各方面的互相依赖所代替了。物质的生产是如此,精神的生产也是如此。各民

---

① 《中国共产党第十九次全国代表大会文件汇编》,北京:人民出版社 2017 年版,第 47 页。

族的精神产品成了公共的财产。民族的片面性和局限性日益成为不可能,于是由许多种民族的和地方的文学形成了一种世界的文学。"① 此处所谓的"世界的文学"并非仅限于文学领域,而是泛指文化领域。换言之,马克思在此强调,世界范围的普遍交往必然涌现出具有世界意义的文化形态。值得注意的是,马克思的"世界文学"思想有如下要点:

第一,所谓"世界文学"是全球交往的客观产物。究其根源,文化是人类交往实践的产物,没有人与人的相互交往,文化也就无从谈起。这意味着,人们的交往进展到哪里,文化的内涵与外延也就扩展到哪里。交往局限在民族共同体内部,由此所形成的文化也就局限在民族文化的范畴内;同样地,一旦交往扩大到全球范围内的普遍交往,那么文化也会追随历史转变为世界历史的现实进程,从民族文化扩展到世界文化。在此意义上,"世界文学"具有人类全球范围内普遍交往的实践基础,因而是现实的、客观的,而非主观的臆想。

第二,所谓"世界文学"要求民族文化具有世界意义,按照马克思的说法,即"各民族的精神产品成了公共的财产"②。这里所谓的"公共的财产"意味着,民族文化具有世界意义,因而成为人类社会的共同财富。换言之,马克思要求各民族文化都应当挖掘自身的世界意义。客观地说,每种民族文化都有其特殊性,也有其普遍性。然而,有些民族文化的普遍性向度处于自在状态,尚未达到自为状态。民族文化的世界意义要想从自在状态走向自觉状态,离不开世界范围内的交往。在普遍交往没有展开前,有些民族文化的"普遍性"实则是基于自身特殊性的一种想象,即以自我为中心的普遍性幻象;只有在普遍交往展开后,民族文化不再局限于自我内部,而是与文化意义上的"他者"进行互动,由此所发现的普遍性才是真正意义上的普遍性。也只有经过这一环节,民族文化才能充分呈现其世界历史意义,进而成为全人类的共同文化财富。民族文化呈现世界历史意义,是"世界文学"得以形成的首要环

---

① 《马克思恩格斯文集》第 2 卷,北京:人民出版社 2009 年版,第 35 页。
② 同上。

节,这意味着"世界文学"并非要消灭一切民族文化,或者说民族文化不复存在,而是说"世界文学"要求民族文化摆脱狭隘的地域局限性和特殊性,积极展现自身的全球意义和世界向度。

第三,所谓"世界文学"是由各民族文化共同参与塑造而得以形成的,并不是某一种特殊形态的民族文化所能垄断的。"世界文学"的构建逻辑是各民族文化在普遍交往过程中相互融合,从而呈现出多元一体的格局,其中,多元的各民族文化是动力,一体的世界文化是结果。如果"世界文学"被某种民族文化所垄断,亦即该民族文化谋求文化霸权,将其自身的价值观念和文化形态强加于人并强制推广。在马克思看来,这种缺乏各民族文化平等参与的"世界文学"是冒充为普遍性的特殊性,根本没有达到"世界文学"的高度。在此意义上,马克思的"世界文学"思想不仅反对"民族文化消亡论",也反对"民族文化霸权论"和"民族文化中心论"。

虽然马克思指出世界历史必然孕育"世界文学",然而"世界文学"的构建过程并非一蹴而就,"世界文学"与世界历史也不是简单机械的对应关系,二者充满了复杂的互动过程:一方面,世界历史在客观上创造出"世界文学"的巨大需求;但另一方面,"世界文学"在世界历史进程中也面临着各种深刻的文化矛盾,特别是各民族文化之间的交锋问题。换言之,各民族文化的交流过程中并非只有"走向融合"的单线演进,同时还有"相互交锋"的冲突过程。特别是在资本逻辑主导下的全球化进程中,人们能够看到双重景观同时并存,即经济上的相互依存和文化上的相互分裂竟然纠缠在一起。正如有论者指出:"二十一世纪的社会世界既是一个单一体系的世界,也是一个碎片化的世界。全球化体现了一种张力,一方面是全球经济和技术的相互依赖及社会的相互联系,另一方面是文化的碎片化和政治分工。"①

如何在经济一体化的时代摆脱文化的碎片化状态?这正是人类命运共同体理念的文化使命。要想在当今全球化时代摆脱文化碎片化状

---

① 〔意〕阿尔伯特·马蒂内利:《全球现代化:重思现代性事业》,李国武译,北京:商务印书馆2010年版,第162页。

态,就需要建构一种具有全球公共性维度的文化。问题在于:全球文化的公共性维度源于何处?事实上,全球文化的公共性维度正来源于人类命运共同体。

首先,全球文化的公共性维度源于人类命运共同体的"人类"主体。"人类"既是人类命运共同体的主体,同时也是人类命运共同体的尺度。值得注意的是,人类命运共同体中的"人类"并非抽象概念,而是有着深刻的现实针对性。"人类"是相对于原子化的孤立个体而言的。换言之,人类命运共同体的"人类"的现实性正是在于原子化个体的片面性。在《论犹太人问题》中,马克思便深刻指出,现代人正在沦为莱布尼茨(Leibniz)哲学中的单子,即"人作为孤立的、自我封闭的单子"①。马克思认为,人的孤立化状态必须被扬弃,即重建人与人的联系,不再把人相互隔离分开。用马克思的话说:"只有当现实的个人把抽象的公民复归于自身,并且作为个人,在自己的经验生活、自己的个体劳动、自己的个体关系中间,成为类存在物的时候,只有当人认识到自身'固有的力量'是社会力量,并把这种力量组织起来因而不再把社会力量以政治力量的形式同自身分离的时候,只有到了那个时候,人的解放才能完成。"②所以,与人类命运共同体相匹配的全球文化的公共性,源于人不再是孤立个体,而是"类存在物",具有共同的精神需求和普遍的交往联系。

其次,全球文化的公共性维度源于人类命运共同体的"命运"纽带。不同的共同体具有不同的纽带,例如中国传统社会中常见的"熟人社会",是靠血缘、地缘和业缘等纽带维系在一起。在此意义上,纽带成为判别共同体性质的重要依据。从纽带来看,人类命运共同体是资本全球化到"自由人联合体"的中间形态。现行的资本全球化是以资本为纽带,全球化的顺逆与否,全看是否符合资本增殖的利益。如果能够满足资本增殖的需要,资本逻辑会强制推广资本全球化;一旦损及资本的利益,资本逻辑必然毫不犹豫地"逆全球化"而动,这是当年马克思在"自

---

① 《马克思恩格斯文集》第 1 卷,北京:人民出版社 2009 年版,第 40 页。
② 同上书,第 46 页。

由贸易"与"关税保护"的两极摇摆中早已发现的秘密。而马克思所憧憬的"自由人联合体",是以人的全面发展为纽带,摆脱了物的依赖性,彻底实现了人的独立性。既不同于资本纽带,也不同于自由人的纽带,人类命运共同体的纽带是"命运",各国人民相互依存、彼此依赖、祸福与共、生死攸关。人类命运共同体首先是应对风险的共同体。为何全球化时代召唤人类命运共同体的历史性出场?原因在于,今天国际社会出现了许多超越民族国家界限的全球公共性问题,诸如气候变暖问题、疫情传播问题。如果风险是全球性的,而应对风险的主体是各个孤立的民族国家,势必难以应对,因此呼唤人类命运共同体的出场。在此意义上,全球文化的公共性根植于全球问题和全球风险的共同应对,这在客观上呼唤多边协作、合作共赢的新型文化逻辑,以此扬弃各自为政、以邻为壑的文化碎片化格局。

最后,全球文化的公共性维度源于人类命运共同体的"共同体"性质。在马克思的理论语境中,共同体意味着"非市民社会",也就是说,共同体是相对市民社会而言的。马克思认为,"'市民社会'这一用语是在18世纪产生的,当时财产关系已经摆脱了古典古代的和中世纪的共同体"①,同时扬弃了市民社会的状态也被马克思称为"真正的共同体"。在马克思看来,市民社会与"真正的共同体"的最大区别在于个体与共同体的关系。在市民社会中,共同体是外在于个体的异己性力量,也就是说,共同体是个体的桎梏,"从前各个人联合而成的虚假的共同体,总是相对于各个人而独立的"②,因此"它不仅是完全虚幻的共同体,而且是新的桎梏"③。相比之下,"真正的共同体"则是共同体服务于个人的发展,"个人才能获得全面发展其才能的手段,也就是说,只有在共同体中才可能有个人自由"④。同样的道理,人类命运共同体也是为人类的发展而服务的共同体,这就决定了人类命运共同体不再以个体的特殊利益为尺度,而是致力于公共利益的实现。因此,共同体性质

---

① 《马克思恩格斯文集》第1卷,北京:人民出版社2009年版,第582页。
② 同上书,第571页。
③ 同上。
④ 同上。

也就赋予了全球文化的公共性维度。

所以,人类命运共同体的人类主体、命运纽带和共同体性质共同构成了人类命运共同体的文化意蕴,即重建具有公共性的全球文化,摆脱"经济一体化而文化碎片化"的状态。要想凸显人类命运共同体的文化意蕴,则离不开全球文化的融合,即习近平总书记在十九大报告中所说,"要尊重世界文明多样性,以文明交流超越文明隔阂、文明互鉴超越文明冲突、文明共存超越文明优越"①。

(二)实现文化融合的战略机遇

人类命运共同体的建构,既不能单纯依靠西方文化,也不是中国文化所能独力支撑的,而是需要中西方文化的相互借鉴与彼此融合。对我国文化发展而言,当中国文化在人类命运共同体的构建过程中逐步成为具有世界历史高度的文化形态之时,并不是用中国的霸权取代美国的霸权,也不是用中华文明中心论取代西方文明中心论,而是实现中西方文化的有机交融与创新,顺应人类多元文化共存共荣、交流融合、取长补短、相互促进的发展趋势。在此方面,人类命运共同体的构建为我国实现文化融合提供了战略机遇。

从我国文化发展的外部环境来看,中西方文化的软实力对比格局正在发生深刻调整,这构成了我国实现中西方文化交融创新的重要机遇期。从目前来看,中西方文化在软实力上仍然呈现出"西强中弱"的格局,但是西方文化的危机正在逐步显现,与此同时,中国文化的世界意义正在彰显。有学者指出:"当前人类社会正处于一个几百年难遇的历史分水岭。……在这个历史转折关键期,我们同时面临四重历史趋势的反转……第一重历史趋势反转就是以美国为核心的单极体系之式微。……第二重趋势反转就是'第三波民主'的退潮。……第三重趋势反转是资本主义全球化的困境,也可以理解为国际经济秩序自由化的危机。……第四重历史趋势反转是西方中心世界(West-centric world)的

---

① 《中国共产党第十九次全国代表大会文件汇编》,北京:人民出版社 2017 年版,第 47 页。

没落,也可以说是'非西方世界'的全面崛起。"①上述四重历史转折趋势的实质是中西方文化地位的变化:西方文化凭借着资本逻辑的全球布展而一度取得强势地位,但是正因为西方文化的现实基础是资本逻辑的全球布展,正因为资本逻辑的全球布展具有自身所无法克服的内在缺陷,所以当资本逻辑全球布展日渐呈现出消极因素时,西方文化的主导地位由此受到动摇。与此同时,中国道路采取了不同于西方资本主义现代化的发展路径,为未来人类社会的合理发展提供了"另一种选项",因此奠基于中国道路之上的中国当代文化也正在显示出其积极的世界意义而备受人们关注。也就是说,正是西方社会与文化的困境,才使得世界需要重新倾听来自中国的声音。对此,著名历史学家、哈佛大学教授尼尔·弗格森不无惆怅地宣称:"我们现在正在经历的是西方主导世界500年的尾声。这一次,不论从经济上还是从地缘政治上来讲,来自东方的挑战真真切切。有一点是确定的:中国不再是学徒了。"②这意味着,当今世界格局已经发生了深刻的变化。

对中西方文化融合而言,人类命运共同体的合理建构有赖于中西方文化的平等对话与相互借鉴,共同创造出与人类命运共同体相匹配的新文化形态。对此,有学者已经深刻地意识到:"处在我们前方的是,现代世界转变为一个诸文明的共同体过程中所带来的重重困难,它反映着西方文明与非西方文明——最主要的就是以中国为中心的文明的再度兴起——之间变动的力量平衡。不论这一转变会如何剧烈和充满痛苦——而且,实际上无论它会以世界文明的共同体还是互相间的毁灭告终——都要依赖两个条件。首先,西方文明的主要中心如何巧妙地把自己调适到一个不那么高的地位,其次,中国为中心的文明再度兴起,其各主要中心是否能够集体承担重任,为美国霸权留下的体系层面

---

① 朱云汉:《中国崛起与全球秩序重组》,载孙正聿等:《我们为什么看好中国》,北京:东方出版社2017年版,第168—169页。
② 〔英〕尼尔·弗格森:《文明》,曾贤明、唐颖华译,北京:中信出版社2012年版,第301页。

的问题提供系统解决方案。"①所以,全球秩序的深刻变化带来了中西方文化力量对比的变化,随之出现了中国文化的世界崛起,这是对我国实现中西文化融合相对有利的外部条件。

从我国文化发展的内在条件来看,自开始现代化以来,中国文化的发展历程本身就是中西方文化融合的历程。自1840年以来,中华民族遭到了西方列强的入侵,从而以一种被动的方式融入世界历史。在此阶段,西方文化是作为中华传统文化的"外在的他者"而强行进入中国,中国文化发展在此阶段主要体现为"挑战—反应"模式。现代化在中国日益深入,一方面西方文化随着现代化的历史进程而在中国不断得到传播乃至融入中国,另一方面中国自身的现代性因素也在不断发育成熟,于是,中西方文化的关系不再是中国文化与西方文化的外在对立,而是现代文化与传统文化的融合创新。正如有学者指出:"中国文化现代化并没有停留在被动接受外在冲击的阶段,而是在经历冲击的过程中,逐渐开启了通过将现代化内化为现代中国文化生命的基本价值目标,从而实现由'外在冲击'到'内在转化'之转折的历史过程。"②在此阶段,西方文化不再是中国文化的"外在的他者",而是中国文化自身内部的"他者"。例如,当代中国的学术建设体系基本上来源于西方,西方文化的许多概念、命题、论说、学科都已经成为中国学术思想的一部分,人们很难脱离西方学术概念来从事当代中国学术研究。此即西方文化成为中国文化"内在的他者"的具体表现之一。这意味着,中国文化现代化的内在转化本身就是中西方文化交融的过程。

我们也必须清醒地认识到,当前中国文化建设仍然面临着一系列复杂而棘手的问题,这些问题不仅来自中国传统文化与中国现代化的不相适应,也来自西方现代文化所造成的现代性危机。费孝通先生曾经指出:"西方所崇尚的物质文化可以解决许多问题,但有些问题是不能解决的,尤其是社会心理问题,在这个竞争的社会里,大家互相矛盾,

---

① 〔美〕阿瑞吉等:《现代世界体系的混沌与治理》,王宇洁译,北京:生活·读书·新知三联书店2003年版,第312—313页。

② 李翔海:《中国文化现代化历程的哲学省思》,载俞可平主编:《中国学者论文化与文化转型》,重庆:重庆出版社2018年版,第24页。

互相仇恨,造成很多的社会问题。同时,对自然资源的破坏,对环境的污染,都是目前西方国家难以解决的问题。这些问题都在说明,西方创造出了一个新的人文环境,这是一个高度人工化的环境,对于这样一个高度人工化的环境,不仅是发展中国家不能适应,就是它自己也不能很好地适应。现在地球已经承受不了这种文明所带来的巨大负担,连自然界的生物圈也很难适应这种环境所带来的负面作用。它的这种发展状态,不是向着一个相互平衡的、相互融合的道路上行走,而是朝一个极端的、失衡的道路上前进。"①但是,西方文化的危机不是外在于中国文化的外部挑战,也在中国社会内部得到了体现,所以当代中国对西方现代文化的合理扬弃也就是中西方文化交融的一条道路。

从中西方文化交融的内外条件来看,要想在全球化条件下实现中国的文化进步,既不能拒绝一切外来文化而故步自封,也不能对西方文化照搬全收而亦步亦趋,必须走出一条中西方文化融合的现代道路。正如有学者指出:"全球化不仅使各个国家的经济联系日益增强,而且使各个国家的文化交往也日益密切。特别是数字化、网络化以及各种大众传播媒介的快速发展,为各国之间的文化交流提供了极为便利的手段,使各个国家的文化形成'你中有我,我中有你'的格局。面对这样的文化态势,简单地沿袭传统文化之路,或者简单地重蹈西方文化之路,都不是文化发展的正确路径,合理的选择应当是立足民族、放眼世界,走出一条综合创新之路。所谓综合创新,就是要在积极弘扬本民族优秀文化的同时,充分吸收外来文化的有益成果,在新的基础上实现新的文化融合和创新。这是全球化条件下推动文化发展的必经之路。为此,在文化发展问题上,一方面要反对无视文化民族性的历史虚无主义和妄图以某种文化一统天下的文化霸权主义;另一方面又要反对拒斥文化世界性的狭隘民族主义。"②如果当代中国文化能够合理处理中西方文化的关系,实现中西方文化在当代中国文化内部的有机融合,并因

---

① 费孝通:《文化的生与死》,刘豪兴编,上海:上海人民出版社2009年版,第151页。
② 丰子义等:《社会发展的全球审视》,北京:北京师范大学出版社2017年版,第29—30页。

而创造出借鉴西方文化合理因素与人类文明积极成果的当代中国文化,那么这便是当代中国为世界文化所做出的重要贡献。

(三)应对文化围堵的现实挑战

人类命运共同体的构建,一方面为中国实现中西方文化融合提供了历史机遇,另一方面也给中国文化参与全球文化竞争带来了新的挑战,尤其是要合理应对西方国家对我国的文化围堵。有学者指出,当今世界格局的深刻变化将会出现两种不同的趋势。"这也意味着,人类社会将同时面临两种可能的历史发展情境:一方面,全球秩序可能进入一个较长的崩解与重组时期,在这期间一定程度的失序与混乱很难避免,许多全球层次的公共治理议题可能出现巨大的真空。另一方面,我们也可能迎接一个更公正的全球秩序之来临:一个更符合对等与互惠原则的国际经济交换模式,一个更尊重文化与宗教多元性的全球公共论述领域;一个更能统筹兼顾地球上绝大多数群体的可持续性发展需要,以及更能体现'休戚与共'及'和而不同'理念的全球秩序。"①事实上,中西方文化融合的历史进程任重道远,而全球秩序的短期动荡给我国的文化压力却是迫在眉睫。

其中,西方国家对我国的文化围堵挑战尤其值得高度关注。有学者指出:"当今世界,世界各国普遍关注文化领域的较量,掀起了一场文化软实力竞争的热战,演绎出一幅'软实力竞争日趋激烈的世界图景',文化软实力逐渐成为综合国力竞争的重要台前力量。"②早在20世纪,尼克松(Nixon)就在《1999年:不战而胜》等书中反复主张文化软实力的竞争,"归根到底,是思想而不是武器决定历史"③。在此情形下,中国崛起及其文化复兴一方面给世界文化提供了全新的选择,另一方面也对西方文化霸权造成了一定的冲击。为了应对冲击,许多西方国家

---

① 朱云汉:《中国崛起与全球秩序重组》,载孙正聿等:《我们为什么看好中国》,北京:东方出版社2017年版,第171页。

② 沈壮海等:《文化强国建设的中国逻辑》,北京:人民出版社2017年版,第172页。

③ 〔美〕理查德·尼克松:《1999年:不战而胜》,王观声等译,北京:世界知识出版社1989年版,第333页。

都炮制出了各种版本的"中国威胁论",将中国描述成为世界秩序的挑战者和西方价值观的解构者。

人们注意到,自中美贸易战以来,以美国为代表的西方国家出于维护自身霸权地位的利益诉求,在主张"美国优先"等逆全球化主张的同时,也在主动挑起西方与中国的全面对抗,有意识地对我国进行意识形态围堵,这给我国文化安全构成了巨大的外部压力和挑战。美国对中国崛起的围堵是全方位的:白宫发布的《美国国家安全战略报告》把中国定性为"战略竞争对手";五角大楼发布的《美国国防战略报告》声称美国安全的首要关切不再是恐怖主义,而是大国间的战略竞争,中俄首当其冲。美国上上下下都已经把中国视为对手。在经济金融上,美国对我们打响了贸易战,想要重演狙击日本经济崛起的套路。在政治体制上,西方国家始终挥舞所谓的"普世价值"大棒,百般攻击我们党的执政体制,先是将中国视为与西方民主相对立的专制国家,妄图鼓动"颜色革命";现在看到党的领导在中国日益巩固,又指责我们是威胁西方自由民主价值观的"锐实力"。在军事安全上,西方国家把我国在南海、钓鱼岛维护国家利益的正当行为曲解为"新帝国主义",把我国对非洲国家的友好援助扭曲成"新殖民主义",在全球范围内大造"中国威胁论"的舆论。在国际关系上,一方面,西方国家操纵气候变化等议题,强迫中国承担超出自身国力、牺牲正当利益的所谓"国际责任";另一方面,当我国提出了"人类命运共同体"和"一带一路"等倡议而承担国际责任的时候,西方国家又反过来质疑我们的"人类命运共同体"是不切实际的乌托邦幻想,批评我们的"一带一路"是谋求地缘霸权的"新马歇尔计划"。在文化理念上,西方用"帝国论"解读中国的大一统历史,用"文明冲突论"看待中西文明的关系。

应对这些文化围堵,我国在文化建设方面应当做好两手准备:一方面要向世界论述并证明中国文化的和谐包容精神;另一方面要树立底线思维,巩固文化安全,由此化解中国所面临的文化风险。

中国文化之所以具有和谐包容倾向,是由中华民族长期以来的生产方式所决定的。根据马克思的生产方式理论,生产方式对于文化发展具有强大的制约作用。在漫长的传统社会中,中国始终采取小农生产方式,因而停留在自给自足的自然经济状态,形成了相对稳定内敛的经济形态,进而形成了安土重迁的文化心态,具有保守性、稳定性和和平性的鲜明特征。在这一点上,中华传统文明与"逐水草而居"的游牧民族和"面向大海"的海洋民族形成了鲜明对比。游牧民族与海洋民族始终处于高度的流动性,其流动性的动力源于物质资源的交换需求,这迥然不同于中国农耕文明的自足性经济状态。所以,生产方式决定了中华传统文明具有内敛性格而非外向性格,具有稳定特征而非流动特征,具有保守倾向而非进取倾向,具有和平本性而非扩张本性。自给自足的小农生产方式最终造就了传统中国的和平性格。

对此,许多学者有过十分深刻而又形象的论述,尤其是在西方人的眼中,传统中国的和平性格足以让西方人感到惊诧。例如,对于中国的海军力量,明代传教士利玛窦曾经比较过明朝与当时西方的海军力量,发出了这样的惊叹:"虽然他们有装备精良的陆军与海军,很容易征服邻近的国家,但他们的皇上和人民却从未想过要发动侵略战争。……我仔细研究了中国长达四千多年的历史,我不得不承认我从未见到有这类征服的记载,也没听说过他们扩张国界。"①

再看海外殖民事业。从古希腊到黑格尔的西方哲人都把海外殖民视为解决国内矛盾的必然途径。黑格尔曾在《法哲学原理》中强调:"市民社会被驱使建立殖民地。单是人口增长就有这种作用。"②换言之,海外殖民是解决西方资产阶级社会内在矛盾的需要,用黑格尔的话说:"市民社会的这种辩证法,把它——首先是这个特定的社会——推出于自身之外,而向外方的其他民族去寻求消费者,从而寻求必需的生活资料,这些民族或者缺乏它所生产过多的物资,或者在工艺等方面落后于它。"③对于殖民地人民无法享受同宗主国人民同等待遇而沦为奴役的非人道现象,无论是洛克还是黑格尔,都对此加以辩护,"在近代,殖民地居民并不享有跟本国居民的同等的权利;于是从这种状态中发生战

---

① 〔意〕利玛窦、金尼阁:《利玛窦中国札记》,何高济等译,北京:中华书局1983年版,第58—59页。
② 〔德〕黑格尔:《法哲学原理》,范扬、张企泰译,北京:商务印书馆1961年版,第247页。
③ 同上书,第246页。

事,最后乃是解放,正如英国和西班牙的殖民地历史所表明的。殖民地的解放本身经证明对本国有莫大利益,这正同奴隶解放对主人有莫大利益一样"①。在西方哲人的眼中,海外殖民具有一定的正当性,甚至是"必要的恶"。

相比之下,传统中国对海外殖民的冷漠态度足以让西方人感到惊讶。有论者指出:"然而,与西方社会海外殖民事业最大的不同是,明朝官方的相关态度不是鼓励和嘉奖,而是抑制和惩罚。……像科尔特斯那样,因为惊人的海外征服行动而受到国王嘉许、授予徽章的事情,在当时的明朝是不可能发生的。"②对此,西方学者彭慕兰也关注到:"早在1600年时,马尼拉的中国城,规模就和日后1770年代时纽约或费城的中国城一样大,且附近有许多未开垦的农地,但乡间却未形成大型的华人聚落,原因何在?"彭慕兰(Pomeranz)的结论是:"有个简单但重要的因素,那就是中国政府不支持这类冒险事业。……还有一个同样重要的因素,那就是中国政府无意对外殖民,致使海外侨民几乎得不到祖国的安全保障。"③由此可见,和平性是中华文明与其他文明相比的鲜明特征。

尽管现代中国在生产方式上与传统中国发生了巨大变革,但是漫长农耕文明时代遗留下来的和平性格已经成为强大的文明惯性,而融入现代中国的血脉之中。例如,同样面临"人多地少"的马尔萨斯陷阱,西方文明的解决思路往往是海外殖民,而现代中国的解决思路主要是两条:一是依靠大量的海外粮食进口,二是通过袁隆平团队的杂交水稻试验而提高农地单位粮食产量,由此解决粮食困境,而不会主动去掠夺海外土地。尤其是现代中国具有"广土众民"的巨大规模,所以中国解决内部工业生产的矛盾时,往往依托于中国经济规模内部的差异性因素,如西部大开发等方式,在巨大的经济规模内部解决产能矛盾。换言

---

① 〔德〕黑格尔:《法哲学原理》,范扬、张企泰译,北京:商务印书馆1961年版,第247—248页。
② 文扬:《天下中华——广土巨族与定居文明》,北京:中华书局2020年版,第283页。
③ 〔美〕彭慕兰、史蒂文·托皮克:《贸易打造的世界:1400年至今的社会、文化与世界经济》,黄中宪、吴莉苇译,上海:上海人民出版社2018年版,第31页。

之,中国始终依靠自身经济规模的回旋空间解决经济矛盾,而不会向外部转移矛盾。最终,中华文明的和平根性决定了中国必然走和平发展的道路,而不会重蹈"国强必霸"的历史覆辙。由此可见,"中国走和平发展道路的自信和自觉,来源于中华文明的深厚渊源,来源于对实现中国发展目标条件的认知,来源于对世界发展大势的把握。自古以来,中华民族就积极开展对外交往通商,而不是对外侵略扩张;执着于保家卫国的爱国主义,而不是开疆拓土的殖民主义。对和平、和睦、和谐的追求深深植根于中华民族的精神世界之中,深深溶化在中国人民的血脉之中,'以和为贵''天下太平'等理念世代相传"①。

  面对西方的文化围堵,也要树立底线思维,抵制文化霸权主义、文化殖民主义等思潮对我国文化安全的冲击。在"文化热战"在全球范围内愈演愈烈的背景下,国家文化安全的战略地位不断凸显。文化的功能与价值在于,它是凝聚和激励国民的共识基础和价值信念,是维系国家统一和民族团结的精神纽带。文化的繁荣、强盛与发展不仅可以极大地激发民族自信心、自尊心与自豪感,而且必将在心理和精神层面构成无形的安全屏障。从这个意义上讲,积极应对文化霸权主义就是构筑中华民族长治久安的"文化长城",事关中华民族的前途命运。所谓文化霸权主义,是指资本主义发达国家从本国的利益和战略目标出发,立足自身的文化强势地位,向世界上其他国家尤其是落后国家进行文化渗透和扩张,迫使别国接受其价值观念和意识形态,以达到制约并影响别国内部事务、政权更替以及世界事务和国际秩序的目的的一系列主张和行为。在这其中,政治控制是主要目的,文化渗透是基本手段。与其他形式的霸权主义相比,文化霸权主义不仅是指资本主义霸权行为集中在文化领域,更意味着这种霸权主义具有极强的虚伪性、欺骗性与隐蔽性。关于这一点,意大利马克思主义理论家安东尼奥·葛兰西早已通过"文化霸权理论"予以阐明。值得注意的是,葛兰西所揭示和批判的资本主义文化霸权主要局限在资本主义国家内部,这种文化霸

---

  ① 中共中央宣传部编:《习近平新时代中国特色社会主义思想三十讲》,北京:学习出版社 2018 年版,第 287 页。

权体现的是统治阶级与被统治阶级之间的社会关系。而在当今时代,资本主义文化霸权已经超出了资本主义的国家界限,日益成为一种全球行为,体现为发达国家与发展中国家之间的国际关系。

对此,我国应当铸牢文化安全的战略防线。在此需要指出的是,文化安全可以从两个方面来理解:一是消极意义上的被动防御,即一味抵制和批判外来文化,这虽然是必要的防御举措,但也容易陷入文化孤立的状态中;二是积极意义上的主动防御,即主动吸纳外来文化的合理因素,最终形成具有中国特色的先进文化。也就是说,用中国特色先进文化吸纳外来文化,淬炼出全人类的共同价值和先进文化。这种积极防御的姿态才是文化自信的最终体现,才是文化防御的最高境界,才是文化安全的长久之道。在此意义上,当中国进入构建人类命运共同体的全球化新阶段,尽管面临着文化围堵、文明冲突等各种风险挑战,然而应对文化围堵的挑战本身蕴含着实现文化融合的有利契机。对此,有论者站在人类大历史的"万古江河"的高度做出精彩的总结:"在各种文化相激相荡时,人类社会终于走向天下一家,其中各文化体系的精粹,将成为全体人类的共同文化资源。经过这一转折点,非西方国族重获活力,能与数百年来的'主流'进行有意义的对话,并且由此对话弥补彼此的不足。"[①]而这也正是我们对未来中国文化的深切展望。

---

① 许倬云:《万古江河——中国历史文化的转折与开展》,上海:上海文艺出版社 2006 年版,第 358—359 页。

第十二章

社会主义文化强国的实施方略*

"肯取势者可为人先,能谋势者必有所成。"研究当今时代文化发展的新特点、新趋势,目的就是为了审时度势,更好地推进当代中国文化的发展。尤其在全球化深入发展的条件下,各个国家的联系日益紧密,以至任何一个国家的文化都不可能孤立发展,必须在全球化的过程中来推进。因此,全面、准确地把握当今时代文化发展的新特点、新趋势,正是推进中国文化发展的客观要求。推动中国文化健康发展,也恰好是我们研究当今时代文化发展新特点、新趋势的出发点和落脚点。有鉴于此,在前面各章具体考察分析的基础上,本章的研究最后回到中国的文化发展上来。

一、 文化发展的目标定位

在当代中国,文化建设是中国特色社会主义"五位一体"

---

* 本章部分内容曾以《国外文化发展战略模式的新特点》为题,发表于《北京日报》2020年6月8日,第14版。另有部分内容以《文化发展的战略自觉与顶层设计》为题,发表于《新视野》2019年第6期;以《走出"中国文化 世界生产"之路》为题,发表于《北京日报》2019年8月5日,第13版;以《中国文化如何走向世界》为题,发表于《前线》2019年第6期;以《发展中国家文化发展的内在矛盾》为题,发表于唐立军主编:《马克思主义中国化》第9辑,社会科学文献出版社2019年版。

总体布局的重要组成部分,是全面建设社会主义现代化的重要内容。加强文化建设,推进文化发展,目的就是要建设社会主义文化强国。这就是我国文化发展的目标定位。

一个国家强不强,主要看实力。实力既包括硬实力,又包括软实力。软实力看似无形,却是一个国家的内在实力和核心竞争力。这种实力和竞争力主要蕴含于文化之中,因而又被称之为文化软实力。对于"软实力",国际社会尤其是西方社会高度重视,最引人注目的是近些年人们谈论较多的美国哈佛大学教授约瑟夫·奈(Joseph Nye)的"软实力"理论。约瑟夫·奈对"软实力"大致有这样几种理解,即"影响力""吸引力"和"同化力"。他将软实力分为三种类型:一类是能对其他国家产生影响力和吸引力的文化,一类是作为意识形态的政治价值观,还有一类是能被视为具有权威性的外交政策。在文化、政治、外交这三个组成部分中,文化是更为深层、更具持久性和根本性的部分,因而软实力通常指称的就是文化软实力。

文化作为一种软实力,直接关系到一个国家的国际影响力和国际竞争力,越来越成为综合国力竞争的重要因素。历史表明,没有先进文化的积极引领,没有先进文化的支撑,一个国家、民族不可能真正屹立于世界民族之林。文化软实力不仅关乎文化艺术的繁荣、文化产品的吸引力和影响,更关乎民族兴衰、国家强弱、政党存亡、人民安危。正因如此,许多国家纷纷把加快文化发展、增强文化软实力上升到国家战略层面,成为提高综合国力和国际竞争力的目标选择。

经过四十多年的改革发展,我国的综合国力有了显著增强,现已成为世界第二大经济体,国际地位有了明显提升。随着经济的快速发展,文化也发生了重大变化,与以往相比,文化领域空前繁荣,人们的文化生活日趋丰富,文化发展总体水平有了明显提高。特别是通过实施文化"走出去"战略,我国形成了多层次、宽领域的对外文化交流格局,中国文化国际影响力不断增强,同时也为人类文明发展作出了重要贡献。然而,也要看到,我国文化落后的状况还没有从根本上改变,我国的文化软实力与其经济实力和国际地位还很不相称。

这种特殊而尴尬的境遇,迫切要求我们加强文化建设和发展。对于文化建设和发展的重要性和紧迫性,"中共中央关于文化体制改革的决定"提出的"四个更加"和"四个越来越",就是总结性的概括。"四个更加"强调:"各种思想文化交流交融交锋更加频繁,文化在综合国力竞争中的地位和作用更加凸显,维护国家文化安全任务更加艰巨,增强国家文化软实力、中华文化国际影响力要求更加紧迫。"①"四个越来越"强调:"文化越来越成为民族凝聚力和创造力的重要源泉、越来越成为综合国力竞争的重要因素、越来越成为经济社会发展的重要支撑,丰富精神文化生活越来越成为我国人民的热切愿望。"②可以说,加快文化发展是建设社会主义文化强国、实现中华民族伟大复兴的必然要求。诚如党的十九大报告所说:"文化是一个国家、一个民族的灵魂。文化兴国运兴,文化强民族强。没有高度的文化自信,没有文化的繁荣兴盛,就没有中华民族伟大复兴。"

在我国,文化发展的核心问题是如何使我国从文化大国变为文化强国。作为一个文化大国,我国有着五千多年的文明传统,创造了博大精深的灿烂文化,蕴藏着极为丰富的文化资源。尽管在历史上经过外国入侵和国内战乱,但是中华文明和文化始终没有受到颠覆性的破坏乃至中断,因此有的学者将中国称之为"文明型国家"。作为文化大国,我国有着独特的优势。但是,文化大国并不等于文化强国。文化强国的主要特点是"强",而非"大"。从"大"到"强",关键是要使文化资源变为强国实力。这就要求做好文化资源的转化工作。而要做好这种转化工作,重要的一点,即如前面所说,应加强文化资源的开发和利用。所谓"开发",就是要激活文化资源,让其"活"起来,充分发挥其实际影响。正如习近平总书记所说:"要系统梳理传统文化资源,让收藏在禁宫里的文物、陈列在广阔大地上的遗产、书写在古籍里的文字都活起来。"③让文物、遗产、文字"活起来",这是文化建设的一项重要工作。所谓"利用",就是要使文化资源实际进入文化的生产和消费,使其价值

---

① 《中共中央关于深化文化体制改革推动社会主义文化大发展大繁荣若干重大问题的决定》,《人民日报》2011年10月26日,第1版。
② 同上。
③ 《习近平谈治国理政》,北京:外文出版社2014年版,第161页。

得到充分发挥和合理使用。文化的使用和消费不同于物质资源,其使用和消费越多,价值也就越大。从文化强国的角度来看,加强文化资源的转化,就是要使文化资源转化为下述力量:

一是转化为文化软实力。文化软实力总是需要一定的载体或依托。具体说来,文化软实力主要是指那些在社会文化领域中具有精神感召力、社会凝聚力、市场吸引力的文化资源。这些文化资源有的是有形的,有的是无形的,不管有形无形,其功能都是一样的。在文化建设中,必须对这些资源予以高度重视并合理利用,使其在传承优秀传统文化、满足人民群众文化需求、展示中国形象等方面发挥重要作用。比如,文化开放单位和博物馆应当充分发挥文物资源的社会教育功能,努力建设成为爱国主义教育、社会主义核心价值观教育和科学知识普及的重要阵地;同时,深入挖掘和阐释文物资源的历史文化价值,推动举办反映民族历史、展现民族精神的系列优秀展览,形成宣传爱国主义、彰显时代精神的精品力作,真正使资源"活"起来,变为现实的力量。另外,配合有关重要活动,形成相应的对外文物展览系列和交流系列,也是变文物为文化力量的重要方式。

二是转化为国民素质。一个文化强国必须是国民整体文化素质比较高的国家,因而建设文化强国必然要求全面提升国民文化素质。这是中华文化代代相传、中华文明生生不息的基本保证。就我国的现有状况看,公民的科学素质、人文素质与经济快速发展、社会全面进步的进程还不相适应。在观念上,起码的公民意识、公共意识还没有稳固确立起来,民主与法治意识、公平与正义意识、权利与义务意识等仍有待提高;在行为上,一些不良行为随处可见,社会风气受到严重影响。公民的文化和文明素质已成为制约社会全面进步、全面建设社会主义现代化的一个重要因素,迫切需要加快文化建设。因此,加强文化资源向国民素质的转化尤为重要。要让各种文化资源成为国民教育的基本素材,成为国民教育的重要课堂。对各种文化资源的欣赏、利用和研发,使其进入人们的精神生活和日常生活,逐渐内化为人们的文化素质,进而外化为人们的文明行为。这样的转化既促进了社会进步,也促进了人自身的全面发展。

三是转化为文化生产力。社会生产力不仅包括物质生产力,同时也包括文化生产力。随着现代经济和现代科学技术的迅猛发展,文化生产力的地位和作用日益重要,以至于文化与生产不再成为外在的东西,而是融为一体。尤其是文化产业的兴起和发展,使文化得到前所未有的关注。然而,现实的问题是,拥有丰富的文化资源,不一定形成文化产业。要使文化资源变为文化产业,关键的问题是要增强创新能力。只有创新,才能使文化资源得到深度开发,才能使文化资源转化为产业资源、经济资源,才能使文化与经济得到实质性的融合。一句话,只有创新,才能使文化资源切实转化为文化生产力。实际上,文化创新与文化资源的关系也是互动的。一方面,通过创新,可以把丰富的文化资源转化为创新的文化成果;另一方面,创新的文化成果又会转化为新的文化资源,扩大和提升原有的文化资源。二者相互促进,形成一个良性循环,推动文化产业和文化生产力的快速发展。

四是转化为经济社会发展的新动力。经过长时期的经济高速增长,我国的经济发展进入新常态。新常态的一大标志,就是要转变发展方式,即由粗放型、外延式的发展转向集约型、内涵式的发展。这样的发展方式,意味着发展的重点从自然资源和物质资源转向文化资源、人力资源。加强文化资源的开发和利用,进而形成经济社会发展的新动力,这是转变发展方式的一项重要内容,也是其内在要求。为此,对经济社会发展的资源、动力要有新认识,这就是不能把目光仅仅盯在自然资源和物质资源上,更要重视文化资源,使文化资源变为新的发展动力。实践也已表明,充分利用各种文化资源的不同特点和优势,加强其开发和利用,完全可以形成新的经济增长点、新的经济结构调整的重要支点和社会全面发展的着力点。贯彻、实施新的发展理念,实现经济社会持续健康的发展,必须加强对这种新动力的培育和创造。

五是转化为世界文明的重要推动力。一个国家能不能成为文化强国,重要的是看其在世界文化舞台上能不能发出自己的声音,能否对世界文化的发展、世界文明的推进作出自己的贡献、发挥其重要影响。要建设文化强国，必须使我们的文化融入世界文化和世界文明之中。其中一个重要途径，就是要使我们的文化资源进入世界文明体系之中，成为世界文明的要素，并为世界文明增添新的活力。为此，应当适应世界文明的发展趋势，深入开掘和阐释我国文化资源的当代价值，使其所表达的一些观念、价值与世界文明潮流相对接，以丰富和发展当代世界文明。与此同时，还应当通过文化资源的开掘与阐释，为人类所共同面临的问题和困境提出有益的思路和文化指引，从而真正体现出中国文化的价值，真正使中国文化不仅是中国的，而且是世界的。

今天，建设文化强国，不仅要把文化资源变为强国实力，而且要特别注意把中国的发展优势转化为文化优势。如何使发展优势变为文化优势，是摆在我们面前的一大课题，也是需要我们完成的一项艰巨任务。

要使我国的发展优势转化为文化优势，首先在发展上应当改变文化与经济社会分离的状况，将文化发展纳入总体发展之中，充分体现出文化在整体建设和发展中的独特魅力与作用。在这种"总体性"的发展过程中，经济、政治、文化、社会、生态等并不是孤立进行的，而是相互影响、相互渗透、彼此交织在一起的，从经济、政治、社会、生态发展的背后就可以看到文化的影子，从整体的发展状况就可以反映出文化的力量。因此，应当在总体的文明建设即"五位一体"的文明建设中来凸显我国的文化优势，通过总体文明的建设看其内含的文化力量。事实上，将我国发展成功的奥秘揭示清楚，也就从根本上展示了我们的文化优势。其次，要在宣传贯彻许多重大发展理念、发展举措中来展示我们的文化价值，体现我们的文化优势。如近些年提出的科学发展观、经济发展新常态、新发展理念等，实际上就包含着一系列新的文化价值理念和智慧，将这些理念和智慧加以提炼、概括，并将其在实际运用过程即实际发展过程中所取得的重大成就加以深入阐释，就可以使其变为新的文明和文化因素，将发展优势变为文化优势。国际社会也正是从我国发展的主张和发展的效果上来看待我国文化的。最后，应当在全球化的参与中来展示我们的文化价值与文化优势。参与全球化的过程，也是显示文化的过程。近年来,我国在全球化过程中倡导的"一带一路""人类命运共同体"建设,就充分显示了我们的文化主张和价值追求。像"人类命运共同体"的提出和构建,就包含着一系列新的理念:对话协商、持久和平、合作共赢、交流互鉴、开放包容、共建共享等。所有这些理念都体现了新型的世界文明,因此得到国际社会的广泛认可和高度赞扬,由此扩大和提升了我国文化的影响力和感召力,使我们的文化优势在国际舞台上得到彰显。

二、文化强国的发展战略

全球化时代的国际竞争使得文化战略的重要性日益突出。对于世界范围内的国际竞争,学界有过多种描述。有学者认为经历了这样三部曲:最初是资源的竞争,主要表现为能源与市场的竞争;后来是规则的竞争,作为最核心的规则,货币是竞争的对象;最后是话语权的竞争,表现在各个领域、各个方面,核心是谁说了算。有学者认为经历了另外一种三部曲:如果说20世纪上半叶的主流是军事竞争,20世纪下半叶的主流是经济竞争,那么,21世纪的主流则是文化竞争。[①] 不管怎么表述和划分,意思是大致相同、明确的,这就是文化的地位越来越突出,文化的竞争越来越激烈,谁占领了文化的制高点,谁就占领了国际事务和发展中的主动权。正因如此,许多国家都非常注重文化发展的谋划,注重文化发展战略的制定。

早在1970年,荷兰哲学家范皮尔森(Van Peursen)就出版了一部著作,题目就是《文化战略》。他主要是从人类的生存来讨论文化战略,认为研究文化战略有两个根本目的:一是防止人类创造出来的缓解人同自然的紧张关系的文化,由于不恰当地应用,反而加剧人同自然的紧张关系,甚至危及人的生存;二是防止人创造出来的用以提高人和解放的文化异化为贬低人和压制人的异己力量。可以看出,皮尔森重点是从人与自然、人与文化之间的关系来看待文化战略的,而回避和忽略了

---

① 参见郭建宁编著:《中国文化强国战略》,北京:高等教育出版社2012年版,第4页。

"文化间"的竞争和冲突问题。之所以如此,主要是当时还处于冷战时期,文化间的交流、交锋并不突出,因而不是关注的焦点。

冷战结束后,情况发生了很大变化。伴随全球化的深入发展,不同国家的文化往来越来越频繁,竞争和冲突也随之加剧。为此,西方许多国家加强了对文化战略的研究。这种研究往往与世界格局、国际形势的变化紧密结合,力图为其提出的各种文化战略提供理论基础。日裔美国学者弗朗西斯·福山从1989年以来曾先后发表不少著述,宣扬"历史终结论",提出社会制度在"历史终结"时呈现趋同的趋势,而在制度趋同的情形下,决定经济竞争力的主要因素是文化。福山的观点提出后,也遭到西方许多学者的反对,认为资本主义制度并非历史的终端,未来社会还需要做新的探索。20世纪90年代以来,西方一些理论家又做出进一步的论证,论证的主题就是要使西方文化成为"主流文化",用西方价值观左右国际政治秩序。如托夫勒(Toffler)认为,在知识经济时代,权力争夺的焦点主要不是军事力量与经济力量,而是知识与文化。谁家的文化成为主流文化,谁家就是国际权力斗争的赢家。约瑟夫·奈也明确阐发了这样一种观点:在当今世界,倘若一个国家的文化处于中心地位,别国就会自动地向它靠拢;倘若一个国家的价值观支配了国际政治秩序,它就必然在国际社会中居于领导地位。这些观点均反映出强烈的文化战略意识。

一般说来,"战略"具有整体性和前瞻性的特征。整体性意味着战略不是一种局部性的策划或某种适应性的策略,而是一种全局性的设计与把握,事关发展的总体与大局;前瞻性意味着战略研究的重点不在眼前,而在长远,既立足现实,又超越现实,对发展的方向、前途予以充分的考虑。"文化战略"也具有这样的特性。

(一) 各文化大国的文化战略

从全球范围来看,许多发达国家针对目前世界文化发展的新形势、新特点,纷纷制定相应的具体文化战略。各个文化大国的文化战略各具特点,但就其基本类型而言,大致有如下几种模式:

一是美国的文化输出战略。作为文化强国,美国始终坚持文化输出战略来维持自身的世界霸权。美国文化输出战略具有如下三个值得关注的特征:第一,通过美国生活方式的推销来建立文化霸权。起初,美国面对强势的欧洲文化也曾处于文化话语权不强的被动境地。与历史悠久的欧洲文化相比,美国文化因为缺乏深厚的历史积淀而显得稚嫩。在具有浓厚精英主义色彩的"老欧洲"文化看来,美国是文化的荒漠。即使在美国已经崛起的20世纪初,欧洲人仍然视美国人为"经济暴发户"和"文化贫困户"。针对这一困境,美国通过消费文化与大众文化的对外输出而扭转了美国与欧洲的文化失衡格局。值得注意的是,美国的文化输出战略走出了一条"先输出生活方式,后输出美国价值"的道路。"美国向欧洲输出的不仅仅是商品意义上的文化产品,更为重要的是体现在这些产品之内的生活方式。"①美国式生活方式的全面推广,极大增强了美国价值观的诱惑力,从而成为"文化输出"战略的核心。只要步入消费社会,人们或许可以在思想观念上拒绝美国式的价值观念,但是人们很难抵抗美国式生活方式的诱惑,从而在美国式生活方式的诱导下潜移默化地接受了美国价值观的影响。因此,美国的好莱坞等文化产业和文化商品无不用感性直观的方式呈现美国生活方式,从而浸染着美国价值观并到处推广。第二,不断增强社会科学理论领域的议题设置能力。美国的文化输出战略没有简单地停留在文化产业和文化商品上,而是升级到了理论思潮的高度。美国凭借人才优势,网罗社会科学领域的世界精英,不断炮制各种社会科学领域的新概念和新话语,表现出强大的议题设置能力。议题设置能力是美国文化输出战略的核心能力,使美国处于全球文化话语生产链条的顶端。一旦拥有议题设置能力,人们即使不同意美国人的理论,但是依旧会用美国生产出来的理论话语来自我审视。换言之,其他国家往往透过美国理论话语棱镜来自我透视,乃至出现用美国理论解释本国现象的错位现象。第三,始终把持文化生产的基础设施。文化生产虽然是人们头脑中的观念活动,但也必须借助于一定的基础设施,例如报纸、媒体、网

---

① 王晓德:《文化的帝国:20世纪全球"美国化"研究》上册,北京:中国社会科学出版社2011年版,第175页。

络。这些基础设施也就构成了文化生产与传播的渠道。美国的文化霸权不仅体现在文化商品的垄断,同时也体现在文化生产渠道的垄断,后者比前者更具有隐蔽性和扩张性。总的来看,基于美国生活方式的大众文化推广、基于议题设置能力的理论话语霸权、基于文化生产基础设施的文化渠道垄断,共同构成了美国文化输出战略的三大基石,是美国文化霸权之所以具有强制性的"隐匿的前提"。在此意义上,要想对抗美国文化霸权,不能简单地反驳美国的文化价值观念,而是要彻底解构美国文化霸权的生产机制。

二是法国的文化自主战略。美国文化的全球扩张引发了许多文化大国的文化危机,因而遭到相应的质疑与抵制,其中法国就是对抗美国文化霸权的典型。针对美国文化商品的倾销态势,法国形成了从"文化例外论"到"文化多样性"的文化自主战略。法国是一个有着辉煌历史的国家,缔造了法兰西文明,产生了世界性的文化影响,法国人对此骄傲和自豪,因而表现出"对文化独特的、强迫性的关注"①。法国高度重视文化的地位,认为文化主权是一个民族文化地位和文化尊严的标志,直接关系到民族自豪感与文化自信心。第二次世界大战结束后,美国文化开始强势扩张。于是,法国运用"文化例外论"原则对抗美国文化霸权。法国倡导"文化例外论",看似阻碍了文化产品的全球流通与传播,其实是为了维护自身的文化自主性。颇有意思的是,法国是欧洲国家中对可口可乐抵制力度最大的国家。因为在法国人看来,可口可乐代表的是美国生活方式,而葡萄酒代表了法国人的生活方式,所以法国自发抵制可口可乐和好莱坞大片等美国文化符号与产品。但是,"文化例外"原则容易招致国际社会的误解,人们往往将法国的"文化例外"原则视为文化封闭和文化孤立。为了杜绝国际社会的误解,法国将文化自主战略的核心理念重新表述为"尊重文化多样性",反对单一性的文化霸权。法国总统希拉克(Chiral)在2001年联合国教科文组织大会上正式将"文化例外论"原则改为"文化多样性"原则,将有关文化产品的

---

① 〔美〕彼得·J. 卡赞斯坦、罗伯特·O. 基欧汉编著:《世界政治中的反美主义》,朱世龙、刘利琼译,北京:中国人民大学出版社2012年版,第168页。

讨论从世贸组织转向联合国教科文组织。无论是"文化例外论"还是"文化多样性",都是文化自主战略的表现,旨在捍卫法兰西文化的自主地位。对我国文化安全领域而言,法国的文化自主战略具有重要的借鉴意义。

　　三是德国的文化对话战略。与法国类似,德国也是世界文化大国,也具有深厚的文化传统与历史底蕴。德国为人类社会贡献了康德、黑格尔、尼采、海德格尔等著名哲学家及其精神产品,也贡献了歌德(Goethe)等文化巨人。值得注意的是,德法两国都推崇"文化多样性"原则,但是,两国对"文化多样性"的理解有所差异。如果说文化自主是法国倡导"文化多样性"的主要诉求,那么德国对"文化多样性"的理解主要是推进跨文化对话。所以,文化对话构成了德国文化战略的鲜明特色。德国强调文化对话,是由德国的国内与国外各种因素共同作用的结果。从国内因素来看,德国在二战后被人为地割裂成东德与西德两个意识形态与文化观念迥然不同的地区,冷战结束后,随着柏林墙被推翻,德国重新统一。然而,政治统一并没有消除两个地区之间的文化隔阂。为了实现文化统一,德国倡导文化对话,尊重文化差异性,但更注重以文化对话的方式增强彼此之间的文化联系。从国外因素来看,德国的纳粹法西斯主义曾经给全世界带来了深重的灾难,对德国文化与国家形象构成了严重打击。二战结束后,德国想要摆脱人们对德国的负面认知,不仅对德国的二战历史做出了深刻的反思与真诚的忏悔,同时试图通过文化对话的方式,增强德国文化的亲和力,提升德国文化与其他国家文化的互动性,从而淡化人们之前对德国形成的负面印象。正是基于国内外的文化需求,德国形成了以文化对话为标志的独特文化发展战略。但是,在看到德国文化对话战略的合理性同时,也要看到德国文化对话战略有可能落入文化相对主义的困境。对多元文化的平等地位的强调原本无可非议,但如果走向文化相对主义,则会削弱多元文化之间必要的竞争,进而削弱多元文化本身的活力和创造力。

　　四是英国的文化创意战略。如果说德国的文化对话战略容易陷入文化相对主义的窠臼而有丧失文化竞争力之虞,那么英国的文化战略则十分强调文化的原创能力与创新意识。在此方面,英国形成了"文化创意战略"。在人们的传统印象中,英国文化始终给人以保守稳健、沉闷刻板的形象。然而,在20世纪90年代,英国政府通过文化创意战略的实施,逐渐扭转了人们对英国文化的传统印象,塑造出了一个富有活力和朝气的新文化形象。英国的文化创意战略的核心是提升文化创造力。与其他国家的文化产业驱动方式不同,英国驱动文化产业的方式是"内涵式发展",即提升文化产业在内容生产上的创造力与竞争力。也就是说,在文化产业发展上不是简单依靠"外延式发展",不是过分依靠资本力量的驱动,而是更注重文化产业内在品质的提高。英国政府认识到,文化创造力的提升需要相对宽松的外部环境。因此,英国不是主要依靠行政干预手段来推行文化创意战略,而是主张发挥市场机制和自由环境来保护文化创造力,由此形成了"创意英国"的形象。有学者指出:"英国的创意设计长期以来备受世界赞誉,许多顶级的国际品牌或图书,如苹果的ipod、宝马的MINI汽车等的设计,以及风靡世界的科幻小说《哈利·波特》《海豚岛》《时间机器》《隐形人》《星际大战》,世界著名科幻大师克拉克撰写的《2010年:太空漫游》等均出自英国。"[①]可以看出,英国在文化创意方面的成就比较可观,英国成为世界上仅次于美国的第二大创意产品生产国。对于我国文化产业发展而言,英国的文化创意战略的借鉴意义在于,文化产业的健康发展与繁荣,关键在于文化生产力和原创力的积极提升。

五是日韩的文化立国战略。近年来,在我国经常能够看到"哈日""哈韩"之类的文化现象,这体现了日韩两国在东亚地区的文化影响力。日韩两国的文化影响力与日俱增,正是日韩两国实施"文化立国"战略的体现。20世纪90年代,日韩两国相继提出"文化立国"战略。值得注意的是,日韩"文化立国"战略中所谓的"文化"主要是指文化产业。日韩两国均将发展文化产业、让文化产业"走出去"、扩大文化产业的国际影响力上升到国家战略的高度。对日本而言,日本的"文化立国"战略经历了一个发展过程。在明治维新之后,日本推崇"军事立国",走上

---

① 邓显超:《发展文化软实力的国际经验与中国选择》,北京:中国政法大学出版社2015年版,第129页。

了军国主义道路。日本在二战中的溃败,宣告了军事立国的破产,日本转而走向"科技立国",大力推动科技创新,以此提振日本的经济复兴。为了扭转国际社会对日本仅是"经济动物"的偏见,改变经济发展与文化发展失衡的现象,日本提出了"文化立国"战略,重点发展日本的文化产业。继日本之后,韩国也在 20 世纪 90 年代确立了"文化立国"战略。自 1997 年亚洲金融危机以来,韩国政府在调整国内产业结构的同时将文化产业列为韩国支柱产业,甚至在 1997 年设立了"文化产业基金",为文化产业提供雄厚的资金支持。纵观日韩两国的"文化立国"战略,两国不仅大力发展影视、动漫、网络游戏等娱乐产业,而且都借助于娱乐产业来不断扩大文化的国际影响力,从而使文化产业成为两国的文化名片而风靡世界。通过文化产业提升国际影响力,将文化生产力转换为文化软实力,这是日韩文化立国战略的鲜明特色,也是我国文化发展值得借鉴的重要经验。

六是新加坡的文化整合战略。在世界各国的文化发展战略中,新加坡凭借着文化整合而独树一帜。"亚洲价值观"的构建与落地,便是新加坡文化整合战略的成功典范。作为一个移民国家,新加坡始终是一个多元民族、多元宗教、多元文化的汇聚之地,能否构建一个超越民族宗教的文化共识是维系新加坡国家认同的关键。新加坡不仅要在内部推动各大族群的文化整合,同时还要面临东亚文化与西方文化的张力,处理好东西方文化的关系。为了应对西方价值观对新加坡社会的冲击,新加坡领导人便在 1991 年正式提出"亚洲价值观",主要内容是"国家至上,社会为先;家庭为根,社会为本;关怀扶持,同舟共济;求同存异,协商共识;种族和谐,宗教宽容"①。新加坡的"亚洲价值观"是在以东亚儒家思想为主体、吸纳西方价值观的基础上形成的。"亚洲价值观"的文化整合之所以有效,首先是依靠新加坡执政党的大力推动。作为执政党,新加坡人民行动党为了维持自身的权威地位,必然要推行文化整合,应对西方价值观对威权体制的各种挑战。所以,人民行动党凭

---

① 孙景峰:《新加坡人民行动党意识形态研究》,《社会科学研究》2006 年第 3 期,第 57—62 页。

借执政优势而大力推广"亚洲价值观"。但是,要使"亚洲价值观"深入人心,不能单纯依赖执政党的行政权力,还需要执政党的行为逻辑与"亚洲价值观"的高度一致。在这方面,新加坡政府通过诸如"组屋计划"等方式提升社会福利,既展现了新加坡政治精英主义和"好人政府"的合理性,又体现了"家庭为根,社会为本,关怀扶持,同舟共济"的价值观,从而使"亚洲价值观"具有较高公信力而赢得人民的认同。进一步来看,新加坡"亚洲价值观"的文化整合之所以奏效,也与新加坡对实用理性的推崇有关。文化整合不是各种文化价值观的随意拼凑和话语对接,而是建立在一定心理基础之上的。作为身处大国之间的小国,资源有限的新加坡从独立之时起便形成了强烈的生存意识,由此形成了实用理性。实用理性使新加坡不盲目迷信任何意识形态教条,对各种文化采取"为我所用"的拿来主义态度,这便有力地推动了新加坡的文化整合。可以说,实用理性是新加坡的文化整合战略之所以成功的关键一环。

从上述几种模式可以看出,一个国家文化战略的制定必须要有一个顶层设计。没有顶层设计,就没有对文化发展的主动引领,也就没有文化发展的合理布局。顶层设计主要涉及文化发展的目标、方向、道路、主体、方式、动力、手段等,即对文化发展的总体把握和全局思考。

(二)我国文化发展战略需要解决的问题

就我国的文化发展而言,文化强国的目标已经确定,重要的是在发展战略上必须明确并解决好如下这样一些带有根本性的问题:

第一,文化发展的方向与道路。旗帜决定方向,道路决定命运。举什么旗,走什么路,对文化发展至关重要。在当代中国,文化建设必须走中国特色社会主义文化发展道路。这条道路并不是自然产生的,也不是随意选择的,而是经过长期探索而形成的,它是对我国文化发展规律的深刻揭示,反映了新时代文化建设的新要求。坚持这样的发展道路,首先是由我国社会制度决定的。有什么样的社会制度,就会形成什么样的文化。中国特色社会主义文化发展道路,凝聚着党领导人民进行文化探索的成功经验与智慧,体现了中国特色社会主义制度发展的必然要求。实践证明,这是一条确保文化发展沿着正确方向前进之路。坚持这样的发展道路,同时也是由我国的国情和现实需要决定的。伴随经济的快速发展,我国的文化也取得了长足的发展。但是,必须承认,我国文化的整体实力与我国的国际地位还不相称,与我国文化大国、文化古国的形象和要求还不相称,在世界文化格局中,西强我弱的状况并没有改变。如何扭转这样的局面,在激烈的国际文化竞争中赢得主动?答案是清楚的:绝不能照搬别国的文化发展模式,必须有清醒的战略考虑,选择符合本国实际的文化发展道路。只有这样,才能使我国真正立于世界文化之林。

坚持中国特色社会主义文化发展道路,就是要坚持马克思主义指导地位,坚守社会主义核心价值观。核心价值观是文化之魂。文化的不同,主要在于价值观的差异;文化软实力的高低,主要在于核心价值观力量的强弱。历史和现实一再表明,如果没有这种核心价值观,一个民族就没有精神纽带和精神支柱,其文化就立不起来、强不起来。目前我国处于转型时期,思想文化状况颇为复杂,要使全体社会成员的思想意志得到有效的整合和凝聚,形成社会主义现代化建设的巨大合力,就必须锤炼、培育核心价值观。因此,建设社会主义核心价值观是凝魂聚气、强基固本的基础工程。

要使社会主义核心价值观真正发挥实效,必须使其落地生根。这就是要把社会主义核心价值观的要求渗透于文化建设的各个方面,融入文明建设的全过程。在这方面,应当注意价值观影响的一些国际经验和做法。在西方,价值观的影响尽管也借助于主流媒体的宣传,但更重要的是依靠无孔不入的渗透。他们的文化产品、文化活动以及各种媒体等无不体现着他们的价值取向和价值标准,其价值意识是非常明确的。我们也必须有自觉的价值意识。一些人总觉得,在传播媒介、文化作品中"讲责任太累""讲崇高太虚",因而不愿谈论价值观。对此,我们应有清醒的认识,自觉坚守自己的价值立场和价值追求,加强对文化发展的引导;同时要创新各种宣传教育方式,让人们在社会生活的实践中以更轻松、更容易接受的方式感知、领悟社会主义核心价值观。

第二,文化发展的主体。推动文化的发展,必须解决文化发展为了谁、依靠谁的问题。"以人民为中心"就是我国文化发展的价值指向和主体意识。所谓"以人民为中心",就是在文化建设上坚持以人民为主体,坚持发展为了人民、发展依靠人民、发展的成果由人民共享。坚持以人民为中心,首要的是明确文化发展的目的。文化发展的目的,就是要满足人民日益增长的文化需要。人的发展,离不开需要的满足,需要是不断发展变化的,因而满足需要的内容、形式和方法也是发展变化的。现在,我国已经稳定解决了十几亿人的温饱问题,全面建成小康社会。在这样的新时代,人民对美好生活的需要日益广泛,不仅对物质生活提出了更高要求,而且对文化生活也提出了更高要求。我们的文化建设和发展必须适应新时代的新要求,把满足人民日益增长的文化需要作为文化建设的根本任务和价值追求。为此,要在文化生产上能够适应群众的正常需要,能够提供各种健康有益、喜闻乐见的文化产品,丰富群众的文化生活。

文化发展不仅是为了人民,而且要依靠人民。我们建设的文化是人民大众的文化,是共建共享的文化。既然是共建共享,那就要突出人民大众的参与、创造作用。要把人民作为文化创造的主体力量,充分尊重人民在文化建设中的聪明才智,使全社会的文化创造活力竞相迸发。同时要积极搭建各种平台、开辟多种渠道,支持和鼓励群众进行文化创造,使文化建设、文化创造真正成为群众的事业。

强调人民群众的主体地位,并不意味着轻视以至否认文化专门人才的作用和贡献。文化产品的提供、文化价值的确立、文化潮流的引领、文化形式的创造等,都离不开专门的文化人才。从历史上看,文化兴盛的时代,必然是一个人才辈出的时代。没有春秋战国时期的诸子百家,就没有这一时期的百家争鸣、思想繁荣;没有唐宋时期的众多大家,就没有这一时期出现的诗词、散文的鼎盛发展。欧洲也是如此。无论是欧洲的文艺复兴,还是18世纪的启蒙运动等,都是与一批思想巨匠、艺术巨匠的出现密切联系在一起的。可以说,一个国家文化的繁荣昌盛,离不开一流的文化专门人才。要实现我国文化强国的宏伟目标,必须培养造就一支强大的文化人才队伍。

第三,文化发展的方式。文化发展采取不同的方式来推进,其后果是大为不同的。要实现文化的健康发展,必须实行科学发展。这就是要按照科学发展观和新发展理念来推动文化发展。科学发展观和新发展理念不仅适用于经济,而且也适用于文化,它既反映了我们党对当今世界经济发展趋势和特点的正确认识,也反映了我们党对当今时代文化建设规律和文化发展趋势的科学把握。文化要科学发展,就是要紧密结合我国文化发展的实际,把科学发展的理念和新发展理念贯穿到文化工作的各个方面、各个环节。在其基本原则上,就是要始终坚持以发展为主题,把发展放在首位,既积极为经济社会发展服务,又努力实现文化自身的繁荣发展;始终坚持把以满足人民群众日益增长的精神文化需要作为出发点和落脚点,着眼于新时代社会主要矛盾的解决,努力促进人的全面发展和社会全面进步;始终坚持全面、协调、开放的发展,解决好影响文化科学发展的突出问题,协调好文化与其他领域的关系以及文化自身各方面的关系,促进文化又好又快发展。

推进文化发展方式上的转变,是由我国文化发展存在的诸多亟待解决的问题决定的。从现有的状况看,在文化结构、文化布局、文化规模、文化资源等方面,均存在着严重问题,制约着文化的发展。如果继续沿用以往的发展方式,文化只能日益陷入困境。因此,从现实的需要出发,文化发展应当按照科学发展的总要求,加强整体设计、宏观调控,优化文化布局、文化结构、文化资源配置,培育和发展新兴文化业态,推动文化资源向农村和基层倾斜,不断增强文化发展的活力。

第四,文化发展的动力。文化繁荣发展必须有强劲的动力。动力是多方面的,但最根本的是创新。"创新是引领发展的第一动力。"[①]它不仅是建设现代化经济体系的战略支撑,而且是建设现代化文化强国的战略支撑。文化的本质特征是创新。人类文化之所以不断发展,原因就在于不断创新。在传承中创新,在创新中传承,这是文化发展的一条基本规律。当今时代的文化发展,日益凸显创新,谁能主动创新,谁就能抢占文化的制高点。应当肯定,我们在长期的文化发展与建设上,

---

[①] 习近平:《决胜全面建成小康社会,夺取新时代中国特色社会主义伟大胜利——在中国共产党第十九次全国代表大会上的报告》,北京:人民出版社2017版,第31页。

确实取得了可喜的成绩,积累了不少宝贵经验。但也必须看到,新时代面临着新情况、新问题,只有坚持创新,才能切实推进文化发展和社会全面进步。也正是因为创新如此重要,创新的理念被置于"新发展理念"之首。值得注意的是,创新之于文化,还有更为特殊的意义,这就是"文化引领时代风气之先,是最需要创新的领域"①。在现实生活中,文化能否起到引领社会风气之先的作用,就看文化本身能否实现创新,落后时代和社会发展的文化,不可能产生这样的功能。

加强文化创新,特别需要推进文化科技创新。科技与文化历来相生相随,科学技术的每一个重大进步,都会给文化带来革命性变化。古代中国造纸术和印刷术的发明,使人类文化的传播打破了传统时空界限,加速了文化交流;近代以来广播电视技术、无线电技术的发明应用,将人类文化带入一个视听传播的时代;现在数字技术、网络技术的快速发展,又实现了文化发展的一场革命。数字技术、网络技术的发展,大大增强了文化的表现力和感染力,使文化获得了前所未有的效果。可以说,科技在当今时代文化发展的作用越来越明显,地位越来越突出。要实现文化自强,必须增强科技创新。这就是要适应当代科技发展的新趋势,加强文化与科技的深度融合。为此,需要在文化的内容、形式、服务和传播等方面做出切实的努力。首先,在文化的内容上,应通过推进现代科技与文化创作的结合,在文化作品尤其是艺术作品中运用科技的手段,形象而生动地反映社会发展的伟大成就和丰富多彩的社会生活。特别是要推进现代科技与文化产业的融合,促进文化资源优势转变为文化产品优势,加强各种新兴文化中业态内容的本土化和民族化。其次,在文化的形式上,应运用现代科技手段,不断创造文化的表现形式或文化样态,使文化更具现代感染力。现在,网络文化、手机文化蓬勃兴起,应充分利用这些新兴文化载体来加强文化建设,使之成为传播先进文化的新阵地和人们文化生活的新平台。再次,在文化的服务上,应当运用现代科技手段来发展和完善公共文化网络,创新公共文

---

① 《中共中央关于深化文化体制改革推动社会主义文化大发展大繁荣若干重大问题的决定》,《人民日报》2011年10月26日,第1版。

化服务方式与方法。如运用科技手段解决重要公益性文化科技问题,拉动以数字文化资源处理、图书馆服务技术创新为主要领域的相关服务和装备制造技术水平的发展。最后,在文化的传播上,应充分运用先进技术手段改造传统传播方式,拓展传播渠道,丰富传播手段,构建传播快捷的文化传播体系。如近些年来,我国数字电视、高清电视、互联网电视、手机电视、IP 电视等多种影视业态快速兴起,大大提高了传播的速度和质量,丰富了群众的精神文化生活。

总的来看,要建设社会主义文化强国,"推动文化大发展大繁荣,必须坚持以马克思主义为指导,坚持社会主义先进文化前进方向,坚持以人为本,坚持把社会效益放在首位,坚持改革开放。这'五个坚持',指明了文化改革发展的根本指导思想、根本性质、根本目的、根本要求和根本动力,是我们坚持中国特色社会主义文化发展道路,建设社会主义文化强国的基本遵循"①。这"五个坚持"同时也是制定我国文化发展战略的方向指引。

三、 文化强国的建设路径

建设社会主义文化强国,目标和任务已经明确,关键是如何实施。这就必然涉及实现的方式和路径问题。站在新的历史起点上,从我国的具体实际出发,综合考虑当今时代文化发展的新特点、新趋势,文化建设和发展必须处理好如下问题并通过这些问题解决的路径来实现。

(一) 文化领导权问题

文化领导权由谁掌握、如何建构和行使,直接决定着文化发展的方向与命运,因而是文化建设的核心问题。正因如此,当代许多西方马克思主义者对文化领导权予以特别关注,尤其是早期西方马克思主义的主要代表人物、意大利政治家和理论家葛兰西的"文化领导权"理论颇有影响。今天,重新审视葛兰西的"文化领导权"理论也是很有教益的。

---

① 《迈向社会主义文化强国的伟大进军》,《人民日报》2011 年 10 月 19 日,第 2 版。

鉴于20世纪初西方发达国家社会生活的深刻变化以及东西方社会结构的不同情况，同时鉴于对俄国十月革命后国际形势的深刻反省，葛兰西敏锐地看到文化领导权问题的重要性。葛兰西认为，在现有的形势下，相对于政治领导权，文化领导权更为重要、更为关键。之所以如此，就在于政治领导权是与国家的"暴力"联系在一起的，实质上就是通常所理解的"统治"，而文化领导权则不然，它不是建立在"统治"基础上而是建立在"同意"基础之上的，因而更容易为人们所接受、更为行之有效。葛兰西所讲的"同意"不是"被迫的同意"，也不是"无意识"的同意，而是一种"积极"的同意，反映的是民众对某种文化价值或行为方式的接受和认可。在他看来，当时处于劣势的意大利工人，要想取得革命胜利，在不能取得政治与经济领导权的时候，应当争取获得文化领导权。如何取得文化领导权？葛兰西认为不宜搞"运动战"，应当注意搞"阵地战"，即注意各个文化阵地的占领。如对教育阵地的认识，由于教育与文化启蒙、文化领导权有直接的内在联系，所以葛兰西明确指出："不应该把教育关系限于严格的'学校教育的'关系的领域：新的一代通过这种关系同老的一代相接触，吸收它的经验和它的历史地必要的价值，'成熟起来'并发展它自己的在历史上和文化上达到更高水平的品格。这种形式的关系存在于整个社会中，适用于每一个个人同其他个人的关系。它存在于知识分子阶层和非知识分子阶层之间，统治者和被统治者之间，精英和他们的追随者之间，领导者和被领导者之间，先锋队和军队的主力之间。'领导权'的每一种关系必然地是一种教育关系。"①

虽然葛兰西的"文化领导权"理论主要针对的是当时西方国家的现实，但它所提出的问题、所做的分析对我们今天的文化建设与发展也是有益的。由于文化领导权不仅仅关乎文化发展的方向与道路，而且关乎党和国家的发展命运，因此不能不引起高度重视并切实加以解决。

加强文化领导权建设，重要的是解决文化领导权的实现方式。从

---

① 〔意〕安东尼奥·葛兰西：《实践哲学》，徐崇温译，重庆：重庆出版社1990年版，第33页。

现实的发展情况来看,应当重点通过这些方面的强化来予以推进和落实:

一是思想引领的主导权。一个国家的文化构成,往往不是纯而又纯的,而是多元一体、多样共生的。在现实生活中,文化是多种多样的,但其中必有一种文化占据主导地位、起支配作用。如在我国两千多年的发展历程中,虽然儒、释、道等多种思想文化长期并存,但长期占主导地位的还是儒家文化。在近代以来的西方国家,尽管各种思想文化层出不穷,文化思潮形形色色,但以个人主义为核心的资产阶级思想文化始终占据主导地位。由于主流文化直接左右着一个国家的文化发展,进而影响着整个社会发展,因此许多国家都非常注意加强自己的主流文化,掌握文化的领导权。掌握领导权的标志,关键是看主流文化的核心价值观和文化理念是否得到人民大众出自内心的赞同。如果它得到人民大众的广泛认可和积极赞同,那就必然是有凝聚力、感召力的,这是掌握思想文化主导权的明显体现。能够得到社会绝大多数成员积极赞同的文化,只能是一种能够把各种利益统一起来、把社会各阶层凝聚起来的文化,是具有包容性和引领性的文化。要掌握思想引领的主导权,必须建构这样的文化。

二是舆论引导的主动权。舆论宣传是文化领导权争夺的主战场。随着信息技术的快速发展,互联网对社会生活和人们思想的影响越来越大,成为引导社会舆论、加强意识形态建设的重要阵地。现在,文化领域、意识形态领域的许多新情况、新问题往往因网而生、因网而增,许多思潮也都通过网络而生成发展。互联网能否在遵守网络规则的前提下积极传播先进文化、坚持主流意识形态、维护国家利益,是有没有真正掌握文化领导权的重要标志。要掌握网上舆论引导的主动权,应当着力于加强这些环节:一是要加强互联网内容建设,做大做强网上正面宣传,改进和创新网上正面引导,最大限度地激发网络空间正能量,增加积极健康的内容,营造向上向善的氛围。二是善于通过网络了解民意,主动回应网民关切的问题,解疑释惑,凝聚共识。这就要求加强信息沟通,做好网上网下的互联互通,真正起到"引"和"导"的作用。三是要净化网络环境,创造绿色网络空间。应以网吧、网络、网游的整治为重点,加强监控、严格执法,推进文明办网、文明上网,为民众提供健康的网络精神空间。为此,要建立网络综合治理体系,调动各方面力量,形成网络治理的强大合力,特别要把强化互联网主体责任和管理部门监管责任结合起来,确保责任落地,走出一条齐抓共管、良性互动的新路,促进网络的健康发展。

三是领导文化建设的本领和水平。文化建设无疑需要加强文化工作的领导与管理,但文化毕竟不同于经济、政治,自有其规律和特点,因而不可能用管理经济、政治的方式来管理文化。这就客观上要求增强领导文化工作的能力和水平。尤其在新的世界历史条件下,文化问题和意识形态问题日趋复杂,政治性、政策性非常强,无论是分析研判还是应对处理,都需要很高的政治素养和专业能力。因此,要加强意识形态工作,必须强化领导干部的能力和水平。尤其值得注意的是,在领导文化和意识形态工作中,要注意区分政治原则问题、思想认识问题、学术观点问题,坚持具体问题具体分析,既不能把小事说大、把一般的学术观点和思想认识问题政治化,也不能把大事说小、把政治原则问题当作一般学术观点和思想认识来看待。这就要求增强理论认识上的辨别力和判断力,合理引导思想文化的发展。总之,克服"本领恐慌",这是掌握文化领导权、提高文化建设科学化水平的必然要求。

(二) 话语体系建设问题

一个现代化强国,不仅在经济、政治、军事上要强大,而且在话语体系上也要强。一个话语体系落后、贫困的国家不可能在国际舞台上占领制高点,不可能成为真正意义上的现代强国。自 20 世纪 80 年代以来,中国以前所未有的速度成功崛起,创造了"中国奇迹",令世界刮目相看。但在话语格局上,"西强我弱"的局面并没有打破,"软实力逆差"的短板还比较明显。要建设文化强国,必须改变这种被动局面,切实加强话语体系建设,增强我们的话语权。

话语作为一种精神家园的表现形式,对于思想文化和精神的引领、支撑是非常重要的。话语体系的建构实乃思想文化的建构。由于理论话语是话语体系中最为重要的话语,因此加强话语体系建设,重点是加强理论话语建设。理论话语建设不仅对于增强对外话语权,而且对于引导国内思想理论的发展,都有其重要的作用。在这里,我们重点就话语体系建设与理论发展的关系问题谈一些看法。

话语是思想的一面镜子,可以反映特定时期社会思想、社会思潮的发展状况;话语也是思想发展的一种记录仪,可以记录不同时期社会思想发展的轨迹。就理论研究而言,从每一时期的话语就可窥见该时期的研究状况。无论是言说的对象、言说的问题,还是言说的方式和方法,都程度不同地反映了该时期理论研究的大致图景。通过话语体系,可以看到不同时期的理论内容和理论形象,可以看到理论在不同时期的思想影响。

话语之所以会有如此重要的影响,就在于它对研究以及宣传具有重要的引导作用。在一定时期内,学界"说什么""怎么说",直接引导着研究的方向和具体进路,同时营造了一种学术氛围,起着"在场者"的作用。一旦形成某种话语格局,也就形成某种思维方式,进而形成某种"研究范式"。研究范式对于研究来说举足轻重,它基本设定了研究的舞台与界限,要想调整乃至突破这样的"范式",往往需要调整和改变话语体系。不仅如此,一定时期的理论话语又总是带有某种评判功能,特别是主流话语更为明显,与这种评判功能相伴随的是话语权。哪种话语能占主流,哪种话语就可充分行使这样的功能,就可获得充分的话语权。具有话语权的理论,无疑是主导理论走向并能发挥实际社会影响的理论。就此而言,掌握理论的主导权,就必须掌握理论的话语权。

话语不简单等同于言语。"语言是思想的直接现实。"[①]话语的背后是思想、是"道"。话语的变化说到底是思想、理论的变化,话语体系的建设说到底是思想理论体系的建设。语言或话语虽然本身没有独立性,反映的是思想,但它又直接影响着思想的发展与传播,以致影响到一种思想存在的合法性问题。因此,话语既是其理论活动的结果,又是自身存在和发展的前提。要在新的历史下推进理论发展创新,必须加强话语体系建设。如何加强这样的建设?重要的是应对话语体系中这

---

① 《马克思恩格斯全集》第 3 卷,北京:人民出版社 1965 年版,第 525 页。

样一些重要方面给予高度关注：

一是话题。理论话语总是围绕着一定话题展开的，话题对话语以至整个理论体系影响甚大。话题可以吸引理论研究的注意力，引起人们对某些问题的关注；可以打开理论视野，拓展理论空间；可以通过研究重点的引导，发展和深化原有的研究。在研究过程中，话题的变化往往会对原有的研究格局形成重大冲击，以至引起研究方式和研究结果的重大变化，因而话题的提出和引导非常重要。

话题实际上就是要研究的问题。创新就是从问题开始的。理论创新的过程，从一定意义上说，就是发现问题、筛选问题、研究问题、解决问题的过程。问题是怎么来的？哪些问题是值得关注和研究的问题？这些都不是随意确定的，而是根据社会实践的需要、理论发展的需要提出来的。这就要求我们的研究应当直面现实，恰当地提出和提炼问题。具体来说，就是研究的问题应当是真问题，不是假问题；不能仅仅重复西方学界的问题，轻视和无视自己的问题；更不能仅仅用西方理论框架来分析和解释问题。跟着别人的话题跑，有可能转移我们的视线，影响我们的独立思考，也有可能遮蔽问题尤其是中国问题的真实性质，造成问题的误诊误断。特别需要注意的是，从别人的问题出发，极有可能是从别人的理论假设出发，这无疑会妨碍我们自己的研究。这不是要回避和轻视别人提出的问题，而是旨在强调面对五花八门的问题应当有所筛选、有所甄别，切忌鹦鹉学舌，迷失自我。因此，在理论研究中，一定要注意主动设置议题，加强话语的引导，不断增强话语的主导性。

在新的历史条件下，理论能不能发展创新，关键在于能否对新时期我国社会发展各种重大问题作出新的、富有创造性的分析和回答。现在我国正处于社会转型期、发展的关键期和改革的攻坚期，各种矛盾、问题日益暴露并日趋复杂，这既考验着我们的治理能力，也考验着我们的理论智慧。我们的理论研究无疑应对这些问题作出积极的回应。许多问题可能构成理论上的严峻挑战，然而这也恰好是理论创新的大好时机。马克思主义实际上就是在不断地研究和回答问题中走过来的。一部马克思主义发展史，就是不断研究和解答问题的历史。当年马克思就曾对逃避现实、回避问题的德国哲学给以辛辣的讽刺，认为它是

"喜欢幽静孤寂、闭关自守并醉心于淡漠的自我直观","它那玄妙的自我深化在门外汉看来正像脱离现实的活动一样稀奇古怪;它被当作一个魔术师,若有其事地念着咒语,因为谁也不懂得他在念些什么"。① 这样的研究状况确实应当注意防范和避免。

二是话语内容。话语谈论的内容实际上就反映出理论研究的实际内容。一般说来,理论的创新总是源于一些新的不能被现有理论解释的现象,而对这些现象作出透彻的说明,便是理论创新。在一些重要社会现象和重大问题上能够提出新的理念、观点和办法,这是理论发展创新的内在要求和重要标志。言而无物的"新潮"追逐,表面上看很"新",实际上并不能称之为"新"。诚如习近平所说,"社会总是在发展的,新情况新问题总是层出不穷的,其中有一些可以凭老经验、用老办法来应对和解决,同时也有不少是老经验、老办法不能应对和解决的。如果不能及时研究、提出、运用新思想、新理念、新办法,理论就会苍白无力,哲学社会科学就会'肌无力'"②。要改变这种"苍白无力"和"肌无力"的状况,理论话语确实需要改变,这就是面对新情况、新问题,不能仅重复老话,要讲出新话;不能只说套话,要讲出实话。新话、实话不是轻易能够讲出的,而是通过深入研究、思考形成的。

为此,要不断提高学术命题、学术思想、学术观点的能力和水平,提高研究的学术水准。在具体的研究过程中,一方面要对原有的理论结合新的发展实践,作出新的阐释,以丰富、深化和发展原有的理论,使其更富有深刻的理论内涵和明显的当代价值;另一方面要对实践创新的新成果加以概括和总结,形成新的理论成果,同时对现实生活中一些重大理论问题和实践问题加以探索,作出新的思考和回答。在这样的研究过程中,最为根本的还是要聚焦于中国的发展现实,即对中国道路、中国经验、中国问题给予高度关注。如对中国道路,不能仅仅强调中国特色、中国元素,同时要从历史发展普遍规律、人类文明发展进程的高

---

① 《马克思恩格斯全集》第 1 卷,北京:人民出版社 1956 年版,第 120 页。
② 习近平:《在哲学社会科学工作座谈会上的讲话》,《人民日报》2016 年 5 月 19 日,第 2 版。

度来讲清中国道路产生和发展的必然性以及中国道路的世界意义,这不仅有助于深刻认识中国道路,而且有助于从理论上深化对规律与道路关系问题的认识。又如对中国经验,不能仅仅停留于经验的描述,应当从"描述"进到提炼、概括,从"经验"上升到"理论"。这种上升过程既可以深化对经验的认识和理解,又可以丰富和发展原有的社会历史理论,像中国经验中的许多发展理念经过提炼完全可以进入马克思主义的社会历史理论之中。总的说来,通过这样的研究和讲述,其效果是双重的:既能够对中国的发展作出深刻的解析和阐释,增强理论自信,又能充分展示我们的理论魅力和话语魅力。

就哲学的研究而言,在话语内容的研究中,应当注意防止的一种倾向是从哲学话语走向话语哲学。在近年来的研究中,学界开始重新发现了马克思文本中的许多话语,从国外马克思主义的著述中引来了不少新的话语,一些学者也创造出了一些新的话语,话语景观可谓"蔚为大观"。应当说,这些话语的提出,对于扩展理论视野、推动理论研究走向世界前沿是非常重要而有益的,但如果仅仅停留于话语本身,而不能对其作出实质性的理解,不能在理论上给以实质性的推进,那就很容易陷入"话语哲学"。要防止从哲学话语蜕变为话语哲学,应当把这些话语所提出的问题从深层次上说清楚,这就需要深入的研究,特别是要借助于唯物史观。如关于正义问题的研究,如果仅仅在抽象的哲学话语上来讨论,很难加以深入的理解和把握,只有用唯物史观以及政治经济学批判的方法才能给以深刻的诠释和解答;要不然,又会遭遇到马克思当年在《莱茵报》时期对物质利益发表意见的难题。这也充分说明,重视话语内容的研究是必需的。

三是话语表达方式。如果说话语内容指的是"讲什么",那么,话语表达方式则指的是"怎么讲"。话语表达方式并不是一个纯粹语言形式问题,而实际关涉话语内容的阐释和理解。理论话语如何表述、表述合理与否,直接影响理论本身的感染力和说服力;话语表述的变化,就内含着思维方式、理论寓意的某种变化。同样一种理论观点,表述不同,效果就不相同,由此显示的内涵与新意也就自然不同。因此,探寻合理的话语表达方式,同样是实现理论发展创新的重要环节。

理论,从一定意义上说,就是"论理"。要增强理论的影响力和感染力,必须把理说深说透。"理论只要彻底,就能说服人。所谓彻底,就是抓住事物的根本。"①尤其是对一些新的理论观点、理论主张的阐释和对一些新事物、新现象的解释,一定要论证严密,"持之有故,言之有理",切忌大话、空话、套话,或者只用现有的基本原理作为"公式"一套了事。我们的许多理论著述,往往是千人一面,"平面化"的色彩比较明显,理论的穿透力和影响力不强。要摆脱这样的境地,理论研究一定要论证到位、话语表达到位,真正做到说理又讲理、人情又入理。理论发展创新必须坚守这样的原则和话语表达方式,在论证和表达上下功夫,确实从道理上能够说服人、打动人,让人心服口服。要做到这一点,必须增强马克思主义哲学的反思批判功能,在一些重要问题、重要理论观点的说明上,注意前提性的考察、逻辑性的考察、方法论的考察,使理论具有强大的解释力和理论穿透力。同时在理论的论证和阐述上,要让事实说话、让现实出场,真正让理论切入生活、反映生活,使理论鲜活。鲜活的理论无疑是富有生机活力的理论、具有创新性的理论。

四是话语"术语"。恩格斯指出,一门科学提出的每一种新见解都包含着这门科学的术语的革命。按照列宁的理解,范畴(即术语)是区分认识过程中一些小阶段,是人类认识之网上的纽结。范畴作为人类认识发展阶段的产物,是随着实践和认识的发展而发展并不断得以精确、完善的;范畴同时又是理论发展的阶梯,每一新范畴的出现,都意味着理论认识上的一种进步。理论话语体系的创新以及整个理论的创新,很大程度上有赖于范畴的创新,即"术语的革命"。

术语革命大致有两种基本方式:一是形成新的概念、范畴。这就是在原有的话语体系和理论体系中增添新概念,或者用某些新概念来替代原来的旧概念。新概念的形成,标志着某种新认识、新观点的产生或出现。一个具有创新性的理论体系,总是有一些新概念作为核心要素和理论支撑,其他概念都是围绕这些概念展开并为其服务的。因此,建构中国的话语体系和理论体系,要善于提炼标识性概念,打造具有中国

---

① 《马克思恩格斯文集》第1卷,北京:人民出版社2009年版,第11页。

特色且易于为国际社会所理解和接受的新概念、新范畴、新表述。二是改造原有的概念、范畴。这就是给旧概念、范畴注入新内涵,使其富有新的含义。如社会主义核心价值观的十二对范畴,就其称谓来说,都不是新范畴,但在继承人类文明成果的基础上,经过中国特色社会主义理论的诠释,又具有了全新的内容。在人类思想史上特别是哲学史上,范畴改造的情况尤为突出、普遍,同样的范畴在不同时代、不同思想家那里有其不同的内涵,理论的发展和创新也往往体现于此。

无论是提出新概念还是改造旧概念,都是学术探索的结晶,是思想观点提炼、概括的结果。概念反映的是思想,而非仅仅是词语。任何有生命力的概念和话语都有其现实的基础,而且只有植根于现实土壤,概念和话语才有其思想力量,才能被用于理论与实践之间的"对话"。因此,话语体系建设绝非词语构造,更不是"概念游戏",不能将严肃的学术创新蜕变为文字、概念的制造和演绎。术语革命应当是具有实质内容的新概念、新范畴的提出,应能通过这些概念、范畴引领思想、理论的发展。像我国改革开放以来理论界所提出来的一些重要概念,如"初级阶段""社会主义市场经济""以人为本""科学发展""和谐社会""公平正义""社会主义核心价值观""五大发展理念"等,不仅深刻地影响了不同时期的话语体系,而且推动理论上的不断创新,进而影响到中国的发展进程。当代中国马克思主义理论的发展与创新,无疑需要对这样一些基本概念及其理论内涵加以深入研究,进而将其理论成果吸纳到马克思主义的基本理论之中,以推动其发展和创新。

在话语体系建设中,除了上述几个方面外,还有非常重要的一点,就是如何把中国的发展优势转化为话语优势。要实现这样的转化,客观上要求我们对中国道路、中国经验、中国问题进行提炼和总结,将其上升为具有普遍性的理论,并以此为人类面对的共同问题给出中国的方案,彰显中国理论和经验的世界性意义。事实上,在全球化发展过程中,各国在许多世界性问题的讨论中都越来越注意倾听中国的声音,在解决人类面临的共同性问题的过程中越来越关注中国的建议,在破解全球性发展难题的进程中越来越重视中国给出的方案。为此,把中国模式解释好,对西方和发展中国家都很重要。把中国道路、中国经验讲清楚,得到世界的认可和尊重,自然会使中国的发展优势转化为话语优势。

(三) 文化认同问题

在全球化条件下,要推动文化发展、建设文化强国,必须加强文化认同。只有认同,各种文化力量才能凝聚起来,整体文化力量才能发挥出来。文化强弱的程度与文化认同的程度是密切联系在一起的,加强文化认同是建设文化强国的内在要求。

在传统社会,文化认同并不成为一个问题。人们祖祖辈辈就是生活在一个相对封闭的文化环境中,很少接触其他外来文化,所思所想、所作所为完全受着生活于其中的特定文化的影响,因此不会提出文化认同的问题。而在现代社会,特别是在全球化的条件下,这种情况开始发生了重大变化。人们面对的文化并不仅仅是自己的传统文化,面对的价值观也不仅仅是过去的一种选择,呈现在人们面前的是一个纷繁复杂的文化世界。这就必然使人们在文化、价值上面临新的挑战。面对各种文化、价值的冲击,自然需要一种判断和选择,需要一种文化凝聚,这就突出了文化认同。文化认同是伴随全球化的深入推进而提出来的。

全球化条件下的文化互动,给发展中国家带来的最大危机可能是文化上的"认同危机"。在当代世界,文化的传播发展对人们的影响是巨大的,以致"我是谁"竟然出现了问题。反观世界现代化的进程,为什么一些发展中国家步履艰难、屡遭挫折? 重要的一点,就是在发展上或文化上丧失了"自我",文化认同发生了危机。

从全球视野看,文化认同面临的风险与挑战主要来自这样一些文化思潮的冲击和影响:首先是文化殖民主义。文化殖民主义是历史上殖民态度与行为的一种延续,但与早期殖民主义有着明显的区别,这就是更多以隐匿的方式、交流的方式来推行西方的强势文化,实现其文化控制的目的。文化殖民的手段是多样的,既可以通过文化、价值的理论输出来进行,也可以通过网络、大片、国际教育项目来进行。在文化殖民主义的侵蚀下,许多发展中国家的文化面临巨大的威胁,文化的独立性和自主性受到严重摧残。正因如此,才有后殖民主义(又称后殖民批判主义)的兴起。后殖民主义矛头所指,就是欧洲中心主义以及文化霸权主义,对非西方文化给予比较公正的看待和评价。其次是文化分裂主义。文化分裂主义是指民族国家内部某种民族文化的极端势力,以"文化自决"和维护"民族文化"为幌子,主张文化分裂、建立某种完全独立的民族文化的反动文化思潮和社会行为。文化分裂主义来源于狭隘的民族意识,即认为自己的民族文化优越于其他民族文化,片面强调本民族文化的特殊性,以对抗其他民族的文化。文化分裂主义常常和民族分裂主义、宗教分裂主义结合在一起,对国家统一、社会稳定形成极大危害。如果这种分裂倾向得不到有效遏制,文化认同便无从谈起。像中东地区许多国家的文化状况就充分说明了这一点。这些国家在其发展中,文化的分裂导致政治的冲突进而导致国家的分裂,教训是十分惨痛的。最后是文化虚无主义。文化虚无主义的基本特点就是对一个国家的文化传统和主流文化持虚无的态度,轻视乃至否认其独特的文化价值。这种思潮常常与历史虚无主义结合在一起,通过歪曲和篡改历史来动摇原有的文化信念。如苏联之所以解体,一个重要原因就是在思想文化领域中虚无思潮泛滥,全面否定苏联历史、苏共历史,否定社会主义的巨大成就,思想搞乱了,信仰坍塌了,偌大一个社会主义国家顷刻分崩离析了。"灭人之国,必先去其史",确实如此。历史与文化是内在关联的,虚无历史,必然虚无文化。一旦文化、信念出了问题,后果不堪设想。如果听凭文化虚无主义的泛滥,不要说文化认同、文化发展,就连立党立国也会受到严重威胁。因此,面对上述文化思潮的挑战和冲击,必须加强理论自觉。

既然要加强文化认同,那么,究竟认同的是什么?或者说,要实现的是什么样的认同?"虽然历史可以给我们提供认同的基础,但并不能建立起新的认同。"[①]新的认同可能会出现这样两种取向:一种是回到过去,恢复传统。这就是所谓的"文化复古主义"。传统文化固然需要继承,但不能简单延续。不同的时代有不同的文化要求,完全的"复古"不

---

① 张汝伦:《经济全球化和文化认同》,《哲学研究》2001年第2期,第17—24页。

是文化发展的方向。新的时代需要新的文化。另一种是面向西方,向西方文化看齐。这种尝试不是没有过,但无论历史还是现实,都一再证明,照搬西方文化是没有出路的。在西方中心论受到普遍质疑的今天,还一味认同西方文化决非明智之举。显然,这两种取向都不是我们文化认同的方向,"新的认同既不是回到过去,恢复传统;也不是全盘西化,脱华入欧。而是要重建民族与国家的整体目标与价值体系"①。

在新的历史条件下,中国的文化认同,关键是对核心价值观的认同。核心价值观在一个社会的文化中起着轴心的作用,它是整个社会文化的"普照之光",是决定文化性质和方向的最为深层的东西。没有共同的核心价值观,一个国家、民族就会魂无定所、行无所归。坚守核心价值观,必须坚守中华文化立场,从中华文化中吸收丰富营养,使其得到充分的涵养,并使传统文化实行创造性转化和创新性发展。只有这样建立起来的文化,才是今天我们需要认同的文化。

文化认同必须要有文化自信。文化认同是建立在文化自信基础之上的。没有对文化的自信,也就不会有文化的认同。我们的文化自信究竟来自何处?当然首先是来自中华民族深厚的文化传统,正是这种文化传统,养育了中华民族五千多年绵延不断的历史文明;其次是来自中国共产党领导人民在革命、建设、改革中创造的革命文化和社会主义先进文化,正是这些文化,主导着近代以来中国文化的发展,使其能够沿着健康的方向进行;最后是来自中国特色社会主义伟大实践,正是这种伟大实践,创造了中国特色社会主义的新型文化,铸就了中华文化新的辉煌。总体说来,我们的文化自信就来自中国发展的成功、中国道路的成功。正是这些成功,证明我们所坚守的文化是可靠的、有效的。未来的文化发展,同样需要加强这种文化自信,因为没有高度的文化自信,就没有中华民族的伟大复兴。

在全球化条件下,文化认同不仅包括文化的自我认同,而且还涉及各民族文化间的相互认同。由于全球化时代文化的发展日益走向交流、交融,因此文化的认同也不可能是孤立的自我认同,同时包含对"他

---

① 张汝伦:《经济全球化和文化认同》,《哲学研究》2001年第2期,第17—24页。

者"的某种认同:没有这样的认同,交流与融合就无法推进。随着全球化的发展,这种相互认同日益受到关注。加拿大学者查尔斯·泰勒曾较早地从"承认"的角度提出过对认同的看法,如在《承认的政治》一文中认为,"认同"在表达对于他是谁及他的本质的时候,必须由相对于他的另外一个人所承认才有可能。如果得不到他人的承认,或者只是得到他人扭曲的承认,便会对我们的认同构成明显的影响。此后,法兰克福学派新代表人物霍耐特,延续泰勒的承认理论,进一步发展和深化了对承认正义的认识,并结合时代的发展与问题的演变,将承认理论发展为"为承认而斗争"的哲学。在霍耐特(Honneth)看来,承认也就是要求一种认同,但这种承认有其前提,这就是要避免错误承认、避免伤害与侮辱,如对少数民族、有色人种,对于他们的文化和权利,应予合理的承认和认同。只有承认,才有真正的认同。在这里,实际上又提出了文化的民族认同与全球认同(或相互认同)的关系问题。无论从理论上还是从实践上看,二者虽然不同,但又是相互依存、内在一致的。一方面,民族认同是全球认同或相互认同的前提和基础。因为全球概念是由各个民族构成的,全球性的文化价值也是在各民族文化价值的基础上通过相互吸收、融合而逐渐形成的,离开了各民族认同的文化价值来谈论"全球认同",必然陷于抽象的空谈。恰好是民族认同中有关人类命运的许多价值追求在本民族范围内难以完整实现,才有了跨民族的全球认同诉求。另一方面,民族认同又不能离开全球认同。如果说,在传统社会,民族认同可以孤立进行,那么,在当今世界,这种孤立的民族认同近于不可能。每个国家的文化价值不可能保持纯而又纯的民族性,其发展总要受到外来文化的影响并自觉吸收世界文化的优秀成果,因而对民族文化的认同就自然包含着对全球文化的某种认同,尽管不是全部认同。因此,今天讲民族认同,不是狭隘的民族认同,而是开放视野中的民族认同。民族认同与全球认同或相互认同是相互依存、并行不悖的。

在文化认同上,应当理性地看待文化相对主义,并自觉与其划清界限。文化相对主义由来已久,它是伴随文化进化论的研究而发展起来的。自19世纪中叶以来,在西方的文化研究中占支配地位的是文化进化论。这一理论试图建立一个统一的文化标准,用以评判和"规制"各种文化,"西方中心论"和文化普遍主义就是以此作为理论根据的。20世纪初,这种观点开始受到质疑,文化相对主义随之兴起。在近些年的文化研究中,文化相对主义的讨论又逐渐赋予新的政治内涵,由此产生了许多认识上的迷雾。

由于文化普遍主义代表的是西方国家的文化霸权主义,因此理所当然要受到抵制和反对,理论上也不难识别和辨析。而文化相对主义由于矛头直接指向文化霸权主义,因此往往带有一定的迷惑性,极易在我们的文化价值研究中引起共鸣。要深化这样的研究,必须对文化相对主义有一个清醒的认识。

应当看到,在世界文明体系中,每一种文化都具有鲜明的民族性或相对性。文化都是特定民族根据自己的需要在特定的自然环境、社会历史条件和活动方式中形成的。不同的环境、条件和活动方式,造就了不同民族文化各自独有的风格、特征。然而,不同的民族文化尽管千差万别,但又总是包含着某些关于人类生存和发展的共同认识、理解以及价值追求,因而具有共通性。不论哪个民族的文化,作为人所特有的把握世界的方式,都要遵循同样的规律,因而具有普遍性或绝对性。这些共通性和普遍性就体现了文化的共性,即文化的世界性。伴随人类实践活动范围的扩大,特别是全球化的深入发展,文化的普遍性也在不断增强。

既然任何文化都是民族性与世界性、相对性与绝对性的统一,那么,在对待文化价值问题上,我们必须予以全面、合理的把握。强调文化的民族性和相对性无疑是非常重要的,但不能由此推向文化相对主义。如果认同文化相对主义,否认某些人类共同的价值标准,难免导致容忍某些罪恶现象的存在。如按照这样的观点,日本军国主义和德国纳粹的文化观似乎也是可以容忍的,也有其生存和发展的价值。这样的文化相对主义发展到极致,其后果必然是文化倒退主义。

因此,在文化价值问题上,不能在抵制文化霸权主义的同时走向文化相对主义。加强文化认同和文化建设,当然要坚持其民族性,否则便是一句空话。但是,强调民族性和多样性,绝不是要排斥其普遍性和共同性。真正能够称得上先进文化的,不仅仅在于它的特殊性,同时还在于它所具有的普遍性和世界性,即它所蕴含和彰显的人类文化价值、人类文化精神。过分强调文化价值的特殊性而排斥其普遍性和世界性,必然走向文化孤立主义,不利于文化建设。

(四)文化安全问题

伴随全球化的深入发展,各个国家的文化互动越来越多,由此带来的文化安全问题也越来越突出。如果说以往的安全主要涉及军事、领土和经济的安全,现在则更需要重视文化安全。之所以如此,原因就在于,在当代世界,激烈的斗争如军事斗争、政治斗争毕竟是少量的、短暂的、局部的,而更多的斗争则是隐蔽的、长期的,如文化领域、信息领域的斗争。文化领域的斗争尽管无声无息,但却影响深远。能否有效维护文化安全,事关民族兴衰、国家成败。要建设文化强国,必须加强文化安全。

冷战结束之后,国际局势发生了深刻的变化,文化生态也有了相应的改变。每一个国家在其文化发展上,都既有机遇,也有风险和挑战。就我国的情况而言,文化安全形势总体是向好的、稳定的,但问题也日趋复杂,其风险和挑战既来自国外,也来自国内。

从国际来看,西方资本主义国家的文化渗透和扩张,仍是对我国国家文化安全的威胁。在全球格局中,西方发达国家始终占据着主导地位,经济上的不平等导致政治、文化上的不平等。这种不平等不是随着全球化的推进而不断缩小,而是在日趋加剧,直接冲击着发展中国家的文化发展,甚至侵蚀这些国家的文化主权。西方发达国家凭借经济上的优势,运用各种手段,通过思想文化的渗透来控制有关国家人民的思想观念,由此来重塑这些国家民众的价值观、行为准则甚至身份认同,实现其霸权利益。就国内的情况来看,各种文化思潮的兴起,也形成文化安全的一定威胁。伴随市场经济和全球化的发展,伴随社会转型和各种利益的调整,出现文化、价值观念上的多样化是必然的,出现文化、价值观念上的某些矛盾和碰撞也是正常的。问题在于,一些文化思潮并非完全是随这些变化自然产生的,而是有着比较复杂的政治背景,夹杂着比较复杂的政治因素。且不说在学界和社会上流行的新自由主义、历史虚无主义、民主社会主义、民粹主义、文化保守主义等思潮，就是在一些重要观点、理论主张和政策措施的理解与认识上也反映出各种不同的错误思潮。比如，我们提出社会主义核心价值观，就有人将其中的民主、自由、平等、公正、法治等范畴说成是"向西方标准看齐""回归人类文明主流"，完全用西方的价值观来消解社会主义核心价值观。又如，我们提出"人类命运共同体"，就有人从抽象的人性观、抽象的文化价值观来予以诠释和说明，以致消解了人类命运共同体的唯物史观基础。各种文化思潮对社会大众情绪的引导是有很大影响的，一些文化认同危机、价值认同危机的出现，往往同反主流思潮的涌动密切相关。

正由于文化安全面临各种风险、挑战，所以对文化安全必须予以高度重视；正由于文化安全是国家安全的重要保障，所以必须树立全面的、总体的安全观。"总体国家安全观"在坚持传统安全观的基础上更加突出了非传统安全思维，将文化安全、科技安全、信息安全等作为新形势下安全的新内容、重点内容来看待，因而使国家安全观从整体上又跃上了一个新的台阶，实现了安全思维的重大转变。

维护文化安全，重点是要在提升国家文化软实力中加大如下方面的力度：

其一，坚守文化的精神定力。文化的核心是精神，精神的核心是信仰。事实一再表明，没有理想信仰，一个民族就没有自己的精神支撑，一个政党就没有希望和未来。尤其在特定历史时期、特定历史转折关头，理想信仰的力量尤为突出。可以说，一个国家，没有先进的生产和科学技术，一打就垮；没有理想信仰，没有民族精神，不打自垮。这不是危言耸听，而是活生生的现实。苏联解体、苏共垮台，可谓前车之鉴。苏共有20万党员时夺取了全国政权，有200万党员时打败了法西斯侵略者，而在有近2000万党员时却丢失了政权。原因固然是复杂的，但最为重要的一个原因就是不少党员干部的理想信仰动摇了。从信仰动摇到思想混乱再到组织涣散，这就是苏联解体、苏共瓦解的内在逻辑。这从反面提醒我们，无论社会怎么发展，无论国家怎么强大，一旦丧失了理想信仰,终难避免衰落、崩溃。假如走到了这一步,文化还有什么安全可言,整个国家、民族都面临巨大威胁!因此,要维护文化安全和国家安全,必须坚守文化的精神定力。

其二,增强文化创造的活力。一种文化的发展能否保证安全,归根到底取决于该文化自身的创新能力。从历史上看,有的文化发展了,有的文化消失了,究其原因,最根本的在于不同文化所显示的生命力和创造力不同。但凡能够持久延续、正常发展的文化,大都是具有强大生命力和创造力的文化。可以说,创新是文化发展的核心,也是文化安全的核心。在全球激烈竞争的条件下,谁能创新,谁就能成为赢家,谁就能在世界文化舞台上立于不败之地。这从客观上凸显了创新的重要意义,使创新能力成为关键性国家文化安全指标和国家文化安全的核心内容。应当看到,目前文化创新能力不强,已经成为我国文化发展的一个短板,同时也由于不强,成为西方霸权文化"侵入"的一个重要而危险的"接口"。事实就是如此,没有创新的具有竞争力的文化产品,怎能占有世界文化市场?没有适应时代发展的巨大文化力量,怎能筑起国家文化安全的万里长城?文化安全,重要的是强本固基;强本固基的要义和实质是创新。为此,要增强全社会的创新意识,把创新真正作为一种信念、一种追求,努力提高文化创新的水平。而要实现文化的创新性发展,必须要有相应的社会环境,这就是要创设各种条件和制度使创新得到具体的落实和实现。

其三,扩大文化的国际影响力。在国际文化舞台的较量中,不能疲于防守、被动应付,应当积极作为、争取主动。这就是要不断增强我国文化的国际影响力,积极抵御外来文化的不良冲击。现在我国的世界经济影响力明显增强,但文化影响力远远没有跟上。要提高文化影响力,还是需要首先确立文化自信。今天我们虽然摆脱了贫穷,在经济上发展起来了,但在文化上仍存有自我矮化、自信不足的问题。在世界文化的棋盘上,中华文化没有显示出应有的地位和作用,崇外迷外的心态没有得到根本的扭转。文化要自强,必须要有自信。唯有自信,才能以良好的心态和积极的态度面对世界文化,参与世界文化的对话与交流,才能在对话交流和吸纳借鉴的基础上展示中华文化的影响力。增强文化的国际影响力需要多方面的努力,但最根本的是增强自身的吸引力和感召力。只有这样,才能扩大其影响,构筑起文化安全的"防火墙"。

上面所述,主要是从提升国家文化软实力的角度来讲文化安全的。实际上,文化安全是一个系统工程,涉及文化领域各个方面、文化发展各个环节的具体监管。只有多管齐下,才能使文化安全落到实处。有关具体性、技术性的监管,此不赘述。

(五)文化"走出去"问题

建设文化强国,必须使文化走向世界。一方面,只有走出去,才能展示我国文化的影响力和竞争力,才能在国际文化的比较中彰显其整体实力。而且,文化能否走出去,本身就是一种"强"的标志。另一方面,只有走出去,才能在国际文化交流、合作中吸收借鉴国外先进文化成果,壮大我国文化力量。无论从历史还是从现实看,在文化发展上,封闭就意味着停滞、衰落,开放就意味着进取、强盛。让文化走向世界,这是建设文化强国的必然选择。

之所以要让文化走向世界、让世界知道中国,直接的原因就在于世界不了解中国,或者说,即使有所了解也因种种原因可能是歪曲的了解、不准确的了解。这就迫切需要使我们的文化走出去,让世界了解一个真实的中国,同时也了解一个真实的中国文化。

随着改革开放的深入发展,我国的文化"走出去"战略日益受到重视,并有比较扎实的推进。近年来,中华文化优秀成果走出去的步伐明显加快,面向国外系统翻译、出版和介绍我国高水平的研究成果和精品力作;国家加大力度支持各种形式的文化交流,合作进行有关经济社会和国际问题的研究;拓展文化传播渠道,加强海外中国文化中心和孔子学院建设;构建人文交流机制,发挥非公有制文化企业、文化非营利性组织在对外文化交流中的作用;在文化合作机制的框架下同多国签署文化交流合作协定,成功举办各种"中国文化系列活动";等等。所有这些都有效扩大了中国文化在国际上的影响力。但是,也应当看到,现在我国文化的整体实力和国际地位与我国经济、政治的地位还很不相称,主要表现是文化产业的规模有限,文化贸易大部分产品还处于逆差,中国文化的国际影响力远远不够。推动文化走出去,任重道远。

现在的问题是:我们应当拿什么样的文化走向世界?历史和现实表明,能够真正走向世界、引起世界广泛关注的文化,必然是适应时代需要、体现时代精神的文化。我们常讲,文化越是民族的,就越是世界的。这样讲原则上没有错,但要予以全面的理解。就文化发展的实际情况来看,每个国家的文化要想在世界舞台上确立自己的地位,必须突出文化的民族性。没有民族特色的文化,不可能引起世人的关注,也不可能在世界上产生多大影响。就此而言,确实越是民族的,就越是世界的。但是,并非任何民族性的文化,都会自然而然走向世界。只有体现时代性的民族文化,才能产生世界性的影响,才能走向世界。也就是说,一种文化只有反映时代精神、体现时代精神、回应时代呼声,才有其活力和生命力,才会产生世界性的影响。实际上,历史上有影响的文化并不是一成不变的,而是在不同历史时期赋予不同的时代内涵。如中国传统文化的"理"历代都在讲,但先秦不同于两汉,两汉不同于宋明,不同时代有其不同的内容,发挥着不同的作用。总之,任何一种有生命力的文化,既要彰显其民族性,又要切近现实、富有时代感。这是文化发展的基本规律。我们所要走向世界的文化,恰恰是符合这种发展规律的现代文化,而非仅仅是面向过去的传统文化。

既然走向世界的文化必须是富有时代感的文化,就要求传统文化实现现代转换。要实现这种转换,重要的一条就是要使传统文化面向现代、面向世界。因为现代文化本质上是开放性的,是具有世界文明性质的文化,文化的现代性与文化的世界性是内在一致的。现代文化固然不能背弃传统,但继承传统并非简单延续传统,而是在保持原有文化特质的基础上,使传统与时代发展相衔接,并充分吸纳世界文明成果加以改造和整合,以形成一种新的文化。可以说,现代文化是充分体现世界文明的文化,是民族性与世界性高度统一的文化。因此,文化的纵向转换是以横向转换为中介的。所谓纵向转换,就是传统文化向现代文化的转换;所谓横向转换,就是文化的民族性向世界性的转换。只有使传统文化不断具有世界性,才能使其具有当代性和现代性。这里所讲的横向转换并不是用文化的世界性来排斥乃至取代民族性,而恰恰是用世界性来提升和增强民族性。正是通过这样的转换，传统文化才会在迈向现代文化的过程中形成旺盛的活力，才会走向世界。

要使文化走出去，必须要有合理的途径和举措。从目前的发展现状看，重点是要抓好这样一些环节：

首先，应充分关注世界文化市场的需求。中国文化要走向世界，既需要我们主动加强对外文化宣传，也需要我们认真研究接受对象的实际情况，充分考虑文化的世界需求。正像经济发展需要关注市场供求状况一样，文化走出去也要考虑供求关系。只有清楚了解世界文化需求，才能对文化怎样走出去有比较准确的把握。全球性的问题很多，因而世界性的文化需求也是多种多样的，各种需求汇聚在一起，便形成了文化走出去的巨大空间。我们的文化发展应当高度关注这些需求，给这些需求以有效的"供给"，对世界文明发展的需要贡献中华智慧。对各种需求的满足程度越高，占领的国外文化市场就越大，文化的国际影响力也就越强。同样，国际上对我们的文化关注度越高，中国文化走出去的步伐也就越快。因此，中国文化走向世界需要敏锐的对象意识、市场意识，有针对性地制定相应的战略、策略，采取相应的措施。严格说来，文化"走出去"不等于文化"输出去"，不问需求的输出是盲目的输出，不计效果的输出是无效的输出。当然，我们所讲的需求，是真实的世界性需求、时代性需求，而不是虚假的需求。尤其值得注意的是，在强调市场意识、市场导向时，要谨防和杜绝那种片面的"迎合"心态。为了赢得"票房"，一味地迎合西方观众和西方文化，这样走出去的文化难免让人忧虑。我们的文化走出去，不仅仅是文化的产品、包装走出去，更重要的是文化的价值理念走出去。如果没有后者的出现，中国文化事实上没有真正"走出去"。所以，必须注意提高"走出去"的思想含量、价值含量。

中国文化走向世界，核心内容是讲好"中国故事"。历经四十余年的改革开放，中国的发展取得了举世瞩目的巨大成就，而且形成了独具特色的"中国道路""中国经验"。讲好"中国故事"，关键是阐述好中国道路、中国经验。作为一种成功的道路，内含着一种方向性、文化性的智慧和指引；作为一种创造性的经验，孕育着与其成就相适应的理念和价值观念。我们的文化发展不仅要强调其中的中国特色和中国元素，更要通过总结与概括，升华其中具有普遍性的东西，凸显中国道路、中国经验在解决时代发展和人类社会面临各种重大问题时所具有的文化内涵和普遍价值。系统地将这些文化内涵和启示意义讲清楚，本身就是对人类文明的重大贡献。这样的讲述，既让世界了解了中国，又使中国走向了世界。

讲好"中国故事"，必须注意讲述的方式。这同样有一个时代性、对象性的问题。我们不缺乏"中国故事"的题材，关键是如何讲得生动有趣、引人入胜。在这方面，应当树立明确的时代意识和世界意识，努力做到"中国立场、国际表达"。用外国人听得懂、易于接受的方式来表述，不断增强中国故事、中国文化在国际上的亲和力、感染力和影响力，这有利于中国文化走向世界。

其次，应与经济、贸易交流相协调。文化交流并不是孤立进行的，而常常是和经贸交流联系在一起的。文化能否走出去，很大程度上取决于经济、贸易是否畅通。从历史上看，文化的传播交流向来是同经贸的发展密切联系在一起的，并且是按照经贸发展的线路推进的。如中国古代文化的传播和佛教文化的输入就是与古代"丝绸之路"联为一体的。古代丝绸之路，起于西汉的中国古代都城长安，经中亚国家、阿富汗、伊朗、伊拉克、叙利亚等而达地中海，一直到罗马。这条丝绸之路，既是古代中国同亚欧相关国家的商品贸易之路，也是古代东西方文明的交汇之路。经济往来和商品贸易的不断延伸，便是文化交流的不断扩大。中国古代文化就是由此逐渐走向世界的。与此同时，佛教第一次传入中国，也恰恰肇端于汉代丝绸之路。① 之后，唐代丝绸之路的繁荣畅通，进一步促进了东西方思想文化交流，佛教至隋唐时也达到鼎盛。唐代高僧由丝绸之路经中亚到印度取经、讲学，既传播了中国古代文化，又获得了大量佛教经典，为文化交流做出了重大贡献。可以说，

---

① 史称，汉哀帝元寿元年（公元前2年），西域大月氏使臣伊存来朝，在帝都长安向中国博士弟子景卢口授《浮屠经》。从此佛教正式开始传入中国，史称这一佛教初传历史标志为"伊存授经"。

没有古代丝绸之路,就没有中国古代文化的传播和外来文化的输入。一部中国古代文化传播史,同时也是一部中国经贸发展史。西方文化的全球传播也是如此,它是同资本的扩张、世界市场和世界贸易的扩大结合在一起的。自近代以来,西方文化之所以能够在世界范围内广泛而快速地传播,正是借助资本和市场进行的。这些都是重要的历史借鉴。要使我们的文化顺利走出去,必须建立文化与经贸的联动机制,既通过经贸的扩展来带动文化走出国门,又借助文化的对外传播来促进经贸的往来和发展。加强二者之间的协调,无疑是实现文化走向世界的必然选择。

再次,应切近生活世界。文化能否走出去,能否被接纳,重要的一点,就看其能否融入当地的生活世界。一种文化要在异地扎根,必须有其现实的土壤,必须适应当地的生活环境和大众生活需要。否则,这种文化是很难"安家落户"的。对于大众而言,文化的兴趣往往要落实到生活方式和生活情趣上,远离生活方式、缺乏生活情趣的文化不易受到关注,也很难广泛推广。西方文化之所以能在众多国家盛行,除了背后的经济实力外,很大程度上源于西方生活方式的吸引力。许多青年青睐西方文化,恰恰是由于热衷于西方的生活方式。文化与生活方式有高度的一致性。据金砖国家青年对中国文化认知的调查发现,受访者对中国人文资源类文化认知指数最高,达到 58 分(满分为 100 分,下同),其次为中国生活方式类文化,认知指数为 56 分,再次为中国自然资源类文化,认知指数为 50 分。调查显示,人文资源、自然资源、生活方式等直观可感的文化符号最容易激发国外民众对中国文化的认知兴趣和进一步了解、消费的行为;相比之下,哲学观念等植根于本国文化土壤中的文化符号,则一直是跨文化传播的难点。[①] 从这项调查可以看出,文化的推广一定要接地气,要使文化进入生活。虽然我们的文化不是要简单地适应国外的"口味",更不是将其庸俗化,但其推广必须切入生活。这就是要使中国的文化价值观念融入文化产品中,提高文化产

[①] 参见北京师范大学文化创新与传播研究院课题组:《金砖国家青年对中国文化认知调查》,《光明日报》2017 年 9 月 21 日,第 15 版。

品的审美价值和创意设计含量,满足国外民众对中国文化产品的消费偏好和需求。近年来,中国文化通过不同方式"走出去"的步伐明显加快,但也面临着一个"走出去"却难以"落地生根"的窘境。之所以出现这种状况,不是因为我们的文化不好,而是因为我们没有把自己的文化"走进"当地生活,当地民众缺少对中国文化的了解和认同。为此,确实需要注意加强文化的"营销"。既要坚持将文化传送出去,又要借鉴国外一些好的市场化做法,把文化推销出去。在文化产品的生产上,要注意国外民众的消费偏好和情趣。如兼具中国传统文化与工艺特色的手工艺产品要在世界市场上有明显的经济价值和文化价值,就要以创意设计为手段,开发更具当代审美价值和创意设计感受的文化创意产品、文博衍生品和文化体验服务。

最后,创新文化推广的方式方法。文化的形式虽然是外在的,但对其内容有重要影响。一种文化采取什么样的形式来表达、表达得如何,对于内容的展示和阐释至关重要。文化走出去也是如此。一种文化能否成功地走向世界,不仅仅是看其内容,同时也要看其形式,即看其通过什么样的形式和方式来展示、推广文化。如以《功夫熊猫》为典型的好莱坞大片之所以产生那么大的影响,就在于成功地实现了"西方价值,中国元素"的结合,将具有中国文化符号的"熊猫"与气功"功夫"用来表现美国的价值观。我们的文化传播也要注意借鉴这样的方式或方法:一方面,必须牢牢坚守我们的文化价值观,清楚地表明我们的文化立场;另一方面,又必须采用或借用国外通行的、民众喜闻乐见的形式来表达我们的文化,让国外民众更易于接受和理解。与此同时,要将我们的文化融入世界生产体系,即"中国文化,世界生产",借助全球文化生产体系来推广中国文化。当然,我们提倡要善于运用国际文化形式和手段,并不是简单换一包装,而是要实现内容与形式、目的与手段的有效结合,使形式和手段更好地服务内容。因此,文化走出去的过程,也是一个文化再造的过程。

(六) 文化治理问题

全球社会也是一个风险社会。全球化一方面将每个国家比以往任何时候都紧密地联在一起,另一方面又使每个国家面临巨大风险,"蝴蝶效应"明显放大。特别是网络社会的出现,给每个国家的文化发展带来前所未有的风险。网络既为文化交流、发展和传播提供了快捷通道和便利条件,同时也使网络文化面临重大威胁。如西方强势文化通过网络加强文化渗透;非主流文化在网络中蔓延滋长,使得主流受到削弱;网络里面充斥的是色情、淫秽、暴力、迷信等文化垃圾,使心灵腐化;违纪违法的网络制作、复制、发布和传播,不仅扰乱了文化秩序,而且破坏着社会和谐稳定;等等。所有这些问题的出现,迫切需要加强文化治理。没有文化治理,就没有文化的建设和发展,也就不会有文化强国的出现。

文化治理的目标是文化善治。所谓文化善治,就是要使文化建设最优化,实现文化公共利益的最大化。文化善治的具体目标,就是要使文化前进的方向不能迷失;文化的发展要有严明的法度,以法治文,依法治文;文化运转的成本低、文化服务质量好;以人民为中心,社会参与度高,文化建设与发展能够充分释放人民群众的创造活力。

按照这样的目标和要求,结合我国的文化发展实际,文化治理应当在下述方面予以重点加强和推进:

一是激发文化创造活力。活力强,才能机体强。文化强国建设必须依赖文化活力的激发,文化治理的目的也在于有效地激发文化活力。激发文化活力,最根本的是要推进文化体制机制创新。这就是要加快完善文化管理体制和文化生产经营机制,推动政府部门由办文化向管文化转变,由微观向宏观转变,由主要依靠行政手段向综合运用经济、法律、行政手段转变,更好地履行政策调控、市场监管、社会管理和公共服务的职能。为此,一方面,该管的要坚决管住管好,政策到位,管理到位,营造有利文化发展的体制机制和社会环境;另一方面,不该管的坚决不管,能够由地方和市场解决的事情应真正"放下去""交出去",政府不作更多干预。如通过购买服务、招标采购等方式让有能力的社会团体和中间机构参与文化建设,充分发挥社会能量,增强文化创造活力。

推进文化体制机制创新,重点是深化国有文化企事业单位的改革。

国有文化资产是推动社会主义文化大发展大繁荣的重要基础和保障。目前国有文化资产管理体制相对滞后的问题依然存在,成为制约文化发展的瓶颈问题。国有文化企业应当加快改革,完善法人治理结构,形成符合现代企业制度要求、体现文化企业特点的资产组织形式和经营管理模式。文化事业单位也是如此,应当通过人事、收入分配、社会保障制度等改革,形成责任明确、行为规范、富有效率、服务优良的运行机制,突出公益属性、强化服务功能、增强发展活力。

二是建立健全现代文化市场体系。这就是要适应世界市场发展要求,在深化改革的基础上,充分发挥市场在文化资源配置中的积极作用,鼓励各类市场主体公平竞争、优胜劣汰,提高文化产业规模化、集约化、专业化水平。繁荣文化,必须繁荣文化市场。建立健全现代文化市场体系是促进文化繁荣发展的前提和保证。在这方面,必须改变长期以来认识上的一种误解,认为文化走入市场后,会弱化文化的社会功能,影响意识形态的安全。事实上,在今天的历史条件下,文化与市场并不是彼此分离的,而是相互依存的。繁荣发展社会主义文化,必须占领文化市场。占领文化市场,就是占领意识形态阵地。市场份额越大,服务的群众就越多,正确导向就能落到实处。丧失了市场,也就等于丧失了意识形态的阵地与舞台。让文化走向市场,就是要在市场的大潮中培育出我们自己的合格市场主体,在发展产业和繁荣市场中发挥主导作用;让文化走向市场,就是要让文化经风雨、见世面,在不断的磨炼和适应中增强发展的能力;让文化走向市场,就是把创造的权利、评价的权利、选择的权利交给广大人民,而人民群众通过市场进行文化消费,可以更好地满足文化需求;让文化走向市场,就是要在国际竞争的大格局中,以市场倒逼民族文化企业的成长、壮大,从而赢得世界市场,赢得文化的话语权、主动权。实践证明,有生命力、竞争力的文化,必然是适应市场发展的文化。在市场条件下,只有那些关注现实、反映民情、思想深刻、制作精良的文化产品,才能赢得广大群众的喜爱,才能获得强大的竞争力。为此,必须建立健全现代文化市场体系,促进文化产品和要素的合理流动,推动文化更好更快地发展。与此同时,要加强文化市场管理,完善文化市场准入和退出机制,鼓励各类文化市场主体公平竞争、优胜劣汰,保证文化健康、平稳地发展。健全的现代市场体系和完善的管理,必然会带来有效的文化治理,而有效的文化治理又必然带来文化的健康发展。

三是构建现代公共文化服务体系。加强文化治理,既要给文化发展注入强大动力,又要给文化发展提供保障和服务。构建现代公共文化服务体系,是文化发展和文化治理的应有之义与必然要求。公共文化服务的宗旨,是保障公民的基本文化权益,满足公民基本文化需求。提供公共文化服务的责任主体是政府,社会力量在政府主导下积极参与公共文化服务提供的内容,包括各类公共文化设施、产品、活动和服务,公益性、基本性、均等性、便利性是公共文化服务的主要特点。公共文化服务体系是公共文化服务组织体制、运行机制、政策体系、服务系统、传播方式等的统称,是政府和社会力量向公民提供基本公共文化服务的制度安排。建设的内容主要包括设施网络覆盖体系、产品生产和服务供给体系、资金技术人才保障体系、组织支撑体系和评估体系等;建设的目标是形成覆盖城乡、结构合理、功能齐全、实用高效的文化服务系统。经过十多年的发展,我国公共文化服务体系建设已经取得了重大成绩。现在,构建现代公共文化服务体系已经被纳入全面深化改革、推动文化体制机制创新和文化事业发展的总体格局之中。构建现代公共文化服务体系,重要的是健全现代公共文化服务体系的体制机制,形成政府、社会、市场之间的良性互动关系,建立起多元共治的现代治理机构,激发所有利益相关方的创造热情与活力,让体制机制释放出促进文化事业发展的巨大能量。

四是加强文化政策法规建设。加强文化治理,除了要完善文化管理体制机制外,还必须加强文化政策法规体系的建设。文化政策法规体系是中国特色社会主义法律体系的有机组成部分,是实施文化强国战略的重要保障,同时也是实现文化治理现代化的重要支撑。加强文化政策法规建设,主要是加快文化立法。文化立法有利于将党关于文化工作的路线、方针、政策上升为国家意志,成为人们普遍的行为规范;

有利于通过法律的形式,对那些被实践证明为行之有效的做法和经验予以肯定,以保证改革的深入进行,不断解放和发展文化生产力;有利于保障公民基本文化权利的实现,更好地满足人民群众日益增长的文化需要。改革开放以来,我国的法制建设成就显著,立法的数量和质量都有了明显的提高,法律规范基本覆盖了经济和社会生活的主要方面,文化立法也取得了很大的进展。面对新的形势、新的问题,需要不断加快文化立法步伐,填补立法空白;同时适应社会主义市场经济发展的需要,修改完善现行文化法律法规。党的十八届四中全会提出全面推进依法治国的总目标和重大任务,强调建立健全文化法律制度,并对制定公共文化服务保障法、文化产业促进法、互联网领域立法等提出明确要求。这一部署明确了我国文化法制建设的性质、方向和重点任务,为加强文化立法、完善文化法律制度提供了基本遵循。伴随文化立法和文化政策的不断完善,文化治理将会得到不断加强,文化强国的战略也必然会从制度上得到具体落实。

主要参考文献

中文部分

《马克思恩格斯全集》第 1 卷,北京:人民出版社 1956 年版。
《马克思恩格斯全集》第 1 卷,北京:人民出版社 1995 年版。
《马克思恩格斯全集》第 2 卷,北京:人民出版社 1957 年版。
《马克思恩格斯全集》第 3 卷,北京:人民出版社 1960 年版。
《马克思恩格斯全集》第 3 卷,北京:人民出版社 2002 年版。
《马克思恩格斯全集》第 30 卷,北京:人民出版社 1995 年版。
《马克思恩格斯全集》第 31 卷,北京:人民出版社 1998 年版。
《马克思恩格斯全集》第 32 卷,北京:人民出版社 1998 年版。
《马克思恩格斯全集》第 33 卷,北京:人民出版社 2004 年版。
《马克思恩格斯文集》第 1 卷,北京:人民出版社 2009 年版。
《马克思恩格斯文集》第 2 卷,北京:人民出版社 2009 年版。
《马克思恩格斯文集》第 3 卷,北京:人民出版社 2009 年版。
《马克思恩格斯文集》第 4 卷,北京:人民出版社 2009 年版。
《马克思恩格斯文集》第 5 卷,北京:人民出版社 2009 年版
《马克思恩格斯文集》第 7 卷,北京:人民出版社 2009 年版。
《马克思恩格斯文集》第 8 卷,北京:人民出版社 2009 年版。
《马克思恩格斯文集》第 9 卷,北京:人民出版社 2009 年版。
《马克思恩格斯文集》第 10 卷,北京:人民出版社 2009 年版。
《列宁专题文集:论辩证唯物主义和历史唯物主义》,北京:人民出版社 2009 年版。
《习近平谈治国理政》,北京:外文出版社 2014 年版。
《习近平谈治国理政》第 2 卷,北京:外文出版社 2017 年版。

习近平:《在文艺工作座谈会上的讲话》,《人民日报》2015年10月15日,第2版。

习近平:《在哲学社会科学工作座谈会上的讲话》,《人民日报》2016年5月19日,第2版。

习近平:《在中国文联十大、中国作协九大开幕式上的讲话》,北京:人民出版社2016年版。

《完善和发展中国特色社会主义制度 推进国家治理体系和治理能力的现代化》,《人民日报》2014年2月18日,第1版。

《中国共产党第十九次全国代表大会文件汇编》,北京:人民出版社2017年版。

《中共中央关于全面深化改革若干重大问题的决定》,北京:人民出版社2013年版。

《中共中央关于深化文化体制改革推动社会主义文化大发展大繁荣若干重大问题的决定》,《人民日报》2011年10月26日,第1版。

中共中央宣传部编:《习近平新时代中国特色社会主义思想三十讲》,北京:学习出版社2018年版。

〔奥〕弗洛伊德:《精神分析引论新编》,高觉敷译,北京:商务印书馆1987年版。

〔奥〕弗洛伊德:《释梦》,孙名之译,北京:商务印书馆1997年版。

〔德〕海德格尔:《存在与时间》,陈嘉映、王庆节译,北京:商务印书馆2018年版。

〔德〕赫伯特·马尔库塞:《单向度的人》,刘继译,上海:上海译文出版社2006年版。

〔德〕黑格尔:《法哲学原理》,范扬、张企泰译,北京:商务印书馆1961年版。

〔德〕黑格尔:《精神现象学》,贺麟、王玖兴译,北京:商务印书馆1979年版。

〔德〕黑格尔:《小逻辑》,贺麟译,北京:商务印书馆1980年版。

〔德〕埃德蒙德·胡塞尔:《欧洲科学危机和超验现象学》,张庆熊译,上海:上海译文出版社1988年版。

〔德〕马克斯·霍克海默、西奥多·阿道尔诺:《启蒙辩证法——哲学断片》,渠敬东、曹卫东译,上海:上海人民出版社2006年版。

〔德〕卡尔·曼海姆:《文化社会学论要》,刘继同、左芙蓉译,北京:中国城市出版社2002年版。

〔德〕恩斯特·卡西尔:《人论》,甘阳译,上海:上海译文出版社1985年版。

〔德〕康德:《判断力批判》,邓晓芒译,北京:人民出版社2002年版。

〔德〕蓝德曼:《哲学人类学》,彭富春译,北京:工人出版社1988年版。

〔德〕H.李凯尔特:《文化科学和自然科学》,涂纪亮译,北京:商务印书馆1986年版。

〔德〕卢卡奇:《历史与阶级意识》,杜章智、任立、燕宏远译,北京:商务印书馆1992

年版。

〔德〕马克斯·韦伯:《新教伦理与资本主义精神》,阎克文译,上海:上海人民出版社 2010 年版。

〔德〕乌尔里希·贝克:《风险社会》,何博闻译,南京:译林出版社 2004 年版。

〔德〕乌尔里希·贝克:《自反性现代化》,赵文书译,北京:商务印书馆 2001 年版。

〔德〕于尔根·哈贝马斯:《后形而上学思想》,曹卫东、付德根译,南京:译林出版社 2001 年版。

〔法〕阿尔都塞:《哲学与政治:阿尔都塞读本》,陈越编译,长春:吉林人民出版社 2003 年版。

〔法〕奥利维耶·阿苏利:《审美资本主义:品味的工业化》,黄琰译,上海:华东师范大学出版社 2013 年版。

〔法〕皮埃尔·布尔迪厄:《区分:判断力的社会批判》,刘晖译,北京:商务印书馆 2015 年版。

〔法〕居伊·德波:《景观社会》,王昭风译,南京:南京大学出版社 2006 年版。

〔法〕加布里埃尔·塔尔德:《传播与社会影响》,何道宽译,北京:中国人民大学出版社 2005 年版。

〔法〕莫里斯·哈布瓦赫:《论集体记忆》,毕然、郭金华译,上海:上海人民出版社 2002 年版。

〔法〕让·波德里亚:《消费社会》,刘成富、全志钢译,南京:南京大学出版社 2000 年版。

〔法〕尚·布西亚:《物体系》,林志明译,上海:上海人民出版社 2001 年版。

〔加〕D.保罗·谢弗:《经济革命还是文化复兴》,高广卿、陈炜译,北京:社会科学文献出版社 2006 年版。

〔加〕马歇尔·麦克卢汉:《理解媒介——论人的延伸》,何道宽译,北京:商务印书馆 2000 年版。

〔美〕爱德华·希尔斯:《论传统》,傅铿、吕乐译,上海:上海人民出版社 2009 年版。

〔美〕露丝·本尼迪克:《文化模式》,何锡章、黄欢译,北京:华夏出版社 1987 年版。

〔美〕爱德华·W.萨义德:《东方学》,王宇根译,北京:生活·读书·新知三联书店 1999 年版。

〔美〕丹尼尔·贝尔:《资本主义文化矛盾》,严蓓雯译,南京:江苏人民出版社 2007 年版。

〔美〕霍尔、尼兹:《文化:社会学的视野》,周晓虹、徐彬译,北京:商务印书馆 2002 年版。

〔美〕罗纳德·英格尔哈特:《静悄悄的革命:西方民众变动中的价值与政治方式》,叶娟丽等译,上海:上海人民出版社 2016 年版。

〔美〕迈克尔·哈特、〔意〕安东尼奥·奈格里:《帝国》,杨建国、范一亭译,南京:江苏人民出版社 2005 年版。

〔美〕A.麦金太尔:《德性之后》,龚群等译,北京:中国社会科学出版社 1995 年版。

〔美〕曼纽尔·卡斯特:《认同的力量》,曹荣湘译,北京:社会科学文献出版社 2006 年版。

〔美〕曼纽尔·卡斯特:《网络社会:跨文化的视角》,周凯译,北京:社会科学文献出版社 2009 年版。

〔英〕雷蒙·威廉斯:《关键词:文化与社会的词汇》,刘建基译,北京:生活·读书·新知三联书店 2005 年版。

〔美〕詹明信著、张旭东编:《晚期资本主义的文化逻辑》,陈清侨等译,北京:生活·读书·新知三联书店 1997 年版。

〔美〕弗雷德里克·詹姆逊:《政治无意识——作为社会象征行为的叙事》,王逢振、陈永国译,北京:中国社会科学出版社 1999 年版。

〔意〕安东尼奥·葛兰西:《实践哲学》,徐崇温译,重庆:重庆出版社 1990 年版。

〔意〕安东尼奥·奈格里:《艺术与诸众:论艺术的九封信》,尉光吉译,重庆:重庆大学出版社 2016 年版。

〔英〕齐格蒙特·鲍曼:《流动的生活》,徐朝友译,南京:江苏人民出版社 2012 年版。

〔英〕C.P.斯诺:《两种文化》,纪树立译,北京:生活·读书·新知三联书店 1994 年版。

〔英〕约翰·斯道雷:《文化理论与大众文化导论(第五版)》,常江译,北京:北京大学出版社 2010 年版。

蔡武:《文化热点面对面》,北京:人民出版社 2014 年版。

费孝通著、刘豪兴编:《文化的生与死》,上海:上海人民出版社 2009 年版。

哈佛燕京学社主编:《全球化与文明对话》,南京:江苏教育出版社 2004 年版。

韩震:《全球化时代的文化认同与国家认同》,北京:北京师范大学出版社 2013 年版。

梁漱溟:《东西文化及其哲学》,北京:中华书局 2013 年版。

沈壮海等:《文化强国建设的中国逻辑》,北京:人民出版社 2017 年版。

苏国勋、张旅平、夏光:《全球化:文化冲突与共生》,北京:社会科学文献出版社 2006 年版。

陶东风等:《当代大众文化价值观研究:社会主义与大众文化》,沈阳:辽宁教育出版社 2014 年版。

王晓德:《文化的帝国:20 世纪全球"美国化"研究》,北京:中国社会科学出版社 2011 年版。

徐海波:《意识形态与大众文化》,北京:人民出版社 2009 年版。

许纪霖等:《启蒙的自我瓦解:1990 年代以来中国思想文化界重大论争研究》,长春:吉林出版集团有限责任公司 2007 年版。

许倬云:《万古江河——中国历史文化的转折与开展》,上海:上海文艺出版社 2006 年版。

衣俊卿:《文化哲学十五讲》,北京:北京大学出版社 2015 年版。

俞可平主编:《中国学者论文化与文化转型》,重庆:重庆出版社 2018 年版。

张胜冰等:《世界文化产业导论》,北京:北京大学出版社 2014 年版。

张曙光等:《价值与秩序的重建》,北京:人民出版社 2016 年版。

赵存生、宇文利等:《中国精神:弘扬和培育中华民族精神的理论与实践》,上海:上海人民出版社 2014 年版。

周晓红等:《中国体验:全球化、社会转型与中国人社会心态的嬗变》,北京:社会科学文献出版社 2017 年版。

邹诗鹏:《三十年社会与文化思潮》,上海:复旦大学出版社 2012 年版。

外文部分

Adorno, Theodor, *Construction of Aesthetic*, trans. by Robert Hullot-Kentor, Minneapolis: University of Minnesota Press, 1989.

Althusser, Louis, *Writings on Psycho-analysis: Freud and Lacan*, edited by Olivier Corpet and François Matheron, New York: Columbia University Press, 1983.

Calhoun, Craig, *Nationalism*, Minneapolis: University of Minnesota Press, 1997.

Field, G. Lowell and John Higley, *Elitism*, Boston: Routledge & Kegan Paul, 1980.

Friedman, Milton, *Capitalism and Freedom*, Chicago: The University of Chicago Press, 1962.

Gillespie, Michael, *Nihilism Before Nietzsche*, Chicago: The University of Chicago Press, 1996.

Goode, Patrick and Karl Korsch, *A Study in Western Marxism*, New York: The Macmillan Press LTD, 1979.

Gramsci, Antonio, *Further Selection from the Prison Notebooks*, ed. and trans. Derek

Boothman, London: Lawrence & Wishart, 1995.

Gray, John, *Liberalism*, 2nd ed., Minneapolis: University of Minnesota Press, 1995.

Greenfield, Liah, *Nationalism: Five Roads to Modernity*, Cambridge: Harvard University Press, 1992.

Gries, Peter, *China's New Nationalism: Pride, Politics and Diplomacy*, Berkeley: University of California Press, 2004.

Horkheimer, Max, *Critique of Instrumental Reason*, trans. by Matthew J. O'Connell, New York : The Seabury Press, 1974.

Jameson, Fredric, *A Singular Modernity*, London: Verso, 2002.

Jameson, Fredric, *Postmodernism, the Cultural Logic of Late Capitalism*, Durham N. C.: Duke University Press, 1991.

Lefebvre, Henri, *Critique of Everyday life*, vol. 1, trans. by John Moore, London: Verso, 1991.

Lefebvre, Henri, *Critique of Everyday life*, vol. 2, trans. by John Moore, London: Verso, 2002.

Lefebvre, Henri, *Key Writings*, ed. by Stuart Eleden, Elizabeth Lebas and Eleonore Kofman, London: Continuum, 2003.

Lukács, Georg, *A Defence of History and Class Consciousness: Tailism and the Dialectic*, trans. by Esther Leslie, London: Verso, 2000.

Mannheim, Karl, *Ideology of Knowledge*, New York: Harcourt, Brace, 1936.

Marcuse, Herbert, *One-Dimensional Man: Studies in the Ideology of Advanced Industrial Society*, Boston: Beacon Press, 1991.

Nisbet, Robert, *Conservatism: Dream and Reality*, Minneapolis: University of Minnesota Press, 1986.

Plamenatz, John, *Ideology*, New York: Praeger Publishers, 1970.

Pollack, N., *The Populist Mind*, Indianapolis: Bobbs-Merrill, 1967.

Poster, Mark, *Existential Marxism in Postwar France: From Satre to Althusser*, Princeton : Princeton University Press, 1975.

Redfield, Robert, *Peasant Society and Culture*, Chicago: University of Chicago Press, 1956.

Thomson, Stuart, *The Social Democratic Dilemma: Ideology, Governance and Globalization*, London: Palgrave Macmillan, 2000.

Tompson, J. B., *Ideology and Modern Culture*, Cambridge: Polity Press, 1992.

后 记

本书为国家社会科学基金重大项目（12&ZD009）"当今时代文化发展的新特点新趋势研究"的成果。对当今时代的文化发展问题加以研究，是一项复杂而艰巨的工作。本书旨在从当今时代的文化现实出发，对文化发展出现的新情况、新问题用马克思主义观点予以理论上的分析与审视，以反映和揭示当今时代文化发展的新特点、新趋势。按照这样的思路，本书首先对当代文化发展的时代境遇、基本特征和发展趋势加以总体概括、提炼，而后分别从不同层面（日常心理、大众文化、理论思潮）和不同发展机制（文化的生产与消费、传承与创新、传播与交流、分化与整合等）对当代文化发展的新特点、新趋势加以具体分析和揭示，最后回到中国现实，对当代中国文化发展做出相应的考察并提出原则性的建议。通过对这些问题的考察与探索，力图促进对当代文化发展的深入思考，同时能够为当代中国文化建设与发展提供一些有益的理论支撑。本书只是一个初步探索，尚未达到真正深入的研究，需要继续前行。由于作者知识和能力有限，疏漏、不妥之处在所难免，恳请读者指正。

本书的分工如下：导论、第二、十二章由丰子义撰写；第一章由仰海峰撰写；第三、四、十、十一章由张梧撰写；第六、八、九章由郗戈撰写;第五、七章由荣鑫撰写。全书由丰子义、张梧负责统稿。在书稿整理过程中,博士研究生关雷、邓佳参与了校对、核查工作,在此表示感谢!

本书的出版得到了"北京大学人文学科文库"的大力支持和帮助,被列入其中的"北大马克思主义哲学研究丛书";北京大学出版社王颖编辑为本书的编辑出版提出了宝贵的意见,付出了大量辛劳,在此一并表示诚挚的谢意!

丰子义
2021 年 3 月